清华大学中国农村研究院
China Institute for Rural Studies
Tsinghua University

乡村振兴

战略与路径研究

陈锡文 韩俊 主编

中国发展出版社
CHINA DEVELOPMENT PRESS

图书在版编目（CIP）数据

乡村振兴：战略与路径研究 / 陈锡文，韩俊主编. —北京：中国发展出版社，2021.12

ISBN 978-7-5177-1203-9

Ⅰ. ①乡… Ⅱ. ①陈… ②韩… Ⅲ. ①农村—社会主义建设—研究—中国 Ⅳ. ①F320.3

中国版本图书馆CIP数据核字（2021）第269320号

书　　名：乡村振兴：战略与路径研究
著作责任者：陈锡文　韩　俊
出 版 发 行：中国发展出版社
联 系 地 址：北京经济技术开发区荣华中路22号亦城财富中心1号楼8层（100176）
标 准 书 号：ISBN 978-7-5177-1203-9
经　销　者：各地新华书店
印　刷　者：北京市密东印刷有限公司
开　　本：710mm × 1000mm　1/16
印　　张：24
字　　数：356千字
版　　次：2021年12月第1版
印　　次：2021年12月第1次印刷
定　　价：99.00元

联 系 电 话：（010）68990630　68990692
购 书 热 线：（010）68990682　68990686
网 络 订 购：http://zgfzcbs. tmall. com
网 购 电 话：（010）88333349　68990639
本 社 网 址：http://www.develpress. com
电 子 邮 件：330165361@qq. com

本书编委会

主　编

陈锡文　韩　俊

成　员

（以姓氏拼音为序）

陈诗波　樊胜根　方　言　何宇鹏

李正风　孟庆国　汪小亚　王济民

王亚华　魏　唯　许　庆　于　水

曾劲松　张红宇

乡村振兴应重在功能*

2020 年 12 月 28 日，中央农村工作会议指出，脱贫攻坚取得胜利后，要全面推进乡村振兴，这是“三农”工作重心的历史性转移。此前，习近平总书记强调，坚持把实施乡村振兴战略作为新时代“三农”工作的总抓手①。要从两个视角来看待新形势下“三农”工作的极端重要性：一是从中华民族伟大复兴的视角看“三农”，得出的结论是“民族要复兴，乡村必振兴”；二是从世界百年未有之大变局的视角看“三农”，得出的结论是“稳住农业基本盘、守好‘三农’基础是应变局、开新局的‘压舱石’”。“三农”问题之所以在党和国家工作大局中受到如此重视，不仅因为不少地方农业农村发展、农民生活质量还滞后于全面建设社会主义现代化国家新征程的要求，更因为从整体看，乡村所特有的应当和必须发挥好的功能尚未得到充分发挥。

城镇与乡村具有不同的功能，只有充分发挥好城镇和乡村各自的功能，整个国家才能持续健康地发展。因此，从国家和民族发展的角度看，城镇与乡村就是相互依存的命运共同体。无论城镇或者乡村，如果应有的功能得不到充分发挥，那么这个国家的发展进程就将是病态的、残缺的。正因为如此，讲乡村振兴，固然离不开加快乡村的建设和发展，但更重要

---

* 本文载于《乡村振兴》，2021年第10期，第16–18页。

① 《习近平：把乡村振兴战略作为新时代“三农”工作总抓手》，人民网，2018年9月23日，http://cpc.people.com.cn/n1/2018/0923/c64094-30309476.html。

的还是着眼于振兴乡村所特有的功能。

城镇的功能主要在于集聚、融合，乡村的功能则主要在于守护、传承。城乡都要创新，但前提不同，城镇的创新建立在吸引各方要素并集聚的基础之上，通过融合来自四面八方的资金、劳动力、技术等要素来形成创新活力，不断推出新技术、新理念，不断创造新的生产和生活样式，从而成为引领一个地域乃至一个国家经济社会发展的增长极。乡村的创新，则必须建立在守护和传承一个地域、一个国家生存发展的根脉之上，从而成为在社会变迁中维系民族和国家基因的锚链。具体看，乡村特有的功能主要体现在三个方面：一是保证国家粮食安全和重要农产品供给的功能。这个功能是城镇所不具备的。城镇越发展，在城镇集聚的人口越多，乡村的这一功能就越重要。二是提供生态屏障和生态产品的功能。城镇在国土总面积中所占比例很低，能够起到维护整个国家生态安全功能的主体必然是乡村。三是传承国家、民族、地方优秀传统文化的功能。城镇的文化具有包容性，是多元化、多样性融合而成的文化；乡村的文化则更多地体现植根于本土、传承于历史的民族性、地域性特征。显然，乡村的这些功能都是城镇所不具备的，发挥好乡村的这些特有功能，对于国家抵御国际风云的变幻和实现中华民族伟大复兴都是必不可少的。

保证国家粮食安全和主要农产品供给的功能

1949年，我国粮食总产量只有2264亿斤，1978年为6095亿斤，2020年达到了13390亿斤。从70多年来我国粮食不断增产的角度看，应当说乡村始终在努力发挥着这方面的功能。也应当看到，虽然2020年我国粮食总产量再创历史新高，但当年我国粮食的进口量（包括大豆）也创下了历史新高。这表明，我国自己生产的粮食和其他重要农产品的供给增长，赶不上国民消费需求的增长。这里既有总量问题，更有品种结构问题。

当前，我国粮食供求紧平衡的格局没有改变，结构性矛盾刚着手解决，总量不足问题又重新凸显。今后一个时期粮食需求还会持续增加，供求紧平衡将越来越紧，再加上国际形势复杂严峻，确保粮食安全的弦要始终绷得很紧很紧。我国目前食物供求的总体状况是：口粮自给有余，但饲料粮和油、糖、肉、奶等重要副食品自给不足，对国际市场的依赖度正在提高。目前进口农产品的数量，如按我国现有的生产水平计，相当于在境外利用 10 亿亩以上的农作物播种面积。我国目前农作物播种总面积约在 25 亿亩，而满足国内居民的食物消费需求需要 35 亿亩以上的播种面积。因此，从资源和技术的角度看，我国对国际农产品市场的依赖度已近 30%。我国人均耕地和淡水资源的占有量，分别不足世界人均水平的 50% 和 30%，在经济全球化和我国居民食物消费水平不断提高的背景下，要求我国对所有农产品都实现自给，既不现实，也无必要。但是，我国作为一个有着 14 亿人口的大国，在保障国民的食物供给安全方面，必须设定自身的底线，那就是：确保谷物基本自给、口粮绝对安全。

为此，要解决好种子和耕地问题。在落实最严格的耕地保护制度基础上，不断推进以良种培育为代表的农业科技进步，才能切实做到“藏粮于地、藏粮于技”，使中国人的饭碗牢牢端在自己手上、碗里装的主要是中国粮。显然，在这两方面，我们一刻也松懈不得。

提供生态屏障和生态产品的功能

习近平总书记提出的“绿水青山就是金山银山”的理念，受到全社会的普遍认同，这对于促进我国生态环境改善起到了决定性的作用。但很多历史遗留问题积重难返，不是一朝一夕就能解决的，而对于工业化在生态环境方面造成的影响，更需要以科学的态度和行为来应对。1909 年，时任美国农业部土壤所所长、威斯康星大学教授富兰克林 •H• 金携妻子考察了中国、日本和朝鲜半岛的农业，回去后出版了《四千年农夫》一书。在富兰克林笔下，20世纪初的中国农民和农业，本身就构成了整个生态平衡中的一环：人从土里出生，食物、燃料和织物取之于土，泻物、灰烬和破布还之于土，人的一生结束，又回到土中。一代又一代，正是这样周而复始，中国人在这块土地上耕耘了几千年。因此，当时中国的农业不是和土地对立的农业，而是人、土和谐的农业。富兰克林还在书中深情地写道："假如能向世界全面、准确地解释仅仅依靠中国、朝鲜和日本的农产品就能养活如此多的人口的原因，那么农业便可当之无愧地成为最具发展意义、教育意义和社会意义的产业。"

回顾100多年前我国的农业农村，绝不是要回到只靠人力、畜力、自然力的自然经济去。但值得我们深思的是，距富兰克林访华仅仅过去了112年，我国农村的生态系统和农业所处的自然环境就已经发生了深刻的变化。别的不说，仅是弃用农家肥和大量使用化肥和农药所引发的南方土壤酸化、北方土壤盐碱化、东北黑土地退化，就已经到了相当严重的程度。2019年，全国耕地的平均等级为4.76级（最高为1级，最低为10级）。对这些状况如再不加以重视，我们的祖先曾经使用了5000年的土壤还能再持续使用多久？

碧水青山、蓝天绿野，这是乡村应有的自然景观，也是人们所追求的幸福生活中的一份向往，但要发挥好乡村作为生态环境守护者的功能，我们显然还有很长的路要走。

传承优秀传统文化的功能

乡村文明是中华民族文明史的主体，村庄是这种文明的载体，耕读文明是我们的软实力。我国传统文化大体可以分为三个层次：理念、知识、制度。

理念，通俗地说就是做人的道理，是待人接物处事的规矩。我国乡村的传统文化中就包含着大量这样的道理和规矩，如天人合一、师法自然、耕读传家、勤俭持家、尊老爱幼、邻里和睦、守望相助等。这些理念，都是我国人民在长期的生产、生活实践中积累养成的民族品格，是宝贵的民族精神财富。当然，在传统文化的理念中，既有精华也有糟粕，而传承优秀历史文化的使命，关键在于取其精华、去其糟粕。

知识，是人们在漫长的生产、生活实践中积累起来的对事物规律性的认识。我国乡村传统文化中有大量的知识传承，如把握气候变化的“二十四节气”，以贾思勰的《齐民要术》、徐光启的《农政全书》等为代表的大量传授农业知识和技能的古农书，各地农民总结的丰富的农业谚语等，北京颐和园里宫廷画师和工匠奉命制作的《耕织图》石刻画廊等，都是人类知识的传承。积累和传授农业生产知识和技能，是我国乡村文化历史传承的一大特色，它使我国的传统农业发展到了登峰造极的高度。以今天的眼光来审视，我国历史悠久的传统农业所积累的经验，又在为突破“石油农业”的局限，开创绿色农业、生态农业的新局面提供深厚的知识和技能底蕴。

制度，是对机构和人的行为的强制性、约束性规范。我国历史上形成的大量制度，有成文法，也有习惯法；有对政府行政行为的规范，也有对百姓民事行为的约束，其中有些制度对后世有着深刻的影响。例如，中国古代政府运用“籴”（粮价过低时买入）“粜”（粮价过高时卖出）之法，平衡市场粮食供求和粮价的举措，就为现代国家调控粮食市场提供了重要借鉴。20世纪30年代，美国为应对经济大萧条而推出的“罗斯福新政”中，有一项作用巨大的农业政策“无追索权贷款”（农民可按预期的粮价向政府的农产品信贷公司贷款用于生产，收获后如粮价高于预期，农民可向市场销售后归还政府贷款，从而盈利；如粮价低于预期，农民则可将粮食按预期价格卖给政府而不须归还贷款，从而避免亏损），是由时任美国农业部部长华莱士提出的。华莱士在其日记中坦言，他是在读到中国留学生陈焕章的博士论文《孔门理财学》后，受到中国古代政府在这方面做法的启发而提出此项政策的。推而广之，“籴”“粜”之法也可被看作现代各国政府在市场调控中采取“反周期”措施的鼻祖。我国历史上形成的制度，固然存在一定的糟粕，但也有不少体现的是维系人们正常生活的社会常识。绵延了数千年的中华法系中，至少那些强调法治与德治相结合、诚信乃立身之本的精神，是我们应当挖掘和传承的宝贵财富。

党中央提出的乡村振兴战略的总要求是：产业兴旺、生态宜居、乡风文明、治理有效、生活富裕。这实际上就阐明了乡村应当发挥好的三大功能。同时指出，乡村振兴要靠生活在乡村的居民，因此又要完善乡村的社会治理、增进乡村居民的福祉，这才能调动乡村居民的积极性，努力发挥好乡村应有的功能，为国家兴旺、民族复兴提供坚实的支撑。

在特定的历史阶段，由于各种各样的原因，有些乡村可能凋敝、衰败，甚至灭失，但就整体而言，一个国家的乡村永远都不可能灭失。乡村之所以不灭，根本原因就在于它所特有的、无可替代的这些功能，因为这不仅是乡村，也是城镇乃至国家持续发展不可或缺的功能。从这个意义上，我们可以说，乡村存在的价值就在于发挥它所特有的功能。因此，不能把乡村振兴简单地等同于加快乡村的建设和发展，而是重在振兴乡村所特有的功能。

全国人大常委会委员、农业与农村委员会主任委员

清华大学中国农村研究院院长

目录

乡村振兴战略五处发力[*]

实施乡村振兴战略是以习近平同志为核心的党中央作出的重大决策部署，是一项长期的历史性任务。要坚持新型城镇化和乡村振兴两手抓，坚持农业农村优先发展，坚持以实现农民生活富裕为根本，坚持推动农村全面进步，坚持遵循乡村发展规律。

坚持新型城镇化和乡村振兴两手抓

1995 年我国农村人口达到顶峰时为 8.6 亿，到 2018 年农村常住人口已降至 5.6 亿，减少了 3 亿。下一步，如果按照 2030 年我国人口峰值 14.5 亿、城镇化率 70% 来测算，未来 10 年我国农村常住人口还将减少 1.3 亿左右。

现在，户籍人口城镇化明显滞后。2018 年我国城镇常住人口达到 8.3 亿，城镇化率按常住人口计算接近 60%，但户籍人口城镇化率不足 44%，相差 16 个百分点，也即约有 2.26 亿农民长期生活在城镇，但还没有城镇户籍身份。

统计数据显示，现在全国离开土地的农民有 2.88 亿人，其中常年举家

---

* 本文载于《中国乡村发现》，2020年第1期，第1–6页。作者：韩俊，吉林省委副书记、省长。

外出务工经商的有3000万户。过去40余年，农民大规模离土离乡，完全改变了我国的就业结构。农业生产方式、农民生活方式乃至整个中国经济发展方式都发生了巨大的变化。

农民离开农村、离开土地是为了生活得更好，所以推进城镇化一定要回归到推动更多的人口融入城市这个本源上来，继续加快推进农业转移人口的市民化进程。

现代化必然由现代化城市和现代化乡村共同组成。我国之所以是一个发展中国家，最重要的原因是农业农村现代化程度还比较低。到2030年我国城镇化水平将达到70%左右，农村仍有4亿多人口。没有乡村的发展，城镇化就会缺乏根基。不能简单地认为，农民进城了，城镇化发展了，“三农”问题就自动解决了。在工业化和城镇化快速推进的过程中，要重新发现并利用好乡村的多元价值，使乡村发展与新型城镇化能够相互协调，形成双轮驱动，努力实现城乡居民基本权益平等化、城乡公共服务均等化、城乡居民收入均衡化、城乡要素配置合理化、城乡产业发展融合化，让现代化成果更多地惠及广大农民群众。

在过去的发展进程中，农业农村农民为国家工业化、城镇化做出了重大贡献。进入新时代，必须坚持工业反哺农业、城市支持农村，加快形成以工促农、以城带乡、工农互惠、城乡一体的新型工农关系和城乡关系。

四个“优先”抓好“三农”

实现乡村振兴，必须坚持把解决好“三农”问题作为全党工作的重中之重，把农民最关心最直接最现实的利益问题一件一件找出来，解决好，不开空头支票。同时，也要尽力而为、量力而行，说到做到，让农民的获得感、幸福感、安全感更加夯实，更有保障，更可持续。

具体的做法，就是做到四个“优先”。

一是优先考虑“三农”干部配备，把优秀干部充实到“三农”战线，把精锐力量充实到基层一线，注重选拔熟悉“三农”工作的干部充实地方各级党政班子。2019 年 8 月颁布的《中国共产党农村工作条例》(以下简称《条例》) 明确要求，各级党委和政府主要负责人应当懂“三农”、会抓“三农”，分管负责人应该成为抓“三农”的行家里手。县委书记是乡村振兴的“一线总指挥”，其主要精力要抓“三农”。要选派优秀干部到县乡挂职任职、到村担任“第一书记”，把到农村一线工作锻炼、干事创业作为培养干部的重要途径，注重提拔使用优秀的农村工作干部。

二是优先满足“三农”发展要素配置，坚决破除妨碍城乡要素自由流动、平等交换的体制机制壁垒，改变农村要素单向流出格局，推动资源要素向农村流动。引导和支持人才、资金、技术、科技等各类发展要素向农业农村流动和集聚，释放农村发展潜力。《条例》明确提出，要加强农村人才队伍建设，建立县域专业人才统筹使用制度，大力提高乡村教师、医生队伍素质，加强农业科技人才队伍和技术推广队伍建设，培养一支有文化、懂技术、善经营、会管理的高素质农民队伍等。

三是优先保障“三农”资金投入，把农业农村作为财政优先保障领域和金融优先服务领域，公共财政更大力度向“三农”倾斜，县域新增贷款主要用于支持乡村振兴。地方政府债券资金要安排一定比例，用于支持农村人居环境整治、村庄基础设施建设等重点领域。据初步测算，要落实《乡村振兴战略规划 (2018—2022 年)》确定的重点任务，总投资需要 7 万亿元以上。尽管当前财政支出压力比较大，但压力再大，也要按照中央要求，把“三农”作为优先保障领域，增加总量、优化结构、提高效率。

四是优先安排农村公共服务，推进城乡基本公共服务标准统一、制度并轨，实现从形式上的普惠向实质上的公平转变。截至 2018 年底，全国还有近 1/3 的行政村生活垃圾没有得到收集和处理，80% 的村庄生活污水无法处理，拥有卫生厕所的农户比例只有 48.6%，1/3 的行政村内的道路没有实现硬化。下一步农村人居环境整治、农村基础设施建设任务还比较繁重。

以实现农民生活富裕为根本

检验农村工作实效的一个重要尺度，就是看农民的钱袋子鼓起来没有。乡村振兴的根本目的是让农民富裕起来。要充分发挥农村资源、生态、文化等优势，加快发展乡村产业，促进农民持续增收，不断缩小城乡收入差距。

一是深入推进农业的绿色化、特色化、优质化、品牌化。推进特色农产品优势区创建，加快建设现代农业产业园区、农业科技园区，实现产业兴县强村，推行标准化生产，培育一些区域性的农产品品牌，保护地理标志农产品，打造“一村一品、一县一业”的发展格局。

二是农产品既要产得出、产得优，也要卖得出、卖得好。现在许多优质农产品还是在田间地头卖，还是提篮小卖，还是“披头散发”地卖，好东西卖不出好价钱。要学会给农产品“梳妆打扮”和营销宣传，加强农产品产后的分级包装、仓储物流营销，特别是加快补上冷链物流等短板，推进农产品流通现代化，在提高农业综合效益上做足文章。

三是大力发展乡村数字基础设施和服务体系。当前，乡村基础设施落后，最突出的是乡村数字基础设施落后，要培养大量适应数字农业发展的人才，赋予农民更多的数字化工具。

四是让农民合理分享农业产业链的收益。农村一二三产业融合发展是必然趋势，但也不是简单地以“一产”去接“二产”、接“三产”，关键是完善各类利益主体的联结机制，通过就业带动、订单农业、保底分红、股份合作等多种形式，让农民能够合理地分享产业链的增值收益。

五是粮食问题绝不能掉以轻心。多年来，我国解决粮食问题的经验，就是两条：一是充分保护和调动农民生产经营积极性，使务农种粮有效益、不吃亏、得实惠。农民种粮吃亏是粮食生产最危险的时候。二是建立健全对主产区的利益补偿机制，保障产粮大县抓粮得实惠、有发展，不能让粮食主产区产粮越多越吃亏。制定粮食政策，要始终把这两点作为最基本的立足点，各级地方政府要自觉承担起维护国家粮食安全的责任。任何省区市，无论耕地多少，都要承担粮食生产责任，特别是粮食主销区要切实落实责任，不能把“饭碗”的问题都丢给别人去解决。如果一个地方粮食生产没搞好，那就是抛弃了责任。这方面需要有硬约束。

更好推动农村社会全面进步

乡村振兴，是农村经济的全面振兴，同时也是农村社会的全面进步。这可以从以下三个方面来理解：

一是把文化建设放在乡村振兴更加重要的位置。乡土文化是我国数千年农耕文明的智慧结晶。近年来，随着城镇化进程的快速推进，乡村传统的建筑急剧减少，乡村风貌发生了巨大变化，乡土文化特色遭到破坏。以城市审美标尺改造农村的做法，在一些地方大行其道，乡村建设退化为简单的环境整治，甚至等同于建筑立面的化妆式改造，乡村建设“千村一面”，乡村美食、文化习俗、传统手工艺、生活形态日益“去乡土化”，乡村社会关系和文化特色在一些地方快速消失，乡村文化甚至日渐荒芜。中国传统文化的根基在乡村。乡土文化的根不能断，这是我们乡村振兴必须要解决的问题。促进乡村振兴不仅要把乡土文化传承保护好，还要不断地发扬光大。乡村振兴要提倡见人、见物、见生活，传承活态的乡土文化，保存文化基因，守护文化根脉。

二是提升乡村文明水平。实施乡村振兴战略不能光看农民口袋里票子有多少，更要看农民精神风貌怎么样。当前，乡村文明建设存在一些突出问题，比如不养父母、不管子女、不睦邻里，违背家庭伦理和社会公德的现象增多，一些农村地区红白喜事大操大办，攀比之风和过度消费盛行。要以社会主义核心价值观为引领，坚持教育引导、实践养成、制度保障三管齐下，采取符合农村特点的有效方式，开展移风易俗行动，弘扬乡村文明。

三是加强和创新乡村治理。乡村治理是国家治理的基石，没有乡村有效的治理，就没有乡村全面的振兴。目前，乡村治理仍是国家治理的一个薄弱环节，要加强党对乡村治理的集中统一领导，健全自治、法治、德治相结合的乡村治理体系。重点从治理理念更新、治理体系优化、治理手段创新等方面综合施策，以法治定分止争、以德治春风化雨、以自治消化矛盾、以党的领导统揽全局，推进乡村治理的现代化。

乡村振兴一定要从容建设

现阶段，有的村庄肯定要向城镇形态演变(像大城市郊区村)，有的村庄会长期存在，有的村庄会逐渐衰落消亡，这符合村庄演进规律。但哪些保留、哪些整治、哪些缩减、哪些做大，都要科学论证，科学规划，因地制宜，对症下药。只有遵循乡村发展规律，才能不走偏、不变样。

乡村振兴一定要注重质量，从容建设，不能光追求速度，特别是不能不顾农民意愿，把建设城市的方案直接照抄照搬放到农村，大搞撤村并居集中"上楼"，导致治理半径越来越大，基层组织离农民越来越远。

村庄规划是实施乡村振兴战略的基础性工作，要扎实做好市县村庄空间布局规划。要科学编制多规合一的实用型村庄规划，注重保护好农村的生态环境，保留乡土风情风貌，不断挖掘田园和乡土价值，扬农村之长、补农村之短，打造各具特色、美丽宜居的现代乡村。

在建党百年新起点上全面推进乡村振兴*

全面建成小康社会是中国共产党团结带领全国人民取得的伟大成就，标志着第一个百年奋斗目标顺利实现。在庆祝建党百年之际，展望我国社会主义现代化强国建设的新征程，全面推进乡村振兴是迈向第二个百年奋斗目标的重大战略任务。站在新的历史起点上，本文简要分析我国乡村振兴面临的新形势和新任务。

乡村振兴战略体系不断完善，政策法规体系初步形成。党的十九大报告部署全面建成小康社会后，通过“两步走”建成社会主义现代化强国，并提出实施乡村振兴战略，作为社会主义现代化强国建设的七大战略之一。过去几年中，围绕产业兴旺、生态宜居、治理有效、生活富裕和乡风文明的乡村振兴主要任务，党中央、国务院做出了一系列部署，擘画了乡村振兴的宏伟蓝图，形成了乡村振兴战略框架和政策体系，特别是2021年6月1日《中华人民共和国乡村振兴促进法》的正式施行，进一步将乡村振兴纳入法治化轨道。

脱贫攻坚任务如期完成，工作重心转向乡村振兴。2020年脱贫攻坚战圆满收官之后，我国进入了后脱贫攻坚时代，各级政府相继挂牌成立乡村振兴局，工作重心从脱贫攻坚转向乡村振兴。乡村振兴是需要久久为功的长期战

---

* 本文载于《水利发展研究》，2021年第6期，第1–3页。作者：王亚华，清华大学公共管理学院副院长、教授，清华大学中国农村研究院副院长。

略：按照党中央对乡村振兴的战略部署，到2035年乡村振兴要取得决定性进展，基本实现农业农村现代化；到2050年要实现以农业强、农村美、农民富为内涵的乡村全面振兴。

在全面建成小康社会之后，中国迈向共同富裕的新阶段。展望未来15年，中国经济将从中等收入水平向高收入水平过渡，其中一个很大的挑战，是能否实现共同富裕，有效缩小“三大差距”。一是地区发展差距，随着西部大开发等区域发展战略的实施，21世纪以来我国地区发展差距逐步缩小，但近几年略有扩大，表明进一步缩小地区差距的难度加大。二是居民收入差距，2009年以来我国居民收入的基尼系数持续下降，但近几年有所上升，也表明缩小居民收入差距难度在加大。三是城乡发展差距，城乡人均收入差距目前约为2.6倍，发达国家通常在1.5倍以内，未来我国需要持续缩小城乡差距。面向2035年，中国发展的关键是实现共同富裕，其中缩小城乡发展差距是重中之重，这也是实施乡村振兴战略的应有之义。

全球粮食安全面临危机，我国需要进一步夯实农业基础。新冠肺炎疫情引发新一轮全球性粮食安全危机，世界粮食计划署发布的《2021年全球粮食危机报告》指出，2020年，在全球55个国家或地区至少1.55亿人陷入“危机”级别或更为严重的突发粮食不安全状况，比2019年增加约2000万人，达到过去5年的最高水平。疫情冲击下，各国开始收紧粮食出口，导致国际粮价剧烈波动。我国农业基础应对能力仍相对偏弱，保障粮食安全和农产品有效供给，面临劳动生产效率低、生产成本不断攀升、结构性矛盾突出等问题。全球性粮食安全危机使我国粮食安全面临更大不确定性，客观上需要我国构建更可持续、更富韧性的粮食安全保障体系。

农村人口持续减少和老龄化为乡村振兴带来了新的风险。第七次全国人口普查数据显示，农村人口持续减少，居住在乡村的人口为5.1亿人，与2010年相比减少1.64亿人，每年农村人口流失超过1000万，表明农村人口仍在加快流失。农村剩余劳动力转移更加深入，流动人口3.76亿人，其中跨省流动人口1.25亿人，与2010年相比增长69.73%。全国城市间分化加剧，人口向直辖市、省会城市、计划单列市等中心城市的集聚态势越发明显，其他近半数城市出现人口下降。人口老龄化形势严峻，60岁及以上人口2.64亿人，占比18.7%；65岁及以上人口1.91亿人，占比13.5%，已经非常接近深度老龄化14%的门槛值，未富先老的特征愈加凸显。

返乡入乡就业创业规模持续扩大为乡村振兴带来了新的活力。《2020年全国农民工监测调查报告》显示，2020年农民工总量为2.856亿人，首次出现减少趋势，比2019年减少517万人；流动半径进一步缩小，越来越趋向于就近就地就业，其中，外出农民工数量减少2.7%，跨省流动农民工数量减少6.1%；流动方向更加多元，由2010年时期的江浙广东扩展到东南地区和成渝、贵州等西南地区，流动结构发生深刻变化；返乡创业就业人数持续增加，2020年超过1000万。乡村就业人员中，纯务农户逐渐减少，兼业农户继续增多，服务业超越第二产业成为吸纳农民工就业的主要产业。

产业扶贫和产业振兴加快衔接为乡村振兴带来了新的格局。脱贫攻坚阶段，产业扶贫是覆盖面最广、带动人口最多的扶贫举措。每个贫困县都形成了两到三个特色鲜明的扶贫主导产业，特别是“三区三州”等深度贫困地区的许多贫困乡村实现了特色产业“从无到有”的历史跨越。然而，资源禀赋相近的贫困县确定产业项目时存在趋同现象，大多集中在水果、蔬菜等劳动密集型产业，生长周期短，需求弹性相对较小，容易出现价格下降与滞销风险，丰产不丰收的潜在风险较大。

城乡融合发展为乡村振兴创造了有利条件。城乡要素流动不畅是全国层面长期存在的问题，人才、土地、资金和科技等生产要素向农村流动不足，严重制约了乡村产业发展。随着阻碍城乡融合的体制机制藩篱将被打破，城乡要素平等交换、双向流动的政策体系逐步建立，人才、资金、技术等生产要素将更多地向乡村流动。党的十八届三中全会以来，以土地制度改革、户籍制度改革、公共服务体制改革为主要内容的城乡融合机制改革不断推进。《中华人民共和国国民经济和社会发展第十四个五年规划和2035年远景目标纲要》（以下简称“十四五”规划纲要）提出，以县域为基本单元推进城乡融合发展，县域在承接产业转移、优化经济结构、吸纳农村剩余劳动力等方面将发挥重要作用。

乡村振兴的基础是农村产业发展和兴旺。从全世界来看，过去200年人类的近现代历史中，随着城市化工业化的推进，先行的现代化国家都面临乡村衰落的挑战。为抵抗乡村衰落的趋势，很多国家都提出过乡村复兴运动，发布过相关行动计划，但多数国家乡村复兴的实际成效并不显著。这是因为农村地区的主导产业以农业为主，而农业比较收益相对偏低，难以大量吸引人口从事农业生产。与此同时，农村地区非农产业发展并不充分，无法有效吸纳较多的就业人口，导致农村地区大量人口向城市地区迁移。比如，在美国和日本从事农业生产的劳动力人口大约只有2%，而大量农村人口倾向于迁往城市就业。因此，乡村振兴的关键在于农村地区能否创造新的产业，吸引劳动力在农村地区创业就业。

数字技术为乡村振兴带来了新机遇、新动能。在世界范围内，以大数据、云计算、物联网、区块链、人工智能等为代表的数字技术已被广泛应用于农业领域且发展迅速，带动了精准农业、智慧农业的迅猛发展。党的十九届五中全会明确提出建设智慧农业，2019年，中共中央办公厅、国务院办公厅印发《数字乡村发展战略纲要》。“十四五”规划纲要提出加快推进数字乡村建设，为加快补齐农业农村信息化短板提供了前所未有的机遇和政策支持。然而，农村数字化水平总体偏低，2019年，全国县域数字农业农村发展总体水平达到36%，其中，农业生产数字化水平仅为23.8%，农村地区互联网普及率不足60%，远低于城市地区互联网普及率。数字技术的加速应用和普及，正在深刻改变整个社会形态，为乡村产业发展和乡村治理全面赋能带来了全新的机遇。

利用数字技术可以在农村创造新产业、新业态。近现代历史中，各国推进的乡村复兴是工业化时代背景下进行的，在乡村大量发展现代产业和吸纳就业存在天然的局限性。当前以新一代信息技术为主要驱动力的数字化浪潮，重新塑造了乡村产业发展的条件，为实现乡村振兴提供了全新的机遇。

以新一代信息技术为基础的第四次工业革命降低了信息传递、复制、追踪、验证和运输等成本，改变了资源要素的配置。农村地区最大的比较优势是土地和劳动力成本非常低，过去这些低成本要素难以进入市场和获得市场收益，而数字技术可以低成本实现土地和劳动力等要素与市场的链接。过去10年，经由电商的推动，实现了农产品从田间到餐桌的直接对接，为农村创造了大量产业和就业，在一些偏远农村地区带动了当地的产业兴旺。

总之，在数字时代背景下，中国宏观国情农情发展面临新的形势，已站在一个新的历史起点上，为乡村振兴提供了全新背景，进而要求我们谋划在新时期如何全面推进乡村振兴。2021年中央一号文件的主题是实现巩固拓展脱贫攻坚成果同乡村振兴有效衔接，其核心在于把国家的“三农”工作重点从脱贫攻坚转向乡村振兴。未来全面推进乡村振兴，关键是要立足国情农情，走出有中国特色的农业农村现代化之路，至少包含以下七条道路：打破二元结构重塑城乡关系，走城乡融合发展之路；巩固和完善农村基本经营制度，走农村改革创新之路；深化农业供给侧结构性改革，走高质量农业发展之路；创新乡村治理体系，走多治融合乡村善治之路；建设生态宜居的美丽乡村，走乡村绿色发展之路；传承发展提升农耕文明，走乡村文化兴盛之路；建立解决相对贫困的长效机制，走共同富裕之路。

参考文献

[1] 陈锡文，韩俊. 农村全面小康与实施乡村振兴战略研究. 北京：中国发展出版社，2021.

[2] 韩俊. 实施乡村振兴战略 奋力开创新时代“三农”工作新局面. 时事报告（党委中心组学习），2018（2）：98-112.

[3] 王亚华，苏毅清. 乡村振兴：中国农村发展新战略. 中央社会主义学院学报，2017（6）：49-55.

走中国特色社会主义乡村振兴道路*

“三农”作为国之根本，是支撑和推动国民经济健康可持续发展的基石。“无农不稳，无粮则乱”是从我国农业农村发展史中萃取的深刻认知。党的十八大以来，全国上下以农业供给侧结构性改革为主线，聚焦保供给、保收入、保生态，大力推进农业现代化，充分发挥了农业在稳定经济社会发展大局中的“压舱石”作用。顺应“三农”发展的历史规律与时代要求，党的十九大提出的乡村振兴战略，成为新时代“三农”工作的总遵循、总目标和总要求。

2021 年是“十四五”开局之年，我国全面建设社会主义现代化国家新征程正式起航。党的十九届五中全会制定的国民经济和社会发展“十四五”规划和二〇三五年远景目标明确提出在新阶段、新理念、新格局下，要加快农业农村现代化，努力实现共同富裕。在新的历史起点上，中央的要求明确、任务明确，需要我们全力以赴，坚持把解决好“三农”问题作为全党工作重中之重，举全党全社会之力推动乡村振兴，促进农业高质高效、乡村宜居宜业、农民富裕富足，走出一条具有中国特色乡村振兴道路。

---

* 作者：张红宇，中国农业风险管理研究会会长，清华大学中国农村研究院副院长。

一、乡村振兴成效显著

乡村振兴战略实施以来，在党的领导与全社会的共同努力下，农业农村工作稳中有进，脱贫攻坚战圆满收官，全面建成小康社会历史任务如期完成，乡村振兴开局良好，前景光明。

（一）从农业来看，综合生产能力不断提高

重要农产品产量保持稳定。全国粮食总产量连续6年保持在6.5亿吨以上，2020年达到6.7亿吨，比2019年增加565万吨，增长0.9%。人均粮食占有量474公斤，超世界人均水平124公斤左右。2021年上半年夏粮再获丰收，产量创历史新高。实现了到2020年建成8亿亩高标准农田的目标，亩均粮食产能提高约100公斤。2018年以来，每年发展高效节水灌溉2000万亩以上。耕地地力保护与提升行动卓有成效，2019年全国耕地平均等级达4.76等级，较2014年提升0.35个等级。农业用种供给保障能力显著提升，建设了以海南、甘肃、四川三大国家级育制种基地为核心，52个国家级制种大县和100个区域性良种繁育基地为骨干的种业基地"国家队"。主要农作物良种实现全覆盖，自主选育品种面积占95%以上。在粮食产量稳定增长的同时，2020年我国肉类总量和水产品总量分别为7749万吨和6549万吨，人均分别为55公斤和46公斤，分别超世界人均水平12公斤和23公斤左右。我国在全球范围内用世界10%的耕地、6%的水资源，养活了世界20%的人口，提供了25%以上的粮食和重要农产品产量。农业科技研发应用全面升级。农业科技进步贡献率超过60%，全国农业机械总动力达10.28亿千瓦，已建成453个主要农作物生产全程机械化示范县，农作物耕种收机械化率达到71%。畜牧养殖和水产养殖机械化率分别达到34%和30%。畜禽养

殖规模化率达 64.5%，规模养殖场粪污处理设施装备配套率达 93%。设施水平的稳步提升、科技兴农作用日益凸显，农业综合生产能力的持续增强，确保了国家粮食安全和农产品有效供给。农业供给侧结构性改革进展顺利。在粮食等资源性农产品持续增长的前提下，农业供给侧结构性改革成就辉煌。1978 年，中国的水果产量只有 657 万吨，按当时 9.6 亿人口计算，人均不到 7 公斤。2020 年，水果总量已达到 2.87 亿吨，人均 204 公斤。产业、产品结构不断优化，多元化农产品供给充足，农业产业类型和产品品种丰富程度独冠全球，一二三产业融合发展，产业发展质量不断提升，体现了农业高质量发展五要素：一是产品好，二是结构优，三是成本低，四是竞争力强，五是效益好。新产业、新业态发展势头迅猛。观光休闲农业、“互联网 +”、农产品加工业、农业生产性服务业等乡村产业发展，在促进产业融合发展，实现农民就业增收方面发挥了重要作用。2019 年，观光休闲农业增加值达到 8500 亿元。2020 年，农产品加工业主营收入 23.2 万亿元，较 2019 年增加 1.2 万亿元，农产品加工转化率达到 67.5%。农村网络零售额实现 1.79 万亿元，物流等基础设施服务不断成熟，电商人才进一步下沉，促进了农产品线上交易的快速发展。绿色发展理念深入人心。土壤修复、退耕还草还湿地、投入品减量增效、农业废弃物资源化利用有序开展，节水节肥节药成为自觉行动，农业发展更加绿色环保，更具可持续性。2020 年与 2015 年相比，化肥使用量由 6023 万吨减少到 5251 万吨，减少 11%。农药由 178.3 万吨减少到 2019 年的 139.17 万吨，下降 21.9%。秸秆综合利用率、畜禽粪污利用率、农膜残留回收率分别达到 85%、75% 和 80%，资源化利用取得明显效果，显现出坚守绿色发展理念强大的生命力。

（二）从农民来看，收入水平与现代化程度同步提升

2020 年，农村居民人均可支配收入 17131 元，收入翻番目标提前实现。城乡居民收入比由 2012 年的 1 ∶ 2.88 缩小到 1 ∶ 2.56，再次向共同富裕的

目标迈进一步。农民在摆脱贫困、走向富裕的过程中，逐渐具备了融入现代化大潮、与农业农村现代化进程相匹配的素质能力。脱贫攻坚成果具有世界性影响。全国832个国家级贫困县全部摘帽，近1亿贫困人口全部脱贫，保质保量完成了脱贫攻坚目标任务，提前10年实现了联合国2030年可持续发展议程的减贫目标，为世界减贫工作做出了巨大贡献。我国独具特色的开发式帮扶，增强了贫困地区的"造血"功能。"十三五"期间，国家累计投入以工代赈资金近300亿元，发放劳务报酬超30亿元，带动了100多万贫困群众就近务工增收，在激发内生动力、助力脱贫致富、积蓄发展后劲方面发挥了重要作用。国务院关于2020年度中央预算执行和其他财政收支的审计工作报告显示，2020年，中央专项扶贫资金连续第5年增加200亿元，960多万人完成易地扶贫搬迁。抽审地区99%有劳动力搬迁家庭实现了至少1人就业，77%的搬迁家庭获得产业扶持，农民增收渠道进一步拓宽，未发现规模性返贫风险。小农户逐渐融入现代农业发展轨道。随着工业化城镇化的持续推进，农地权利由所有权和承包经营权"两权分离"创新为所有权、承包权、经营权"三权分置"，在稳定土地"集体所有、家庭经营"制度基础上，稳定承包权、放活经营权的制度设计让土地由公有私营向公有共享发展。土地制度的不断创新为新型农业经营主体的蓬勃发展提供了肥沃的土壤，培育出家庭农场、合作社、农业企业等组织形式。2020年，全国家庭农场超过100万家，农民合作社超过220万家，辐射带动全国近一半农户。在组织形式创新的基础上，衍生出"公司+农户""公司+合作社""订单农业""契约农业"等多种模式，使小农与组织之间的利益联结机制和分配机制更加完善，是实现小农户与现代农业有机衔接的最有效方式。

（三）从农村来看，生产、生活、发展环境大大改善

村容村貌得到有效整治。为践行2018年中共中央办公厅、国务院办公厅印发的《农村人居环境整治三年行动方案》，全国95%以上的村庄开展了

清洁活动，农村厕所、垃圾、污水治理成为工作重心。2020 年，中央财政安排 74 亿元资金支持农村厕所革命整村推进，中央预算内投资安排 30 亿元支持农村人居环境整治整县推进，中央财政投入 4 亿元对整治成效显著的地方给予激励支持。截至 2020 年底，全国农村卫生厕所普及率达 68% 以上，累计改造农村户厕 4000 多万户。农村生活垃圾收运处置体系已覆盖全国 90% 以上的行政村，全国排查出的 2.4 万个非正规垃圾堆放点中 99% 已完成整治。农村人居环境整治取得重大阶段性成效，工作机制得以建立健全，三年行动方案目标任务基本完成。基础设施建设取得新突破。2016—2019 年累计新改建农村公路超过 120 万千米。截至 2019 年底，乡镇和建制村道路硬化率均达到 99% 以上。“十三五”期间完成约 45.8 万千米农村公路安全生命防护工程和 1.5 万座农村公路危桥改造。支持改造农村危房 830 余万户，全面完成建档立卡贫困户等 4 类重点对象存量危房改造。农村饮水安全巩固提升，受益人口达 2.27 亿人，解决了 615 万氟超标人口饮水问题。农村社会保障、公共服务事业成绩斐然。我国建立了世界上规模最大的社会保障体系，统一城乡居民基本养老保险制度，整合城乡居民基本医疗保险制度，全面实施城乡居民大病保险，基本医疗保险覆盖 13.6 亿人，基本养老保险覆盖近 10 亿人。2020 年，全国贫困劳动力务工规模为 3243 万人，93.8% 的建档立卡贫困户享受过就业帮扶政策，2/3 以上建档立卡贫困人口通过就业实现了脱贫。全年共为 2435 万建档立卡贫困人口、1421 万低保对象、特困人员等贫困群体代缴城乡居民基本养老保险费 43 亿元，为 3014 万贫困老人发放城乡居民养老保险待遇，6870 万贫困人口从中受益。全国 6098 万符合条件的建档立卡贫困人口参加基本养老保险，基本实现了应保尽保。乡村治理格局焕然一新。各级政府各有关部门在长期实践探索中，形成了较为完整的乡村治理政策体系，完善了乡村治理的制度安排。各地涌现出一批丰富多彩的典型案例与有益经验，建立了积分制、网格化管理、小微权力清单等契合农村实际的制度安排，实现了有序、有效管控。“村民说事”“红白理事会”“社区居民公约”等创新探索，丰富了乡村治理的方法路径。自治、法治、德治相结合的乡村治理体系持续推进，村民民主协商意识不断加强，公共服务资源不断向乡镇、村下沉，乡村治理效能不断提升。

（四）总体上看，基本构建起农业农村支持保护政策体系框架

由于农业长期存在的外部性、弱质性、长周期性、准公共产品属性等特征，构建农业农村支持保护制度成为必然选择，在农业农村快速向现代化转变的过程中，在小农户面对大市场的基本格局之下，担负起了维护农业产业安全、农村社会稳定、满足人民日益增长的美好生活需求的职责与使命。首先，巩固提升农业地位。改革开放以来，中央坚持在宏观调控中加强对农业的保护力度，陆续出台了一系列强农惠农富农政策，支持保护领域不断拓展，调控手段日趋成熟多样。通过实行工业反哺农业、城市支持农村和“多予少取放活”的方针，采取取消农业税、提高粮食最低收购价等措施，实现了国家对农业从“取”到“予”的根本性转变。在市场经济发展浪潮下，农业市场化水平不断提高，国家对农业的支持保护也逐步实现了从主要依靠行政手段调控向更多应用经济和法律手段的转变。乡村振兴战略实施以来，国家围绕“五大振兴”出台了一系列重要文件，先后制定了金融服务、人才下乡、科技服务、“四好”农村路建设以及乡村教育、医疗、便民服务等支持政策，基础设施与公共服务按照城乡一体化目标加快迈进。同时，设立了意义重大的“中国农民丰收节”，郑重重申了农业与农民的重要地位，旨在引导全社会树立起尊重农民、重视农业、爱惜粮食的观念。其次，调整完善政策目标。秉承从实际出发的原则，坚持农民的主体地位，致力于解放和发展生产力，是无论内外环境如何变化我们都始终坚守的底线。“三农”政策的指导思想、政策内涵、重点目标也随着时代的变迁在不断完善、创新、深入，更具可持续性，更加突出以人为本。党的十八大以来，在习近平总书记关于做好“三农”工作的重要论述的指引下，坚持重中之重战略地位，坚持农业农村优先发展，坚持立足国内保障自给等发展理念进一步丰富了农业支

持保护的内涵，以保障国家粮食安全、促进农民增收和发展绿色生态为导向的农业支持保护政策体系得以建立完善。再次，增加优化财政投入。2016—2019 年，全国财政一般公共预算累计安排农业农村相关支出 6.07 万亿元，年均增长 8.8%，高于全国一般公共预算支出平均增幅。“十三五”期间，中央财政共安排 9538.75 亿元补助资金用于支持贫困地区公路基础设施建设，安排 700 亿元支持乡村教师队伍建设，安排 1292.68 亿元用于现代职业教育质量提升计划；拨付地方农业保险保费补贴资金从 2016 年的 135.67 亿元增长到 2020 年的 236.07 亿元。与此同时，形成了多元化投入格局，在土地收益、政府债券、金融服务等方面拓宽了投入渠道，积极引导更多社会资本投入农业农村，使社会资本的支农助农强农功能得到强化。2020 年新冠肺炎疫情对投资领域造成了巨大影响，第二产业投资仅增长 0.1%，第三产业增长 3.6%，但第一产业增长 19.5%，充分显现和证明了农业的重要地位、受关注度、良好前景以及农业投资的巨大潜能。丰富创新政策工具。农业投入、价格支持、直接补贴、灾害救助、金融保险、债券基金、担保期货等政策工具的运用更具广泛性、协同性、有效性，进一步丰富了农业支持保护的手段和方式。在政策工具结构优化与综合发挥其在各政策环节作用的过程中，衍生出“保险 + 期货”等创新模式，成为资本市场服务实体经济、助力“三农”发展的有力见证，有效分散和化解了农业风险，为实现各项政策目标提供了更为全面有力的保障。

我国“三农”工作取得重大成就可谓史无前例，这一点毋庸置疑。但与此同时，我们也应注意到乡村振兴战略推进之路并非畅通无阻，未来仍充满诸多已知、未知的风险与挑战。一是农产品对外依存度越来越高，农业产业安全需要高度重视。中国是世界最大的农产品进口大国。据海关统计，2020 年包括大豆在内的粮食进口量达 1.43 亿吨，同比增长 28%。其中大豆进口超 1 亿吨，达 1.0034 亿吨，比 2019 年 8851 万吨增长 13.3%。最近几年，棉花、糖料等资源性农产品进口量相当于国内生产量的 30% 左右。肉类进口量 991 万吨，同比增长 60.4%。尽管从“谷物基本自给、口粮绝对安全”的角度讲，我们有足够的底气，但从食物安全的角度来讲，农产品对外依存度有所提升，农产品供需平衡难度明显增加，紧平衡态势持续增强，需要引起高度重视。在错综复杂的国际形势下，维护农业产业安全，构建以国内循环为主，国内国际双循环相互促进的格局的任务刻不容缓。二是城乡居民的收入差距是现代化最大短板和痛点。城乡居民收入比在 1978 年为 1 ∶ 2.56，到 1984 年一度缩小到 1 ∶ 1.74，但 2020 年仍为 1 ∶ 2.56，与 1978 年改革元年相比并未缩小，且收入差距绝对值进一步拉大，令人担忧。同时，农民收入区域差距明显。2020 年农民收入最高的上海为 34911 元，最低的甘肃为 10344 元，区域差距高达 1 ∶ 3.38，不平衡现象十分突出。需要我们付出艰苦努力，尽快缩小收入差距，实现共同富裕的目标。三是人才数量与质量尚不足以支撑乡村振兴任务的完成。在我国城镇化过程中，乡村人口大量迁移到城市，加速了农村具有人力资本的劳动力流失。尤其是农技、医疗、教育等方面的人才更是匮乏。四是乡村建设的痛点与短板依然是难啃的“硬骨头”。近年来我国农村生产生活条件、村容村貌与昔日相比已不可同日而语，但与城市相比、与发达国家的乡村相比，还存在巨大差距。农村基础设施建设方面，水、电、路、气、房、网等供给虽然数量大大提升，但质量不高，管护机制不健全，难以发挥长期效益。公共服务方面，相对于城市，农村公共服务不均衡问题突出，医疗、教育、养老、公共文化资源有效供给程度不高，难以满足乡村振兴、农业农村现代化的需要。生态环境建设方面，由于资金缺乏、监管不到位、农民环保意识欠缺等多种原因，当前农村面临着点源污染与面源污染并存，生活污染和工业污染叠加，城市污染向农村转移等多重压力，农村生态环境薄弱问题缺乏有效的解决方案。乡村治理方面，在农业农村现代化建设不断加快的步伐下，一些不合时宜的生活方式、价值观念在农村依然广泛存在。婚丧嫁娶铺张浪费风气未得遏制，封建迷信活动时有发生，社会治安防控工作压力不减，一系列问题需要继续引起关注并有效解决，为实现乡村振兴提供强大的精神动力。

二、全面推进乡村振兴面临新形势

改革开放四十多年来，我国农业农村现代化持续推进，乡村全面发展，发生了翻天覆地的变化。一方面，农业综合生产能力的提升不仅解决了我国人民的吃饭问题，而且支撑我国成为世界第二经济大国、第一贸易大国和第一工业品制造大国。另一方面，我国在大国小农的国情农情之下，基于不同区域资源禀赋多元、产业形态多元、经营主体多元、贸易格局多元、政策组合多元的发展条件，逐渐形成了一条区别于美加的资源农业、日韩的精细农业模式，以多元化为特征的现代农业第三条道路，即具有中国特色的现代农业发展道路。当前，世界正经历百年未有之大变局，我国正处于实现中华民族伟大复兴的关键时期。随着国内外发展环境的变化，农业发展理念、政策、举措发生了重大转变。在新发展阶段，要认清形势，把握机遇，构建新发展格局，推进实现全面乡村振兴。

要而论之，改革开放以来，随着生产力的发展与生产关系的不断调整，我国农业农村发生了六方面重大变化。

（一）领导体制与组织机构建设领航乡村振兴

坚持和完善党对“三农”工作的领导，在乡村振兴战略实施中发挥了关键的动员、凝聚、引领作用，推动农业农村取得历史性成就、发生历史性变革。农业农村优先发展成为新时代“三农”工作总方针。进入中国特色社会主义新时代，以习近平同志为核心的党中央把解决好“三农”问题提升到历史新高度，明确提出“坚持农业农村优先发展”的新理念和总方针。2018年中央一号文件和《乡村振兴战略规划（2018—2022年）》制定了促进农业农村优先发展的阶段性目标任务，进一步明确了工作重点和政策措施，部署了若干重大工程、计划、行动。《中国共产党农村工作条例》以及《中华人民共和国乡村振兴促进法》颁布实施，标志着全面推进乡村振兴成为国家行为。农村工作领导体制更具系统性、明确性、有效性。党委统一领导、政府负责、党委农村工作部门统筹协调的农村工作领导体制得以健全，形成了党政一把手是第一责任人、五级书记抓乡村振兴的新工作格局。各级党委、政府对实施乡村振兴战略重大意义的认识不断深入，思路不断清晰，措施不断创新。31 个省区市全部成立了实施乡村振兴战略工作领导机构，建立了乡村振兴实绩考核制度，并在实践中强化考核监督。基层党组织的战斗堡垒作用历久弥坚。截至 2019 年底，党的基层组织共 468.1 万个，比 2018 年增加 7.1 万个。全国共设立基层党委 24.9 万个、总支部 30.5 万个、支部 412.7 万个，分别比 2018 年增加 1.0 万个、0.6 万个、5.5 万个。24.0 万名第一书记进村入户，实现建档立卡贫困村和党组织软弱涣散村全覆盖，肩负化解制约农业农村发展深层次矛盾，维护农民权益，带领农民富裕，从思想观念、文化水平、职业技术等各方面引导农民走向现代化的重任，在脱贫攻坚战中彰显出强大的号召力、创新力、战斗力。

（二）工业化、城镇化快速推进改变了农业生产布局

随着工业化、城镇化持续推进，经济重心的迁移变化，加之我国农业资源禀赋的多元化特征，特别是这些年南水北调等重大工程的实施、交通运输条件的改善，我国农产品生产格局发生了重大变化。一方面，“北粮南运”已成常态。我国“南粮北运”的传统持续了上千年，直到改革开放之后，粮食分布格局开始发生重大改变。到 2008 年，北方粮食生产已全面超越南方，面积和产量分别占全国的 54.79% 和 53.44%，南方所占份额则降至 45.21% 和 45.66%。另一方面。“北猪南运”渐显趋势。我国北方是粮食主产区，生猪产能也集中在北方。而由于生猪的消费市场广布于南方，出现了“北猪南运”的现象。相伴而生的生猪屠宰企业布局由销区向产区转移、屠宰加工技

术水平的提升以及物流运输体系的完善，使调运方式逐渐从调猪向调肉转变，生猪生产和供给布局发生了重大调整。

（三）土地制度创新促使农业生产经营方式转变

以改革开放前的人民公社体制为历史起点，我国的农地制度经历了“公有共营”“公有私营”“公有共享”三个阶段。继家庭联产承包责任制后，农民承包地所有权、承包权、经营权“三权分置”成为具有革命性意义的重大创新。“三权分置”为规模化、集约化的农业生产经营方式变革奠定了制度基础，加速了工业化、城镇化进程，产生了巨大的“虹吸效应”，促使大批农业从业者转向非农产业。1978 年，从事第一产业的劳动力为 2.83 亿人，在 2002 年达到 3.66 亿人的历史最高点后，2020 年减少到 1.77 亿人，18 年间平均每年减少 1000 万人。1978 年全部劳动力构成中，从事第一产业的比例为 70.5%，到 2020 年其比例下降到 23.6%，平均每年下降一个百分点以上。农业劳动力绝对数量的下降与占全部劳动力比例的减少，一方面，比较快速地提升了农业劳动生产效率；另一方面，也使“谁来种地”“地怎样种好”的问题日益突出，通过规模经营保障农产品总量、提升农业产业效益的需求愈显迫切。尽管我国大国小农的国情和家庭经营的基本格局没有改变，但通过土地制度的不断创新，“三权分置”的稳步推进，实践中形成了两条规模经营道路。一条是土地经营权流转形成的土地规模经营，由农户拥有的承包权派生出租、转包、互换、入股等多种方式让第三方分享其经营权。截至 2020 年底，农村承包地确权登记颁证基本结束，约 15 亿亩承包地确权到农户，全国家庭承包耕地流转面积超过 5.55 亿亩，超过确权承包地的三成。在部分经济发达地区，例如浙江、江苏、上海的土地经营权流转比例高达 50% 以上，东北地区和粮食主产区土地经营权流转比例也普遍高于全国平均水平。另一条是土地经营权不流转，农户将重要的田间作业环节托转给新的服务主体，实践中的土地经营托管、半托管模式，形成了服务规模经营，成为土地制度创新的大趋势。以上两种方式都在不改变土地所有权归属的前提下，形成了土地经营权的共享。这种公有共享的土地制度创新使家家种地、户户养殖的格局发生了深刻变化，极具中国特色。新兴职业农民队伍建立并实现多元分化。土地经营规模的扩大为更多有能力、有意愿的从业者提供了扩大生产、增加收益的广阔空间。国家大力倡导就近就地城镇化，重视乡村人才回流，越来越多的人才返回乡村就业创业，逐渐分化出一批从事不同行业、掌握不同技能、具备不同核心竞争力的现代农业从业者——新型职业农民。2020 年，全国各类返乡入乡创业创新人员达到 1010 万人，比 2019 年增加 160 万人，同比增长 19%，是近年来增加最多、增长最快的一年，1900 多万返乡留乡人员实现了就地就近就业。目前我国新型职业农民数量已达 2000 万，预计到 2025 年将达到 3300 万。培育新型职业农民，实现人才振兴方面大有可为。

（四）科技进步引导现代农业发展的速度与质量

纵观全球农业发展史，近百年来，现代农业取得了长足进步，具体表现在三次革命性变革，对农业生产效率的提升产生了巨大推动作用。第一次变革以生物技术为标志，提高了土地产出效率。绿色革命始于 20 世纪 40 年代，主要目的在于帮助墨西哥贫穷农民提高小麦产量，20 世纪 60 年代扩展到巴基斯坦和印度，20 世纪 80 年代扩展到了中国。矮败小麦、杂交水稻、杂交玉米的成功培育，育种技术、杂交技术的不断成熟，使我国生产能力极大提高，粮食单位面积产量由 1978 年的 170 公斤增长到 2020 年的 382 公斤，保障了农产品总量安全。第二次变革以机械技术为标志，提高了劳动生产效率。农业机械的广泛应用使农业经营规模不断扩大，欧美国家家庭农场总量减少、规模扩大成为趋势，也为我国提升农业劳动生产率、解决人工成本攀升问题提供了样板。农业机械应用范围从田间到餐桌，从耕种到加工到冷链物流，全面保障了食物的总量、安全、营养。第三次变革以数字技术为标志，提高了农业综合生产效率。数字技术的广泛应用意味着新变革的到来，以智能化、无人化、功能化为主要特征的数字农业时代的到来。智能灌溉、无人机、智能温室的大量应用使农业综合生产效率大大提升。“互联网+”使农产品营销实现了线上线下同步运行。从生产到销售，从农业到农村，从改善生产条件到提升农民生活质量，数字技术无处不在，促进了资本、技术、劳动力、土地要素的优化配置，提升了农业全要素生产率。我国农业资源禀赋稀缺，决定了科技对农业供给保障意义重大。目前，我国现代生物技术、装备技术、绿色技术和数字技术集成的现代科技不断突破。生物育种、基因新品种培育、重大动植物疫病流行规律把握和防控、农业遥感和信息化领域硕果累累。旱作节水、测土配方施肥、统防统治等先进适用农业技术大范围推广。建立和完善了确保农产品产出，特别是粮食总量稳定增长的农业科技创新体系。以全面机械化、自动化、技术资金高度密集为特征的农业工厂化模式迅速发展，广泛应用于种植、养殖等领域，实现了高规格、高效率、高产值、高效益，“产出高效、产品安全、资源节约、环境友好”的现代农业发展道路羽翼渐丰。

（五）乡村文化建设融合于新模式、新产业、新业态

乡土文化在时代变迁中吐故纳新。我国源远流长的乡土文化滋养了许多具有地域特色的自然与人文景观；产生了一批底蕴深厚的传统产业，如竹编、蜡染、剪纸、木雕、石刻等世代传承的传统文化技艺；塑造了在不同民风民俗、家规家训、宗教信仰下形成的乡村治理理念、模式。在城乡融合发展的新形势与传统文化、治理模式不断碰撞、磨合的过程中，乡土文化不断焕发出新的生命力。特色产业显现出强大的富民功能。不同地域依托于乡土文化发展特色产业，不仅在农业内部吸纳了本地劳动力，还吸引了外地劳动力，大大增加了农村劳动力农业经营性收入。农旅深度融合为乡村注入新的活力。在农旅融合的实践探索中，形成的成功范例不胜枚举。各地致力于挖

掘传统文化资源，寻找其与经济发展之间的结合点，因地制宜发展乡村旅游业，在带动上下游产业发展，促进第一、第二、第三产业融合发展的同时，保护了传统的物质文化与非物质文化，增加了乡村的吸引力，引起城市居民对于田园生活的向往，对于城乡融合互动起到了积极作用。文化不仅是美丽乡村的点缀，更是乡村振兴的灵魂。在新环境下，更要注重农耕文明的传承延续，改善民风，发扬民主，为乡村振兴战略提供精神激励、智慧支持和道德滋养，这是“乡愁”的归处，是乡村振兴的目标要求，也是提升文化软实力、增强文化自信的力量源泉。

（六）全球贸易格局变化影响我国农产品贸易战略取向

近年来世界经济政治格局快速演变，主要经济体之间的贸易摩擦和争端频发，“逆全球化”不断升温。新冠肺炎疫情的蔓延更加剧了全球市场动荡和粮食供需失衡，引发了其他大宗农产品进出口贸易限制，带来了全球化风险。在新冠肺炎疫情、动植物疫病和极端气候等多种因素叠加下，我国农业产业不确定性、不稳定性不断增强。稳定进口供应压力增大。我国农产品进口来源国相对集中，一旦与这些国家发生经贸摩擦，进口数量和价格的稳定性都将受到影响。农产品出口受阻。全球贸易体系变局中，单边主义、贸易保护主义盛行。加上我国农产品出口企业普遍呈现“小、散、弱”特征，对国际规则的掌握程度及应对贸易壁垒的能力有待提升，支持农产品出口的政策体系尚不完备，将使我国在未来国际市场竞争中面临更加严峻的挑战。农业对外合作面临挑战。新冠肺炎疫情全球肆虐使我国大量境外农业合作受到影响。在错综复杂的国际环境中，要采取积极的应对措施，将产业安全主动权掌握在自己手里。

三、把握全面推进乡村振兴的战略目标

从脱贫攻坚到全面推进乡村振兴，我国“三农”工作重心实现了历史性转移。在我国到2035年基本实现社会主义现代化远景目标的关键阶段，要准确把握乡村振兴的深刻内涵，要有大格局、新思路、硬举措、新作为，确保到2035年，乡村振兴取得决定性进展，基本实现农业农村现代化。到2050年，乡村全面振兴，农业强、农村美、农民富的目标全面实现。

（一）明晰农业农村现代化的内涵和外延

农业农村现代化是实现乡村振兴战略的总目标。要准确把握、深入理解新时代农业农村现代化的深刻内涵，瞄准产业和人口的现代化两个靶心，致力于农业农村现代化与农民现代化。一是农业现代化。首先，规模化。粮食等资源型农产品生产要规模化，在尊重农民意愿的基础上，推动土地经营权共享。将社会化服务规模化应用于土地规模化之中，实现节本增效，形成规模效益。其次，集约化。经济作物、园艺作物要通过土地、资本、技术、劳动力等要素资源的集约集聚，降低农业成本，提升劳动生产效率、土地产出效率、资源配置效率。再次，数字化。提升数字化生产力，加强互联网、物联网、云计算等技术的应用范围，推动生产设备智能化改造，实现种植业、畜牧业、渔业等传统产业的现代化转型。加强农业生产监测预警，预防、化解农业风险，推广乡村数字化治理，提升治理效率与科学性、前瞻性。最后，绿色化。坚持绿色发展理念，保障农产品质量安全，实现农业可持续发展。尤其在碳达峰、碳中和的过程中，农业具有举足轻重的作用。要从思想观念、管理体系、技术创新等方面入手，实现发展方式向绿色低碳的转型升级，擦亮美丽乡村、美丽中国的“绿色底色”。二是农民职业化。继续推进分工分业，加快农村劳动力转移。按照“有文化、懂科技、善经营、会管理”的要求，提升第一产业劳动力从业者的人力资本，使劳动力从业者由普通农民成长为具有人力资本的职业化农民，具备爱农情怀、工匠精神、创新意识、社会责任感四项基本素质。三是农村美丽化。首先，环境好。村落外观整洁，景观优美，空间规划科学合理，基础设施、公共服务到位，人文环境有礼有序，文明进步；其次，有特色。依据各地不同的自然禀赋与文明传承，促使村落布局形式、街巷建筑、居民院落风格突出，体现出差异化的山川河貌、历史文化、风土民情；再次，生态优。农村人居环境治理工作机制健全，农村厕所、垃圾、污水治理工作成效显著。生态环境良好，农村居民具有高度的生态文明意识，人与自然和谐共生，达到宜居宜业要求；最后，多类型。我国农村区域广大，东西南北中，各地每个村庄的发展基础、资源禀赋、交通区位和经济社会外部环境不同。要根据现实情况定制发展方案，找准村庄的功能定位，构建适宜的产业体系，分类推进，将乡村建设成为美丽、舒适、富裕、有吸引力的生活家园，切忌千篇一律，不可“一刀切”。

（二）确立共同富裕的目标要求

当今的中国经济总量位居世界第二，已然具备了由“先富带动后富”走向“共同富裕”的能力。但农民增收是农业农村现代化最大的软肋，也是最艰巨的任务。着力解决发展不平衡不充分问题和人民群众急难愁盼问题，推动人的全面发展、全体人民共同富裕，将以人民为中心的理念、实现人民富裕的目标摆在了更加重要的位置。实现富裕富足目标要重点在两方面下功夫：一是缩小城乡差距。制定农民收入增长、缩小收入差距的行动规划和目标要求。力争到 2035 年城乡居民收入差距缩小到 1∶1.5 左右，到 2050 年实现城乡居民收入平衡增长。二是缩小区域间差距。聚焦欠发达地区、粮食主产区、低收入人群收入增长，促进区域经济的协调均衡发展。树立农民增收、缩小收入差距的典型，尊重群众首创精神，发现总结有益的经验做法，推而广之。为城乡居民在收入平等基础上，实现权利平等、机会平等、发展平等筑好根基。

（三）明确乡村振兴道路任务

一是农业要增产。一方面，力保粮食综合生产能力稳步提升。保障18亿亩耕地红线稳定，17.5亿亩粮食播种面积稳定，8亿亩口粮播种面积稳定。2022年建成10亿亩成块连方、旱涝保收、稳产高产、生态安全的高标准农田的目标必须完成。打好种业翻身仗，强化现代农业科技和物质装备支撑，通过科技进步实现经济效益、社会效益、生态效益的最大化与有机融合。另一方面，提升农业供给体系质量效益。深入推进农业供给侧结构性改革，关键在于农业产业产品结构要优，以品种培优、品质提升、品牌打造、标准化生产为抓手，推动农业生产提质增效；产业业态要多元，深入挖掘农业的多重功能，通过要素的流动、共享、交互，不断生成新的经济形态，激发技术创新、产品创新、服务创新；三大产业要融合，促进产业联动、集聚、渗透，推动产业要素融合、主体融合、功能融合、价值融合。二是农民要增收。农民增收是“三农”工作中至关重要的一环，要着力稳固农民增收良好势头，取得更大突破。首先，调整国民收入分配格局。国民收入分配整体上要向农民倾斜。初次分配要注重农民收入水平的整体提高，再次分配要注重对不同区域、行业、收入水平的农民群体补贴政策的针对性与差异化。实行农民收入倍增计划，在改善农村居民生活条件、提升消费水平的同时，发挥我国超大规模市场优势，为畅通国内大循环做出贡献。其次，激发农业农村内部就业增收动力。将富民乡村产业视为战略性产业纳入中长期发展规划。拓展延伸农业产业链、价值链、利益链，不断提高产业发展质量、效益和竞争力。再次，优化农民收入结构。直接提升农业效益，增加经营性收入。通过改良农产品品种、提高农民种养技能、发展设施农业等促进农业高质量发展的措施，使农民收入更多源自于农业发展本身。促进农民充分就业，增加工资性收入。统筹城乡产业布局，引导农村劳动力有序外出就业，加大对低收入群体转移就业支持力度，确保农民在高速发展进程中不被挤压、淘汰。保障农民财产权益，增加财产性收入。建立现代农村产权制度，促进要素市场化配置，健全要素由市场评价贡献、按贡献决定报酬的机制。完善相关法律法规，明确农民农村财产各项权利，加强对农民财产的物权化保护。完善注重公平的分配机制，增加转移性收入。加大对农民直接补贴力度，完善农业服务补贴政策、重要农产品生产者补贴制度、农业生态补偿制度，让农民有稳定的收入预期。三是农村要美好。突破传统村镇布局结构，全域全要素编制村庄规划，尊重自然地理格局，尊重农民群众意愿表达，因地制宜制定村庄的建设思路与工作方法。首先，加大农村公共基础设施建设力度。扩大基础设施覆盖范围，做到基础设施供给充足、质量过硬、配置均衡。紧跟国家将碳达峰、碳中和纳入生态文明建设整体布局的形势，以低碳、零碳排放为目标，构建新型农村能源系统，强化光能、风能设备等有利于节能减排的基础设施建设。其次，着力补齐农村公共服务短板。整体提升农村公共服务能力，完善农业农村发展的“硬基础”与“软环境”。提高农村教育质量，在提升农民学历水平的同时，重点做好职业技术教育与技能培训。全面推进健康乡村建设，加强医疗保健水平。从完善社会保障制度、提供便民服务、推动文化传承发展等方面加快补齐农村公共服务短板。再次，强化改善农村人居环境的工作力度。实施农村人居环境整治提升五年行动，重点解决前期人居环境整治工作中的遗留问题，增强农村居民自觉的环保意识，为人居环境改善营造良好的社会氛围。在乡村建设过程中，要重点贯彻“为农民而建”的理念，充分考虑农民需求，照顾农民的感受，调动农民的积极性、主动性、创造性，增加农民群众的获得感、安全感和幸福感。

（四）统筹推进乡村振兴

一是统筹区域发展。我国各地区经济发展水平不一，中西部地区农村之间、中西部地区与东部沿海地区之间还有很大差距。实施区域协调发展是党的十九大做出的重要决策部署，是推进乡村振兴、实现共同富裕，让全体人民共享发展红利的现实需求。要从统筹区域发展的全局入手，调整农村经济发展模式，完善产业结构，平衡农村资源要素投入，以实现区域经济协调稳步发展。二是统筹城乡发展。虽然多年以来我国城镇化的速度与质量不断提高，但不均衡、不充分发展问题始终存在。破解城乡二元结构壁垒，促进人才、资金、技术、管理等资源要素城乡互通，一方面，要抓好城镇建设，重新审视、统筹规划城乡区域发展空间。根据促进大中小城市和小城镇协调发展、推进以县城为重要载体的城镇化建设目标要求，推出具体改革举措。以发展都市群和县域经济为重点，加快布局中心城镇、商业重镇、特色小镇，提升城镇对于乡村的扶持带动能力，构建农村支持城镇建设、城镇反哺农村发展的良好局面。另一方面，分类推进不同农民群体的城镇化，实现有效转移。对于已经转移进城的农村人口，要加快落户，保障市民待遇，实现就地市民化；对于职业化农民以外的农村富余劳动力，要重点加强教育培训，实现非农领域的充分就业，做到观念融合、身份融合、技能融合，顺利完成从农民到市民身份的转换；对于有意愿进城落户的农村居民，探索退出承包地、宅基地退出机制，确保其能够在城市有稳定住所，有稳定收入，无后顾之忧。通过产业集聚、人口集中，以工补农，以城带乡，填补城乡发展水平的断层，重构工农互促、城乡互补、协调发展、共同繁荣的新型工农城乡关系。三是统筹"五大振兴"。乡村振兴战略是一篇大文章，产业振兴、人才振兴、文化振兴、生态振兴、组织振兴是不可分割的有机整体，彼此之间相互联系、相互作用、相互促进，共同指向促进农业全面升级、农村全面进步、农民全面发展。产业振兴是乡村振兴的物质基础，是区域经济发展与农民就业增收的源动力。人才振兴是乡村振兴的关键所在。一支强大的人才队伍是凝聚乡村发展人气、增加乡村发展活力与后劲的强心剂。文化振兴是乡村振兴的灵魂之火。弘扬社会主义核心价值观，推进乡村公共文化建设，将优秀的乡村文化发扬光大，是提升乡村社会文明程度、展现新时代农民新面貌的支撑点。生态振兴是乡村振兴的内在要求。绿水青山就是金山银山，良好生态环境将成为乡村最大的财富流。组织振兴是乡村振兴的根本保障。加强农村基层党组织建设，构建充满活力、和谐有序的乡村治理体系，促进多元主体参与互动，是发挥农民主体功能，维护农民政治经济权利的保护伞。在乡村振兴的实践中，“五大振兴”不可割裂对待、顾此失彼，既要注重其协同性、关联性，整体部署、协调推进，也要抓住重点，聚焦关键环节领域，形成重点突出、逻辑清晰、方向明确的总体工作部署与具体实施方案。

四、全面推进乡村振兴的任务举措

面向“十四五”时期经济社会发展的宏伟目标，要努力提高农业发展质量与效益，确保农业产业安全，增加农民收入，建设美丽乡村，在实现农业增产、农民增收、农村美好方面再创佳绩。

（一）提高农业质量效益和竞争力，实现高质高效

一是提升发展质量。坚持“藏粮于地、藏粮于技”，以保障国家粮食安全为底线，像保护大熊猫一样保护耕地，采取长牙齿的硬措施保障耕地面积与质量。调整优化农业结构，延伸拓展产业链。提高粮食生产的规模化水平，推动种养业向标准化、品牌化和绿色化方向发展，保障粮棉油糖肉等重要农产品供给数量、质量安全。二是完善现代农业产业技术体系。瞄准重点产业、品种、环节，提高农业科技自主创新水平。改善提升农机装备、农田水利、仓储物流等设施条件，强化农业科技和装备支撑。整合科研力量，加强联合攻关，提升科技创新主体在农业生产经营活动中的参与度，加强其对于新型农业经营主体与普通农户的指导与服务，构建高效、实效、长效的农

业科技创新体系。三是创新产业组织方式。坚持市场和消费导向，引导龙头企业与农民共建农业产业化联合体。建立龙头企业、农民合作社、家庭农场等多元主体分工协作机制，促进资源共享、成果共享、利益共享，使之成为引领我国现代农业发展的重要力量。四是发展富民乡村产业。在产业选择上注重多元化，粮食主产区要在加工方面做文章，在农业内部融入二、三产业发展要素；发展都市农业重点要落在“菜篮子”产品方面，延长产业链，提升价值链，保障食物安全；山区丘区要在发展农文、农旅融合等新模式，丰富乡村经济业态上下功夫，推动现代农业竞争力的提升与可持续发展。

（二）促进农民增收，实现富裕富足

一是制定规划目标。科学制定农民收入增长的阶段性目标，长期目标应具有约束性，要千方百计努力完成。短期目标应具有指导性，同时具有一定弹性空间，使农民收入的增长速度既能适应短期形势变化，又能完成长期任务。二是挖掘增收潜能。将分工分业向纵深推进，建立城乡平等的就业制度，落实更加积极的就业政策。在推进新型城镇化、吸引农村富余劳动力向城市转移的同时，通过将城市部分劳动密集型产业向农村地区产业园转移、发展特色产业等方式，实现农民充分就业，多渠道促进农民持续增收。三是拓展就业领域。正视当前我国仍存在一大批中低技能劳动者的现实情况，鼓励发展家政、养老、护理生活性服务业、手工制作等产业，提供充足的就业岗位。创建一批创新创业和孵化实训基地，鼓励创业者在乡村地区创办有特色、有潜力、可持续的企业，引导农民到新产业、新业态就业创业，培养一批高素质农村劳动力。从更长远的角度看，培育更多能够跻身高端、前沿、现代的产业、行业、机构的优秀人才，成为新一轮人才竞争的参与者。四是加强兜底保障。建立完善城乡居民基本养老保险待遇确定和基础养老金正常调整机制，推动农民工失业保险扩大覆盖面，完善最低生活保障制度，在发展中保障和改善民生。

（三）实施乡村建设行动，实现宜居宜业

一是全面落实城乡统一、重在农村的基础设施建设保障机制。以县域经济发展为乡村建设关键点和突破口，以城乡统筹的规划为引领，把强化农村基础设施建设纳入新基建规划，加快传统基础设施的提档升级。改善农业生产条件，深入推进高标准农田建设，保护农田环境。重点加强用水保障，提高供电稳定性，加快通自然村（组）路和村内主干道建设，健全仓储、冷链、物流配送体系，完善基础设施长效管护运营机制。提升信息化建设水平，打造“数字乡村”。将数字技术广泛应用于农产品产供销、风险监测预警、文化教育与乡村治理等方方面面。强化改善农村人居环境的工作力度，扎实做好农村改厕、生活垃圾处理、污水治理等工作，做到全覆盖、无死角。对工作开展过程中存在的厕所改造配套产品技术不适用、污水处理设备运行成本过高、生活垃圾收运不及时等问题提出有效解决方案。二是提高农村公共服务供给有效性、精准性。聚焦农民“急难愁盼”的问题，持续优化农村公共服务供给，促进城乡基本公共服务的均等化。加大教育、卫生、就业、社会保障等方面的投入，夯实高质量农村公共服务的基础。关注农村留守儿童、空巢老人等突出的社会问题，保障弱势群体的物质生活与心理健康。培养专业公共服务人才，发动社会组织等公益力量，发挥其在发掘社区公共议题，提供就业帮扶、养老服务、生态环保服务，组织各类文体康健娱乐活动等方面的专业优势、经验优势、资源优势，使农村公共服务更便利、更亲民。在不稳定性、不确定性增加的环境下，针对可能出现的自然灾害、安全事故、公共卫生等突发事件，提升应急管理能力，确保农业产业安全与农民生命财产安全。三是建设生态宜居的美丽乡村。开展生态保护修复工程，对山上山下、田间地头、河湖流域开展系统治理，山水田林湖草沙七篇文章一起做，使看得见山，看得见水，记得住乡愁成为现实。在坚持生态优先的前提下，根据乡村特色风光、文化传统选择适宜的生态宜居乡村建设模式，开展生态农产品品牌建设、休闲观光、农事体验等项目，既要保护绿水

青山，也要拥有金山银山。通过开展村庄清洁和绿化行动、美丽宜居村庄和美丽庭院示范创建等一系列项目，提升农民群众在绿色化发展过程中的主体意识、自觉意识，为乡村生态振兴减轻阻力，增强动力。

（四）巩固拓展脱贫攻坚成果，实现平稳过渡

中央农村工作会议指出，脱贫攻坚目标任务完成后，对摆脱贫困的县，从脱贫之日起设立 5 年过渡期。在过渡期内要总结好经验，设计好方向，努力从根本上消除贫困基因。一是保持过渡期内主要帮扶政策总体稳定。摘掉了贫困的帽子，但不摘政策，不摘帮扶，不摘责任，不摘监管。对现有帮扶政策逐项分类优化调整，合理把握调整节奏、力度、时限，逐步实现由集中资源支持脱贫攻坚向全面推进乡村振兴平稳过渡。二是完善区域、主体间互利共赢的协调机制。东西部扶贫协作作为脱贫攻坚中的创举，在新阶段要将其推向深入，促进区域之间的互利互补，协调发展。将财政资金同企业协作更好地结合，发挥财政资金的引导作用，通过贴息贷款、风险担保、财政奖补等方式，引导和激励企业投资于脱贫地区的重点区域、重点项目。做好易地扶贫搬迁的后续工作，在就业创业、公共服务、社会保障、精神文明建设等方面对搬迁居民进行全面保障，使其更好地融入新环境，提升归属感。三是建立解决相对贫困的长效机制。对于欠发达地区、新兴产业业态，要加大各种资源要素的投入力度。以产业发展和就业转移为核心，强化自身造血功能，在防止返贫的同时实现更高层次的发展。对低收入人群、已脱贫人口、边缘易致贫户等，建立防止返贫监测预警和帮扶机制，防止规模性返贫，推进巩固拓展脱贫攻坚成果与乡村振兴有效衔接。

五、构建全面推进乡村振兴战略的全面保障

乡村振兴在实现民族复兴、应对世界百年未有之大变局、构建新发展格局中占据重要地位。民族要复兴，乡村必振兴。全面推进乡村振兴战略，需要秉承更高质量、更有效率、更加公平、更可持续、更为安全的理念，完善相关保障措施，确保各项措施落地生根、取得实效。

（一）坚持党的全面领导

深入贯彻落实全党抓农业的理念，坚持党总揽全局的领导核心地位，发挥党组织强大的动员能力和组织协调能力，是全面推进乡村振兴的根本保障。落实《中国共产党农村工作条例》，完善党领导“三农”工作体制机制，一是要始终把解决好“三农”问题作为全党工作重中之重。落实农业农村优先发展理念，在制度建设、政策体系以及措施保障上形成规范化要求。二是健全乡村振兴战略领导责任制。全面实行中央统筹、省负总责、市县抓落实的工作机制，坚持五级书记抓乡村振兴，层层压实责任，坚持党政同责，使“三农”政策的落实有抓手，有保障，见实效。三是切实加强各级党委农村工作部门建设，优化党的农村工作机构设置和人员配置，理顺部门职能，发挥协同作用，做好新时代的“三农”工作。

（二）坚持以我为主的产业安全观

面向新阶段，确保农业产业安全的极端重要性比以往任何一个时期都更加突出。在谋划“十四五”经济社会发展规划，设计中长期经济社会发展思路时，要把农业产业安全摆到保生存的极端重要位置上。以增产保供为基本目标。最大限度提升我国粮食生产综合能力，立足国内保证粮食供应链正常

运转，维持农业生产秩序，维护粮食供应和价格稳定，减少贸易限制。以此为准则，进行战略布局、规划方向、行动步骤的安排。平衡调剂产业产品。总体思路是谷物尽最大能力自给保供，口粮必须百分之百靠国内生产、国内供给，而依赖国际资源、国际市场调剂的只能是口粮、谷物以外的其他农产品。以中国供给解决中国需求，以中国资源解决中国问题，是农业产业安全观的基本内涵。警惕防范国际市场风险。充分考虑国际市场的不稳定和不确定性，采取有效策略应对来自国际投机资本对粮食市场的炒作、推动全球农产品价格从结构性上涨转向全面上涨，谨防市场恐慌、抢粮囤粮，及时排除农业产业安全隐患。

（三）坚持优先保障“三农”投入

一是强化农业农村优先发展财政投入保障。在继续确保公共预算优先安排农业农村的基础上，重点抓土地出让金收益用于农业农村的政策落实。按照《关于调整完善土地出让收入使用范围优先支持乡村振兴的意见》要求，到“十四五”末期，以省（区、市）为单位核算，土地出让收益用于农业农村的比例要达到50%以上。以2020年为例，全国土地出让收入约为8.4万亿元，扣除约80%的成本性支出后，剩余的20%即1.68万亿元为土地出让收益，将其中的50%用于农业农村，则应有8400亿元用于农业农村建设。到“十四五”末，这一数字还会继续增长，对农业农村现代化发展将产生重要影响。二是引导社会资本、民间资本投入农业。近几年来，民间农林牧渔业投资增长率由2017年的12%、2018年的12.4%增长到2020年的13.5%，增速始终快于一般民间投资增长率。虽然受到各种风险因素的影响，投资额存在一定波动，但总体上保持了持续向好的趋势，表明了资本对于农业的投资信心。为此，要强化政策指导，引导社会资本、民间资本精准投向农业农村现代化发展的重点领域、关键环节。充分发挥财政资金的杠杆撬动作用，创新投融资模式，建立健全对接平台，推动各类资源要素融合，突破金融、土地等瓶颈制约，做好服务，促进资本投入发挥最大效能。三是发展普惠金融与农业保险。金融机构要以服务产业、服务主体、服务实体为原则，增加社会责任感，金融产品和服务机制的设计要惠及普通农户、新型农业经营主体，对标需求量身定制。以“提标、扩面、增品”为方向，探索建立以保险为主导的有中国特色的农业支持保护体系，帮助农民告别“望天收”，挑稳“金扁担”。充分发挥包括金融、保险、期货、再保险、担保等工具的功能作用，维护农业产业安全与国民经济发展大局。

（四）坚持抓好农村重点改革任务

一是土地制度改革。坚持农村土地“三权分置”的改革思路，引导农民以多种方式流转土地经营权，实现土地经营权流转与农村劳动力要素进城、城市资本要素下乡的有机统一。对农业用地加强督查，坚决遏制耕地非粮化、非农化，保障粮食及重点农产品总量安全。积极探索宅基地“三权分置”的实现形式，盘活用好宅基地，提高利用效率、丰富使用方式、适当放宽经营主体，为发展乡村产业释放活力。加快建立完善农村集体经营性建设用地入市制度，改革农村集体土地征收制度，全面开展农村土地整理，运用市场机制盘活乡村存量土地和低效用地。二是经营方式创新。充分发挥合作社、家庭农场示范带动作用，为农业生产经营提供更全面、更优质的服务，形成农民职业化的基础。强化现代农业企业的创新性、示范性，完善企业与其他经营主体，尤其是小农户之间的利益联结机制。提升农业社会化服务组织的服务能力，建立功能多样、经济便捷、专业高效的新型农业社会化服务体系。重点完善以土地托管、半托管为代表的社会化服务新模式，加快农业现代化、产业化进程。三是产权制度改革。发展新型农村集体经济，按照农村集体产权制度改革试点工作要求，在做好清产核资的基础上，盘活用好集体资产，促进集体资产与农民收益同步增长。丰富集体经济实现形式，使新型集体经济与家庭农场、合作社、工商资本、国有农场等共同成为大国小农国情之下提高农民组织化程度的载体，实现农村改革的二次飞跃。

（五）坚持对外开放立场不动摇

统筹利用国际国内两个市场、两种资源，缓解大宗农产品供需平衡矛盾，在全球农业一体化中乘势而上，打造具有竞争力的大国农业。一是培育具有国际竞争力的大型农业企业。拓展视野，更新理念，整合资源，创新制度，汇聚人才。按照现代化、国际化大企业的标准，激励我国现有的大型农业龙头企业目标更高，步子更大。力争实现世界500强企业中，我国农业企业榜上有名的历史性突破。在更大范围内推动我国农业资源、技术、产品和服务“走出去”，秉承人类命运共同体意识，使我国农业发展成果更多惠及世界更多国家和人民。二是稳定拓展农产品供应保障国资源。做好对东盟、中亚、南亚、俄罗斯等周边国家地区和“一带一路”沿线国家和地区的投资布局。分散高度集中的进口贸易格局存在的风险，选择“一带一路”资源性农产品丰裕、政治经济环境相对宽松、与我国双边关系稳定良好的国家开展深度合作，优化农产品进出口贸易结构，建立多元化农产品供应体系，有效保障我国粮食及食物安全。三是坚持多边贸易。开展农业领域的高质量、高水平国际合作，深入推动“一带一路”农业合作、全球农业南南合作，实现互信、互惠、互利。推动各国在农业科技研发、数据共享、信息交流、市场监测、贸易政策等方面的互联互通。加强境外农业合作示范区、农业对外开放合作试验区建设。坚持“双轮驱动”，构建高水平双向开放格局，为疫后全球农业恢复发展做出积极贡献。

做好新时代的“三农”工作，推动现代农业高质量发展，将农村打造成城乡居民安居乐业的热土，增进农民福祉，培育更多优秀的新型职业农民以更平等、自信的姿态参与社会主义现代化国家的建设，是全面实现乡村振兴重大意义所在。在新的历史起点上，我们要把握新形势，明确新任务，展现新作为，走出一条具有中国特色的乡村振兴道路。只要我们行而不辍，必然未来可期。

对标全面建成小康社会解决农村民生突出短板问题对策研究*

2021 年是“十四五”规划起航之年。站在“两个一百年”奋斗目标的历史交汇点上，面对更加复杂的国内外经济社会环境，在扎实做好“六稳”工作基础上，完成“六保”新任务，成为有效应对一系列新挑战和新风险的必然选择。2020 年 10 月召开的十九届五中全会再次明确指出“民生保障存在短板”，这与“六保”任务的保居民就业、保基本民生和保基层运转具有价值追求的同一性。综观全面建成小康社会目标要求，最突出的短板在“三农”、最明显的弱项是农村基础设施和公共服务，通过对现有研究文献的梳理可以印证这一基本判断。采取措施补齐农村民生存在的短板和弱项，才能够为开启“十四五”新阶段、夺取全面建设社会主义现代化国家新胜利奠定坚实基础。

---

① 本报告是清华大学中国农村研究院2020年重点研究课题“对标全面建成小康社会解决农村民生突出短板问题对策研究”的研究成果，报告观点仅代表课题组的看法。课题负责人：于水，南京农业大学公共管理学院副院长、教授。报告执笔人：于水。

一、农村民生发展研究现状与问题提出

（一）农村民生建设历史演进和成就的回顾总结研究

中华人民共和国成立以来的农村民生实践，经历了从曲折发展到注重实现农民“全面发展”的演进过程。运用政策文本量化分析方法对改革开放以来的中央一号文件进行分析，发现构建的中国农村民生政策体系，在农村民生政策实现全覆盖的情况下仍在住房保障政策上存在弱项。梳理党的十八大以来党对农村建设的探索和政策演进，党为了规划农民的美好生活，在农村事业方面做出了巨大的贡献，其制定的重大决策和基本方针都具有重要的现实意义。农村生产力的飞速发展、民主政治建设稳步向前、精神文明建设有序推进、基础设施和公共服务供给逐步完善、生态环境保护得到重视，各项民生政策和工作的有力推进，促进了我国农村民生事业不断向好发展。

（二）当前农村民生建设中存在突出问题的研究

目前，我国民生工作存在的主要问题是市场机制和公共服务不均衡等原因导致的收入和实际生活差距较大，部分困难群众仍然达不到常规生活水平，各地政府提供的公共服务在质量上仍然存在差距。建设资金不足、基础设施落后、教育资源布局不均、人口结构断层、农民精神文化生活单调和环境污染严重是当前我国农村民生领域的六个突出问题。城乡居民收入差距继续拉大、基本公共服务差距明显，以及农村基础设施建设依然落后，克服这些问题是全面建成小康社会的关键任务。我国乡村民生存在诸多问题，尤其表现为村民政治参与不足、群众利益诉求响应不及时，经济发展滞后、农民就业创业难、经济收入来源渠道狭窄，乡村文化生活单一、村民精神家园不充实，以及乡村医疗卫生服务、健身服务、养老服务等软件硬件资源配置不充分等方面民生工作均存在欠缺。不少西部和北部农村地区，面临人口结构比例失衡、农民收入水平低且生活条件差、农村家庭照料功能弱化、农民综合素质低、农村封建残余风俗盛行、村干部存在不正之风、农民信仰危机等问题。

（三）特定地区民生项目或特定领域民生工作实施成效的研究

目前，农村就业和农民增收依然困难、乡镇企业面临转型升级的巨大压力，且现行乡镇财政体制和预算安排制约了农村公共服务的提供。除此之外，学者对西部农村残疾人的民生保障与公共服务、村级公益事业“一事一议”的民生效果等也开展了调查研究。河北省农村仍存在着基础设施落后、收入低消费高、教育水平落后、住房保障体制还不完善及生活环境相对较差等问题。苏北农村民生存在教育、医疗、养老、住房、环境五大难点问题。云南边疆民族地区，特别是农村还存在各种难以自我克服和改变的困难与劣势，居民平均收入水平和社会公共服务水平远远落后于发达地区。民生服务工作人员的素质直接影响群众对公共服务的满意度。武陵山民族地区民生建设存在贫困农户人力资本严重缺乏、家庭经济十分脆弱、“弱有所扶”的民生建设存在低保兜底保障效用有限等多种问题。

现有成果为本课题的进一步研究提供了文献积累。但现有文献不仅缺乏对农村居民民生满意度的系统性分析，而且缺少大范围的长期调研数据总结农村居民的民生关切。本课题意欲解决的问题有三个：一是对标中央确定的全面建成小康社会目标，梳理其对农村民生发展有哪些要求；二是通过实地调研和统计分析等方式，对江苏省和全国层面的民生发展状况进行分析，探讨两者之间存在哪些差别；三是依据调查和比较分析的结果，考察哪些举措有助于更好地推动“十四五”期间农村民生发展工作。

二、全面建成小康社会目标对农村民生的要求

（一）精准定位民生短板的主要表征

党的十八大报告首次正式提出全面建成小康社会，与20世纪70年代末80年代初邓小平在规划中国经济社会发展蓝图时提出的战略构想，既一脉相承又有所发展，即不仅强调“小康”，而且为这一目标设置了“全面”这一限定语，平衡、协调和可持续发展是全面建成小康社会的必要条件。实现平衡就必须将小康社会建设覆盖所有人口和地域，让所有农村摆脱贫困落后面貌，既注重提升农村群众对全面建成小康社会满意度，又增强国际社会对中国减贫成效的认可度。实现协调就必须各个领域都要进行覆盖和统筹，促进现代化建设的各个方面和各个环节均衡发展。实现可持续发展就必须在覆盖全区域的基础上，逐渐缩小不同地区间的经济社会发展差距。正因基于上述考量，指出老弱病残贫困人口、深度贫困地区以及生态环境、公共服务、基础设施等领域民生短板明显。同时对标对表全面建成小康社会目标，也是验证民生发展短板和实施精准治理的基本依托。

（二）聚焦健全各项托底性民生制度

民生问题涵盖的内容广泛，涉及人民群众生活的各个方面，要有针对性加强普惠性和基础性民生建设，增强民生保障人民群众基本生活的兜底功能。首先，要打好脱贫攻坚“总决战”。聚焦深度贫困地区和民族地区，重点攻克“三保障”面临的最后堡垒，切实做到一个也不能少，全国人民群众共同走向小康之路。其次，继续加大基础性民生投入的力度。不仅要着力于解决好上学难、看病贵、住危房、养老困难等基本生存问题，而且要加强对

农村尤其是偏远地区水、电、路、讯等基础设施的建设与维护，更要建立健全农村留守儿童、妇女、老年人关爱服务体系。最后，要健全社保兜底机制。对于农村老弱病残等缺乏劳动能力、无法通过自我主观努力脱贫的特殊群体，一定要发挥好社会保障的“社会安全网”功能，完善生活托底、大病兜底等保障机制，让处于不利地位的弱势群体能够与全国人民同步进入全面小康社会。

（三）科学有效开展民生治理绩效评估工作

按照2018年通过的《中共中央　国务院关于打赢脱贫攻坚战三年行动的指导意见》，2020年至2021年年初要开展国家脱贫攻坚普查工作，这已经成为各级政府和社会各界最为关心的问题之一。为最大限度地实现脱贫攻坚成效，真正帮助困难群体摆脱贫困，避免脱贫后返贫和规避数字脱贫、虚假脱贫等问题，一定要遵循科学审慎有序的民生治理绩效评估方法。一方面要树立全面建成小康社会并非“平均主义”的意识，要参照地域经济社会发展实际、因地制宜改善民生状况，不能高胃口，更不允许盲目攀比，坚决反对“数字”脱贫、“指标”脱贫。另一方面，在评估时要注意主观与客观兼顾，因为衡量真实的民生绩效不仅要看地方政府等治理主体量化的数据指标，更要充分考虑、观察和询问人民群众的实际生活状态和现实的获得感。

（四）有效推进全面小康与后小康社会的有机衔接

透过历史发展的视角，民生保障工作仍需继续推进。2020年全面建成小康社会仅仅是党和政府实现的第一个百年奋斗目标，跨越这一发展阶段，整个中国社会还要为中华民族几千年梦寐以求的“大同社会”理想生活状态而奋斗。因此，全面建成小康社会不是民生治理事业的终点，而是开启民生治理新征程、新目标的起点，真正做到“脱贫摘帽不摘责任、不摘政策、不摘帮扶”。我们既要为全面建成小康社会跑好“最后一公里”，又要乘势而上开启全面建设社会主义现代化国家新征程。要结合研究制定“十四五”规划，部署好全面建成小康社会之后的发展，实现“两个一百年”奋斗目标有机衔接。

三、江苏省民生发展总体状况

南京农业大学地方治理与政策研究中心在2020年组织实施了江苏省民生调查，采用分层多阶段概率与规模成比例的抽样方法，在江苏省抽取了1200户家庭，采用面对面入户访问的调查方式，发放1200份问卷并全部回收，问卷有效率100%。

（一）工作与就业

表1中，城镇地区居民缴纳医疗保险的占97.9%，农村地区缴纳医疗保险的占96.9%，苏南地区缴纳医疗保险的占96.7%，苏中地区缴纳医疗保险的占96.5%，苏北地区缴纳医疗保险的占98.8%，本地居民缴纳医疗保险的占94.6%，外地居民缴纳医疗保险的占97.5%。

表1　　医疗保障情况比较　　单位：%

	城乡		地区			户籍所在地		合计
	城镇	农村	苏南	苏中	苏北	本地	外地	
城镇职工基本医疗保险	48.4	5.8	45.9	35.7	9.2	29.6	27.9	29.5
城乡居民基本养老保险（城镇居民基本医疗保险和农村基本医疗保险或新型农村合作医疗保险）	43.1	87.9	44.3	54.1	86.9	63.0	62.2	62.9

续表

	城乡		地区			户籍所在地		合计
	城镇	农村	苏南	苏中	苏北	本地	外地	
公费医疗	1.3	0.2	1.6	0.4	0.2	0.8	0.9	0.8
商业医疗保险	3.6	2.2	3.5	4.7	1.4	2.9	3.6	2.9
儿童—学生—老人的专门医疗保险	1.6	0.9	1.4	1.6	1.0	1.4	0.0	1.3
没有任何医疗保险	2.1	3.1	3.3	3.5	1.2	2.3	5.4	2.5

表 2 中，就居民是否正在从事有收入的工作来看，苏南、苏中、苏北地区间差异较小，但是城镇和农村差异仍较大。从户籍所在地来看，本地和外地的受访者差异较为明显，本地中有工作的受访者占 49.0%，有工作但暂时停歇业者占 0.6%，以前有工作但现在不工作者占 45.1%，未做任何工作者占 5.3%。外地中有工作的受访者占 77.9%，有工作但暂时停歇业者占 4.8%，以前有工作但现在不工作者占 17.3%，没有未做过任何工作的受访者。

表 2　当前正从事的工作类型的比较　单位：%

	城乡		地区			户籍所在地		合计
	城镇	农村	苏南	苏中	苏北	本地	外地	
有工作	41.8	63.2	45.8	51.7	57.1	49.0	77.9	51.5
有工作，但目前暂时停业、歇业	1.1	0.9	1.3	0.8	0.8	0.6	4.8	1.0
以前有工作，现在不工作（包括离退休、下岗、离职等）	53.8	29.2	50.6	42.5	34.8	45.1	17.3	42.7
从未做任何工作（包括毕业后未工作、正在上学）	3.4	6.6	2.3	5.0	7.3	5.3	0.0	4.8

表 3 中，对于受访者工作地点的比较中，在本市工作的居民占比达到了 98.1%，而在省内其他市以及外省工作的居民比例仅为 1.1% 和 0.8%。此外，城镇和农村差异也不大。从地区来看，苏南、苏中、苏北之间情况也较为接近，苏南在本市工作的占 99.6%，没有在省内其他市工作的受访者，在外省工作的占 0.4%；苏中在本市工作的占 96.0%，在省内其他市的占 2.4%，在

外省工作的占 1.6%；苏北在本市工作的占 98.2%，在省内其他市的占 1.4%，在外省工作的占 0.4%。

表 3　受访者工作地点的比较　单位：%

	城乡		地区			户籍所在地		合计
	城镇	农村	苏南	苏中	苏北	本地	外地	
本市（县、区）	99.2	97.1	99.6	96.0	98.2	97.8	100.0	98.1
省内其他市（县、区）	0.4	1.7	0.0	2.4	1.4	1.3	0.0	1.1
外省（直辖市、自治区）	0.4	1.2	0.4	1.6	0.4	0.9	0.0	0.8

表 4 中，城镇地区缴纳养老保险的居民占 90.4%，农村地区缴纳养老保险的占 83.7%，苏南地区缴纳养老保险的占 89%，苏中地区缴纳养老保险的占 88.3%，苏北地区缴纳养老保险的占 85.4%，本地缴纳养老保险的占 88.7%，外地缴纳养老保险的占 74.1%。数据显示，养老保险的普及率及参保率均较 2019 年有明显增长。

表 4　养老保险情况的比较　单位：%

	城乡		地区			户籍所在地		合计
	城镇	农村	苏南	苏中	苏北	本地	外地	
城镇职工基本养老保险	50.5	7.1	47.4	37.1	11.3	31.5	26.9	31.1
城乡居民基本养老保险（包括城镇居民基本养老保险和农村居民基本养老保险或新型农村合作医疗保险）	35.1	70.1	35.4	46.8	68.6	51.3	45.2	50.8
机关事业单位养老保险	0.7	0.4	1.2	0.0	0.2	0.6	0.0	0.6
参加过城镇职工基本养老保险，但现已中断缴费	1.0	1.3	1.2	0.4	1.4	1.1	1.0	1.1
参加过城镇居民基本养老保险，但现已中断缴费	0.9	0.0	0.6	0.4	0.4	0.5	0.0	0.5
参加过新型农村合作医疗保险，但现已中断缴费	0.3	2.2	0.4	1.6	1.6	1.2	0.0	1.1
商业养老保险	1.6	2.7	2.6	2.0	1.6	2.2	1.0	2.1
企业年金	0.3	0.0	0.2	0.0	0.2	0.2	0.0	0.2
未到年龄，不需要	1.5	2.5	1.6	0.8	2.9	1.5	6.7	1.9
都没有	7.8	12.9	8.2	10.5	11.7	9.5	15.4	10.0
不知道	0.3	0.9	1.2	0.4	0.0	0.3	3.8	0.6

数据显示（见表5），就受访者本人的职业类型来看，从事的职业类型多样，从事的职业分散，其中，受访居民19.8%从事专业务农，6.2%为民营/私营企业员工，个体工商户雇主占比5.2%，农村专业管理人员与党政机关、军队、社会团体职员都占比3.1%；其家庭成员的职业类型主要集中在民营/私营企业职工，占比15.4%；专业务农，占比6.5%；其余受访者其他家庭成员从事的职业比较分散，分散从事个体工商户雇员、自由职业者、教科文卫等事业单位职工等。

表5　受访者就业类

当前就业类型	本人		家庭成员	
	样本数	占比（%）	样本数	占比（%）
专业务农	237	19.8	195	6.5
兼业农民	33	2.8	73	2.4
农村自营业者	25	2.1	23	0.8
农村专业管理人员	37	3.1	12	0.4
党政机关、军队、社会团体职员	37	3.1	42	1.4
教科文卫等事业单位职工	20	1.7	75	2.4
国有（国有控股）企业职工	12	1.0	85	2.8
民营/私营企业职工	74	6.2	464	15.4
合资、外资或港澳台企业员工	12	1.0	29	1.0
民办非企业单位、非营利组织	4	0.3	10	0.3
个体工商户雇主	62	5.2	103	3.4
个体工商户雇员	33	2.8	158	5.3
自由职业者	39	3.3	152	5.1
其他/不清楚	5	0.4	35	1.2
逻辑跳过	570	47.5	1550	51.2

表6中，就江苏省居民从事的行业来看，从事的行业类型多样，吸纳就业人员最多的是农林牧渔业（22.5%）和居民服务、修理和其他服务业（4.8%）。受访者家庭成员主要集中于农林牧渔业（8.8%）和制造业（8.4%）。

表 6　受访家庭就业所属行业表

所属行业	本人		家庭成员	
	样本数	占比（%）	样本数	占比（%）
农、林、牧、渔业	270	22.5	265	8.8
采矿业	0	0.0	2	0.1
制造业	54	4.5	254	8.4
电力、煤气及水的生产和供应业	4	0.3	45	1.5
建筑业	26	2.2	137	4.6
批发、零售业	41	3.4	103	3.4
交通运输、仓储及邮政业	15	1.3	85	2.8
住宿和餐饮业	38	3.2	62	2.1
信息传输、计算机服务和软件业	4	0.3	38	1.3
金融业	3	0.3	34	1.1
房地产业	1	0.1	13	0.4
租赁和商务服务业	12	1.0	20	0.7
科学研究、技术服务和地质勘查业	0	0.0	13	0.4
水利、环境和公共设施管理业	2	0.2	10	0.3
居民服务、修理和其他服务业	58	4.8	131	4.4
教育业	11	0.9	38	1.3
卫生和社会工作	32	2.7	41	1.4
文化、体育和娱乐业	7	0.6	24	0.8
公共管理、社会保障和社会组织	47	3.9	47	1.6
国际组织	0	0.0	0	0.0
其他 / 逻辑跳过	5	0.4	94	3.1
逻辑跳过	570	47.5	1550	51.6

数据显示（见表 7），江苏地区居民最希望在工作中改善的问题是收入水平低，占 27.8%，其次是工作辛苦，占 18.8%。从城乡上看，农村居民认为收入水平低的占 29.4%，是城市居民的 1.15 倍；从地区上看，苏南、苏中、苏北居民认为收入水平低的比重分别是 26.2%、29.2% 和 28.3%，区域之间的居民认为收入水平低的比重差距小，说明江苏各地区居民希望改善的问题是收入水平低；本地与外地居民都希望在工作中改善的问题是收入水平低。

表 7 对当前的工作最希望改进的地方的比较 单位：%

	城乡		地区			户籍所在地		合计
	城镇	农村	苏南	苏中	苏北	本地	外地	
工作不稳定，失业风险大	8.9	7.7	7.9	6.8	9.0	8.0	9.7	8.2
收入水平低	25.5	29.4	26.2	29.2	28.3	28.2	25.0	27.8
收入不稳定	14.2	20.1	13.1	13.5	22.5	17.6	17.7	17.6
工作辛苦	18.1	19.4	18.9	21.4	17.8	19.7	12.9	18.8
安全和健康风险高	2.7	2.8	2.7	5.7	1.5	2.8	2.4	2.7
无社保或社保水平低	4.8	4.2	3.7	3.6	5.4	4.4	4.8	4.5
职业技能积累少，未来发展前景不好	3.6	1.6	3.4	2.6	1.7	2.2	4.0	2.4
都挺好，没有需要改善的	22.2	14.9	24.1	17.2	13.9	17.1	23.4	17.9

数据显示（见图 1），城乡居民不再外出打工原因中选择“因家庭原因不想或不能外出工作（如结婚生育、照顾老人或孩子等）”的人数较多，占总人数的 34.8%；另外，选择“因个人原因在外找不到工作（如年龄太大、学历太低、没有手艺等）”的人数也占一定比例，为 20.7%。同时，从图 1 中数据可以看出，“受疫情影响不敢或无法外出”的仅占 8.9%。综合上述分析，可以总结出家庭与个人因素是居民不外出打工的主要原因，2020 年的疫情不是影响城乡居民不外出打工的主要因素。

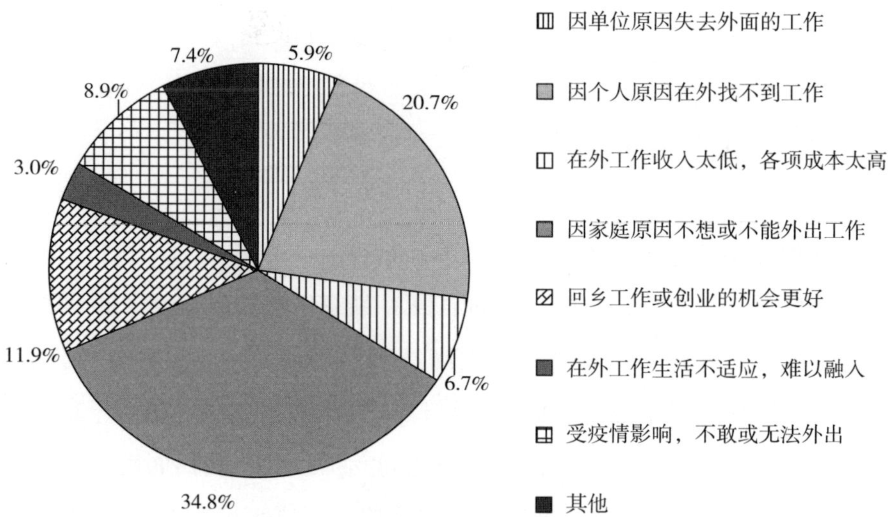

图 1 城乡居民不再外出打工原因

数据显示（见图 2），居民不再外出人口在家务业的情况较为多样。不再外出人口在家务业情况中选择“做自家农活”的人数较多，占了 26.6%；也有 18.8% 的受访者不外出工作，主要是“农业类企业或农村合作社、家庭农场、种养大户打工”；“在现代服务业创业经营”“互联网新兴行业创业”与“体制内单位工作”的所占比重较小。总体上说明，居民不再外出人口在家务业主要是从事传统类型的工作，从事现代化工作的人员较少。

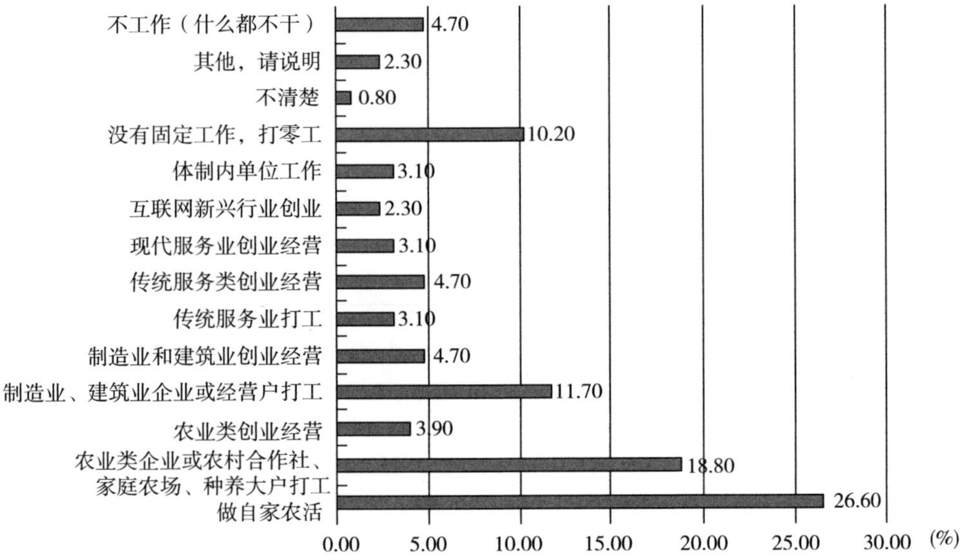

图 2　不再外出人口在家务业情况

（二）基本民生问题

1. 居民生活满意度总体较高

表 8 显示，从总体看，68.1% 的居民对家庭生活表示满意（很满意和基本满意），远大于表示不满意（不太满意和很不满意）的 12.9%。分城乡、地区和户籍所在地看也能得到同样的结论。具体看，城乡之间对于家庭生活的满意度较为接近，城镇居民的生活满意度为 68.4%，农村居民的生活满意度为 67.5%；地区之间和本地外地之间对家庭生活满意度存在一定的差异性。

表 8　　家庭生活满意度比较　　单位：%

	城乡		地区			户籍所在地		合计
	城镇	农村	苏南	苏中	苏北	本地	外地	
很满意	24.5	21.7	25.0	18.3	24.0	24.0	15.4	23.3
基本满意	43.9	45.8	42.1	55.4	42.1	45.5	36.5	44.8
一般	20.4	17.6	22.5	17.1	16.9	18.0	31.7	19.2
不太满意	9.6	10.7	9.0	8.3	12.1	9.7	14.4	10.1
很不满意	1.5	4.2	1.5	0.8	5.0	2.8	1.9	2.8

2. 收入医疗教育问题依旧是社会的焦点

由表 9 可知，居民最关心的问题是收入、医疗和教育问题，其次是养老和住房问题。此外，按城乡、地区和户籍所在地划分所统计的数据显示，农村对收入水平焦虑的家庭比例高出城镇 5.6%，苏北地区对收入水平焦虑的家庭比例分别比苏南、苏中高出 7.1% 和 6.2%，外地人员对收入水平焦虑的家庭比例比本地居民高出 3.3%。

表 9　　家庭生活焦虑情况比较　　单位：%

	城乡		地区			户籍		合计
	城镇	农村	苏南	苏中	苏北	本地	外地	
就业状况	6.1	3.5	6.0	3.5	4.7	4.3	10.3	5.0
收入水平	18.3	23.9	17.7	18.6	24.8	20.4	23.7	20.7
子女教育	19.1	18.2	18.0	15.8	20.9	18.1	24.1	18.7
医疗	19.3	22.2	17.6	23.7	22.0	22.2	6.3	20.6
养老	11.4	11.8	11.0	14.8	10.5	11.7	10.7	11.6
住房	7.4	3.7	8.3	6.7	3.0	5.1	12.1	5.8
食品安全	5.4	1.7	5.5	4.9	1.6	3.7	4.5	3.8
环境污染	3.3	0.7	3.1	3.2	0.8	2.3	1.3	2.2
交通出行	1.1	0.5	1.4	0.2	0.6	0.8	1.3	0.8
政府服务	0.3	0.5	0.7	0.0	0.3	0.3	1.3	0.4
其他	1.1	1.5	1.2	0.5	1.7	1.3	0.4	1.2
没有	7.2	11.7	9.6	8.1	9.2	9.7	4.0	9.1

（三）收入与消费

1. 居民年收入分布呈橄榄型结构，城乡、地区与本地外地居民间存在差异

从表 10 中的数据来看，所有受访居民 2019 年年收入在 5 万—25 万区间的家庭数量最多，所占比例达到了 59.2%，居民年收入分布态势呈现中间大两头小的橄榄型结构。从城乡层面分析，农村地区年收入在 5 万以下的家庭占 48.9%，而城镇地区年收入在 5 万以下的家庭仅占 19.6%；从地区层面分析，苏北地区年收入在 5 万以下的家庭占 48.3%，而苏南、苏中地区年收入在 5 万以下家庭的占比则分别为 20% 和 27.4%；从户籍所在地层面分析，本地居民家庭年收入在 5 万以下的占 34.4%，而外来务工人员家庭年收入在 5 万以下的占比为 16.3%。按城乡、地区和户籍所在地细分，家庭年均收入的格局差异比较大。

表 10　　2019年家庭年收入比较　　单位：%

	城乡		地区			户籍所在地		合计
	城镇	农村	苏南	苏中	苏北	本地	外地	
1 万元以下	3.7	15.3	5.0	8.3	13.1	9.3	4.8	8.9
1 万—2.99 万元	7.5	16.5	6.5	5.8	19.6	12.5	1.9	11.6
3 万—4.99 万元	8.4	17.1	8.5	13.3	15.6	12.6	9.6	12.3
5 万—9.99 万元	30.0	25.4	26.9	28.8	28.5	27.2	35.6	27.9
10 万—14.99 万元	19.7	14.5	20.6	21.3	12.1	16.6	25.0	17.3
15 万—24.99 万元	20.4	6.3	21.7	14.6	6.0	14.2	11.5	14.0
25 万—49.99 万元	7.9	4.0	8.1	6.7	4.0	6.0	7.7	6.2
50 万元以上	2.4	0.9	2.7	1.3	1.0	1.6	3.8	1.8

2. 居民增收感有所下降，其中农村、苏北以及外地居民尤为明显

从对受访居民 2019 年家庭收入变化的调查数据来看（见表 11），43.3% 的居民认为 2019 年收入与 2018 年基本持平；41.2% 的居民认为 2019 年收入较 2018 年“有些减少”或“明显减少”；仅 14.2% 的居民认为 2019 年收

入较2018年有增长。从城乡差异来看，认为本年度收入有所增长的城镇居民占比（19.3%）高于农村居民占比（8.0%），而认为本年度收入减少的农村居民占比（48.2%）高于城镇居民占比（35.5%）。从地区差异来看，苏北地区认为收入比2018年有增长的居民占比为8.5%，这一比例低于苏南的19.0%和苏中的15.8%，而认为收入比2018年减少的居民占比则高达51.5%，高于苏南的33.1%和苏中的37.1%。

表11　　2019年家庭总收入较去年增减幅度比较　　单位：%

	城乡		地区			户籍所在地		合计
	城镇	农村	苏南	苏中	苏北	本地	外地	
显著增长	0.9	0.6	1.3	0.4	0.4	0.7	1.0	0.8
有些增长	18.4	7.4	17.7	15.4	8.1	13.4	13.5	13.4
差不多	44.2	42.3	46.9	45.0	39.0	45.1	25.0	43.3
有些减少	20.9	28.5	20.0	24.2	28.8	23.8	29.8	24.3
明显减少	14.6	19.7	13.1	12.9	22.7	15.7	29.8	16.9
说不准	0.9	1.7	1.0	2.1	1.0	1.3	1.0	1.3

3. 经济援助工作落实较为到位

表12反映了受访居民2019年所获得的经济援助情况，从数据来看，低保、医疗救助、其他援助、精准脱贫救助占据了受访居民所获各类经济援助的前四位。从城乡层面上看，农村居民获得低保援助的比例最高；农村居民获得精准脱贫救助的比例同样比城镇居民高出3.2个百分点。从地区层面上看，苏北地区居民获得低保、精准脱贫救助的比例均高于苏南和苏中，而苏南地区居民获得的医疗救助最多。从户籍所在地层面来看，外地居民获得各类经济救助中其他援助所占比例较高，而本地居民获得的经济援助中低保援助所占比例较高。

表12　　2019年居民所获经济援助比较　　单位：%

	城乡		地区			户籍所在地		合计
	城镇	农村	苏南	苏中	苏北	本地	外地	
低保	21.9	41.0	25.6	31.0	36.5	33.1	16.7	32.4
特困供养	7.8	12.8	10.3	27.6	4.1	11.0	0.0	10.6

续表

	城乡		地区			户籍所在地		合计
	城镇	农村	苏南	苏中	苏北	本地	外地	
教育帮扶	14.1	5.1	10.3	10.3	8.1	8.8	16.7	9.2
医疗救助	26.6	14.1	28.2	17.2	16.2	19.9	16.7	19.7
临时（灾害紧急）救助	1.6	1.3	2.6	3.4	0.0	1.5	0.0	1.4
精准脱贫救助	10.9	14.1	2.6	0.0	23.0	12.5	16.7	12.7
其他	17.2	11.5	20.5	10.3	12.2	13.2	33.3	14.1

4. 医、教、食、住仍然是居民家庭主要支出

表 13 反映了 2019 年江苏省居民家庭消费支出的压力分布情况。数据表明，食品、子女教育、医疗和住房上的支出成为城乡居民消费支出压力较大的四项主要内容。从城乡差异来看，在住房消费方面，城镇地区居民的支出压力显著高于农村地区；而在医疗消费方面，农村地区居民的支出压力则高于城镇地区。从地区差异来看，苏南地区居民在食品、住房方面的支出压力相对较高，苏北地区居民在子女教育、医疗方面的支出压力相对较高。从户籍所在地差异来看，本地居民在食品方面的支出压力明显较高，而外地居民在住房方面的支出压力明显较高。

表 13　　家庭消费支出压力分布　　单位：%

	城乡		地区			户籍所在地		合计
	城镇	农村	苏南	苏中	苏北	本地	外地	
食品	31.7	28.9	33.0	29.9	28.1	31.3	22.7	30.5
住房（贷款、房租）	11.4	6.9	13.2	7.7	6.3	7.4	27.3	9.4
子女教育	21.3	21.1	18.8	21.5	23.5	20.9	23.6	21.2
医疗	18.7	23.9	17.9	22.9	23.4	22.3	9.5	21
人情送礼	4.3	8.0	3.9	7.0	7.4	6.3	2.1	5.9
休闲旅游	2.5	0.2	3.1	0.7	0.3	1.5	1.7	1.5
赡养老人	4.9	5.6	4.6	6.3	5.2	5.1	5.2	5.2
交通	1.9	1.7	2.1	1.4	1.7	1.5	4.5	1.8
服饰美妆	1.8	0.4	1.8	0.7	0.7	1.1	1.7	1.2
其他	1.6	3.4	1.6	1.8	3.4	2.5	1.7	2.4

（四）子女教育

城乡之间、地区之间课外辅导培训班参与率不同且费用支出差距大。数据显示（见表 14），有 37.6% 的学生参加了课外辅导班。从城乡上看，城市辅导培训班的参与率是农村地区的 1.54 倍，城乡之间课外辅导培训班参与率不同且费用支出差距大。从地区层面分析，苏南、苏中地区的课外辅导班参与率均接近 50%，比苏北地区的辅导班参与率分别高出 18.1 个百分点和 19.5 个百分点；在培训班费用上，苏南地区普遍高于苏中、苏北，显然地区之间课外辅导培训班参与率不同且费用支出差距大，苏中、苏北地区家庭对于子女参与课外辅导培训班的认知与重视程度不同。

表 14　　课外辅导培训班参与率及费用统计

	城乡		地区			合计
	农村	城镇	苏南	苏中	苏北	
参与率（%）	29.0	44.7	45.7	47.1	27.6	37.6
费用（元）						
1000 元以内	24.6	5.4	4.1	7.5	25.4	12.1
1000—4999 元	39.3	20.5	18.9	22.5	40.7	27.2
5000—9999 元	19.7	20.5	27.0	12.5	16.9	20.2
10000—19999 元	9.8	25.0	25.7	22.5	10.2	19.7
20000—29999 元	1.6	11.6	8.1	15.0	3.4	8.1
3 万元以上	4.9	17.0	16.2	20.0	3.4	12.7

如表 15 数据显示，驱使城市和农村学生参加课外辅导培训班的最主要的原因是为了巩固和提高学习成绩。从地区上看，苏南、苏中、苏北的学生中，大部分是期望巩固和提高学习成绩而选择参加课外辅导培训班，也有部分学生是周边同学都参加了或者为了升学与能上想去的学校而选择参加，较少因为他人建议或出于无人看管等外在因素而选择参加辅导班。在苏北，因学习不好，需要参加的情况占一定比例，但是这种情况在苏南、苏中地区较少存在。

表 15　　参加课外辅导培训班原因统计　　单位：%

	城乡		地区			合计
	城市	农村	苏南	苏中	苏北	
学习不好，需要参加	12.7	25.4	9.9	15.0	27.6	17.2
学习还行，但想巩固提高	59.1	42.4	59.2	50.0	48.3	53.3
周边同学都参加了	25.5	13.6	22.5	25.0	17.2	21.3
为了升学或能上想去的学校	19.1	6.8	22.5	17.5	3.4	14.8
放学太早，没有人看管	6.4	6.8	7.0	10.0	3.4	6.5
有些内容课堂上不讲	5.5	3.4	2.8	10.0	3.4	4.7
有些内容提前先学，有优势	11.8	16.9	16.9	2.5	17.2	13.6
学校或老师建议的或推荐的	1.8	6.8	0.0	5.0	6.9	3.6
其他原因	12.7	25.4	9.9	15.0	27.6	17.2

结果显示（见图 3），超过 40% 的受访居民认为过去一年江苏省学前阶段教育状况没有需要改善的方面，但也存在一些明显的短板问题，突出表现在学前教育阶段“入园贵”“入园难”等问题。显然，学前教育阶段的“入园贵”“入园难”问题，仍然是群众关心的主要问题，这两个问题仍需要政府着力解决。

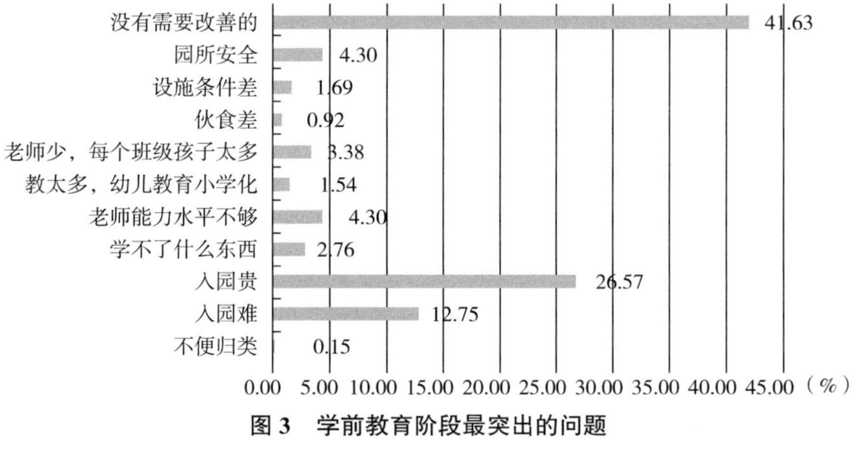

图 3　学前教育阶段最突出的问题

对于义务教育阶段受访居民最希望改善的事项中，较多数的居民认为当前义务教育办学条件有所改善，但是校际之间的办学条件差距仍是他们担心的问题（见图 4）。义务教育问题主要集中在校际之间办学条件方面，从侧面反映出义务教育资源配置不均衡，办学条件参差不齐，进而校际办学条件差异大，因此需要从国家层面解决义务教育资源配置不均衡的问题。

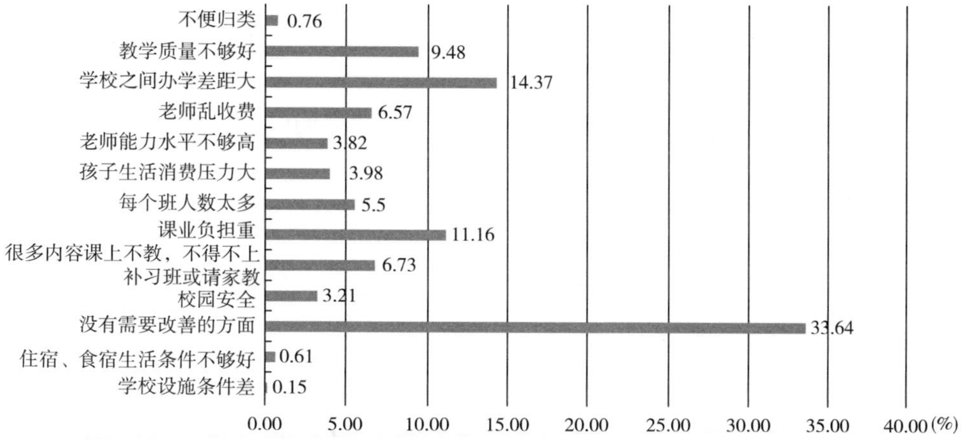

图 4 义务教育阶段最突出的问题

数据显示（见表 16），城市居民选择教育总支出压力“非常高”的比例低于农村居民，而选择“比较高”的比例也低于农村居民，显然，由于城市家庭收入普遍高于农村家庭；地区经济能力与家庭教育支出压力具有相关关系，整体来说，经济越发达的地区，居民家庭收入越高，对于教育的支出压力反而越低，从苏南到苏中再到苏北地区的经济发展实力逐步减弱，而教育支出压力从苏南到苏中再到苏北则逐步增强。

表 16 教育总支出及压力比较 单位：%

	城乡		地区			合计
	城市	农村	苏南	苏中	苏北	
非常高	4.53	13.21	3.21	3.58	10.94	17.74
比较高	12.45	24.91	13.58	7.55	16.23	37.36
一般	12.08	20.94	13.96	6.42	12.64	33.02
比较低	4.15	5.28	3.77	1.32	4.34	9.43
非常低	0.94	1.51	0.94	0.57	0.94	2.45

（五）医疗卫生

数据显示（见表 17），大部分受访者认为看病难与看病贵问题、社区医院服务能力、医生服务态度略有改善，其中认为社区医院服务能力和医生服务态度有所改善的分别有 47.42%、53.33%，同时也有部分受访者表示看病难与看病贵问题、社区医院服务能力、医生服务态度没有发生变化，看病难、看病贵问题是医疗服务方面需要继续着力解决的问题。

表 17　　2020年医疗服务变化统计　　单位：%

	明显改善	略有改善	没有变化	略有变化	明显恶化	不清楚
看病难是否改善	7.75	33	39.75	8.58	0.75	10.17
看病贵是否改善	4.42	25.08	43.75	15.33	1.67	9.75
去医疗机构看病方便程度	10.92	45.83	28.33	7.25	1.17	6.50
社区医院服务能力是否改善	12.25	47.42	24.25	2.17	0.25	13.67
医生服务态度是否改善	16.67	53.33	21.33	1.83	0.33	6.50

（六）养老保障

1. 养老压力普遍存在，对资金来源的担心最为显著

表 18 表明，45.33% 的江苏居民担心未来的养老问题。其中农村居民的担心程度要高于城市居民，最为担心的事项是养老的钱不够。从地区角度看，苏北地区居民对于养老问题的担心高于苏南和苏中地区。除了担心养老的钱不够，身体不好、生活上没人照顾等也是百姓比较忧虑的问题。

表 18　　对养老问题的担心程度及表现　　单位：%

农村		城乡		地区			合计
		农村	城市	苏南	苏中	苏北	
担心无人照顾	非常担心	7.90	9.15	8.33	7.92	9.17	8.58
	比较担心	20.96	16.92	15.63	22.92	19.79	18.75
	有点担心	16.73	19.05	18.96	16.25	17.92	18.00
	不太担心	33.82	33.08	35.83	34.58	30.42	33.42
	一点也不担心	14.34	15.09	12.92	13.33	17.29	14.75
	说不准 / 没想过	6.25	6.71	8.33	5.00	5.42	6.50

从当前社会养老面临最大的问题来看（见表 19），45.24% 的居民认为社会养老机构的收费太高是导致其发展受阻的主要原因，其次 12.38% 的居民

认为社会养老的专业机构和人员数量太少。

表 19　认为社会养老存在问题　单位：%

	城乡		地区			合计
	农村	城市	苏南	苏中	苏北	
专业机构和人员数量太少	11.47	12.86	11.92	10.61	14.29	12.38
服务的专业化水平不够	6.88	9.71	8.28	9.09	9.18	8.73
收费太高	39.45	48.30	50.66	37.12	42.35	45.24
服务内容不够丰富	2.29	3.16	3.31	5.30	0.51	2.86
服务人员缺乏职业道德，不尽心、不负责	4.59	11.89	9.93	11.36	7.14	9.37
没有问题	30.28	11.65	14.24	19.70	22.96	18.10
其他	5.04	2.43	1.65	6.82	3.57	3.33

2. 养老经济来源单一，城乡差异大

表 20 显示，36.7% 的农村居民以自己的退休金为主要养老经济来源，城市的比例为 75.4% 是农村的两倍。同时，22.9% 的农村居民选择由子女或其他亲属赡养，这一比例在城市中仅有 8.9%。但苏中、苏北地区依靠子女、亲属养老的比例远高于苏南地区。从户籍差异来看，主要依靠自己退休金养老的本地居民比例显著高于外地务工居民；在外地务工居民中，没有受访者选择凭借储蓄养老，大部分选择工作收入作为养老金的主要来源。

表 20　居民养老经济来源所占比重表　单位：%

	城乡		地区			户籍所在地		合计
	城市	农村	苏南	苏中	苏北	本地	外地	
自己的退休金（退休工资）/养老金	75.4	36.7	73.6	45.5	45.5	56.9	28.6	56.6
配偶的退休金 / 养老金	2.1	2.6	2.8	1.7	2.3	2.4	0.0	2.4
储蓄	3.6	5.6	3.2	5.0	5.6	4.4	0.0	4.6
靠承包田地	1.4	12.7	1.4	9.9	10.9	7.0	0.0	6.9
房产收益（租房或卖房）	1.0	0.0	1.4	0.0	0.0	0.6	0.0	0.5
由儿女或其他亲属赡养	8.9	22.9	7.4	27.3	17.5	15.9	0.0	15.7
低保或社会救济	1.4	5.6	2.3	2.5	5.2	3.5	0.0	3.5
工作收入	6.1	12.7	7.9	7.4	11.8	8.7	57.1	9.3
没想过	0.00	1.12	0.00	0.8	1.0	0.6	0.0	0.5

3. 养老仍以家庭照顾为主，养老机构利用率较低

表 21 显示，近一半（41%）的江苏居民选择自己照顾自己，但倾向于配偶照顾的农村居民比例达到 37.9%，与城市的 39.8% 相仿。同时，选择雇用保姆、专业养老服务人员定期上门照顾以及入住养老机构等社会性养老方式，城市比例明显大于农村比例。总的来看，89.2% 的人选择以家庭照顾为主要养老方式，各地的养老机构利用率均比较低。

表 21　　居民养老照顾方式　　单位：%

	城乡		地区			户籍所在地		合计
	城市	农村	苏南	苏中	苏北	本地	外地	
自己照顾自己	22.2	18.8	24.8	15.9	18.8	20.4	22.1	20.6
配偶照顾	39.8	37.9	40.4	33.9	40.0	38.4	43.3	38.8
子女照顾	24.6	36.1	22.5	38.5	32.8	30.6	21.2	29.8
雇用保姆	0.8	0.2	0.8	0.4	0.21	0.5	0.0	0.5
专业养老服务人员定期上门照顾	0.8	0	0.6	0.8	0.00	0.4	1.0	0.4
入住养老机构	6.3	1.7	5.0	5.0	2.93	4.3	2.9	4.2
没想过	5.9	5.5	5.8	5.4	5.23	5.3	9.6	5.7

4. 居民对养老服务的需求度有所变化

表 22 显示，选择最需要的养老服务前三名分别是：上门为老年人提供打针、问诊、康复护理等服务（31.8%）、做好居家老年人的日常健康监测和紧急救助（27%）、多办一些适合老年人参加的文化娱乐活动（23.7%）。从城乡来看，农村居民有 33.2% 的受访者不清楚或者不回答此类问题，而城市居民对此关注度要高于农村 8.3 个百分点。

表 22　　最需要的养老服务　　单位：%

	城乡		地区			合计
	城市	农村	苏南	苏中	苏北	
为老人送餐、帮助老人洗澡、打扫卫生等家政服务	23.0	18.0	25.1	25.8	13.9	20.7
对老人住的房间进行防滑处理、加装扶手等	14.0	5.8	14.6	8.2	7.0	10.3
对老人住的小区加装电梯、建设无障碍设施等	19.8	3.9	18.6	12.0	6.8	12.6

续表

	城乡		地区			合计
	城市	农村	苏南	苏中	苏北	
多办一些适合老年人参加的文化娱乐活动	23.6	23.8	26.2	23.2	21.5	23.7
上门为老年人提供打针、问诊、康复护理等服务	30.2	33.8	27.4	31.3	36.5	31.8
做好居家老年人的日常健康监测和紧急救助	23.8	31.0	23.6	27.5	30.3	27.0
修建更多养老机构	12.9	11.6	11.8	15.9	11.1	12.3
慰问关怀、心理疏导	12.0	9.4	11.2	10.7	10.4	10.8
不清楚 / 不回答	24.9	33.2	25.7	25.3	33.3	28.7

（七）住房保障

1. 城乡间和地区间居民住房性质差异显著

如表 23 所示，自建住房仍是江苏居民住房的首要选择。城乡居民住房状况存在较大差异，自建住房为农村居民主要选择，城市居民则以购买商品住房居住为主。分地区看，苏南、苏中、苏北三地居民的住房均主要以自购商品住房和自建住房为主，但不同地区比例差异较大。本地受访者中，自建住房仍占绝大多数，占比达 63.6%，而外地受访者则以市场租赁房为主，占比达 56.7%。

表 23　居民住房性质比较　单位：%

	城乡		地区			户籍所在地		合计
	城市	农村	苏南	苏中	苏北	本地	外地	
自购商品住房	39.2	1.8	34.8	26.7	7.5	22.8	16.3	22.3
购买房改房、经济适用房	5.2	0.2	5.6	0.0	1.7	3.2	0.0	2.9
共有产权住房（包括限价房、自住型商品房等）	0.9	0.0	0.8	0.0	0.4	0.5	1.0	0.5
市场租赁房	9.0	2.8	13.8	0.8	1.3	1.4	56.7	6.2
单位租住房（单位公寓 / 宿舍）	4.6	0.0	4.8	1.7	0.6	1.6	11.5	2.5
公共租赁住房（包括廉租房）	1.5	0.0	1.5	0.4	0.4	0.5	3.8	0.8
拆迁安置房	6.3	0.6	7.9	0.0	1.3	3.9	1.0	3.7

续表

	城乡		地区			户籍所在地		合计
	城市	农村	苏南	苏中	苏北	本地	外地	
自建住房	32.8	90.1	29.2	66.7	84.4	63.6	7.7	58.7
村统一规划建的住房	0.5	3.9	1.3	3.8	1.9	2.0	1.9	2.0
其他	0.2	0.7	0.4	0.0	0.6	0.4	0.0	0.4

2. 居民住房类型以自建楼房为主

如表 24 所示，受访者的住房类型以自建楼房为主，其次是没有电梯的商品楼房。从城乡差异来看，城市地区的受访者以居住在没有电梯的商品楼房为主，而农村地区居住在自建楼房的受访者比例则高达 82.5%。地区之间，苏中、苏北地区居住在自建楼房的受访者比例分别为 66.7% 和 67.9%，苏南地区这一比例仅为 33.1%，而居住在没有电梯的商品楼房的苏南居民占比高达 43.3%。从户籍所在地差异来看，本地居民主要以居住在自建楼房为主，而外地居民则较多居住在没有电梯的商品楼房和自建楼房。

表 24　　居民住房类型　　单位：%

	城乡		地区			户籍所在地		合计
	城市	农村	苏南	苏中	苏北	本地	外地	
8 层以上有电梯的高层住房	5.2	0.2	6.5	0.4	0.6	2.2	10.6	2.9
8 层以下有电梯的小高层	4.9	0.4	5.0	0.8	1.7	3.0	1.0	2.8
没有电梯的商品楼房	45.7	1.7	43.3	25.8	8.1	25.2	31.7	25.8
（农村、城乡接合部等）自建楼房	29.9	82.5	33.1	66.7	67.9	55.9	30.8	53.8
普通平房	8.8	14.3	6.3	5.0	19.6	11.0	14.4	11.3
（工厂等）集体宿舍（包括临时建筑、工棚等）	2.4	0.2	2.5	1.3	0.4	0.6	9.6	1.4
不变分类	3.0	0.7	3.3	0.0	1.7	2.0	1.9	2.0

3. 居民住房状况持续向好

如表 25 所示，居民住房状况整体良好。居民住房状况在苏南和苏中地区之间没有显著差异，两地受访者家庭同时拥有独立厨房和卫生间的比例分别为 97.4% 和 95.8%，而苏北地区的住房状况则略差于苏南和苏中地区，有独立厨房和卫生间的家庭占比为 83.1%。城市受访者家庭住房条件优于农村受访者家庭住房条件。

表 25　居民住房独立卫生间和厨房的状况　单位：%

	户籍		地区			合计
	城市	农村	苏南	苏中	苏北	
有独立厨房，但没有独立卫生间	1.5	10.8	0.6	2.1	12.8	5.8
有独立卫生间，但没有独立厨房	0	0	0	0	0	0
有独立厨房和卫生间	96.9	84.7	97.4	95.8	83.1	91.3
既没有独立厨房，也没有独立卫生间	1.6	4.4	1.9	2.1	4.2	2.9

4. 城镇居民对住房保障的需求明显

如图 5 所示，农村地区的多数受访者认为现居住房没有需要改善的地方，对当前住房保障状况较为满意，而城镇地区的受访者对于住房的满意度则为 41.86%。不过从农村地区来看，居民对设施老化、房屋质量不好和不安全有着一定的改善需求，两项需求的占比分别达到了 10.90% 和 7.48%；从城镇地区来看，居民在对设施老化、房屋质量不好不安全有改善需求的同时，对房屋面积小这一问题也有着较为明显的改善需求。

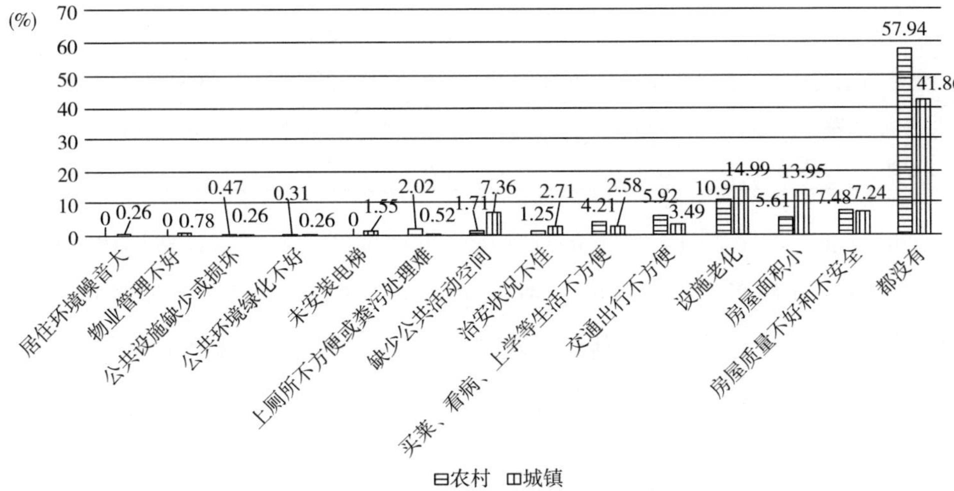

图 5　城乡居民住房改善需求比重图

（八）生活环境

1. 生态环境总体良好，居民周边水体质量值得关注

如表 26 所示，多数城乡受访者对当前总体生态环境质量表示满意，且农村地区居民对当前总体生态环境质量的满意程度高于城市地区居民。其中，居民对空气质量、生活饮用水质量的满意程度整体上高于对生活垃圾处理以及周边水体质量的满意程度。从城乡来看，农村地区对空气质量和生活饮用水质量的满意程度优于城市地区。

表 26　城乡居民对周围生态状况的满意程度　单位：%

	城市					
	非常满意	比较满意	一般	不太满意	非常不满意	说不清
总体生态环境质量	15.5	61.1	20.1	2.3	0.6	0.3
空气质量	20.9	54.9	15.2	6.9	1.5	0.6
生活饮用水质量	20.6	58.5	14.9	4.4	1.1	0.5
周边水体质量	12.0	43.4	18.1	10.5	3.4	12.5
生活垃圾处理情况	17.4	56.6	18.9	4.9	1.8	0.5
	农村					
	非常满意	比较满意	一般	不太满意	非常不满意	说不清
总体生态环境质量	20.4	61.6	14.0	3.7	0.4	0
空气质量	31.3	52.8	9.4	4.6	1.8	0.2
生活饮用水质量	26.8	59.6	9.9	2.8	0.9	0
周边水体质量	13.8	42.8	17.1	15.3	6.8	4.2
生活垃圾处理情况	22.2	64.9	9.6	2.8	0.4	0.2

值得注意的是，在所考察的选项中，城市地区和农村地区对周边水体质量的满意程度都不高，满意度分别只有 55.4% 与 56.6%，在“非常不满意”选项中，占比也大大高于其他生态状况满意度，可见周边水体质量改善仍有待加强。

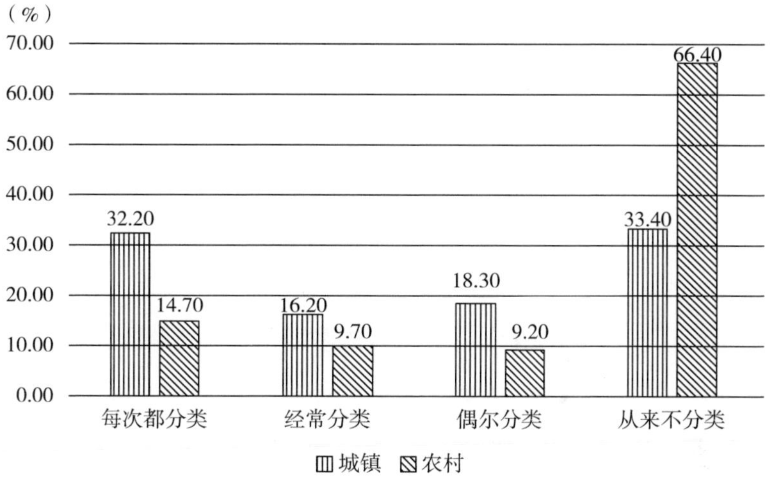

图 6　城乡地区垃圾分类状况

2. 标准复杂为主要原因

如图 6 所示，城市地区在垃圾分类的各项数据比例均高于农村地区，且差异较大。农村地区垃圾分类情况整体堪忧，从未分类的比例高达 66.4%。整体来看，我省居民在垃圾分类上的普及程度并不高，尤其农村地区的垃圾分类状况亟待提高。

表 27　　城乡、地区间妨碍垃圾分类主要原因的比重表　　单位：%

	城乡		地区			合计
	城市	农村	苏南	苏中	苏北	
没必要	10.5	11.4	10.3	10.9	11.5	10.9
没动力	33.0	20.4	35.9	24.5	20.5	27.3
不会分	57.5	62.9	55.6	67.2	60.4	59.9
垃圾桶无法满足垃圾分类要求	23.8	35.1	23.2	29.3	34.2	28.9
垃圾没有分类清运	12.8	14.6	10.3	9.6	18.9	13.6
其他原因	0.0	0.4	0.2	0.4	0.0	0.2

对于垃圾不分类的原因，如表 27，“不会分”是阻碍大家分类收拾垃圾、分类投放垃圾的最主要原因。“垃圾桶无法满足垃圾分类要求”位居第二。在地区对比中，苏中、苏北地区分别以 67.2%、60.4% 的高比例力证分类复杂是阻碍垃圾分类的主要原因。苏北地区以 34.2% 的比例在“垃圾桶无

法满足垃圾分类要求”选项中位居第一。

（九）食品安全

1. 食品安全问题略低于 2019 年，疫情期间有所波动

如表 28 所示，受访者对食品安全改善情况整体满意，与此同时，“略微变坏和明显变坏”的居民占比最少。从城乡来看，农村地区对食品改善状况的满意程度高于城市地区。从地区来看，苏中地区对食品安全改善情况的满意程度最高，苏南次之，苏北最低。本地和外地受访者对食品改善状况的态度相差不大，均接近总体水平。

表 28　城乡、地区以及本地和外地之间对食品安全改善情况的满意度　单位：%

	城乡		地区			户籍所在地		合计
	农村	城市	苏南	苏中	苏北	本地	外地	
明显变好	10.8	7.8	9.0	8.8	9.6	8.8	13.5	9.2
略微变好	32.0	32.2	34.8	40.4	25.2	31.5	38.5	32.1
没有变化	54.6	52.1	48.8	45.0	61.9	54.2	43.3	53.3
略微变坏	2.4	7.5	7.1	5.8	2.9	5.3	3.8	5.2
明显变坏	0.2	0.5	0.4	0.0	0.4	0.3	1.0	0.3

如表 29 所示，农药兽药、抗生素、重金属等高残留仍为当前居民最为担心的食品安全问题。在城市受访者中，有 41.9% 的居民最为担心的食品安全问题是农药兽药、抗生素、重金属等的高残留，位居其次的是合法添加剂超量使用，而在农村地区，有 43.4% 的受访者表示对食品安全不担心。

表 29　居民最为担心的食品安全问题　单位：%

	城乡		地区			合计
	城市	农村	苏南	苏中	苏北	
农药兽药、抗生素、重金属等高残留	41.9	27.2	36.7	42.9	30.0	35.3
非法添加的非食用物质	36.4	21.1	34.6	27.9	25.2	29.5
合法添加剂超量使用	37.3	18.9	36.0	35.8	18.5	29.0
食品过期变质	16.6	11.0	17.1	12.5	11.9	14.1

续表

	城乡		地区			合计
	城市	农村	苏南	苏中	苏北	
有疫病的肉及其他食品流入市场	22.1	18.6	20.8	17.5	21.7	20.5
食品掺假	19.8	9.9	18.5	20.0	9.8	15.3
假冒劣质产品冒充名牌销售	15.5	10.1	18.1	17.1	6.0	13.1
其他原因	2.3	0.2	1.7	2.1	0.6	1.3
都不担心	18.6	43.4	21.0	22.9	42.1	29.8

2. 正规超市是居民获取放心食品的主要渠道

图 7、图 8 表明，尽管城乡居民获取放心食品的渠道多种多样，但大多数居民仍倾向于到正规超市购买安全食品。在农村地区，有 45.6% 的受访者到有品牌或连锁的正规超市购买放心食品。与城市地区不同的是，农村居民还可以选择自己按照传统方式进行种植、养殖或通过购买熟悉的商贩自产自销的农副产品来获得放心食品。

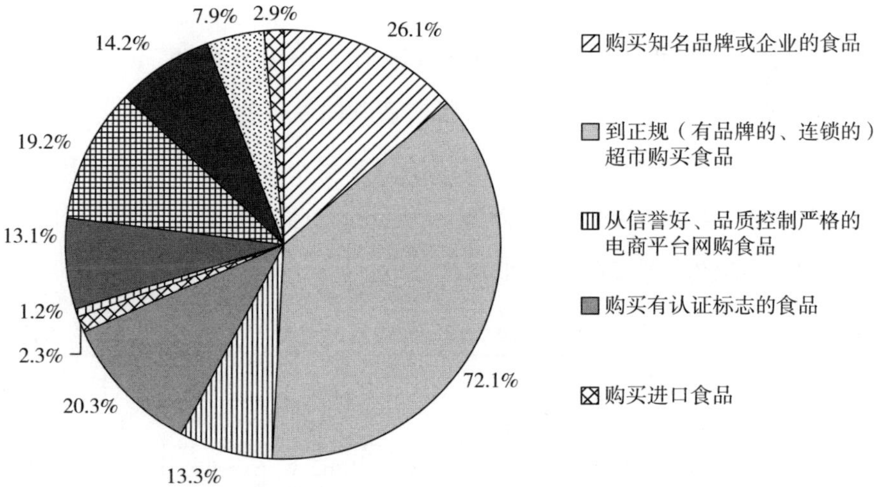

图 7 城市地区购买（获取）放心食品的渠道比较

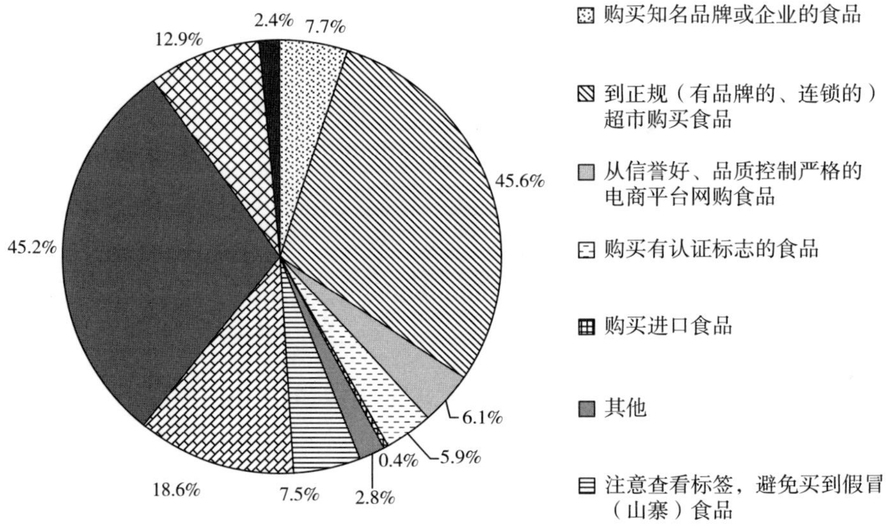

图 8　农村地区购买（获取）放心食品的渠道比较

（十）政务服务

1. 超九成居民对新冠肺炎疫情期间政府工作表示满意

表 30 显示，对政府表示满意的居民占 95.1%。就城乡而言，城镇居民和农村表示满意的比例基本一致，但城镇居民表示“很满意”的比例略高于农村居民。就苏中、苏南、苏北而言，苏中的整体满意度最高，苏南满意度排在第二位，苏北满意度相对较低。

表 30　新冠肺炎疫情期间政府满意程度　　单位：%

	城乡		地区			户籍所在地		合计
	城市	农村	苏南	苏中	苏北	本地	外地	
很满意	65.4	64.2	65.4	68.8	62.3	64.4	69.2	64.8
基本满意	29.7	30.9	28.5	27.9	33.1	30.7	25.0	30.3
一般	4.3	4.6	5.20	3.30	4.20	4.3	5.8	4.4
不太满意	0.5	0.2	0.60	0.00	0.20	0.4	0.0	0.3
很不满意	0.2	0.2	0.20	0.00	0.20	0.2	0.0	0.2

2. 新冠肺炎疫情期间本地干部服务意识及其与群众关系明显改善

表 31 显示，89.4% 的居民表示本地干部服务意识和其与群众关系有所改善，其中 41.2% 的居民认为是“明显改善”。就城乡而言，农村居民与城镇居民感受到干部服务意识和其与群众关系改善的比例差距不大，但农村居民表示“明显改善”的比例显著高于城镇居民。就区域而言，苏中被访者表示政群关系改善的比例最高，其次为苏北、苏南。

表 31　新冠肺炎疫情间本地干部服务意识和其与群众关系评价　单位：%

	城乡		地区			户籍所在地		合计
	城市	农村	苏南	苏中	苏北	本地	外地	
明显改善	38.6	44.3	38.8	37.1	45.6	42.0	32.7	41.2
有所改善	50.5	45.4	49.6	54.6	43.5	47.4	56.7	48.2
没有变化	10.8	9.7	11.3	8.3	10.4	10.4	9.6	10.3
有所恶化	0.0	0.6	0.2	0.0	0.4	0.2	1.0	0.3
明显恶化	0.2	0.0	0.2	0.0	0.0	0.1	0.0	0.1

3. 现场办理是政府服务主要渠道，但使用网上办理服务人数正在增多

调查数据显示，25.3% 的受访者到政府部门办过事。根据表 32，在参与过政务服务的受访者中，有 85.2% 的居民选择“现场办理”，而选择“网上办理”的比例较低。就城乡而言，农村居民使用“现场办理”的比例更高。从区域比较看，苏南地区采用“网上办理”的比例最高，而苏中、苏北地区这一比例较低。

表 32　到政府部门办事途径的比较　单位：%

	城乡		地区			合计
	城市	农村	苏南	苏中	苏北	
现场办理	80.6	91.9	78.6	91.5	90.3	85.2
网上办理	7.8	4.0	11.4	1.4	2.2	6.3
两种情况都办理过	11.7	4.0	10.0	7.0	7.5	8.6

4. 简化材料是政府服务最需改善之处

过去一年中与政府打交道的受访者仅占少数，在该项问题中，有相当比例的居民对“最希望改善的政府服务问题”没有做出回答，或没有对政府服务改善的希望。而在最近一年有政府办事经历的受访者中，最希望政府改善的服务问题集中在“来回跑开具各类烦琐证明”“办事程序太复杂和不公开”。就城乡受访者而言，农村居民对改善政务服务的迫切程度均高于城镇居民。

表 33 居民最希望改善的政府服务问题 单位：%

	城乡		地区			户籍所在地		合计
	城市	农村	苏南	苏中	苏北	本地	外地	
办事程序太复杂和不公开	11.5	15.4	15.1	13.8	10.1	12.8	13.8	12.9
来回跑开具各类烦琐证明	15.7	16.2	15.8	25.4	11.2	16.0	14.7	15.9
部门之间相互推诿、效率低	12.1	14.7	14.9	15.6	10.1	12.4	20.2	13.1
代办、代理服务质量不高	2.2	3.4	3.3	3.6	1.8	2.5	4.6	2.7
不同渠道获取信息不一致	1.8	2.0	3.1	1.8	0.9	1.9	2.8	1.9
服务态度不好	4.2	6.4	5.7	5.4	4.0	4.8	6.4	4.9
其他	1.0	0.2	0.0	0.9	1.3	0.8	0.0	0.7
不回答 / 不清楚	42.9	32.8	32.9	29.5	50.1	39.4	35.8	39.1
很好，不需改善	8.7	8.8	9.2	4.0	10.5	9.5	1.8	8.7

四、民生发展指数比较分析
——基于全国与江苏民生调查

国务院发展研究中心从 2012 年起持续开展“中国民生调查”研究，每年对 8 个省份约 10000 户城乡居民的民生关切点实施入户调查，对 31 个省份 51000 户城乡居民的民生满意度实施电话调查。2020 年入户调查结果显示，城乡居民对于改善医疗、收入、教育、食品安全、交通出行的意愿强烈，在其他民生领域也存在一些具体的诉求。

（一）居民收入状况有所好转，但对收入的焦虑依然突出，食品支出压力加大需要关注

居民减收面收窄，家庭收支状况有所改善。受访者预期收入会下降的比例由2019年的22.87%下降至19.97%，预期收入会上升的比例由2019年的22.47%回升至26.18%。受访者回答家庭近一年以来能够存上钱的占40.9%，32.46%的受访者认为2021年家庭的收支状况会改善。居民对就业的总体满意率达到90.7%。通过比较可以发现，全国层面的居民收入状况与江苏省呈现的“橄榄型”收入结构基本类似，说明居民收入结构正在发生积极转变，收入水平正在逐步好转。但同时也要看到，收入仍是居民生活中最焦虑的问题，农村居民、中低收入者对收入更加焦虑。在经济下行的大环境下，受访者对收入的焦虑再次回升到第一位。这与江苏省民生调查结果的“居民增收感有所下降”的结论具有一致性，正是由于增收感的不足，导致收入成为居民生活中最为焦虑的问题。居民食品支出压力明显增加，低收入者的食品支出压力达到近年最高水平。受肉类等农产品价格上涨的影响，受访者对于消费支出压力最大的领域，首选项选择食品的比例较2019年增加5.62个百分点。

（二）居民切实感受到医疗负担的下降，慢性病家庭迫切希望解决医疗费用高的问题

从调查结果看，受访居民的医保报销比例有较大提高，居民对医疗的满意度明显提升。受访者住院医疗费用平均报销比例由2019年的42%左右提高至46%左右。分别有38.35%、24.38%和24.31%的受访者认为医保报销比例提高程度明显、药品价格明显下降、家庭医疗负担明显下降。居民医疗

负担的下降最主要的原因来自医疗保险覆盖面的扩大，正如同江苏城镇地区居民缴纳医疗保险的居民占 97.9%，农村地区缴纳医疗保险的居民占 96.9%，有效缓解了居民的医疗支出压力。但是医疗仍是民生总体满意率最低的领域。对于日常生活最焦虑的问题，受访者首选项选择医疗的比例为 19.72%，排在第二位。而在家庭年收入 1 万元以下的低收入受访者和有慢性病患者的家庭中，首选项选择医疗的比例都是最高的。这与江苏省居民对医疗问题的关注度较高具有一致性，在居民增收感有所下降的背景下，无论是城市还是农村，医疗消费方面的支出压力明显较大，且农村地区的支出压力相对高于城镇地区。

（三）家庭教育支出压力持续增加，普惠性幼儿园供给仍需改善

尽管教育的总体满意率有较大幅度提升，但家庭子女教育支出压力呈持续增加趋势，课外辅导费用增加是主要驱动因素。对于家庭支出压力最大的问题，家庭有孩子的受访者首选项选择子女教育的比例为 45.97%。普惠性幼儿园供给仍然不足。从子女所上幼儿园的类型看，仍有超过四成的孩子没能进入普惠性幼儿园。江苏省居民的家庭教育状况与全国层面差别不大，参加课外辅导班的学生比例较高，费用支出占居民家庭总收入的比例较大。同时，“入园难”“入园贵”的问题比较突出，是江苏省受访居民较为关心的民生问题，需要国家和省级政府层面在教育资源的均衡配置方面积极作为。

（四）城乡居民对养老的经济担忧突出，改善养老服务的诉求强烈

55% 的受访者表示对自己的养老存在担忧。在所担心的具体问题中，排在前三位的依次为“养老的钱不够”“身体不好”和“生活上没人照顾”。江苏省受访居民对养老问题担心的比例略低于国家整体层面，但是将近一半的

受访居民认为社会养老机构的收费太高，且社会养老的专业机构和专业人员数量较少。居民对改善养老健康服务的诉求强烈。在最希望改善的养老服务内容中，家里有老人的受访者选择“上门医疗服务”“健康监测紧急救助”“修建更多养老机构”“房屋适老化改造”的比例较高。在住房希望改善的方面，家里有老人的受访者选择最多的是“安装电梯”。相对而言，江苏省受访居民在最需要改善的养老服务方面，选择“上门医疗”和“健康监测”选项的比例低于全国水平。对于是否主张“安装电梯”，江苏省受访居民对老人住的小区加装电梯的需求仅为12.6%，与江苏省受访居民居住低层自建楼房的比例较高有一定关系。

（五）部分地区交通出行难，仍是困扰群众的突出问题

在12项民生工作满意度中，交通出行排在倒数第三位。从村级调查数据来看，在197个调查村中，有66个村没有通客运班车，29个村有一半以上的村组未通硬化路，24个村有一半以上的农户入户道路没有硬化，83个村的书记认为人居环境最迫切改善的是村内道路，还有10个村的书记认为应增强村道与主干公路的连通性。相对于全国而言，江苏省受访居民对交通出行的焦虑比例很低，“交通出行”在江苏省“家庭生活焦虑情况比较”列表涉及的十个事项中处于第九位，这与江苏省注重公路规划和建设紧密相关，据《交通强国江苏方案》显示，江苏省计划在2035年之前全面推进“四好农村路”建设，届时重点中心镇、特色小镇将全部贯通二级以上公路。

（六）生态环境、食品安全和政府服务持续改善，但部分难点问题仍需关注

受访者对总体生态环境、空气、生活用水、垃圾处理的评价均有所提升，但对水体质量仍很关切。约六成受访者对食品安全的改善情况表示满

意，但居民对农兽药抗生素重金属等高残留、非法添加的非食用物质仍存在担心。相较于全国而言，江苏省受访居民对生态环境的满意度较高，尤其是农村地区居民对空气质量和生活用水的满意度都达到85%左右。在食品安全改善情况方面，江苏省和全国水平相差不多，对食品安全状况改善的信心较高。政府服务满意度显著提升，尤其是群众长期反映的一些问题有明显改善，但仍有进一步改进的空间。41.6%的受访者反映医保异地结算、随迁子女入学、办理城市和农村低保等事项必须回户籍所在地办理，离全面实现“一网通办”“异地通办”还有较大差距。认为“需要来回跑几个窗口”和“需要重复填多张表格”的比例分别为29.4%和19.3%，政务服务环境还需巩固提升。相对而言，江苏省受访居民对政府工作的满意度较高，达到95.1%，但是政务服务的主要渠道仍然集中在现场办理，网上办理的便捷性和可及性不足，并且认为简化材料是政务服务最应该改善的地方。

五、结论与建议

（一）结论

1. 农民稳步增收难度大

农民收入增长呈现明显放缓的趋势。2010年，农民人均纯收入较上年增长14.9%，2020年农民人均可支配收入较上年增长4.7%，虽然统计口径调整增加了收入增速的不可比性，但依然可见农民收入增速放缓的态势。“十三五”规划将居民人均可支配收入年均增长6.5%以上作为预期目标，要确保农民人均可支配收入年均增长6.5%以上，存在一定难度。农民工资性收入增幅趋缓。随着农业剩余劳动力转移速度进一步放缓，在经济增速放缓、结构调整和产业转移等多重因素的影响下，农民工就业和工资水平增长受到一定影响。农民转移性收入增长面临挑战。在经济新常态下，国民经济增速特别是财政收入增速有所放缓，继续以直接补贴等形式增加农民的转移性收入面临较大压力。城乡收入差距依然明显。虽然这几年来农民的收入增长速度快于城镇居民，但绝对差还在不断扩大，相对差距、城乡收入比仍维持在一个较高的水平。

2. 农村教育面临较多困难

农村学前3年毛入园率低，普惠性幼儿园覆盖率、公办园占比更低，很多中西部县在2020年前难以达到国家要求。乡村小规模学校、教学点，因在校生少，生均校舍面积较大，按生均标准核定的经费不足，不能保障学校的正常运营。乡镇寄宿制学校生活教师严重不足，生活指导教师数量远远不达标，寄宿教师8小时以外的课时补助、食堂工作人员、保洁、门卫等人员工资没有统一的政策规定来保障。乡村义务教育学校信息化教师、维护人员严重不足，使信息化设备没能很好发挥作用，不能分享城市优质教育资源。城乡居民对于解决义务教育择校、家庭教育支出压力大、课后“3点半”等问题的诉求强烈。

3. 农村医疗服务水平不高

村镇两级卫生技术人员严重缺乏，高学历医疗卫生专业人员比重低，村医后继无人。中西部地区县镇两级卫生机构医疗设备老化严重，但因资金限制，无力更新。由于乡镇医疗机构服务水平低，农民患大病后大多去县城及以上医院诊治。同时，农村居民参加“新农合”的比例较高，但实际报销比例偏低，农民的医疗负担较重，据“中国民生调查”数据显示，有近半数受访者希望改善“看病贵”的问题，有超过30%的受访者非常担心“本人及家人未来无钱看病”。

4. 农村养老服务问题日益突出

按常住人口计算，农村人口老龄化程度要高于城市，但农村家庭养老功能日益弱化，社区养老服务发展严重滞后，机构养老模式难以开展，社会福利、政府救济、低保投入严重不足，使农村养老服务问题日益严重。农村居民养老及缴费档次低（大多数选择 100 ~ 200 元），实际领取的养老金只有 100 多元，解决不了养老资金来源问题，老年贫困问题已非常突出。

5. 农村社会救助体系建设严重滞后

我国社会救助工作的快速发展、特别是 2020 年脱贫攻坚战结束后面临的新形势，对社会救助的功能定位、职责分工提出了新要求，现行的社会救助政策体系和相关法规已不适应。非建档立卡贫困人口因病致贫、因残致贫等原因导致的支出型贫困问题日益突出，目前这方面的救助工作还缺乏系统的制度规定，救助力度也很有限。部分政策与低保政策捆绑过多。如享受电价补贴政策，要以低保为准入标准。医疗救助、医疗报销、教育救助、残疾人生活补贴政策，低保户享受标准高于一般农户，导致一般农户尤其是低保边缘群体意见大，产生部分人“福利依赖”现象。低保审核、审批以及后期动态监管手段还比较单一落后。虽然省级民政部门建立了家庭经济状况核查平台，但目前仅能核查社保、户籍、工商登记、车辆等信息，缺乏金融、保险、耕地、不动产等信息，影响核查工作质量。

（二）建议

党的十九届四中全会通过的《中共中央关于坚持和完善中国特色社会主义制度推进国家治理体系和治理能力现代化若干重大问题的决定》，对农村民生领域的改革和发展路径作出了顶层设计。针对当前民生发展存在的短板问题和农村居民不满意程度较高的领域，应当重点采取以下应对之策。

1. 积极稳定就业，促进收入增长

密切关注一些新情况新问题对就业和收入增长的影响。针对外部环境、技术进步、生产方式变革等因素都会对居民就业和收入增长产生重要影响，从短期和中远期对影响就业与收入增长的因素进行研判，从提升人力资本水平、健全就业服务体系、实施稳岗补贴等多方面研究制定有针对性的措施，防止这些新情况、新问题对居民增收，特别是低收入群体的收入水平增长产生较大挤压。要做好灵活就业、平台就业等人员的社会保障，保护其基本劳动权益。还要做好信息发布、就业指导等服务工作，促进劳动力在区域之间、行业之间顺畅转移。注重技能培训和技能提升，解决好发展型相对贫困问题。落实大规模职业培训行动，提升重点人群的就业能力。将农民工、应届毕业大学生、大龄劳动者、失业人员等作为重点培训对象，加大人力资本投资，提高其职业技能和就业能力，让包括农民工在内的重点就业群体能适时提升就业能力，转换快递、电商、家政服务等新兴行业。

2. 完善社保政策，兜住民生底线

进一步完善社会保障制度和政策，兜住特殊困难群体的民生底线。落实“社会政策要托底”的要求，坚持全覆盖、突出保基本，完善以社会保险、社会救助政策为重点的民生保障“安全网”，注重普惠性、基础性、兜底性民生建设，做好关键时点、困难人群的基本生活保障。更加重视社会救助的救急解困功能，对于低收入型相对贫困，提高完善城乡低保、供养制度，健全动态调整机制，应保尽保；对于收入骤减或支出骤增型的贫困（主要是因病因灾致贫），要完善专项救助政策体系，将专项救助政策与特定人群脱钩，坚持按需施保，低收入家庭遇到什么困难就解决什么困难（子女教育负担重的，实施教育帮扶；医疗负担重的，实施医疗救助；居住有困难的，实施住房保障）。要完善监测预警机制，借鉴河北省巨鹿县、山西省寿阳县等地做法，采取“互联网 + 网格化”的管理方式，全面采集低收入家庭人口、收入来源、子女就学等信息，及时发现问题，主动采取措施，因家因人施策，做到精准帮扶，始终牢牢守住保障群众基本生活和基本权益这一民生底线。

3. 强化民生保障，完善人才体系

做好农村民生保障工作，促进城乡公共服务均等化，积极探索解决相对贫困与乡村振兴有效衔接的办法，在已经摘帽的贫困县开展试点。扎实推进乡村建设，加快实施农村饮水安全巩固提升工程；实施乡村道路提档升级工程，增强城乡之间的连接性（路网规划，管护，产业路）；继续开展农村人居环境整治工作，重心放到完善管护机制上来。推动城乡低保、社会救助、抚恤安置等制度统筹，提高农村居民保障水平。以标准化为抓手，加强农村公共教育学校、基层医疗卫生机构、公益性养老服务设施、综合性文化服务中心、农村社区综合服务中心等设施建设，实现城乡之间设施均衡。大力推动城市优质公共服务下乡，鼓励城市教师、医生、规划师、设计师等专业人才下乡服务，发挥退休教师、医生等人员志愿服务乡村的作用。通过托管、结对子等方式，促进城市优质服务资源下沉。

4. 推动服务创新，整合民生力量

注重创新公共服务提供方式，发挥好市场机制和社会组织的作用。经济发展水平越高，居民对民生改善的诉求也越多，仅仅依靠政府难以满足人民群众不断增长、日益多元的民生需求，必须发挥市场化机构、社会组织的作用，鼓励支持社会力量兴办公益事业，形成保障民生的强大合力。一方面，要在民生领域放宽社会资本进入限制，通过向商业保险机构购买大病保险等形式，将一部分公共服务项目交由市场主体运营。另一方面，要积极培育社会组织，通过政府购买学位、床位等形式向社会组织购买公共服务，既满足百姓需求，又为社会组织的发展创造空间。通过以奖代补等方式，支持社会资本参加城市更新和老旧小区改造，推动电梯加装、车位扩建、水电气暖、消防以及安防设备的更新与维护。

5. 支持网络建设，推广数字民生

积极应用“互联网 +”服务，提升公共服务均等化和办事便利化。加强乡村学校、医院信息化设施建设，提升中小学教师、乡村医生的信息技术应用能力，发展远程教育、远程医疗，让农村地区、偏远地区的师生也能分享到优质资源。推进县域紧密型医共体建设，加强城乡基层医疗卫生机构能力建设和医护人员培养，发展“互联网 + 医疗健康”，提升基层医疗水平，让更多老百姓就近就地看病，减少交通、陪护等费用。适应流动人口多的形势，完善跨省异地就医直接结算政策，使异地就医患者在所有定点医院能持卡看病、即时结算。积极打造线上线下相融合的政府监管、服务平台，利用大数据等新一代信息技术，构建食品安全等智慧监管体系。

参考文献

[1] 邓学源，沈其新. 建国六十年中国共产党改善农村民生的递度演进及实践效应. 马克思主义与现实，2009（6）：151–155.

[2] 魏丽莉，张晶. 改革开放40年中国农村民生政策的演进与展望——基于中央一号文件的政策文本量化分析. 兰州大学学报（社会科学版），2018，46（5）：91–101.

[3] 罗璇. 十八大以来中国共产党谋划农民美好生活的认识和探索. 现代农业研究，2019（9）：137–138.

[4] 张连起. 换了人间：中华人民共和国七十年民生视角. 人民政协报，2019-10-17（3）.

[5] 刘良军. 中华人民共和国成立70年我国农村民生改善的宝贵经验. 广西社会主义学院学报，2019（4）：11–15.

[6] 李春仙. 中华人民共和国成立七十年的民生发展研究. 现代营销（下旬刊），2019（5）：10.

[7] 刘建明. 决胜全面建成小康社会中乡村民生问题的有效破解. 科学社会主义，2018（1）：86–91.

[8] 关信平. 我国当前的民生短板及社会政策的任务. 社会政策研究，2019（1）：8–10.

[9] 覃国慈. 哪些农村民生问题亟待解决. 人民论坛，2018（3）：84–85.

[10] 孙其信. 关于农村民生问题的思考. 中国领导科学，2017（6）：42–43.

[11] 刘剑虹，陈传锋，成晓. 当前我国农村民生状况百村万民调查报告. 浙江社会科学，2015（7）：96–103+159.

[12] 兰剑. 后脱贫攻坚期民族地区“弱有所扶”民生建设困境及其完善路径——基于武陵山地区X县16村的调查研究. 云南民族大学学报（哲学社会科学版），2019，36（2）：117–126.

[13] 张彩霞，马跃. 从河北农村民生调查现状看未来农村发展对策. 河北企业，2018（10）：47–49.

[14] 于水，马智源. 江苏北部地区农村民生存在的问题及改善路径研究——基于苏北S县5村的田野调查. 农业部管理干部学院学报，2018（1）：70–75.

[15] 宋丽华，普雁翔，赵梅，暴云英. 云南边疆民族地区农村居民民生改善问题研究——基于对J县和T县农村的调查及比较分析. 经济研究导刊，2016（3）：31–33，43.

[16] 刘涛，刘丽. 基层政府人力资本素质对乡镇民生服务满意度的影响研究——基于宁夏回族自治区的调查. 农业科学研究，2018，39（1）：77–81.

[17] 刘献江，王心忠. 民生做实事 发展添活力——六合区村级公益事业“一事一议”财政奖补项目调查. 江苏农村经济，2017（11）：38–39.

[18] 国务院发展研究中心“中国民生调查”课题组，张军扩，叶兴庆，葛延风，金三林，朱贤强. 中国民生满意度继续保持在较高水平——中国民生调查2019综合研究报告. 管理世界，2019，35（10）：1–10.

我国智慧农业发展战略研究*

当前大数据、物联网、区块链、人工智能等新兴技术正处于快速演变的发展期，不仅为行业的升级迭代带来机遇，也改造和重构着农业的组织模式与生产方式。农业智能化已成为我国现代农业发展的新方向，伴随着物联网、云计算、大数据、5S、人工智能等新技术逐步运用到农业生产的各个环节，数字农业、智慧农业应运而生，发展智慧农业已成为发展我国农业的必然趋势和破解“三农”问题的必要手段，其紧迫性不言而喻。

一、发展智慧农业的意义及背景

（一）发展智慧农业的意义

农业兴则国家兴，农业衰则国家衰，以习近平同志为核心的党中央着眼党和国家事业全局，对“三农”工作进行重大决策部署，实施乡村振兴战

* 本报告是清华大学中国农村研究院2020年重点研究课题“我国智慧农业发展战略研究”的研究成果，报告观点仅代表课题组的看法。课题负责人：李正风，清华大学社会科学学院教授；曾劲松，中国城镇开发基金管理有限公司总裁。报告执笔人：李正风、雷小苗、曾劲松。

略，农业发展获得历史性机遇。加快发展智慧农业，推进农业农村全方位、全链条的数字化、网络化、智能化改造，有利于节约生产成本、优化要素配置、促进供需有效对接、高效精准治理，有利于推动农业农村发展的质量变革、效率变革和动力变革，为提升国家竞争力、消除贫困、实现后发优势、实现赶超战略提供新的可能和更好的方案。

1. 有助于实现农业高质量发展

智慧农业发展战略研究有利于摸清行业现状和发展机遇，将有限的资源聚焦落后环节，集中攻克。例如，大力推动农业核心技术的研发和转化，提升国家农业产业安全，有专利、技术的买方转变为卖方市场，降低国内使用成本，扩大推广应用效果。同时，将信息技术、人工智能、农业科学等领域融合发展，为国内农业的长期发展提供全面保障和支撑。

2. 有助于农业现代化治理体系的建立

我国农业资源类型多、底数不清、核心数据缺失等问题凸显，统计分析繁杂，国家数据准确性有待提高，产业结构调整缺乏充足的科学依据，通过科学推进智慧农业高质量发展，充分收集农业大数据，发挥分析、预测功能，实现供求关系、产业规划方面的创新应用，提高国家农业供给体系的整体质量和效率，从而服务于国家治理现代化和治理能力的提升。

3. 有助于全面保障粮食安全

民以食为天，确保粮食安全是国家头等大事。粮食安全包含总量、结构、品质安全。通过智慧农业发展战略实施，助力国家全面实现高标准农田建设，科学合理的农业布局，高效精确的水肥管理及病虫害防控机制，推动高效、绿色的生产方式，从源头保障农产品品质和提升粮食产量。通过智慧化手段，实现田间到餐桌的全过程监控和追溯，保障粮食及食品安全。

4. 助力国家建立农业现代化的治理体系

当前国外大部分农业科技公司的平台和硬件接口并未开放，推广服务的过程中获取了大量真实数据，而农业属于第一产业，紧密关联着二、三产业，日积月累的农业数据对国家安全造成严重隐患，通过智慧农业发展战略，突破现代农业“雷区”，将数据资产完全掌握在自己手里，助力国家安全建设。

（二）发展智慧农业的背景

随着人口规模的不断扩大，资源短缺在各行各业都呈现愈演愈烈之势，对人口和能源依赖最为严重的农业产业表现得尤为明显，例如各国农业发展中都面临的水资源短缺等问题。因此，需要借助新的工具或手段对我国传统农业进行改造升级，提升经营效率，降低生产成本，优化产业结构，保证农业的可持续发展。在此背景之下，随着互联网技术的快速发展，“智慧农业”应运而生。

1. 我国农业基本情况

（1）农业基础资源不足，生态环境恶化。我国拥有广袤的耕地资源，据自然资源部在2018年5月发布的《2017中国土地矿产海洋资源统计公报》，全国共有农用地64512.66万公顷，其中耕地13492.10万公顷，平均耕地面积不足世界人均耕地面积的一半。我国拥有14亿人口，耕地的数量与质量和国家的发展、民生的改善息息相关。

中国是一个农业大国，也是一个农业弱国，由于建设占用、自然灾害、生态退耕以及农业结构调整等多种原因导致耕地面积不断减少，人均耕地面积远远小于世界平均水平，优等耕地质量占比较少。长期以来，我国农业增产主要依靠农药和化肥的投入，同时，现阶段我国农民自身文化水平相对较低，经营能力较差，对农药和化肥的使用不够科学，导致化肥和农药的投入普遍过量，长期的过度施肥、连作复种，造成我国土壤退化、污染的面积不断扩大，包括土壤酸化、板结、盐碱化、肥力减退、营养失衡、重金属污染、化肥农药污染等问题，导致土壤的农业生产能力和生态环境缓冲调控能力迅速下降。随着化肥农药的用量越来越大、农业生产成本越来越高、农产品的质量和安全性越来越低、经济效益越来越差，我国农业的可持续发展面临严峻挑战，农业已超过工业成为我国最大的面源污染产业。

（2）粮食安全问题，包括质量安全、数量安全和结构安全。众所周知，中国拥有 14 亿人口，粮食安全问题是天大的事情，其中的重要程度怎么说都不过分，因为中国粮食出现危机，将引发国内外粮食恐慌和全球性动荡。要坚持“两个不能否定”重大原则，做到手中有粮心中不慌，解决 14 亿人口的吃饭问题要坚持立足国内，并深刻认识到，粮食安全是国家安全的基础，因此以习近平同志为核心的党中央实施立足国内，确保产能，适度进口，科技支撑的国家粮食战略，持续推进农业供给侧结构性改革，深化粮食收储制度改革。

我国人均耕地面积仅为 1.4 亩，世界人均耕地面积是 2.89 亩，我国尚不足世界平均水平的一半，其中加拿大人均耕地是我国的 18 倍，印度是我国的 1.2 倍，我国用全球 7% 的耕地养活了全世界近 20% 的人口。在过去的 8 年里，我国的耕地总量和人均耕地呈现逐年下降的趋势，在耕地面积逐年下降的同时，我国耕地质量也呈现下降的趋势。粮农组织预测 2050 年世界人口会达到 100 亿。在接下来的 25 年内，全世界将增加 25% 的人口。请注意，新增的 25% 的人口，不是像以前那样增加普通的农民，而是一个诞生于消费社会的全新群体，也就意味着对粮食的消耗将非常庞大。地球可能需要增加 75% 的能量供应，可以是粮食，也可能是蛋白质或者是糖或者是能量的供应，也就是说，中国需要用更少的土地生产更多的粮食，尤其当我国居民收入提高、消费需求增加之后，对农产品的需求量将进一步增加，要想满足庞大的粮食消费需求，就必须进一步提升我国的农业生产效率。

（3）谁来种地的问题。农业生产者近 3 亿，受教育程度在初中及以下的占比为 91.8%，远高于全国受初中及以下教育人数占比的 76.1%，大部分农民的文化水平为初中，文化水平较低。随着城镇化进程的加速，大量农村劳动力向城镇转移，农业生产从业人口不断减少，据统计，近 19 年，我们国家农业从业者数量下降约为 23.28%，在现有的农村人口中，又以老龄化为主，乡村老年人口（大于 65 岁）的占比达到 56%，远高于城市、乡镇的 29%、15%。同时，人工成本不断攀升，2016 年我国粮食生产的亩均人工成本为 441 元，较 2005 年上涨近两倍。加之随着土地确权制度的开展，土地成本也在上升，综合各种因素作用，我国粮食生产的总成本逐年攀升，到 2016 年，我国粮食的总成本升至 1093.62 元 / 亩。

2. 智慧农业发展的必然选择

“要解决人类的生存发展问题，智慧农业是必经之路。”中国农业面临着国内农业供给结构失衡与国际市场的激烈竞争，中国作为农业大国，新型农业技术的应用推广对世界提高粮食产量与质量、降低生产成本、消除饥饿、优化资源配置和保护环境方面具有重大的借鉴意义。

智慧农业是随着信息技术不断发展逐渐探索出的新的农业发展模式，是农业现代化、机械化的重要体现。在智慧农业中实现了集约化生产、精细化调节、远程控制、数据化分析和扁平化为一体的发展目标，是对传统农业发展的升级和创新。在现代化社会中，很显然，只有发展智慧农业，提升我国农业整体科技水平才能更好地满足社会发展对于农业的需求。可以说，过去 6 年来，中国农业最重要的趋势就是在不断智慧化，当前，在中国每一周都有一场智慧农业的高峰论坛，也是全球之最。

当前，我国正处在信息化与农业农村现代化的历史交汇期，实施乡村振兴战略必须紧紧抓住信息化带来的重大历史机遇，只有发展智慧农业，才能解决农业问题，使农业现代化。

二、国内外智慧农业发展状况

（一）国外智慧农业现状

第三次工业革命的迅猛发展不仅带动了全球资源的信息化流动，还助推了农业领域朝着智能化、信息化的方向发展，受到国外科研院所与学者的重点关注。智慧农业已成为当今世界现代农业发展的大趋势，世界多个发达国家和地区的政府和组织相继推出了智慧农业发展计划。文献调研发现，自 1998 年智慧农业就已有学者开始研究，至 2014 年开始快速发展，研究热度在 2018 年发展最快。从研究重点来看，目前的研究主要集中在智慧农业的可持续发展（Muhammad Ali Imran 等，2019；Adenugba Favour 等，2019；Singh Amrita 等，2019；Rinku Singh 等，2017）、纳米技术、传感器、神经网络、太阳能技术、人工智能等技术研发与应用（A. Singh 等，2017；Yousef E. M. Hamouda 等，2019；Ambarish G. Mohapatra 等，2019；Himanshu Sharma 等，2019；Yannis Ampatzidis 等，2019）以及利益相关者的资源共享问题（Emma Jakku 等，2018；Julie Ingram 等，2019）。

智慧农业已成为当今世界现代农业发展的大趋势，世界多个发达国家和地区的政府与组织相继推出了智慧农业发展计划。据国际咨询机构研究与市场预测，到 2025 年，全球智慧农业市值将达到 300.1 亿美元，发展最快的是亚太地区（中国和印度），2017—2025 年复合增长率达到 11.5%。

1. 德国（欧洲）

欧盟在遥感监测、信息感知、图像识别、机器学习等智慧农业技术处于领先地位，可感知动物取食、运动、体重等重要信息，并通过声音传感器提取动物疾病信息，可以有效识别区分健康鸡和感染禽流感的鸡，准确率达到 99.5%。德国致力于研发农业智能机械和装备，提供数字农业综合解决方案。

德国的智慧农业也非常高效与精准。德国农民联合会的统计数据显示，目前一个德国农民可以养活144个人，这一数字是1980年的3倍。另外，德国在农业技术上的投入，可谓大手笔。德国在开发农业技术上投入大量资金，并由大型企业牵头研发“数字农业”技术。据德国机械和设备制造联合会的统计，德国2012年在农业技术方面的投入为54亿欧元。法国、荷兰、以色列等国家的智慧农业普及率也非常高，同时，政府在资金投入上也占有大的比重。德国大型企业如拜尔等，专注基于农业智能机械和装备，不仅开发数字农业管理平台App，还可提供实施数字农场改造项目的服务，打通农业全环节为农民提供数字农业综合解决方案。

2. 美国

美国的农业发展是构建在技术进步基础上的，首先是20世纪持续进行的农业机械化升级带来的人力依赖大幅减少、作业效率持续提高，继而是转基因技术带来的品种改良大幅加快、农艺大幅简化。而农场规模的变化，农化产品的升级，农业服务商业模式的迭代也均是以技术进步为前提的。技术进步，是农业进步的根本推动力。

转基因及生物育种技术，美国十分重视生物技术在农业生产领域里的广泛应用，经生物技术改良的品种能够大幅提高品质、产量和抗病性，从而可以大大提高美国农业的劳动生产率。美国每年在生物育种技术的投入达到380亿美元；美国从事生物技术企业达到1400多家（2016年）；美国转基因大豆、玉米和棉花所占比重分别为93%、86%、93%。

精准农业技术，基于GPS进行田间耕作、播种、施肥、喷洒农药和收获等作业的精确定位；基于GIS进行测土取样，将土地边界、土壤类型、地形地貌、排灌系统、历史土壤测试结果、化肥和农药使用情况及历年产量结果做成各自的层图管理起来；传感器技术，实施数据采集及田间作业参数监测；依据变量投入地图，应用传感器进行田间定位操作。实时传感器在开始时进行土地特征或产量测定，由变量投入控制系统自动按土地特征或产量需求控制化肥、农药等物料；监视、显示和记录农机性能及运行参数，计算、显示工作效率及投入量，并以数据卡形式输出和输入；智能化控制农业机械，包括装有全球卫星定位天线接收机、产量传感器及监视器的联合收割机和拖拉机，带有自动控制装置的播种机、施肥机、施药机及其他与拖拉机配套的农机具。

在大数据技术应用领域，美国将大数据技术提升到国家战略，启动大数据研发计划，为了更好地处理政府和农业企业、农场主的关系，美国政府制定优化数据源共享的政策，为农业产业应用大数据创造良性环境。

3. 加拿大

加拿大联邦政府预测与策划组织在其发布的《新兴技术与相关信息》报告中指出，土壤与作物传感器、家畜生物识别技术、变速收割控制、农业机器人、机械化农场网络、封闭式生态系统、垂直（工厂化）农业等技术将在未来 5 ~ 10 年进入生产应用，改变传统农业。

加拿大 FarmersEdge 是一家在农业大数据分析方面具有领先优势的精准农业科技公司，2005 年创立于加拿大温尼伯。通过物联网传感设备、卫星和便携式终端，FarmersEdge 获取并分析农业生产相关数据，并基于此为农业生产者提供精准农业解决方案。根据用户需求的差异，FarmersEdge 可以提供五种精准农业服务套餐，包括三种基础产品包（Smart，SmartImagery，SmartInsite）和两种进阶服务包（SmartVR，SmartNutrient）。进阶版在基础版农场管理和基本遥感、气象服务的基础上可以额外提供精细化的变量施肥、施药处方以及土壤测定等服务。

4. 以色列

以色列天然水资源短缺、降水稀少，有 2/3 的地区被定义为半干旱或干旱地区，建国初期 80% 的粮食靠进口。经过农业现代化进程，截至 2016 年，已实现了本国生产可满足自身 95% 的需求。以色列在智慧农业的发展过程中农业物联网技术运用十分普遍，此外，最新的灌溉及育种技术也被大量推广使用，智慧农业发展取得了巨大的成就。现在以色列各个年龄段的农民都明白，使用现代技术不仅有助于开发减少的农业资源，即水、田地和人力资源，还可以提高产量，节省农业开支，并将产品废弃物减少到几个百分点。近年来，以色列越来越多的农业领域正在通过热像仪、传感器、无人机、卫星图像、多转子和探头进行技术监测。数据 24 小时都可被收集和传输直接发送给农民，大幅提高了农民响应速度，有助于使农民在任何时刻都可根据实际数据进行决策，从而最大限度地减少了极端天气条件下的农业损害，最大限度地提高农业产量。以色列利用低压滴灌系统使全国 75% 的水实现循环利用，是世界上水利用率最高的国家。以色列还利用先进技术成功阻止了土地沙漠化。在以色列 85% 以上的固体废弃物都按环保要求处理，使其对环境的污染降到最低。除此之外，以色列温室系统技术、农作物保护技术、种子技术、病虫害治理技术、计算机监测技术等在世界上也处于领先地位。

5. 日本

日本也一直致力于发展智慧农业，可穿戴微型机器是日本重点研究方向，协助生产者进行采摘、包装等工作。日本在物联网技术研发方面取得显著进展，50% 以上农户使用物联网技术，92% 农业生产部门应用农业自动化技术。已经有 77 个蔬菜市场和 23 个畜产品市场与农副产品情报中心联机，提供农副产品产地、价格等信息给农协，实现产销精准对接。近 10 多年来，日本在探索智慧农业的过程中，利用高新技术发展专业化、集约化、智能化的经营，提高科学技术对农业生产的支撑，减轻对土壤、气候等自然条件的依赖，运用先进农业生产技术打造现代农业生态模式。目前，日本已拥有全球最好的无土种植草莓的智慧大棚技术。日本农业以家庭经营为主。面对城市居民对农产品需求的多样化及对食品安全要求的提高，日本政府积极发展食品全程流通电子追溯系统。

2014 年，日本启动实施“战略性创新 / 创造计划（Cross-Ministerial Strategic InnovationPromotion Program，SIP）”，并于 2015 年启动了基于“智能机械 + 现代信息”技术的“下一代农林水产业创造技术”。50% 以上农户使用物联网技术，92% 农业生产部门应用农业自动化技术。已经有 77 个蔬菜市场和23个畜产品市场与农副产品情报中心联机，提供农副产品产地、价格等信息给农协，实现产销精准对接。同时，日本用于收集土壤及植物信息的农用机器人发展迅速。

（二）国内智慧农业现状

1. 我国智慧农业的研究现状

国内的研究则从2008年开始，于2014年快速发展（见图1），相比国外研究，国内更重视物联网技术、农产品信息化、大数据以及“互联网+”等新兴技术（刘亚林，2019；张孝倩等，2019；陈希源等，2019；董竹梅等，2019），这些学者都将重点投放在技术领域，认为物联网、大数据等技术能为我国的传统农业问题提供有效的解决途径（李道亮，2015），大力发展智慧农业能有效促进我国农业现代化的发展转化（彭程，2012），而“互联网+”则是推广农业技术的有效手段，信息化的建设能大大促进我国智慧农业的发展（许永丽，2015）。

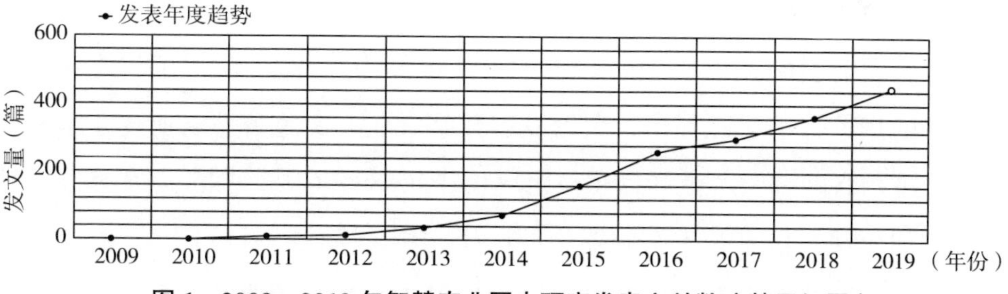

图1　2009—2019年智慧农业国内研究发表文献数（基于知网）

当然，在技术视角之外还有学者提出政府、企业和农民在智慧农业信息化建设过程中扮演不同的角色，每一种角色都有不可替代的作用，高素质人才和农民教育水平能正向促进智慧农业的建设发展（周斌，2018）。

我国2017年确定了20个数字农业相关试点项目，其中，大田种植5个、设施园艺6个、畜禽养殖7个、水产养殖2个；总投资67447万元。相比 2017 年，2018 年数字农业试点项目总投资增加了 37.34%。在技术研究及应用方面，我国已经建立了不同信息资源数据库。同时，信息技术在农业育种、生产与养殖、农业气象预测、市场管理与农产品追溯等领域得到部分应用。且以小麦、水稻、玉米以及主要温室作物构建了生长模拟模型和生产管理决策系统，但仍以经验性模型为主，同时自主研制出了一批设施农业作物环境信息传感器、多回路智能控制器、节水灌溉控制器、水肥一体化、基于北斗自动导航与测控等技术产品。

2. 我国智慧农业发展现状

（1）政策。2008 年，国家发布《中共中央关于推进农村改革发展若干重大问题的决定》，标志着我国农村土地的确权工作拉开帷幕。有利于推进土地经营权抵押贷款，激活土地经营权金融属性，帮助农户解决融资难的问题；有利于加快土地流转速度，促进农业规模化经营。之后党中央、国务院发布了系列政策文件支持智慧农业发展:《中华人民共和国国民经济和社会发展第十三个五年规划纲要》第二十章中指出，要加强农业与信息技术融合，发展智慧农业；2016 年 8 月,《“十三五”国家科技创新规划》提出了发展智慧农业的明确任务;《全国农业现代化规划（2016—2020 年）》提出实施“智慧农业引领工程”；2018 年 2 月,《中共中央 国务院关于实施乡村振兴战略的意见》中明确提出，大力发展数字农业，实施智慧农业林业水利工程，推进物联网试验示范和遥感技术应用；2018 年 6 月，国务院常务会议指出，要加快现代信息技术在农业中的广泛应用、实施“互联网 +”农产品出村工程并鼓励社会力量运用互联网发展各种亲农惠农新业态、新模式，满足“三农”发展多样化需求。《中共中央 国务院关于实施乡村振兴战略的意见》中指出，到 2035 年，乡村振兴取得决定性进展，农业农村现代化基本实现。农业被提升到前所未有的国家战略高度，在这一背景下，农畜产品质量安全与溯源、农资农机具监管、农业物联网、农业技术信息服务、农政大数据平台等信息技术以及智能农业装备在农业生产领域的广泛应用，正在悄然改变着农业生产方式，“智慧农业”正渐行渐近，成为未来农业发展的大趋势。

（2）智慧农业基础设施。据工信部数据，2019 年我国行政村光纤和 4G 网络通达比例均已超过 98%，提前完成“十三五”规划目标；贫困村的固网宽带覆盖率达 99%，实现了全球领先的农村网络覆盖。二是数字农业农村建设快速起步。自 2015 年实施“互联网 + 现代农业”行动以来，现代信息技术与农业农村呈现全面融合发展之势。据农业农村部信息中心发布的数据，2018 年，全国县域数字农业农村发展总体水平达到 33%，其中农业生产数字化水平为 18.6%。三是农村电子商务快速发展。2018 年，我国农村电商市场规模达 17050 亿元，2019 年上半年达到 1873.6 亿元，同比增长 25.3%。行政村电子商务服务站点覆盖率达 64%。四是数字农业建设成效初显。农业农村部已在 9 个省份开展了农业物联网区域试验示范工程；深入推进数字农业建设试点，在全国开展了苹果、大豆、棉花、茶叶、油料、橡胶 6 个品种的全产业链大数据建设试点；已批复建设数字农业试点县 13 个；分三批认定全国农业农村信息化示范基地 210 个。五是信息进村入户工程已进入整省推进的新阶段。截至 2019 年 11 月，已在 18 个省份整省推进信息进村入户工程，共建成运营 34.6 万个益农信息社，累计培训村级信息员 73.7 万人次，为农民和新型农业经营主体提供公益服务 7709 万人次，开展便民服务 2.6 亿人次，实现电子商务交易额 254.1 亿元。

（3）智慧农业相关技术发展现状。农业现代化演进对技术的依赖完全符合技术成熟度曲线所呈现的原理，一定程度上技术发展路线图代表了农业演进的总体情况。截至目前，高德纳（Gartner）咨询公司发布的最新的技术成熟度曲线是 2017 版，比较 2008 版至今连续 9 年的技术成熟度曲线可以发现，大数据、云计算、物联网、人工智能等技术仍是未来促使农业代际演进的主要技术。

农业数据收集主要采用卫星遥感技术、无人机航拍和无线传感器等方式进行收集。通过卫星遥感技术收集土地、农作物以及天气气候等数据，但是卫星遥感技术最高精度仅为几米，多用于大田种植，精确度仍有待提高；通过无人机航拍监测农作物长势、病虫害等数据；通过传感器采集空气、土壤的温度、湿度、光照强度、降水量以及农作物生长数据。目前，我国农业数据布局较早，具有一定规模，但数据杂乱、标准不一、共享难、分析提炼不足等问题突出。

基于人工智能的智慧农业是解决这一挑战的有效途径，具有巨大的应用潜力。而针对“AI+ 农业”的科研论文数量较少，虽在 2016 年有较为明显的上升，但其受重视程度仍然不足；从 2016 年开始，AI 在各个领域的应用明显增多，其中以政务、金融与医疗领域最为突出，相比之下，AI 在农业领域的应用略显后劲不足，2017 年科研论文发文量甚至小幅下降。

自主导航已成为农业机器人行进的主要方式，依赖自主导航技术可实现农业机器人施肥、喷药和除草等智能化作业。目前的导航技术主要有 GPS 导航、机器视觉导航、超声波导航、激光导航以及作物行导航等方式，其中，机器视觉导航逐渐成为农业机器人导航的主要方式。自主导航技术首先是对机器人自身的定位，在此基础上，农业机器人进行规划路径、预判地头以及地头转向等动作。自主导航技术在农业上的应用是一种发展趋势，有利于未来农业的规模化、标准化运营。

3. 我国智慧农业发展存在的问题

近年来，在政府的大力支持下，中国智慧农业发展快速。农村网络基础设施建设得到加强，2017 年底，全国行政村通宽带的比例达到 96%，农村网民规模达到 2.11 亿，城乡网民比例为 2.8：1，“互联网 + 现代农业”行动取得了显著成效。截至 2018 年 7 月，全国 21 个省市开展了 8 种主要农产品大数据的试点。

然而，中国智慧农业仍存在发展痛点。总体来看，国内农业多以传统信息建设为主，农业还处于信息化、数字化阶段，距离智慧农业还具有一段距离，同时存在核心技术与装备的自主研发和创新能力不足、顶层设计缺失、农业信息化基础设施落后、产业发展程度不高、专业人才储备不足等一些问题与瓶颈。具体表现为：一是缺乏顶层设计规划。智慧农业发展缺乏战略规划，模式、理念、技术等照搬照抄现象严重，缺乏从实际发展需要和农业现状考虑，智慧农业整体发展缓慢。二是农业专用传感器落后。我国传感器产业基础薄弱，核心技术缺乏。对原理、器件和材料的研发及创新不足，缺乏高精度、高敏感度以及特殊应用的高端传感器产品研发能力，中高档传感器产品几乎 100% 从国外进口，90% 的芯片依赖国外。三是农业智能化水平有待提升。缺少精准作业装备，作业质量差。在应用推广上，全国各省市都先后开展了智慧农业应用试点建设，但大都处于盆景状态，缺乏智慧农业大面积应用的前景。四是成本高，难推广。目前，国内购买一套相对完备的智慧农业设备，其成本往往达到数十万元，购买智慧农业服务，也需上万元费用，普通农民难以承受，加上部分智慧农业服务或设备使用门槛高、理解难，接受度低，推广更加受限。五是平台落后。平台缺乏全局谋划，整体规划缺失，可配置性、扩展性、迁移性较差，海量的结构化、半结构化和非结构化的数据处理困难。同时，缺乏模块化与简洁化，不能快速应对复杂多变的应用场景和需求。六是信息“孤岛化”的问题。近年来，虽然我国农业的园区发展进程加快，衍生出的园区信息“孤岛化”，各园区的最新信息不能共享，匹配标准下降、整个系统的整体衔接难以实现，智慧化应用水平低等，各大数据资源共享方面存在瓶颈。七是体制机制不顺。大数据发展应用既要遵循信息化发展规律，也要符合市场运行机制。目前市场化发展机制尚未形成，市场化投入机制尚不健全，政府与社会资本合作模式尚未破题，多元化投资机制尚未形成。八是高端人才匮乏。鉴于智慧农业对技术的依赖，对技术人员要求较高，必须具备专业素养和技术水平，来保证正常农业生产秩序的技术人才相对来说较少，企业应大力储备农业科技人才，但农民的素质和技术水平不是短期内可以快速得到提升的，这还需要政府和企业一起付出努力。

三、智慧农业的信息化建设研究

当前，大数据、物联网、区块链、人工智能等新兴技术正处于快速演变的发展期，不仅为行业的升级迭代带来机遇，也改造和重构着农业的组织模式与生产方式，农业智能化已成为现代农业发展的新方向。智慧农业以知识和信息为核心要素，通过将大数据、物联网、互联网、云计算、人工智能等现代信息技术与农业深度融合，实现农业信息感知、定量决策、智能控制、精准投入、个性化服务的全新的农业生产方式，是农业信息化发展从数字化到网络化再到智能化的高级阶段。

中国农业生产还处在粗放式管理、智能化与信息化水平较低的初级阶段，同时面临国际形势、资源瓶颈、农产品安全等一系列严峻挑战。虽然一些经济发达地区、现代农业示范区域进行了有益探索，但仍然没有形成全国统一标准和平台，存在智能化水平低、智能感知不全面、经营覆盖不完善、数据信息不共享、生产方式不精准、溯源体系不健全、生产管理不科学、智慧化程度有待提升等问题，迫切需要融合新兴技术加强智慧农业信息化建设，以有效支撑农业现代化发展新模式创新和跨越式发展。

（一）智慧农业信息化发展成为全球大势所趋

智慧农业在世界各国建设发展迅速。一些起步较早的西方国家，在政策支持、科技研发、创新科技应用等方面都大规模推进并快速发展。

在政策方面，一些发达国家出台、落地支持智慧农业发展的政策法规来高位引导智慧农业发展。如率先提出“精确农业”构想的美国，先后出台了6项与农业信息化相关的法律法规和发展计划。在科技研发方面，农业发达国家创建不同结构的农业科技研发系统，以促进本国智慧农业发展，且多以政府、高校的农业科技研发机构为重要主体。科技创新应用方面，世界各国都在大力推进产学研结合。如美国应用“5S技术”、智能化农机技术等形成了农业精细化、规模化发展的智慧农业生产线系统，帮助农场主精细化耕作并提质增效。日本利用数字技术、传感技术和远程控制等技术实现了农业运营新模式，2015年启动了基于“智能机械＋现代信息”技术的“下一代农林水产业创造技术”。随着农业物联网的不断普及，以色列农业发展呈现出信息化、自动化以及精细化的发展特征，农业现代化水平达到国际领先。欧盟在遥感监测、信息感知、图像识别、机器学习等智慧农业技术处于领先地位，可感知动物取食、运动、体重等重要信息，并通过声音传感器提取动物疾病信息，可以有效识别区分健康鸡和感染禽流感的鸡，准确率达到了99.5%。德国致力于研发农业智能机械和装备，提供数字农业综合解决方案。

据国际咨询机构研究与市场（Research and Market）预测，到2025年，全球智慧农业市值将达到300亿美元，亚太地区尤其是中国和印度将成为全球智慧农业发展最快的地区和国家，主要内容包括大田精准农业、智慧畜牧业、智慧渔业、智能温室，主要技术包括遥感与传感器技术、农业大数据与云计算服务技术、智能化农业装备（如无人机、机器人）等。

（二）我国智慧农业信息化发展中存在的突出问题

近年来，在政府的大力支持下，中国智慧农业发展快速。农村网络基础设施建设得到加强。根据2019年《中国数字乡村发展报告》，光纤覆盖比例达到96%，行政村4G网络覆盖达95%，全国乡镇气象预警信息覆盖率达86.4%，信息进村入户、农村电子商务正在惠及更多农户。

截至2018年7月，全国21个省市开展了8种主要农产品大数据的试点，通过完善监测预警体系，每日发布农产品批发价格指数，每月发布19种农产品市场供需报告和5种产品供需平衡表，实现了用数据管理服务，引导产销。“十三五”期间，农业农村部在全国9个省区市开展农业物联网工程区域试点。围绕设施温室智能化管理的需求，自主研制出了一批设施农业作物环境信息传感器、多回路智能控制器、节水灌溉控制器、水肥一体化等技术产品，为提高我国温室智能化管理水平发挥了重要作用。我国精准农业关键技术取得重要突破，建立了天空地一体化的作物氮素快速信息获取技术体现，可实现省域、县域、农场、田块不同空间尺度和作物不同生育时期时间尺度的作物氮素营养监测。研制基于北斗自动导航与测控技术的农业机械，在新疆棉花精准种植中发挥了重要的作用；研制的农机深松作业监测系统解决了作业面积和质量人工核查难的问题，得到大面积应用。

在技术研究及应用方面，我国已经建立了不同信息资源数据库。同时，信息技术在农业育种、生产与养殖、农业气象预测、市场管理与农产品追溯等领域得到部分应用。且以小麦、水稻、玉米以及主要温室作物构建了生长模拟模型和生产管理决策系统，但仍以经验性模型为主，同时自主研制出了一批设施农业作物环境信息传感器、多回路智能控制器、节水灌溉控制器、水肥一体化、基于北斗自动导航与测控等技术产品。

在取得了大量成果的同时，我们还应清醒地看到，我国智慧农业仍缺乏基础研究和技术积累，整体技术水平与发达国家差距 15 ~ 20 年。具体表现在我国智慧农业所面临的不仅仅是“短板”问题，而是整体技术水平均较低的“短桶”问题。总体来看，国内农业多以传统信息建设为主，农业还处于信息化、数字化初级阶段，距离智慧农业还具有一段距离，同时存在核心技术与装备的自主研发和创新能力不足、顶层设计缺失、农业信息化基础设施落后、产业发展程度不高、专业人才储备不足等一些问题与瓶颈。

除此之外，信息数据整合、共享程度低，信息安全问题有待解决。无论是生产阶段、管理阶段、运输阶段还是销售阶段，智慧农业都离不开信息与数据，因此，信息与数据的质量和安全对智慧农业的发展起到决定性作用。然而从智慧农业实际发展现状来看，智慧农业信息与数据都存在若干待解决问题，具体表现为以下三方面。

第一，智慧农业信息数据标准化程度低。数据采集覆盖面不足，农业数据缺乏准确性与权威性。

第二，农业信息数据整合程度低，缺乏信息数据共享。智慧农业的正常运转需要自然信息与社会经济信息，比如：气候条件、土壤条件、市场信息、生产资料信息、科技信息等。而这些信息的掌控者往往归属于不同部门，又因为制度体制问题导致部门之间的运作相互独立，不能将信息数据进行充分共享，造成信息数据资源的大量浪费与闲置。

第三，信息数据分析程度较浅，利用率不足。当前，智慧农业信息数据过于注重采集，而忽视了信息数据的内在联系与含义。用于智慧农业生产、管理、运输与销售阶段的信息数据大多为简单的堆砌，而专业性分析的特色数据较少，可用于指导智慧农业发展、协助智慧农业管理与销售的信息不足。

（三）加强我国智慧农业信息化建设的相关对策

智慧农业具有显著的多学科交叉的特点，由于农业具有生物特性，将信息技术直接拿到农业领域往往不能有效解决问题，必须开展基于农业生物特性的农业信息学（Ag-informatics）交叉研究，揭示基础原理。然而，目前国家自然科学基金学科目录中只在作物一级学科下设立作物信息学，而与生物信息学对应的农业信息学没有作为学科方向给予支持。因此，国家在智慧农业基础研究方面的支持力度还需继续加大。

按照“抓重点、补短板、强弱项”思路，今后智慧农业的信息化建设应是未来智慧农业研究的重中之重。

1. 推动制定智慧农业信息化标准规范夯实建设基础

建设全国性统一的智慧农业平台，其首要问题是建立一套标准规范体系，通过推动相关标准体系的制定，为智慧农业建设提供基础支撑。首先，推动制定智慧感知终端设备标准规范，促进农业领域智慧设备应用；其次，推动制动智慧农业数据采集和传输的数据标准规范为各平台数据共享交互提供基础。第三，建立智慧农业数据使用标准规范，使涉及国家安全的农业数据信息在数据处理、存储、使用、发布方面遵守严格的规范，确保数据安全。

2. 探索智慧感知技术促进在农业领域全面感知应用

随着物联网技术的不断发展，农业物联网作为物联网技术的重要发展方向之一，对农业生产的革新起到了至关重要的作用。加强“三农”领域专用智慧传感技术发展，在农业机械上加装智慧传感装置、生产基地、存储运输、农业规划和灾害服务等领域，实时感知农业设备、农作物全生命周期内的实时信息，及时进行智慧监管、自动控制、智能预测和服务，使农业生产精细化、远程化、虚拟化、自动化成为可能。

3. 构建智慧农业大数据平台实现数据互联共享

通过统一规范的数据通信标准、海量高并发网关、大数据处理技术，实现“三农”数据信息的采集、处理、存储，打破传统数据孤岛现象，实现数据统一汇聚处理。建议首先以省为单位，建设集农业生产、农业信息监测、农业市场管理、农业物流为一体的综合性服务平台。该综合性服务平台具有调度省内一切有关农业产业资源，统筹省内农业发展的优势。比如，当发生病害时，通过综合服务平台调度有关专家对病害进行治理或者给予病害地区一定的资金支持。在此基础上，进一步构建国家级智慧农业大数据平台，实现数据互联互通，为智慧农业数据分析、远程监视、远程诊断、远程控制、灾害预警、风险分析提供核心基础数据，为智慧监管、智慧生产、智慧经营、智慧服务、智慧溯源应用提供支撑。

4. 通过智慧监管应用提升农业科学管理能力

通过先进的大数据挖掘、智能化分析、可视化技术实现“三农”“微观—中观—宏观”信息数据展示分析，为各级政府、经营单位、生产者各方的信息监视和管理需求提供支撑。一方面为各级政府、监管机构在“三农”领域法律法规制定、产业规划、市场调节提供决策依据。同样对于经营单位和生产者来说，可以根据综合信息，以及农副产品、农作物实时状态，科学调整“规划—生产—管理—经营—服务”全生命周期领域的管理方法和手段，以提高科学管理水平和能力。

5. 通过智慧生产应用提升农业精准化生产水平

通过物联网、移动互联网、云计算、智能终端等技术。实现基于环境智能感知、实时监测、自动控制的网络化农业环境监测系统。构建“空—天—地—人—物—车”一体化的农业物联网测控体系。实现农作物生产智能节水灌溉、智能测土配方施肥、农机高精准定位和作业；实现养殖领域饲料精准投放、疾病自动诊断、废弃物自动回收等智能设备的精准控制；实现大棚、温室、灌溉等农业设施远程自动化控制；按照生产流程的标准化管理精准地进行生产。

6. 通过智慧经营应用满足农业全经营过程管理需求

利用互联网技术，如大数据、云计算等技术深入挖掘农业数据的潜在价值，并转化为具有价值的商业模式，提升智慧农业盈利水平。通过大数据挖掘分析，为农业全经营过程提供辅助决策、智慧经营两个方面的需求。在智慧辅助决策方面，根据生产情况、消费趋势、气象情况、市场信息进行综合分析，为农作物全生命周期提供智慧支撑，便于生产经营者进行辅助决策，实现农业生产效益最大化。在智慧经营方面，使用大数据技术收集潜在消费者的消费行为，并将其数据化。然后通过云计算技术分析潜在消费者的消费习惯与特征，将适合的农产品推荐给用户，增加智慧农业农产品销量。通过电子商务手段实现农副产品的供销和结算，满足推广、销售、支付、结算管理等农业电子商务智慧服务需求。

7. 通过智慧服务应用打造全方位综合化农业服务体系

构建包括政策宣贯、资料共享、智慧农村、风险预测、保险服务综合性农业智慧服务体系，为农业发展提供全方位服务支撑。政策宣贯：实时管理和发布各级政府的相关政策、法规。资料共享：实现“三农”相关技术信息、资料的管理和下载。智慧农村：以农村为服务对象，提供智慧能源、智慧交通、智慧家居、智慧教育、智慧医疗等信息化应用服务。风险预测：提供农业经营领域的市场风险、天气风险、政策风险、灾害风险以及健康风险等信息预警预测。保险服务：和各个保险平台进行关联，提供农业、农民保险的服务，可以实现保险购买、查看和申请赔付等业务。

8. 通过智慧溯源应用构建高可靠的产品质量安全体系

利用先进的物联网、大数据、区块链、北斗网格码技术，构建农副产品质量安全追溯公共服务平台，强化上下游追溯体系对接和信息互通共享，实现农副产品质量安全高可信、高安全、全过程的追溯管理。使用最新的互联网区块链技术，依靠区块链技术的可追溯特性，确保农产品来源可查，保证食品安全。依靠区块链技术信息不可篡改特性，确保农业市场中不会传播虚假信息，保证农民利益。依靠区块链技术的去中介化特性，减少智慧农业从生产到最终销售的监管，降低智慧农业农产品的成本。同时，推进“三农”信用体系制度标准建设，根据信用等级为政府监管、政策扶持、信用担保和农业服务提供决策依据。

四、金融与智慧农业的融合研究

根据中央落实高质量发展要求，坚持农业农村优先发展总方针，从以农业保险为基础持续探索提升三农服务水平，专项成立智慧农业项目组，深入农业产业链，探索将较成熟的区块链、智能识别、云计算等技术应用其中，打造“科技 + 金融”的一体化解决方案。其中，农产品质量溯源建设，渗透全农业产业链，是迈向智慧农业核心标志之一。为深入农业产业解决各个环节发展，最先基于区块链技术搭建智慧产销溯源平台，希望能基于溯源这一具体应用场景，探索金融与智慧农业融合发展。力图将金融领域的科技能力应用到农业场景中，包括：借助区块链技术解决数据留存融通问题；保险提供农产品溯源体系建设的市场化纽带；金融工具结合科技手段，助力智慧农业防灾减损。

探讨智慧农业在我国广大农村地区的推广问题具有重要意义。智慧农业推广问题是智慧农业政策研究的目标和结果，研究推广问题能够更好地为政策的制定实施提供良好的反馈作用，从而形成良性循环。目前，我国农业在试点上有了一定的成就，但是在推广问题上还存在很大问题，有必要围绕智慧农业的推广机制，从政策制定、执行、农民认知、行动等多维度深入开展问题研究。

借助“保险 + 区块链”溯源技术可解决两大难题，一是落实探索健全上下游相关机构建立对接机制的难题，比如，与产品质量安全、生产源头、运输环节及后市场环节所涉机构的对接机制。二是解决如何提升生产经营主体的参与积极性问题。如生产主体（企业等新兴农业主题）积极性不高，追溯平台推动无法形成内生动力。

（一）借助区块链技术解决数据留存融通问题

在传统的溯源系统架构中，产业各环节不同机构的数据维护在一个中心化的数据库中，存在较低的伪造和篡改成本与较高的单点故障风险。区块链溯源具备去中心化架构、不可篡改、数据保密性强等优势，通过深入联通农业生产的各环节，在农业企业、农业上下游企业、检验检疫机构、物流仓储等多个组织，部署多套相对独立、交叉验证的数据节点，对接移动软件和物联网设备采集相关农事信息，实现对全产业链数据信息根据统一标准融通，建立标准化农事档案库，有效解决数据永久留存和可调用。同时，各个节点加密保护，亦可支持各职能机构数据信息独立应用，避免数据泄露、人为篡改。

2019 年，平安和山东省畜牧兽医局、山东省健康肉供应链发展联盟、山东省养殖行业企业、生猪养殖户一起构建五位一体利益链接机制，通过平安智慧产销溯源平台，实现生猪从入栏到出栏到屠宰再到市场流通的一体化信息追溯、监控及留存。其中，一是追踪生猪生长情况，通过采用“电子耳标 + 物联网 + 人工智能识别”，实现圈内生猪的视频点数和称重，对猪的全生长周期、免疫实施情况进行追踪；通过在出栏和屠宰场入场进行猪脸识别，确保过程间调包等风险，严防食品安全底线。目前，该平台已试点覆盖山东省无棣、莱州、莘县、滨州等县市，后期会在山东省境内进行全面推广。

（二）保险加持，激活生产主体意愿

溯源体系推动意愿不足，主要在于溯源与生产经济效益无法形成有效链接。“溯源平台 + 保险 + 电商渠道”将助力提升农产品供给质量、树立产品品牌溢价，为溯源实施主体带来实际效益。具体而言，通过智慧产销溯源平台为推动宁夏中宁县针对地理标示性枸杞产品发展，“提品质、创品牌、拓销路、兜风险”。

首先是提生产管理品质，结合作物生长属性，7 × 24 小时全程监测产品关键生产指标，把控生产标准，提前 3 天预防气象风险，做优品质管控，比如在枸杞幼果至果成熟期，如果连续降水量超 6 小时和日均气温高于 22° ，极易发生炭疽病，通过物联网设备实时观测，可提前提供防控措施。

其次是通过区块链溯源认证打开产品销路，结合“区块链溯源生产档案 + 溯源保险”，形成产品建立品牌背书，如因枸杞种植产地增多，中宁枸杞作为唯一可入药典的枸杞产品，已受到市场价格波动影响，经济效益呈现下滑，通过食品安全和产品品质保障结合溯源认证，打造质优产品强背书，支持中宁枸杞提升品牌溢价超 20%。

再次是拓宽销路，在品牌认可度提升技术上，平安通过内部电商平台，向 1.86 亿综合金融客户、180 万员工全面推销，同时，基于产销溯源平台搭建的市场分析模型，向企业提供生产销售指导建议，如通过可视化分析溯源码推广路径发现，北京、上海对中宁枸杞的品牌认知程度较广东省高。

此外，提供生产保障兜底，基于溯源精准识别标的人、地及作物，支持精准保障和高效赔付，为生产经营实现全保障。

平安农产品智慧溯源平台自推广以来，屡获社会肯定。技术上，在 2019 年工业和信息化部第三届“中国区块链开发大赛”上，平台在功能完备性、技术先进性、应用价值、可推广水平等八个测评维度取得优异表现，获得最佳应用奖。业务应用上，平安的宁夏中宁枸杞溯源项目入选了国家农业农村部金融支农创新项目，并获得宁夏回族自治区政府的认可。

（三）保险提供农产品溯源体系建设的市场化纽带

保险作为风险管理的重要工具，是市场中最有意愿参与风控管理的机构，通过溯源体系搭建可有效改善农业保险、食品安全保险的风险管控，可帮助政府完善农产品食品安全质量管控体系、可增加生产主体经营收益，从保险风险管理出发实现三方共赢，经济效应、社会效益双收。

（四）金融工具结合科技手段，助力智慧农业防灾减损

气象环境监控主要负责采集农产品种植基地环境信息，包括：生产环境的光照、水肥、温湿、墒情以及利用联网无人机开展航拍和植保，采集精确的土地确权数据和长势与受灾高光谱图层信息，为实时灾害预警和生产与防灾指导累积实时、精准的基础数据。

基于已在轨运行的环境与减灾小卫星、高分遥感卫星为主要数据源的、光学与微波主被动协同的多遥感技术，在农业生产中提供生产服务和制定农业气象灾害的评估和风险评级、气象灾害的预警和监测，防灾减损等。

五、5G 与智慧农业的融合研究

5G 推动农业的机械化

信息化和智慧化的跨越式融合发展。通过 5G 网络、云计算、边缘计算、物联网大数据和人工智能等关键技术，与传统农产品市场需求、农业生产过

程和农机设备控制相结合，实现农业生产过程监测、农业生产安全监控、农产品疫情病虫害监测、农业生产自动化作业，推动农业生产的自动化、信息化和智慧化水平的提升。

（一）5G与智慧农业的融合的应用场景

智慧农场、智慧牧场、智慧林场、智慧渔场是当前5G与农业结合最紧密的四个应用领域。

应用场景一是智慧农场

5G智慧农场可提高农作物生产效率，降低生产成本、病虫害。利用5G网络及温湿度等环境传感器、摄像头、卫星遥感、无人机等监测设备，无人植保机、旋耕机、播种机、喷灌系统等无人驾驶农机设备，实现农作物情况监测、农机设备自动化作业、农场安全监控、环保节能作业等应用。比较有代表性的智慧农场有两个：一是淄博临淄区禾丰5G智慧农场。山东理工大学利用5G网络、人工智能图像识别、卫星遥感、大数据等技术，驱动各类无人驾驶农机装备，实现自动化作业，包括航空植保无人机、无人驾驶高地隙植保机、旋耕机、玉米播种机、无人喷灌系统等，应用于小麦和玉米耕、种、管等环节，实现安全可靠、环保节能的农场作业，打造全国首个示范性生态无人农场。二是上海领新5G智慧农业。上海领新农业利用5G网络、边缘云和物联网平台，以及自动化农业监控设备和无人机，对农业生产进行实时监控，实现快速检测农作物疾病、害虫、杂草、农田水质、土壤，为农作物提供细粒度的营养、通风和供水，提高生产率。

应用场景二是智慧林场

5G智慧林业有利于森林的建设和养护，减少森林病虫害，预防森林火灾，保护野生动植物，为工作人员和游客提供向导与救援服务。利用5G网络、视频监控、无人机等监测设备，实现森林资源、森林病虫害、野生动植物、森林防火等监测，以及森林巡检等应用。比较有代表性的是成都大邑西岭雪山5G智慧。成都大邑县利用5G网络、人工智能和无人机，在西岭雪山景区寻找迷路游客。5G无人机实时回传画面，通过人工智能分析，智能判别画面中的人与物，应急救援指挥中心根据视频画面迅速锁定迷路游客的位置坐标，指挥属地救援队将被困游客带至安全地带。

应用场景三是智慧牧场

5G智慧牧场可以提高畜牧养殖生产效率，降低畜牧养殖成本，防止牲畜疫情发生和牲畜丢失，保护畜牧生态等。利用5G网络，以及环境传感器、视频摄像头、卫星定位系统、无人机等监测设备，实现牲畜位置跟踪与管理、草场退化监测、牲畜疫情预警、牲畜生长情况跟踪与环境监测等应用。比较有代表性的是广西扬翔5G智慧畜牧。广西扬翔利用5G网络、视频监控、图像识别和红外线测温等技术，实现5G智慧畜牧应用。广西扬翔是广西贵港养殖业龙头企业，拥有亚洲最大的13层楼房养猪场。在广西扬翔的5G智慧畜牧解决方案中，可记录每头生猪的身长、体温、进食次数、运动量，分析生猪的健康值；通过生猪的咳嗽、叫声等判断是否患病，提前预警疫情；提高母猪生产能力。

应用场景四是智慧渔场

5G智慧渔场可提高饲料的利用率，防止潜在的疾病扩散，防止养殖鱼类逃离，提高水下作业安全性，节约人力成本。利用5G网络，以及高清摄像头和水下摄像系统等监测设备，对渔场进行监控管理，实现渔场景监测、水产品生长情况监测和精准鱼食投放等应用。比较有代表性的是威海爱伦湾5G智慧渔场。威海爱伦湾国家级海洋牧场利用5G网络，通过在海洋牧场上架设的全景高清摄像装备，实现对牧场的24小时全景监控应用，水产养殖管理人员通过手机在办公室或者家中就可以观察水产品的生长情况，根据牧场养殖水域水下实际情况观测距离最远可达10米。

综合应用场景包括大田精准种植及大棚精准种植

大田精准种植可以通过大田水肥智能决策系统，来解决传统种植过程中灌水施肥量盲目性严重，造成水肥灌溉量不精准、资源大量浪费、作业强度大和过量施肥带来严重土壤污染的痛点，如图 2 所示。与设施农业水肥智能决策模型相同，大田农业的水肥决策应用农业 AI 大脑水肥智能决策能力，输入大田作物的最优水肥比例。区别在于大田农业水肥决策将考虑气候数据，配合精准的水肥一体化技术通过精准的水肥组合进行水肥灌溉，更有效地利用水和肥料，节约成本的同时获得更好的效果。

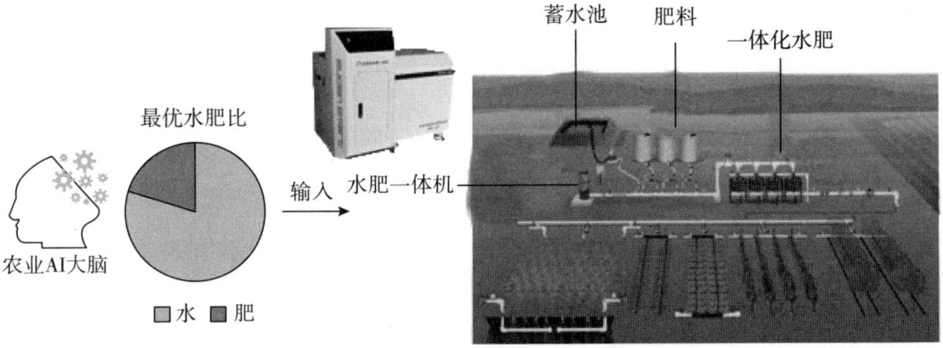

图 2　大田水肥一体化

大棚类作物精准种植的特点是作物的生长环境可控，经济效益高，也是目前技术应用最多的领域，如图 3 所示。

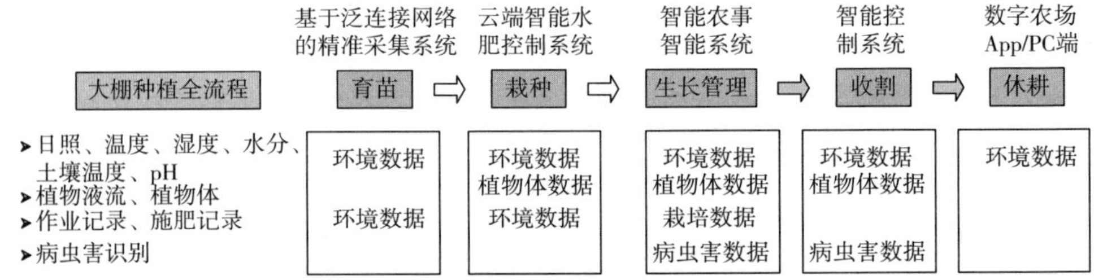

图 3　大棚精准种植流程

基于农业 AI 大脑的环境数据采集能力、视频图像识别能力、环境智能调控能力和水肥智能决策能力四大关键能力，可对作物生长全维度监测，实现精准种植大棚作物，控制生长环境，提高经济效益。中国移动自主研发产品——5G 精准大棚种植番茄，该产品基于农业 AI 四大关键能力（环境数据采集、视频图像识别、环境智能调控、水肥智能决策）和中国移动在 5G 上的优势，通过 AI 大脑进行分析，对番茄的种植环境、水肥进行智能控制，对番茄种植过程精细化管理，提高番茄品质及生产效率。

（二）5G赋能智慧农业的未来发展重点

当前，5G 技术正处于大规模落地普及时期，急需找到与现实生产应用的结合点，其与农业的有效结合，将成为推动我国农业生产现代化的重要路径。

1. 让农业“更智慧”

农业生产不仅涉及“土肥水种密保管工”八个环节，而且受自然气候环境的影响较大，哪个环节出了问题，都会影响农业生产。因此，客观上需要建立一个能够提供统筹解决农业生产问题的机制。传统的农业生产管理方式，不仅是经验式管理，而且是事后管理。这种管理方式缺少精准度，因而会增加管理成本。例如，经常在农作物生长期间采用大水漫灌的方式，而不是根据具体作物需水量的多少来进行浇灌，往往造成浇灌水量过多。在大数据、人工智能等新兴技术快速发展的今天，智慧农业正是一种统筹农业生产的全新方案。所谓智慧农业，就是将物联网技术运用到传统农业中，运用传感器和软件通过移动平台或者电脑平台对农业生产进行控制，使传统农业更具有“智慧”。

2. 农业物联网

5G 技术作为当代最先进的通信技术，将在智慧农业的跨越式发展中扮演重要角色。过去，物联网技术难以在农业生产实践中充分应用，很大程度上受到传输速度的制约。而 5G 技术的出现，让基于物联网技术的智慧农业有了大规模应用的可能。5G 技术因其具有超高速率、超低时延、超大连接等特性，可以满足高清视频、虚拟现实等大数据量传输的实时应用。同时，因流量密度和连接数密度大幅度提高，以 5G 技术为基础建立的农业物联网平台，在系统协同化、智能化上的水平大大提升，可以实现多用户、多点、多天线、多摄取的协同组网以及网络间灵活地自动调整。在具体的农业生产中，通过互联网和大数据平台云端协同与可视化智能分析，嵌入 5G 技术的智慧农业可以实现农业生产问题的远程会诊，以及农业生产的远程操控，加快物联网技术在农业生产管理中的普及，改变传统农业生产的“粗放式管理”和“事后补救式管理”，从众多层面促进农业生产的智慧化发展。

3. 无人化作业

把农田大数据、自然环境大数据、作物生长大数据、病虫害防治大数据组成的物联网，以及各种农业机械组成的农机物联网、灌溉物联网等与覆盖全国的北斗卫星“天网”组合在一起，通过天网与地网融合，可以实现智能化农业数据的无人采集和分析，以及农业机械的智能化无人机耕、无人机播、无人灌溉、无人播洒农药化肥、无人机收。

4. 精准化投入

将基于5G技术的传感器设置在作物生长的土壤中，并形成由一定数量传感器节点连接组成的传感器网络，可以精准获取土壤环境和作物长势的实时信息，根据作物生长需要及时进行浇水、施肥和打药等作业，避免以往靠肉眼观察和主观经验获取作物生长信息存在的不精准性。同时，还可以根据获取的信息精准计算出浇水、施肥和打药的使用量，进行精准作业，避免过量使用产生的浪费与污染。

5. 拟人化培育

创造拟人化的培育环境，是动植物生长规律的客观需要，也是提高动植物产量的要求。通过基于5G的物联网技术，可以全面深入地了解动植物生长过程的规律，感知动植物对生长环境和各种养分的需求，从而对动植物生长进行拟人化培育，使动植物能够在一个更加符合自身生长规律的环境下生长。

6. 标准化生产

基于5G的物联网可以从两个方面提高农业生产的标准化程度。一是投入标准化，即通过感知技术，制定各种投入要素的数量标准、养分标准和投入时间标准，提高要素投入的边际效率。二是管理标准化。“模块化”生产是管理标准化的基础和前提。物联网技术推动了农业“模块化”生产管理，因而有利于实现标准化管理。

7. 智能化监管

农业感知设备获取的动植物生长信息，通过5G技术迅速传输到计算机终端进行分析和处理，形成决策并指导生产，不仅可以实现智能化的生产管理决策，还可以为动植物生长和生产活动建立信息档案，实现生长过程和生产活动都有案可查并可追溯，从而提高监管的智能化程度和监管效率。

8. 网络化服务

传统的农业生产服务业发展滞后，主要是由于没有彻底打破部门、区域限制，很多服务型企业仍然受行政因素制约，不能以市场主体的身份自主展开经营活动，农业生产服务的供需双方也存在信息不对称问题。以5G技术为基础建立起来的互联网，可以为农业生产服务需求方和供给方提供一个开放的网络平台，从而突破线下来自部门和行业的行政干预、跨区域产生的空间阻碍，为生产服务供需双方的高效结合创造条件。另外，在市场运行规则的基础上，它可以推动供求双方对接模式的创新，例如形成“互联网＋农业＋金融服务”“互联网＋农业＋保险服务”“互联网＋农业＋商贸物流服务”“互联网＋农业＋科技服务”“互联网＋农业＋仓储”等网络化服务模式，甚至在不远的将来，5G技术通过对“互联网＋农业＋单一服务”模式的整合与创新，最终还会形成“互联网＋农业＋一揽子综合服务”的新模式，发挥综合服务的优势，使农业生产服务真正进入网络化时代。

六、总结与展望

面对国家的迫切要求和当前环境的严峻局势，智慧农业的出现和发展明显为正在探索的绿色化发展提供了新的思路。科技赋予了农业发展的动力，使传统农业向着智慧农业转型。5G、大数据、人工智能等融合物联网技术，可助力智慧农业的发展。未来，智慧农业将会实现更完备的信息化基础支撑、更透彻的农业信息感知、更集中的数据资源、更广泛的互联互通、更深入的智能控制。智慧农业是我国农业未来的发展方向，如同在金融服务、医疗保健、交通运输、制造业和其他行业中一样，将正确的数据带到管理农业运作的决策，必将引领农业朝着精细化、高效化、绿色化的方向发展。

（一）制定智慧农业发展战略

营造有利于智慧农业发展的环境。从宏观国家层面，需要尽快出台智慧农业发展指导意见与行业规划，建设智慧农业示范园区，起到推动智慧农业发展作用。继续出台有利于智慧农业发展政策，尤其在智慧农业机器设备购买环节方面，政府应当加大补贴力度，以降低农民的经济负担。

（二）构建智慧农业发展智库

依托高校及其他科研机构等单位专家资源，从顶层设计和专业技术领域对智慧农业的发展进行全局谋划和目标设计，进一步明确山东省智慧农业的具体建设内容和目标。通过自上而下的政策引导、项目规划和发展谋划，形成政府主导、企业参与、科研支撑、社会支持的智慧农业发展大格局。

（三）大数据平台的建设

数据是智慧农业运作的第一需要，在有关部门的协调下建设一批示范性农业数据库，尽快成立国家农业数据中心。这一批数据库要在标准化、规范化上加以研究，包括名词术语、数据编码、数据格式、数据质量、数据管理规章等。同时，还要建立相关的法律、法规。农业信息体系建设的重点是农业信息资源建设与开发。此外，需要配套国家政策，推动开放共享，坚持共商、共享、共建、共生的原则，加快数据开放共享，三农数字生态共生体系，建立一套完善的数据开放共享机制，明确开放共享的信息资源目录、技术标准，通过标准化推动农业农村大数据发展应用，建立和完善数据标准体系，形成共享交换平台的建设思路。要强化应用导向，加强数据挖掘、深度学习、关联分析等大数据核心关键技术的研发应用。从根本上需要完善法律法规，切实保障数据和隐私安全。

（四）数字农业标准规范研制

标准化是数字农业发展的前提。针对农业生产过程涉及的数据具有数据量大、涵盖信息多、动态性、多维度等特点，迫切需要进行数字农业规范标准研制。加强数字农业标准和规范体系建设，制定一批数字农业国家标准和行业标准，包括农业数据采集、存储、分析、处理和服务标准，农业大数据平台和系统标准、数据访问和交换标准，促进农业数据互联共享。标准、法规和政策缺失，智能农业的发展应该建立在健全的标准化体系基础上，这不仅需要健全的农产品质量标准，而且支撑智慧农业的信息化产品、数据格式、通讯方式、服务模式、生产过程与基于移动终端的服务互联、管理协同等都需要标准化。

（五）智能装备

农业人工智能系统的开发者需要针对实际的农业场景进行模型的调整与优化。此外，为了让农业人工智能更好地发展，需要整合全球智能农业技术资源，加强国际合作交流，建设智能农业协同研发创新平台，引进、消化国内外智能农业先进技术，集成创新一批具有自主知识产权的智能农业技术。农业大数据的积累与形成一定是自动化采集，而不是人工录入的。智能农机技术的集成应用，对种植数据的采集与分析，一定是未来智慧农业发展的趋势。我们需要重视研发一系列具有自主知识产权的大田物联网测控、遥感监测、智能化精准作业、基于北斗系统的农机物联网等技术和产品。深入开展遥感高光谱技术、农作物参数反演、农作物健康诊断、农业自然灾害监测评估等农业遥感关键技术攻关。探索开展以天空地多源数据采集与融合、智能诊断与分析、智能决策与控制等关键算法技术，推动农业大数据的开发应用。开发专用传感器和智能终端，突破生产环境和动植物体征行为信息采集、农业生产管理精准控制等智能装备核心装置、自主无人装备。构建和完善我国主要农作物和畜牧养殖动物的生物生长数字模型，实现高效的数字模拟和设计；研究开发不同层次、不同农业产业类型的农业系统数字模型，实现农业生产、管理、经营、决策的智能化和数字化。

（六）科学培养更加高素质的农业人才

针对物联网基础下智慧农业平台的建设，其仍然需要高素质的农业人才来展开运行，因为只有具备高素质、高水平的农业人才，才能很好地解决智慧农业平台建设过程中遇到的技术难点。所以，在培养高素质专业人才的时候，需要切实强化他们的应用能力以及创新管理，科学强化人才队伍的建设，使相关农业生产技术人员能够获得更加科学化的培训课程，这样将会很好地满足人才的基本发展要求。通常情况下，高素质专业人才的培养工作，需要包括两个方面的工作内容，从其中一个角度展开分析可知，一方面需要对基础农业工作者展开生产知识的教导与培训工作，而另一个方面则是要使基层农业工作人员，更加科学地掌握好信息化技术、经营模式以及经营理念，这样才能使农业工作人员，科学化地利用更加简单的传感器以及通信技术，来实时展开信息技术的处理与分析工作，如此一来必将很好地确保农业生产的基本质量水平。

参考文献

[1] 刘亚林. 基于物联网智慧农业平台建设大数据的研究. 计算机产品与流通，2019（11）：58.

[2] 张孝倩，肖新，陈红，石笑娜，刘杰，唐小倩. 基于信息化视角下智慧农业园区发展对策与研究. 赤峰学院学报（自然科学版），2019，35（10）：123-126.

[3] 陈希源. 互联网大数据服务“三农”发展路径研究. 科技传播，2019，11（19）：96-97.

[4] 董竹梅. “互联网+”背景下现代农业发展路径研究. 江西农业，2019（18）：77，80.

[5] 周斌. 我国智慧农业的发展现状、问题及战略对策. 农业经济，2018（1）.

[6] 严东伟. 国内外发展数字农业情况及经验. 云南农业，2019（5）：48-50

[7] 马耀锋，李红丽. 割草机器人自动控制系统—基于智能视觉和人工算法. 农机化研究，2020，42（8）：222-226

[8] 周清波，吴文斌，宋茜. 数字农业研究现状和发展趋势分析. 中国农业信息，2018，30（1）：1-9

[9] 王一鹤，杨飞，王卷乐等. 农业大数据研究与应用进展综述. 中国农业信息，2018，30（4）：48-56.

[10] 田娜，杨晓文，单东林，吴继成. 我国数字农业现状与展望. 中国农机化学报，2019，40（4）：210-213

[11] 李道亮. 农业4. 0 — 即将到来的智能农业时代. 农学学报，2018，8（1）：207-214

[12] 张舜凯，刘继龙. 东北黑土区农田土壤有机质的空间变异性及适宜样本容量研究. 湖北农业科学，2019，58（16）：38-40+70

[13] 薛颖昊，曹肆林，徐志宇，靳拓，贾涛，严昌荣. 地膜残留污染防控技术现状及发展趋势. 农业环境科学学报，2017，36（8）：1595-1600

[14] 马历，龙花楼，张英男，屠爽爽，戈大专. 中国县域农业劳动力变化与农业经济发展的时空耦合及其对乡村振兴的启示. 地理学报，2018，73（12）：2364-2377

[15]张辉. 发展智慧农业 助力农业农村现代化—2019人工智能在现代农业中应用对话交流活动上的致辞. 农业工程技术，2019，39（27）：20-21

[16]籍延宝，姚鑫锋，袁涛，田明璐，马超，李琳一. 浅谈智慧农业. 上海农业科技，2019（5）：138-139

[17] 《中国数字乡村发展报告（2019）》. [2019-11-19]. http：//www. moa. gov. cn/xw/bmdt/201911/t20191119_6332027. htm

[18] 赵春江. 智慧农业发展现状及战略目标研究. 智慧农业，2019，1（1）：1-7

[19] 张保辉，查燕，史云. 智慧农业装备依赖进口情况、潜在风险及对策建议. 中国农业信息，2019，31（4）：113-120

[20] Muhammad Ali Imran，Asghar Ali，Muhammad Ashfaq，Sarfraz Hassan，Richard Culas，Chunbo Ma.

Impact of climate smart agriculture（CSA）through sustainable irrigation management on Resource use efficiency：A sustainable production alternative for cotton[J]. Land Use Policy，2019，88.

[21] Adenugba Favour，Misra Sanjay，Maskeli ū nas Rytis，Damaševičius Robertas，Kazanavičius Egidijus. Smart irrigation system for environmental sustainability in Africa：An Internet of Everything（IoE）approach. [J]. Mathematical biosciences and engineering：MBE，2019，16（5）.

[22] Singh Amrita，Dhiman Nitesh，Kar Aditya Kumar，Singh Divya，Purohit Mahaveer Prasad，Ghosh Debabrata，Patnaik Satyakam. Advances in controlled release pesticide formulations：Prospects to safer integrated pest management and sustainable agriculture. [J]. Journal of hazardous materials，2019.

[23] Rinku Singh，G. S. Singh. Traditional agriculture：a climate-smart approach for sustainable food production[J]. Energy，Ecology and Environment，2017，2（5）.

[24] A. Singh，S. M. Prasad. Nanotechnology and its role in agro-ecosystem：a strategic perspective[J]. International Journal of Environmental Science and Technology，2017，14（10）.

[25] Yousef E. M. Hamouda，Mohammed M. Msallam. Smart heterogeneous precision agriculture using wireless sensor network based on extended Kalman filter[J]. Neural Computing and Applications，2019，31（9）.

[26] Ambarish G. Mohapatra，Saroj Kumar Lenka，Bright Keswani. Neural Network and Fuzzy Logic Based Smart DSS Model for Irrigation Notification and Control in Precision Agriculture[J]. 2019，89（1）.

[27] Himanshu Sharma，Ahteshamul Haque，Zainul Abdin Jaffery. Maximization of wireless sensor network lifetime using solar energy harvesting for smart agriculture monitoring[J]. Ad Hoc Networks，2019，94.

[28] Yiannis Ampatzidis，Victor Partel，Bo Meyering，Ute Albrecht. Citrus rootstock evaluation utilizing UAV-based remote sensing and artificial intelligence[J]. Computers and Electronics in Agriculture，2019，164.

[29] Emma Jakku，Bruce Taylor，Aysha Fleming，Claire Mason，Simon Fielke，Chris Sounness，Peter Thorburn. "If they don' t tell us what they do with it，why would we trust them?" Trust，transparency and benefit-sharing in Smart Farming[J]. NJAS – Wageningen Journal of Life Sciences，2018.

[30] Julie Ingram，Pete Gaskell. Searching for meaning：Co-constructing ontologies with stakeholders for smarter search engines in agriculture[J]. NJAS – Wageningen Journal of Life Sciences，2019.

我国农业绿色转型问题研究*

绿色是农业的底色，良好的生态环境是最普惠的民生福祉、农村最大优势和宝贵财富，也是实施乡村振兴的重要内容。加快推进农业绿色发展意义重大。在我国解决食物供给、建成小康社会的今天，农业绿色发展是针对我国农业发展阶段和资源环境约束做出的必然选择。面对未来国内农产品需求增长的预期，推进农业绿色发展必须把保障粮食安全放在首位。当前我国农业生产中农用化学品施用强度仍处于高位、水土资源利用效率不高、粗放型发展特征突出，农业绿色发展受资源总量不足、农业生产布局、城镇化趋势下农业农村经济社会环境变动等一系列因素的影响。然而，面对未来国内农产品需求增长的预期，推进农业绿色发展又必须把保障粮食安全放在首位。如何在这样的背景下，探索兼顾环境目标与产量目标的中国农业绿色发展路径，是推动农业可持续发展的重要议题。

---

* 本报告是清华大学中国农村研究院2020年重点研究课题“我国农业绿色转型问题研究——以粮猪为例”的研究成果，报告观点仅代表课题组的看法。课题负责人：方言，国家粮食安全政策专家咨询委员会委员。报告执笔人：方言、王欢。

一、问题的提出

改革开放以来，中国农业经历了飞速的发展，取得了卓越的成就，在精耕细作的生产方式下，中国用世界6%的淡水资源和不到10%的耕地资源，养活了占世界20%左右的人口。2004年以来，粮食产量不断增长，近年来，粮食生产水平已经稳定在6.5亿吨的台阶上，2019年全国粮食产量达到6.63亿吨，肉蛋奶产量达到1.41亿吨，人均粮食占有量达到470公斤，远高于世界人均水平，不仅保障了14亿人的粮食安全，还满足了居民日益丰富的农产品消费需求。据2018年《全球粮食安全指数报告》统计，在113个国家中，中国粮食安全指数排名第46位，粮食安全水平达到了中等偏上水平。

但长期以来，我国粮食安全的迫切性与自然资源的稀缺性导致农业生产资源、环境约束不断收紧。受经济社会发展影响，农业生产布局发生了较大的变化，比较收益较低的农业生产逐渐从经济发展水平较高的东南方沿海地区向内陆地区集中，“南粮北运”向“北粮南运”的转变以及农业生产区域集中度的提高，大大增加了农产品主产区的资源压力（方言，2018），区域农业结构趋同和农业产业结构总体格局不尽合理的问题日益突出（刘江、杜鹰，2010）。与此同时，我国农业粗放型生产方式，更加剧了农业生产资源、环境的制约，影响了农业生产的可持续性。

一方面，农业资源过度开发问题严重影响农业生产资源可持续。据统计，我国农业生产用水效率仅为30%～40%，远低于发达国家70%～80%的水平，农业生产的压力下，粮食主产区水资源过度开采，由此引发了诸如“华北水漏斗”等问题。而在经济利益驱动下，不少地区还不同程度地存在陡坡开荒、开垦草原、围垦湿地滩涂等现象，造成了水土流失、生物多样性下降等问题。另一方面，农业生产环境污染问题严重影响农业生产环境可持续。据统计，我国粮食总产量占全球的16%，而化肥用量却占到31%，每公顷土地化肥用量是世界平均用量的4倍，化肥、农药有效利用率分别仅为37.8%和38.8%；农膜残留率高达40%；畜禽粪污30多亿吨，有一半未处理；水产养殖饵料约有15%未被利用（方言，2017）。过量施用化肥和农药、养殖场粪污、残留饵料鱼药等，导致耕地质量下降、土壤重金属污染、地下水硝酸盐超标、河湖水体富营养化，农产品质量安全问题频发。

面对日益趋紧的生态环境约束，国家从党的十八大以来做出了一系列农业转型发展的决策部署。2015年，中共十八届五中全会提出将“绿色”发展理念贯彻落实到农业发展中；2016年，中央一号文件正式提出推动农业绿色发展，要加快形成资源利用高效、生态系统稳定、产地环境良好、产品质量安全的农业发展新格局；2017年，中央一号文件提出以增强农业可持续发展能力为目标推行绿色生产方式；2017年9月，中共中央、国务院印发了《关于创新体制机制推动农业绿色发展的意见》，强调了坚持以空间优化、资源节约、环境友好、生态稳定为基本路径的农业绿色发展方式；2017年10月，中共十九大报告要求，到2035年生态环境得到根本好转，提出了加强农业面源污染防治的要求；2018年，全国生态环境保护大会再次强调，要大力推动绿色发展，发展高效农业。

而在农业绿色发展的工作部署中，农用化学品使用的减量化成为一项重要的任务。2015年，农业部印发了《到2020年化肥使用量零增长行动方案》和《到2020年农药使用量零增长行动方案》，推动农业“两减”的落实。此后，农用投入品特别是化学品减量化的工作要求出现在历年的中央一号文件中（2016—2020年），相应的顶层设计也密集出台，农业减量化成为我国农业绿色发展的长期目标。截至目前，各地农业减量化行动取得了一定成效。从宏观数据来看，受农业绿色发展政策及减量化相关措施的影响，化肥、农药两类农用化学品的施用量近几年均出现了不同程度减少。然而从各地实践来看，已有农用化学品的减量化项目缺乏可持续性，且面临农户激励不足、监督和检测等困难。

从农产品需求趋势来看，未来农产品消费将持续大幅增长。一是，我国农产品消费结构整体升级潜力巨大。从当前我国居民农产品消费结构来看，2018 年我国居民人均每年肉类消费量为 48.9 公斤，相较于同期美国和欧盟国家的 99.3 公斤和 71.3 公斤仍有较大差距（OECD 统计），肉类消费量提高的预期意味着未来饲料粮供给面临较大压力。二是，我国人口数量决定了未来粮食需求增长的基本预期。据预测，未来 5 年我国人口仍将持续增长[①]，即使保持当前的农产品消费结构，对粮食的需求也将刚性上涨。三是，人口结构变动也是推动农产品消费增长的重要原因。我国人口结构变动主要呈现经济发展与户籍限制放宽下迅速的城镇化、农村居民收入迅速增长和中产阶级不断壮大三个特征，这些人口结构的变动都将形成巨大的消费结构升级潜力。

尽管利用国际粮食市场能够补充我国粮食供给的结构性短缺，但一方面当前粮食进口量已达到较高水平，未来增长空间有限。2019 年，我国农产品进口额达到 1509.7 亿美元，已成为世界第一大农产品进口国，且部分农产品如大豆等进口依赖度较高，达到了 90%。另一方面，近年来国际形势复杂，国际粮食市场波动较大，依赖国际粮食市场供应并不现实。

由此可见，在保障国家粮食安全的根本任务下，我国农业发展不仅面临绿色转型的环境压力，同时还面临国内农产品稳定供给保障粮食安全的压力。这意味着中国农业绿色发展不能简单复制以生态农业、大规模休耕等为主线的国际经验（冯丹萌、王欧，2019），而是要在重新审视中国农业发展中面临的多重约束基础上，探讨农业绿色转型的可行路径。在我国粮食供需紧平衡的基本现实背景下，推进农业的绿色转型发展，必然要求形成节约资源和保护环境的农业空间格局、产业结构、生产方式和生活方式（姜长云，2018）。那么资源约束下我国农业绿色发展现状如何？我国农业发展面临哪些外部约束？农业生产方式如何优化？回答这些问题对保障粮食安全、推进我国农业绿色转型发展具有重要的参考意义。考虑到农业绿色转型过程中的

① 蔡昉：2025年中国人口总量或将达到峰值，2020年12月19日，https://news.sina.com.cn/c/2020-12-19/doc-iiznctke7315948.shtml。

粮食安全问题，本课题将以主要大宗农产品——粮食生产为例，阐释中国农业绿色发展的含义，对现有水、土资源与农业生产状况条件下农业绿色发展水平展开评价，厘清中国农业绿色发展的关键影响因素，并提出推动我国农业绿色发展的相关政策建议。

二、中国农业绿色转型的内涵、目标以及必要性

（一）农业绿色转型的内涵

农业绿色发展是农业发展观的一场深刻革命，也是农业供给侧结构性改革的主攻方向。中办、国办印发的《意见》将农业绿色发展定义为，以绿水青山就是金山银山理念为指引，以资源环境承载力为基准，以推进农业供给侧结构性改革为主线，尊重农业发展规律，强化改革创新、激励约束和政府监管，转变农业发展方式，优化空间布局，节约利用资源，保护产地环境，提升生态服务功能，全力构建人与自然和谐共生的农业发展新格局。

从我国农业发展历程上看，中华人民共和国成立以来，为保证国内农产品供给，我国从最初农民家庭自给自足的传统农业逐渐过渡到石油农业。在机械、化肥、农药等现代生产要素的推动下，我国农业取得了迅速发展，居民农产品消费需求得到了极大满足。但农用化学品的大量施用以及逐渐恶化的资源条件和自然环境使得单纯追求农业增长而忽视改善农业生态环境的石油农业的弊端逐渐显现。进入新世纪，我国农业逐渐转向追求有机、循环、低碳的可持续农业发展方式。而随着我国粮食安全重要性的不断凸显，我国农业又进入将传统农业和现代农业有机结合、农产品生产和环境保护结合、资源保护和合理开发利用相结合的农业绿色发展新阶段（陈世雄等，2018）。从目前来看，农业绿色发展包含了农业绿色发展理念、农业绿色发展模式和

农业绿色发展结果等三个方面。

一是农业绿色发展理念。按照以习近平同志为核心的党中央提出的绿色发展新思想，农业的绿色转型发展理念就是要将生态环境作为生产力的一项重要因素，纳入农业生产发展的要素配置过程中（于法稳，2016）。在这一理念的指导下，可以对农业绿色发展理念做出不同的解读。从全社会绿色发展方式层面来看，农业绿色发展是要强调如何正确处理农业发展和生态环境保护的关系，除农业发展方式转变外，还强调整个社会价值导向、思想观念、消费习惯方面的转变（孙炜琳等，2019）。从社会福利最大化和农业生产外部性角度来看，农业绿色发展是通过统筹协调农业发展的经济、社会、环境和生态四方面效益，转向资源节约、环境友好、生态保育、质量高效的发展模式，实现农业产地环境、生产过程和农产品共同绿色化（魏琦等，2018）。

二是农业绿色发展模式。从整个农业绿色发展格局来看，农业绿色发展就是建立在综合协调资源、环境、政府管理以及人民生活水平基础之上的发展模式，既包括资源高效利用、生态系统稳定、产地环境良好等绿色生产内容，又涵盖农产品质量安全保障层面的社会整体福利提升。从更微观的视角来看，农业绿色发展是以尊重自然为前提，以现代化技术为手段，兼顾经济、社会、生态效益目标，是一种涉及农业结构和生产方式调整的农业发展模式（崔海霞等，2018）。

三是农业绿色发展结果。农业绿色发展是整个社会经济绿色转型的重要内容，也是对农业可持续发展的探索实践。从整个社会经济绿色转型层面来看，农业绿色发展是充分挖掘和发挥农业在社会经济中的功能，强调包含生态服务在内的农业多功能性开发。从农业自身发展来看，农业绿色发展是农业现代化发展的必经之路，是利用人与自然的和谐共生、低碳循环发展、生态环保、资源节约和产能高效的绿色发展理念引领农业生产，着重深入治理农业环境问题、提升农产品生产加工质量，走出一条产能高效、质优价廉、环境良好的农业现代化之路（张新美，2019）。

（二）农业绿色转型的目标和必要性

基于农业绿色发展的内涵界定，一般认为农业绿色转型目标是在保障农产品供给安全的前提下提高生态资源和产品质量安全，实现农业生产的可持续性（罗必良，2017），也即推动农业由单纯追求“量”的增长发展模式向追求节约、可持续的“质”与“量”并重发展模式转变的过程。具体而言，农业绿色发展的目标可以分为两类。

一是转变农业生产方式以实现生态可持续 。主要通过法律、财政补贴、技术推广政策、农业科技人才培养政策、农业金融支持政策等一系列手段提升绿色发展理念在农业发展中的融入度，推进农业生产方式转型升级和生态环境的保护。更具体的是在微观主体层面，通过提升农产品产地环境质量、实施农业减量化、农业废弃物的合理处置等措施抑制农业面源污染对土壤和水体的污染问题（叶兴庆，2015）。二是通过技术、经营模式、政策激励等方式发展绿色农产品生产。主要通过生产品种替代、粗放型生产方式转型以及有机、绿色、无公害农产品技术的应用，实现农业生产的无害化，在满足居民农产品质量安全需求的同时提高农业综合效益水平。

综上所述，从更一般的层面可以将广义的农业绿色发展定义为在绿色发展理念的引导下，形成兼顾经济、社会生态效益的农业绿色发展模式，以实现农业资源可持续利用。其关键在于转变粗放型生产方式。而粗放型生产方式的成因主要有两方面，一是在资源总量不足的禀赋条件下，为了保障口粮安全导致的水、土资源过度利用；二是农户生产中的过度投入行为。其中，前者是由我国的基础资源条件和人口总量决定的，是短期内难以突破的客观约束条件，而后者是由农户自身的主观因素决定，也是现阶段农业绿色发展的突破点。因而，狭义的农业绿色发展可以定义为在当前资源条件和粮食产量目标基础上，实现农业生产投入特别是农用化学品的减量化。基于此，本课题主要围绕农用化学品减量化，探讨狭义的农业绿色发展水平评价、影响因素与实现路径。

三、中国农业绿色发展水平评价

在我国当前粮食生产和技术条件基础与水土资源约束下，面对从当前到2030年十年间粮食增产的目标要求，推进农业绿色发展转型的关键在于实现内涵式发展。而考虑到当前国内迫切的增产需求、国际复杂的粮食市场形势以及满足未来粮食需求总量增加和质量提升的压力，相关工作的重点在于遵从提质、增效、绿色化的原则。具体到农业生产过程，即体现在提升农业资源利用效率和降低农药化肥等农用化学品对环境的影响。

（一）受资源制约，农用化学品施用强度仍处于高位

在我国农业生产水土资源条件不足的约束下，为了满足农产品需求的增长，农用化学品的使用，尤其是化肥、农药的使用成为长期以来推动我国农业发展的重要投入品。21世纪初，原农业部组织的田间试验表明，与不施肥相比，小麦、水稻和玉米施用化肥亩增产均在110公斤以上，增产率在40%以上，每公斤养分可增产5.5 ~ 7.5公斤粮食（张福锁、马文奇，2009）。另据相关测算数据表明，农药的使用每年可平均减少约2000亿斤的粮食损失（周喜应，2014）。然而粗放型的生产方式下我国化肥、农药有效利用率仅为37.8%和38.8%。因此，资源约束下，增产的压力与粗放型的生产方式共同造成了农用化学品施用强度始终处于高位的现状。

1. 农用化学品施用总量变化

从农用化学品施用总量方面来看，整体而言全国农业生产化肥、农药施用总量呈现不断增长的趋势（见图1）。化肥施用方面，从1980年至2018年，我国化肥施用总量的变化趋势可以简单划分为两个阶段，第一个阶段是2015年之前，这一阶段化肥施用总量基本与粮食产量同

步增长，但增幅却远高于粮食增长。据统计，农用化肥施用折纯量由1980年的1269.4万吨持续增长至2015年的峰值6022.6万吨，增幅达到374.44%，而同期粮食增产幅度仅为106.08%。此时我国化肥用量在全球范围内最高，是全球平均用量的3.4倍。而2015年后，国家提出“农药、化肥零增长行动”，在整体宏观政策的调控下，化肥施用量有明显回调的趋势，2015—2018年呈持续小幅度减少的趋势，2018年，全国农用化肥施用折纯量为5653.42万吨，较2015年峰值减少6.13%，但同期粮食产量基本稳定在6.5亿吨以上。

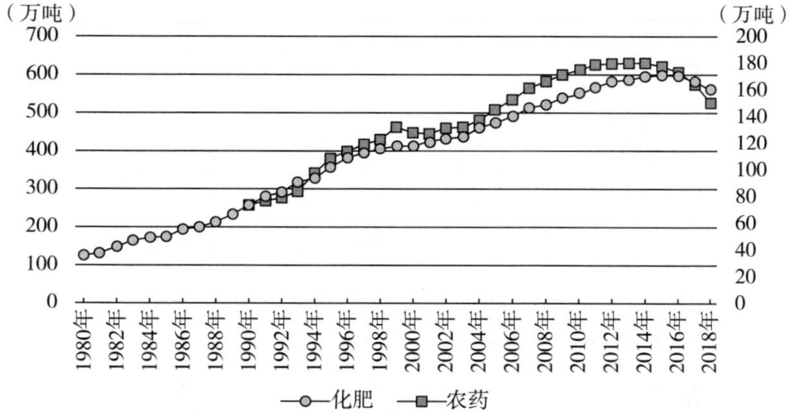

图1　1980—2018年全国化肥、农药施用总量

数据来源：《中国农业年鉴》。

农药使用方面，全国农药施用总量变化趋势与化肥比较类似，1990—2018年全国农药施用量呈现先增后减的趋势。2014年以前，农药施用量持续增长，由1990年的73.30万吨增长至峰值180.70万吨（见表1），增幅达到146.52%，而同期粮食产量仅增长43.34%。2015年后，农药施用量相较于化肥施用量呈现出更显著的回调趋势；2018年，全国农药施用总量降至150.40万吨，与2005—2006年的水平持平，相较2014年峰值减少了16.77%。

表 1　　1980—2018年化肥、农药施用总量　　单位：万吨

时间	农用化肥施用折纯量	农药施用量	时间	农用化肥施用折纯量	农药施用量
1980 年	1269.40	—	2000 年	4146.40	128.00
1981 年	1334.90	—	2001 年	4253.80	127.50
1982 年	1513.40	—	2002 年	4339.40	132.52
1983 年	1659.80	—	2003 年	4411.60	132.52
1984 年	1739.80	—	2004 年	4636.60	138.60
1985 年	1775.80	—	2005 年	4766.20	146.00
1986 年	1930.60	—	2006 年	4927.69	153.71
1987 年	1999.30	—	2007 年	5107.83	162.30
1988 年	2141.50	—	2008 年	5239.02	167.23
1989 年	2357.10	—	2009 年	5404.35	170.90
1990 年	2590.30	73.30	2010 年	5561.68	175.82
1991 年	2805.10	76.53	2011 年	5704.24	178.70
1992 年	2930.20	79.92	2012 年	5838.85	180.60
1993 年	3151.90	84.50	2013 年	5911.86	180.20
1994 年	3317.90	97.90	2014 年	5995.94	180.70
1995 年	3593.70	108.70	2015 年	6022.60	178.30
1996 年	3827.90	114.10	2016 年	5984.41	174.00
1997 年	3980.70	119.55	2017 年	5859.41	165.51
1998 年	4083.70	123.20	2018 年	5653.42	150.40
1999 年	4124.30	132.20			

数据来源：《中国农业年鉴》。

2. 农用化学品施用强度及其生产力变化

伴随着我国农用化学品总量的增长，农业单位面积农用化学品施用量也在不断增长，而 2015 年以来，关于农用化学品施用量的宏观调控也呈现出一定的效果。化肥投入方面来看，1980—2018 年单位面积化肥施用量变化趋势基本与化肥施用总量一致，呈现先持续增长后缓慢下调的趋势（见图 2）。

具体来看，1980 年单位面积化肥施用量为 108.28 千克 / 公顷（见表 2），到 2012—2014 年间，增长至 510 千克 / 公顷以上，增幅达到了 371.5% 左右。2014 年后，又逐步缓慢下调，到 2018 年减少到 483.04 千克 / 公顷。对比欧美经济发达国家公认的化肥用量环境安全上限 225 千克 / 公顷，可以发现，早在 1990 年，我国化肥施用强度就达到了 228.29 千克 / 公顷，超过了这一安全上限，而尽管近些年的调控政策在化肥减量方面已取得了一定的成效，但总体来说仍远远超过这一上限。农药施用方面来看，1990—2018 年单位面积农药施用量变化趋势也基本与总量变化一致，但增长趋势的拐点在 2010—2012 年，这表明相关病虫害防治技术的替代效果在减量化政策实行以前就已经产生了较为显著的效果。具体来看，1990 年单位面积农药施用量为 6.46 千克 / 公顷，而到 2011 年达到峰值，为 15.82 千克 / 公顷，增长幅度达到 144.84%。2012 年后，农药施用强度又呈现出明显的下降趋势，到 2018 年降至 12.85 千克 / 公顷，与 2002 年的农药施用强度水平基本持平。由此可以看出，尽管 2015 年以来的关于农药、化肥减量化的政策已经起到了一定效果，但从环境安全的角度来看，仍存在过量施用造成环境负担的情况，这一现象在化肥使用方面更为显著。

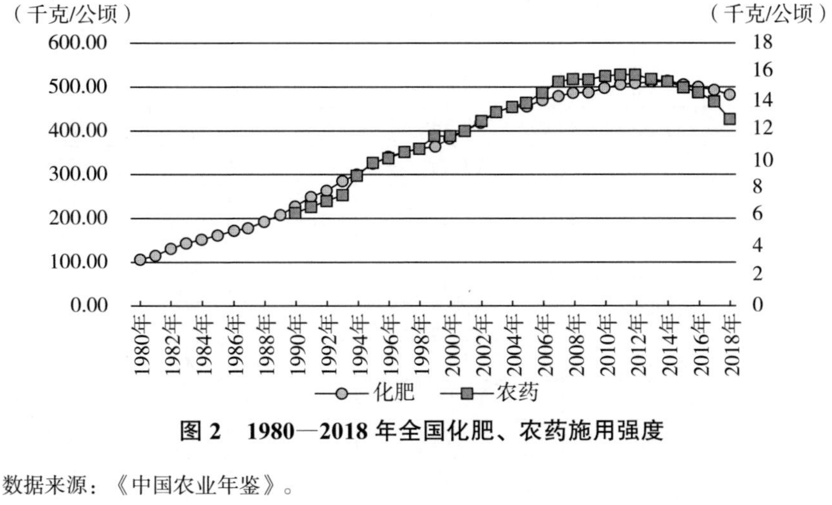

图 2 1980—2018 年全国化肥、农药施用强度

数据来源：《中国农业年鉴》。

表 2　　1980—2018年化肥、农药使用强度和生产力

年份	化肥强度	农药强度	化肥生产力	农药生产力
	千克 / 公顷		千克 / 千克	
1980 年	108.28	—	25.25	—
1981 年	116.12	—	24.35	—
1982 年	133.38	—	23.42	—
1983 年	145.54	—	23.33	—
1984 年	154.12	—	23.41	—
1985 年	163.15	—	21.35	—
1986 年	174.03	—	20.28	—
1987 年	179.68	—	20.16	—
1988 年	194.46	—	18.40	—
1989 年	210.07	—	17.29	—
1990 年	228.29	6.46	17.23	608.79
1991 年	249.76	6.81	15.52	568.78
1992 年	265.03	7.23	15.11	553.90
1993 年	285.22	7.65	14.48	540.22
1994 年	302.88	8.94	13.42	454.65
1995 年	326.52	9.88	12.98	429.27
1996 年	340.11	10.14	13.18	442.19
1997 年	352.55	10.59	12.41	413.37
1998 年	358.89	10.83	12.54	415.83
1999 年	364.46	11.68	12.33	384.56
2000 年	382.29	11.80	11.15	361.07
2001 年	401.00	12.02	10.64	355.01
2002 年	417.69	12.76	10.53	344.89
2003 年	443.78	13.33	9.76	325.00
2004 年	456.33	13.64	10.13	338.72
2005 年	457.07	14.00	10.16	331.52
2006 年	469.49	14.64	10.11	324.01
2007 年	481.88	15.31	9.87	310.62
2008 年	487.15	15.55	10.20	319.53
2009 年	490.17	15.50	9.98	315.63
2010 年	497.93	15.74	10.05	318.00
2011 年	504.89	15.82	10.32	329.32
2012 年	510.53	15.79	10.49	339.00

续表

年份	化肥强度	农药强度	化肥生产力	农药生产力
	千克 / 公顷		千克 / 千克	
2013 年	510.05	15.55	10.66	349.88
2014 年	510.49	15.38	10.67	353.98
2015 年	506.26	14.99	10.97	370.50
2016 年	501.92	14.59	11.04	379.56
2017 年	496.61	14.03	11.29	399.75
2018 年	483.04	12.85	11.64	437.43

数据来源：《中国农业年鉴》。

为了评价农用化学品投入的产出效果，本研究引入生产力的概念进行对比，农用化学品生产力即单位化肥或农药投入带来的粮食产出（见图 3）。从化肥投入方面来看，1980—2018 年，与化肥施用强度相反，化肥生产力水平基本呈现先持续下降后略有提升的变化特征。具体来看，1980 年每 1 千克化肥投入带来的粮食产出为 25.25 千克。到 2003 年降至最低点，9.76 千克 / 千克，而 2003—2009 年，粮食产量和化肥投入双双增长的情况下，化肥生产力基本维持在 10 千克 / 千克左右的水平，之后随着生产技术进步，粮食增产迅速，化肥生产力提高到 10 ~ 11 千克 / 千克的水平。2015 年后，在化肥减量化行动的进一步推动下，全国化肥生产力有了明显的增长，到 2018 年增长至 11.64 千克 / 千克，基本达到了 2000 年左右的水平。从农药投入方面来看，1990—2018 年，农药生产力 U 型变化特征较为显著。具体来看，1990—2007 年这一阶段单位农药投入所带来的产出持续减少，由 608.8 千克降至 310.62 千克，减少的幅度达到了 48.98%。而 2007 年之后，到 2010 年前后，农药生产力水平基本稳定在 310 ~ 320 千克 / 千克的水平上。2010 年后，农药生产力水平呈现较为显著的增长趋势。从 2010 年到 2018 年，农药生产力水平从 318 千克 / 千克增长到 437.43 千克 / 千克，增幅达到 37.56%，2018 年农药生产力水平基本与 1996 年前后水平相当。从以上分析可以看出，在技术进步、政策调控的共同推动下我国农用化学品生产力水平呈现出先减后增的趋势，化肥、农药的生产力水平恢复均取得了一定的成效。

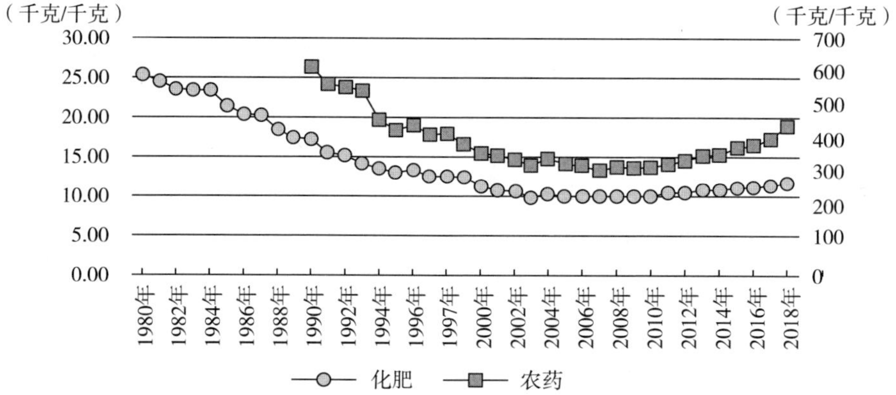

图 3　1980—2018 年全国化肥、农药生产力

数据来源：《中国农业年鉴》。

（二）水、土资源利用率仍然较低

长期以来，在保障粮食安全的任务要求下，中国农业生产方式过度强调产量目标，而忽略了国内资源总量的有限性和利用的可持续性，导致了国内水、土资源利用效率相对较低。如何提升农业生产中水、土资源利用效率成为农业绿色发展中“提质、增效”的重要议题。

一是水资源利用方式粗放，效率不高。如图 4 所示，2018 年全国农业用水 3693.1 亿立方米，占全国用水总量的 61.39%，部分地区超过 90%。然而从农业用水方式来看，仍然呈现粗放型的特征。尽管 2001 年以来，在国家的推动下，节水灌溉面积持续增长，到 2019 年达到了 55588.5 万亩，较 2001 年扩大了 112.4%。从有效灌溉面积中节水灌溉占比来看（见表 3），节水灌溉面积比例为 53.96%，较 2001 年增长了 21.8 个百分点。这意味着全国仍有近一半的灌溉区域使用水资源利用率较低的大水漫灌等传统地面灌溉方式。从具体的灌溉水利用率数据来看，2018 年农田灌溉水有效利用系数仅为 0.54，虽然较 2008 年 0.48 有一定提升，但与世界先进水平 0.7 至 0.8 仍有较大差距。

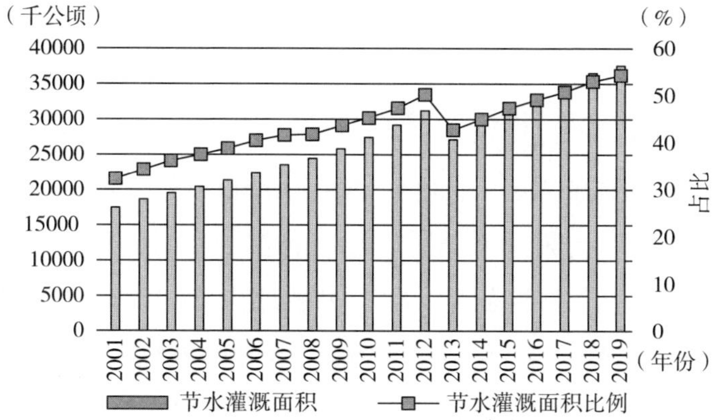

图 4　2001—2019 年全国节水灌溉面积及占比变化

数据来源：国家统计局网站。

表 3　2001—2019年全国有效灌溉面积与节水灌溉面积变化

年份	有效灌溉面积（万亩）	节水灌溉面积（万亩）	节水灌溉面积比例（%）
2001	81374.085	26169	32.16
2002	81532.5	27940.5	34.27
2003	81021	29164.5	36.00
2004	81717	30519	37.35
2005	82544.01	32007	38.78
2006	83625.75	33639	40.23
2007	84777.51	35233.5	41.56
2008	87707.52	36654	41.79
2009	88892.175	38632.5	43.46
2010	90521.55	40971	45.26
2011	92522.34	43768.5	47.31
2012	93735.78	46825.5	49.95
2013	95209.95	40663.5	42.71
2014	96809.295	43528.5	44.96
2015	98808.96	46590	47.15
2016	100710.93	49270.5	48.92
2017	101723.355	51478.5	50.61
2018	102407.46	54202.5	52.93
2019	103017.915	55588.5	53.96

数据来源：国家统计局网站。

二是土地利用率呈现下降趋势。随着社会经济发展，生产要素特别是人口逐渐向收益更高的二、三产业部门转移，相当一部分农户转变为兼业户，导致了农民对农业生产投入的积极性降低，这一点在土地利用方面尤为显著。尽管随着新型经营主体的兴起，农业机械的使用能够在一定程度上弥补农村劳动力的流失，但全国土地利用率仍呈献出下降趋势。从 2006 年到 2018 年，全国农业生产复种指数从 1.25 降低为 1.23[①]。从耕地普查和播种面积变化看，2006—2018 年全国耕地调整了约 2 亿亩，增加部分耕地的平均复种指数为 1.05（见表 4）。从几大农区来看，除东北与西北耕地、播种面积同步增加外，冀鲁豫、长江、西南等 3 个区域耕地面积的增加均大于播种面积的增加，复种指数下降 0.16 ~ 0.59 不等，水土资源最佳的东南地区复种指数虽然没有变化，但耕地和播种面积双双下降[②]。这表明土地利用率在南方稻区明显下降，主要是随着种粮比较收益降低，南方水稻种植“双”改“单”的现象十分普遍，一些地区尤其是西南土地细碎化程度较高的地区，甚至出现了大面积抛荒的现象。

表 4　2006年、2019年全国各农区耕地面积、播种面积与复种指数

地区	2019 年			2006 年		
	耕地面积（万亩）	播种面积（万亩）	复种指数	耕地面积（万亩）	播种面积（万亩）	复种指数
东北区	41706.05	37656.45	0.90	32358.95	30434.70	0.94
冀鲁豫区	33331.45	50669.70	1.52	29765.76	50480.43	1.70
京津区	975.73	748.35	0.77	1077.90	1124.70	1.04
长江区	27514.38	45362.85	1.65	19849.35	44517.15	2.24
东南区	16676.60	24504.75	1.47	18060.25	26607.05	1.47
西北区	42376.91	41544.15	0.98	33252.57	34655.12	1.04
西南区	36321.83	47172.60	1.30	27828.17	42850.82	1.54
青藏区	1249.34	1237.50	0.99	1147.74	1125.33	0.98
全国总计	202350.00	248896.50	1.23	182663.81	228223.50	1.25

数据来源：《中国统计年鉴》《中国农业统计资料》。

① 耕地面积数据来源于自然资源部全国土地变更调查数据，由于相关数据更新至2017年，因此2018年复种指数测算采用2017年耕地面积数据。

② 东北区包括黑龙江、吉林、辽宁三省；西北区包括内蒙古、山西、陕西、甘肃、宁夏、新疆六省区；冀鲁豫区包括河北、山东、河南三省；长江区包括湖南、湖北、江西、安徽四省；西南区包括重庆、四川、贵州、云南、广西五省市区；东南区包括上海、江苏、浙江、福建、广东、海南六省市。

（三）中国农业粗放型发展特征突出

通过以上分析可知，当前中国农业绿色发展呈现出水、土资源利用效率有待提高，化肥、农药等农用化学品的投入水平仍处于高位的特征。利用历年粮食生产的投入产出数据，能够进一步利用各类要素产出贡献率，考察环境可持续和粮食安全双重目标视角下中国农业绿色转型发展的实际水平。

考虑到全国农业生产数列属于时序序列，且时间跨度有限，为了降低自由度的损失，本研究采用灰色关联分析方法对化肥、农药等农用化学品施用对农业产出的贡献度进行测算和分析。灰色关联分析是一种多因素统计分析方法，它以各因素的样本数据为依据，用灰色关联度来描述因素间关系的强弱、大小和次序。

在变量选择方面，考虑到农业发展的两种方式，即资源依赖型和技术进步型，从科技投入与资源投入两方面选取投入指标。具体来看，在科技投入方面，选择农业机械总动力、有效灌溉面积和农林牧渔业科研费用投入来衡量农业生产技术、科技的进步；在资源投入方面，考虑土地、劳动力和农用化学品三类投入，分别选择粮食作物播种面积、第一产业就业人员数、农用化肥施用折纯量和农药施用量四个变量。在分析的时间跨度上，考虑到数据的可得性，选择 2002—2018 年这一时间段作为主要考察期。所选数据主要来自《中国统计年鉴》《中国农业统计资料》和《中国科技统计年鉴》。

利用灰色关联分析方法对各投入要素的粮食产出贡献度分析结果如表 5 所示。从两大类投入来看，2002—2018 年科技投入总贡献率为 40.82%，而资源类投入的贡献率为 59.18%，这表明我国农业生产仍对资源类投入有较大的依赖性，粗放型的生产方式并未得到彻底扭转。从各单项投入贡献率来看，化肥贡献率最高，为 17.23%，其次为农药，为 16.34%，表明农用化学品的施用对粮食产出做出了较大的贡献。有效灌溉面积对粮食产出的贡献率略低于农药的施用，表明灌溉设施的提升对产出的贡献也十分显著。粮食作物播种面积的贡献率为 14.61%，这说明粮食种植面积扩张也是产量增长的重要因素。机械总动力对于产出贡献率为 12.85%，而农业劳动力投入为 11.00%，这表明随着农业生产的机械化推进，机械对劳动力的替代效应已经十分显著。从科研费用投入来看，其对产出的贡献率仅为 12.55%，这反映出科研投入转变为产出收益的效果有限，农业科技投入面临科技成果转化的困境。

表 5　　各投入要素对粮食产出的贡献度

	科技投入			资源投入			
	农业机械总动力（万千瓦）	有效灌溉面积（万亩）	农林牧渔业科研费用投入（亿元）	粮食作物播种面积（万公顷）	第一产业就业人员（万人）	农用化肥施用折纯量（万吨）	农药施用量（万吨）
单项投入贡献率	12.85%	15.41%	12.55%	14.61%	11.00%	17.23%	16.34%
总贡献率	40.82%			59.18%			

数据来源：根据灰色关联分析模型测算整理得到。

从 2002—2018 年农用化学品产出贡献率变化来看（见图 5），化肥投入的产出贡献率基本呈现缓慢增长的趋势。2002 年化肥投入的产出贡献率为 14.29%，到 2008 年达到第一个峰值，贡献率达到 18.5%，但到 2009 年出现调整，降至 17.07%，之后又持续增长了 7 年左右，到 2014 年达到 19.5%，此后化肥的产出贡献率基本稳定在 19.5% ~ 20%。对比 2014 年后化肥施用总量的减少和粮食产量的持续增长，反映出 2014 年后在各项节肥技术的推广下化肥使用效率的提高。从农药的产出贡献率来看，基本呈现倒 U 型的变化特征，从 2002—2014 年，基本呈现持续增长的趋势，这期间贡献率增长了 4.5 个百分点，随后农药贡献率迅速下降，到 2018 年降至 15.22%，基本与 2003—2004 年的水平持平，这表明在农药减量化政策的调控下，农药的施用迅速减少，而同时其他环境友好型病虫害防治技术的替代效果良好。

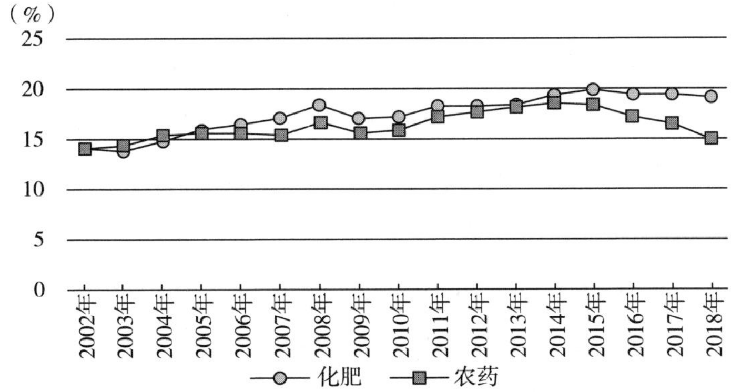

图 5　2002—2018 年农用化学品产出贡献率变化

数据来源：根据灰色关联分析模型测算整理得到。

四、中国农业绿色发展的影响因素

中国农业绿色发展是关乎中国农业可持续发展的重要内容，在粮食安全视角下的中国农业绿色发展问题是探讨如何在当下产能开发与未来产能保留之间寻求平衡的重要议题，对于保障粮食安全战略落实的长久性、可持续性具有重要的战略意义。但是，受我国农业发展区域性和分散性强的影响，中国农业绿色发展的推进可能受到诸多阻碍，技术研发瓶颈难以突破、水土资源总量有限且资源分配不均、经济社会发展提出新要求等，因此，认清当前农业绿色发展生产中面临的资源、技术等具体困难，对于进一步推动中国农业绿色发展具有重要的现实意义。

（一）耕地资源总量不足、质量不高的刚性约束

耕地是农业生产最基础的资源条件，但从我国耕地资源来看，存在量不足、质不高的特点，成为限制农业发展和转型的刚性约束。

从耕地总量来看，我国土地资源总量大，但可供农业生产的耕地资源十分有限。我国国土总面积为960万平方千米，占世界总土地面积的1/14，仅次于俄罗斯和加拿大，位居世界第三。但我国土地以山地高原为主，最适宜农业生产的海拔500米以下平原地区面积仅占11.98%。据统计，2017年全国农用地总面积为96.72亿亩，占全国国土面积的67.17%。其中，林地面积为37.92亿亩，占39.21%；牧草地为32.9亿亩，占34.01%；园地和其他农用地仅占5.86%；耕地面积为20.23亿亩，占20.92%。从人均水平来看，耕地资源更为稀缺。据统计，我国人均耕地面积约1.46亩，仅为世界平均水平的一半（2.89亩）。此外，东低西高、山地高原普遍的地形特征造成全国94%左右的人口集中居住在胡焕庸线东南方约43.8%的土地上，这使得国内用于农业生产、经济发展的空间更为逼仄，更加剧了人地矛盾。

从耕地质量来看，全国耕地基础地力整体不高，耕地污染严重。据2019年全国耕地等别更新评价主要数据成果披露，2018年末，全国耕地质量等别在1至4等的优等地仅占2.9%，5至8等的高等地占比为26.59%，耕地质量等别在9至15的中低等地占比达到70.51%，全国耕地质量平均等别为9.96。造成耕地质量不高的原因一方面是我国资源基础条件不足，且气候环境影响下退化严重。据统计，全国宜农土地面积中，优质土地仅占10%，其余90%的土地则受到地形、地质条件、气候条件等不同因素的限制[①]。与此同时，土壤退化趋势仍难以遏制，据农业部披露，全国退化耕地面积占总耕地的40%以上（2014年）。另一方面，土地污染问题突出，2014年，全国土壤总点位超标率为16.1%，其中轻微、轻度、中度和重度污染点位比例分别为11.2%、2.3%、1.5%和1.1%，各类农用地中耕地污染问题更为突出，点位超标率为19.4%，远高于林地、草地（10%和10.4%）[②]。

在耕地总量不足、质量不高的基础资源条件下，农业产量目标的实现只

① 数据来自《中国1：100万土地资源图》。

② 数据来自《全国土壤污染状况调查公报》。

能借助于化肥的大量施用，造成耕地地力下降、农业面源污染等环境问题，耕地质量进一步下降，形成耕地利用的恶性循环。因而，耕地资源禀赋的不足是限制农业绿色发展的最根本约束。

（二）农区作物品种结构单一导致农药过量施用

长期以来，为了充分发挥区域生产资源优势，在提升生产效率、实现规模效益的诱导和粮食主产区政策引导下，同一农区内往往趋向于统一作物品种与生产方式，形成如华北麦区、长江流域稻区与北方玉米区的作物优势产区。农业优势产区的形成对于机械化、专业化乃至农业现代化都起到重要的推动作用。但从农业绿色发展的角度来看，农区作物品种结构单一将导致农药过量施用，阻碍农业绿色发展。具体来看，自然环境的平衡是以物种多样化为基础，但大范围单一作物，打破了生态系统中原有的种间关系平衡，导致病虫害问题频发。为了保证粮食产量，农户只能使用农药进行病虫害防治。然而农药的使用又进一步对生态产生影响，导致病虫害抗性出现，病虫害更严重。在这一怪圈的影响下，农户农药施用量不断加大，最终导致过量施用。

（三）农业农村经济社会环境下的绿色转型困境

城镇化发展推动下，大量农村劳动力外出打工，对农村社会、经济环境带来了冲击。农业劳动力结构、农业农村生产生活环境的转变对农户主观生产行为产生影响，从而进一步影响农业绿色转型发展。具体而言，主要体现在以下五个方面。

1. 农户兼业化影响农业发展的绿色转型

农户生产行为是在特定社会、经济与制度条件下，根据自身收益最大化原则做出的理性决策结果。随着宏观社会、经济与制度的变迁，从事农业生产的比较收益下降，农户兼业程度的提高影响其包括化肥、农药投入在内的行为决策。具体而言，一方面，农户兼业程度的提高，其从事农业生产的机会成本也将提升，因此在实际农业生产中农户更倾向于用机械、农用化学品等其他要素替代劳动力投入，导致农用化学品的过度施用（史常亮等，2016）。另一方面，农户兼业程度的提高使其对农业收入依赖度下降，进而降低了其对农业生产的投入意愿，相比于价格较贵的有机肥等环境友好型技术，兼业农户更倾向于使用传统的化肥、农药。

2. 人力资本不足限制绿色生产方式转变

农户、涉农企业、农民合作社等共同构成了农业绿色化转型的基础决策单元，是农业绿色转型发展的主体，其生产经营能力直接决定了农业绿色转型发展政策的实施效果。从微观视角来看，农业生产主体的绿色转型意愿和行为主要受其对绿色生产认知、绿色生产技术采纳能力的影响。在劳动力外流的大背景下，大量青壮劳动力向城镇第二、第三产业转移，导致从事农业生产的劳动力呈现显著的老龄化趋势。这部分劳动力往往由于受教育程度普遍偏低，绿色生产认知不足、新技术采纳能力较差，成为限制农业绿色发展的关键因素之一。

3. 资源禀赋条件导致生产行为转变困难

农户农用化学品的投入行为受其自身禀赋情况的影响。在当前耕地户均规模小、细碎化程度高的资源条件下，一方面，小规模经营不利于现代化农业生产设备和技术的应用，为借助现代生产工具提升化肥、农药使用效率造成困难；另一方面，耕地细碎化严重抑制了化肥使用效率的提升，并且其影响效应往往在耕地、水资源条件相对较差的西部地区更为显著（史常亮等，2019），进一步削弱了资源条件较为薄弱地区的可持续发展能力。

4. 市场环境因素刺激农户过度投入行为

尽管自由市场提升了要素与农产品的流动效率，但“小农户，大市场”的基本格局下，小规模农户往往面临着市场风险与信息不对称的挑战，进而影响其农用化学品的投入决策。具体而言，面对农业生产市场风险，对生产风险较为敏感的小规模农户往往出于减少潜在产量损失的需求倾向于施用更多的化肥以保证生产的稳定性（仇焕广等，2014）。而信息不对称一方面在要素市场阻碍农户对化肥农药有效信息的获取，导致化肥农药的不当使用；另一方面在产品市场阻碍农户对市场需求信息、消费者对产品质量信息的获取，使得使用环境友好型技术的农产品“质量溢价”难以形成从而引起化肥农药过量施用（康婷、穆月英，2020）。

5. 传统家庭经营模式限制农用化学品减量化

在未来相当长的时期内，小农户家庭经营仍将是我国农业的主要经营方式。传统小农经营模式下，农户农业生产的投入往往是家庭根据全部产业收益最大化的原则而做出的家庭生产要素分配决策，在农户生产专业化降低的现状下，往往与农业生产最大化的投入决策存在较大偏差，导致要素投入不合理。此外，小规模生产在采纳新要素或新技术时往往面临着极高的交易成本和交易风险，导致其采纳减量化技术的意愿较低。

五、关于推动农业绿色转型的方向与路径

（一）农业绿色发展的方向与路径

由于农业生产发展任务与资源条件差异，不同地区的农业绿色转型发展方向与路径也各有不同。

1. 农业大省的农业绿色转型发展方向与路径

针对农业大省长期追求产量、资源环境负荷重的情况，农业绿色转型要以保障农产品供应数量与质量安全为主要目标，以推行绿色生产技术、新型经营主体培育、农业产业链提升为主要方向。具体来看，要以加强农业绿色发展顶层设计为基础、强化农业绿色发展的科技与人才培养为支撑、构筑农

业绿色发展体系为框架、建立农业绿色发展多元化投入机制为保障。特别是在科技政策体系方面，要加强农业绿色转型的研发、成果转化支持力度，完善农业绿色转型研发支持机制，重点加强农业绿色生产标准、技术操作规范、投入品标准体系等相关的科技支撑。

2. 大城市周边都市农业的绿色转型发展方向与路径

对于大城市周边农业圈与资源环境约束偏紧的地区，农业绿色转型发展的主要目标要偏重生态环境安全的保障，将农业生态环境治理和优化农业布局作为地区农业可持续发展的工作重点。针对大城市周边农业圈的严格农业资源约束，以及城市虹吸效应和其他产业的发展导致的科技、人才支撑体系薄弱的特点，可以将农业绿色发展与大城市生态圈的山体修复、水治理、湖泊湿地保护、沿海整治修复等相结合，通过农业生产技术支撑和政策体系的完善加快农业生态修复，转变农业资源利用模式，同时依托大城市较高的经济发展水平和对生态环境的高需求尝试建立生态经济补偿机制，协调农业生产、环境保护和经济发展之间的关系，形成绿色循环发展模式。

3. 西部地区农业的绿色转型发展方向与路径

对于西部地区，农业绿色转型发展的主要目标是在生态保护的前提下兼顾社会经济发展目标。我国西部大部分地区处于生态脆弱区，生态系统抗干扰能力弱，是生态保护的重要领域。同时，西部地区大多经济发展相对滞后，农业绿色发展还需兼顾经济效益的实现。对此，要充分考量资源环境承载力，以生态涵养为主要任务，合理构建农业发展格局，规划产业发展结构。通过推广绿色技术、提升生产效率，推动形成农业绿色生产模式，并在此基础上发挥生态资源优势，发展优质特色农产品、休闲农业等绿色农业产业。

（二）农业绿色转型中的保障措施

1. 完善农业绿色发展支持政策体系

农业绿色转型具有提高农业产品质量、保护生态等正向外部性，因此，推进农业绿色转型发展离不开相关农业政策和制度设计的引导。由于农业制度设计方面存在滞后与缺位，导致我国农业可持续发展能力较为薄弱。尽管目前我国已将“三项补贴”调整重点用于耕地地力保护，并开展了化肥农药零增长行动、重金属污染耕地修复综合治理工程、农业面源污染综合治理工程等一系列项目推动农业绿色转型发展，但从产量目标导向的发展模式向可持续发展的转变仍任重道远。对此，要根据不同地区的农业绿色发展现状与突出生态环境问题，开展重点工程项目，实现分区施策。如在东北地区进一步加强黑土地生态修复，在华北地区注重地下水超采治理工程的持续推进。此外，可以尝试通过市场化支持政策以及与绿色生产行为挂钩的收入性补贴等手段强化支持政策的导向性和力度。

2. 合理引导农户绿色生产理念与行为

农户是农业绿色发展的主体，农户绿色生产认知不足、行为意愿不强是当前农业绿色转型的瓶颈，有必要通过相关政策适当引导。在引导农户生产方式向绿色、可持续转型时，一是要充分考量其原本的生产生活秩序，设计与原本生产方式相对契合的转型方案。二是要利用农户间技术扩散与知识共享的行为机制，加强科技示范户的基层农业技术推广作用。三是要建立绿色生产方式的激励机制，通过补贴、绿色产品销售渠道建设等方式鼓励形成绿色生态的生产方式。

3. 加强土壤修复提升和保护的科技支撑

水、土资源是农业绿色发展的基础。考虑到当前国内水、土资源质量与主要污染源，要强调加强土壤修复提升和保护两方面的科技支撑。土壤修复提升方面主要针对土壤污染情况与类型，因地制宜制定土壤污染治理技术方案与工作计划，同时，通过推进化肥科学施用、加大有机肥和绿肥施用比例等方式补充土壤肥力。土壤保护方面主要是推动化肥、农药的减量施用。具体而言，一是推广病虫害生物防治与高效低毒农药替代普通农药；二是推广测土配方施肥、病虫害统防统治等技术，提高化肥、农药利用效率和效果，实现精准科学施药施肥；三是通过发展高效施药机械、无人机和航化作业，减少农药流失，提高作业效率；四是通过实施稻田拦截工程等项目降低粮田排水污染物浓度，减少农药化肥污染的影响。

参考文献

[1] 陈世雄，罗其友，尤飞. 贯彻党的十九大精神 加快推进农业绿色发展. 中国农民合作社，2018（3）：27–28.

[2] 崔海霞，宗义湘，赵帮宏. 欧盟农业绿色发展支持政策体系演进分析——基于OECD农业政策评估系统. 农业经济问题，2018（5）：130–142.

[3] 方言. 转型发展期的农业政策研究（农业可持续发展卷）. 北京：中国经济出版社，2017.

[4] 方言. 农产品进口与水土资源利用. 世界农业，2018（10）：261–265.

[5] 冯丹萌，王欧. 发达国家农业绿色发展的政策演进及启示. 农村工作通讯，2019（4）：58–61.

[6] 姜长云. 推进农业供给侧结构性改革的难点分析. 中国经贸导刊，2018（15）：57–59.

[7] 康婷，穆月英. 产销信息不对称对农户过量施肥行为的影响. 西北农林科技大学学报（社会科学版），2020，20（2）：111–119.

[8] 刘江，杜鹰. 中国农业生产力布局研究. 北京：中国经济出版社，2010.

[9] 罗必良. 推进我国农业绿色转型发展的战略选择. 农业经济与管理，2017（6）：8–11.

[10] 仇焕广，栾昊，李瑾，汪阳洁. 风险规避对农户化肥过量施用行为的影响. 中国农村经济，2014（3）：85–96.

[11] 史常亮，李赟，朱俊峰. 劳动力转移、化肥过度使用与面源污染. 中国农业大学学报，2016，21（5）：169–180.

[12] 史常亮，张益，郭焱，朱俊峰. 耕地细碎化对农户化肥使用效率的影响. 自然资源学报，2019，34（12）：2687–2700.

[13] 孙炜琳，王瑞波，姜茜，黄圣男. 农业绿色发展的内涵与评价研究. 中国农业资源与区划，2019，40（4）：14–21.

[14] 魏琦，张斌，金书秦. 中国农业绿色发展指数构建及区域比较研究. 农业经济问题，2018（11）：11–20.

[15] 叶兴庆. 促进农业走上绿色发展之路. 中国经济时报，2015–06–01（8）.

[16] 于法稳. 习近平绿色发展新思想与农业的绿色转型发展. 中国农村观察，2016（5）：2–9+94.

[17] 张福锁，马文奇. 测土配方施肥助推粮食增产. 农民日报，2009–06–04.

[18] 张新美. 论绿色发展理念与农业现代化. 农业经济，2019（6）：26–27.

[19] 周喜应. 浅谈我国的农药与粮食安全. 农药科学与管理，2014，35（8）：5–8.

走向可持续健康饮食研究*

一、引言

随着农业生产力和居民收入水平的提高，中国在减少饥饿和营养不良方面取得了显著成就，食物不足发生率已由20世纪90年代的24%下降至2019年的2.5%以下（Huang et al.，2019；FAO et al.，2020）。在2020年新冠肺炎疫情导致了经济增速大幅下降的不利条件下，中国仍如期实现了全部极端贫困人口脱贫的目标，绝对贫困历史性消除。粮食总产量连续6年保持在1.3万亿斤以上[①]，市场供应的食物种类多样、数量充足，居民膳食能量和蛋白质摄入充足，膳食质量普遍提高，营养不足和微量营养素缺乏症得到持续改善[②]，居民膳食质量明显提高。动物性食物和优质蛋白摄入量增加，全国城乡居民来源于动物性食物蛋白质的比例从1992年的18.9%增加到2015年的35.2%（中国营养学会，2021）。膳食结构正处在变迁转型期，饮食结构趋向"高能量密度"，部分人群的饮食已经严重偏离了平衡饮食的要求。超重肥胖及膳食相关慢性

---

* 本报告是清华大学中国农村研究院2020年重点研究课题"走向可持续健康饮食：重新思考中国的粮食安全和营养战略"的研究成果，报告观点仅代表课题组的看法。课题负责人：樊胜根，中国农业大学文科讲席教授，全球食物经济与政策研究院院长。报告执笔人：樊胜根、陈志钢、盛芳芳、高海秀。

① 中华人民共和国2020年国民经济和社会发展统计公报，http：//www.stats.gov.cn/tjsj/zxfb/202102/t20210227_1814154.html。

② 《中国居民膳食指南科学研究报告（2021）》简本，https：//www.cnsoc.org/latesachie/。

病问题日趋严峻，目前中国有超过50%的成年居民超重或肥胖，6～17岁、6岁以下儿童青少年超重肥胖率分别达到19%和10.4%[①]。与膳食相关的慢性疾病的患病率也在不断上升，全球疾病负担研究（GBD）显示，2017年中国居民310万人的死亡可归因于膳食不合理，2017年，全国归因于高体质指数（BMI）的心血管疾病死亡人数占心血管疾病死亡总人数的13.5%[②]。

研究表明，不合理的饮食行为，特别是高盐、高油、高糖摄入是影响人群健康的主要危险因素，不合理饮食行为会导致肥胖、糖尿病、高血压、冠心病等疾病的发生。《中国居民营养与慢性病状况报告（2020年）》显示，18岁及以上成人高血压患病率为27.5%，糖尿病患病率为11.9%;《中国心血管健康与疾病报告2019》显示，我国15岁及以上人群冠心病患病率为10.2%，60岁及以上人群冠心病患病率为27.8%。目前，我国心脑血管疾病、癌症、糖尿病等慢性非传染性疾病导致的死亡占总死亡人数的88%，导致的疾病负担占疾病总负担的70%以上。不合理的饮食结构不仅导致了较高的慢性病死亡率和疾病负担，还给生态环境带来了巨大压力。研究发现，肉类消费是决定不同饮食结构情景温室气体排放的主要因素（Temme等，2015），红肉的温室气体排放强度比鸡肉或鱼肉高150%左右（Weber等，2008）；牛肉和奶酪等特定产品对环境的影响高达10～20倍（Millward和Garnett，2010；Saarinen等，2012）。根据FAO统计数据显示，2017年中国农业活动温室气体排放量为7.2亿吨，比1990年增加20%。

中国政府已经充分意识到通过饮食改变居民营养健康状况这一重要途径，2019年6月25日，国务院发布了《关于实施健康中国行动的意见》，制定了《健康中国行动（2019—2030年）》，并明确指出合理饮食是健康的基础，随后，卫生部、农业农村部和营养学会也对优化膳食结构和提高居民营养水平进行积极的倡导。同时，通过人们饮食结构的改变来改善生态环境这一作用，也逐渐被广大学者证明（Spingman等2018）。作为世界上1/5人

---

① 数据来源于《中国居民营养与慢性病状况报告（2020年）》。

② 《中国居民膳食指南科学研究报告（2021）》简本。

口的家园（Caietal.，2021），中国适时调整居民饮食结构无论是对应对气候变化、改善地球和人类健康，还是对健康中国 2030 目标和 2060 碳中和承诺的实现都具有重要意义。在这一背景下，以可持续健康饮食的视角重新思考中国的粮食安全和营养战略显得尤为重要。

本研究首先回顾中国居民食物消费结构的演变，并将当前中国居民饮食结构与国际上的健康饮食模式进行比较。其次，梳理了中国食物营养可持续发展面临的挑战。再次，综述了不同膳食模式对健康的影响，接着进一步讨论中国居民按照健康膳食标准调整膳食结构对环境的影响，模型模拟结果显示，如果中国居民按照健康膳食标准调整膳食结构，不仅有利于健康，而且能显著减少农业温室气体排放，实现健康和环境双赢。第四，对实现食物营养可持续发展的国际经验及对中国的启示进行了总结。最后，提出引导中国居民改善膳食结构走向健康和可持续膳食的政策建议。

二、中国居民食物消费变化趋势及其与推荐膳食的差距分析

（一）中国居民食物消费质量明显改善，城乡差异逐渐缩小但地区差异明显

中国居民食物消费种类不断丰富，水果、蔬菜、肉蛋奶和水产品等营养食物的消费量均有所增加[①]。谷物消费明显下降，但仍是居民能量的主要来源，2019 年谷物人均消费量为 145.8 千克，比 1997 年下降 1/3。水果和畜禽肉消费量显著增加，2019 年人均消费量分别为 58.6 千克和 60.3 千克，约是

① 本章以国家统计局公布的在家消费数据为基础，通过各类食物在外消费比例进行调整，最终得出居民人均食物消费量。计算公式为：$C_{i,f}=h_f/(1-r_{out})$，式中，$C_{i,f}$代表i年食物f的人均消费量，h_f代表居民对食物f的在外消费比例，r_{out}代表居民对食物f的在家消费量。

1997 年的 1.9 倍和 2.9 倍。虽然奶、蛋和水产品的人均消费量增速较快，但由于 1997 年人均消费水平较低，2019 年奶、蛋和水产品的人均消费量分别为 19.2 千克、12.9 千克和 20.2 千克。

城乡居民膳食结构变化趋势一致，城乡差异缩小（见图 1）。2019 年农村居民谷物消费量为 170 千克，比 1997 年减少 1/3，但仍比城镇居民高约 30%。城镇和农村居民畜禽肉消费均增加较快，2019 年分别为 67.1 千克和 53.5 千克，约是 1997 年的 2.4 倍和 3.1 倍。猪肉仍是城乡居民畜禽肉消费的主要来源，2019 年城镇和农村居民猪肉人均消费量分别为 28.8 千克和 27.3 千克，分别占畜禽肉消费总量的 42.9% 和 51.0%。城乡居民水果、奶及奶制品、水产品、蛋类的消费呈现上升趋势。农村居民食物消费增长速度快于城镇居民，尤其是水产品的消费，但是由于农村居民基础水平低（1997 年水产品消费量仅为 3.6 千克），2019 年农村居民水产品消费仍比城镇居民低 42.1%。

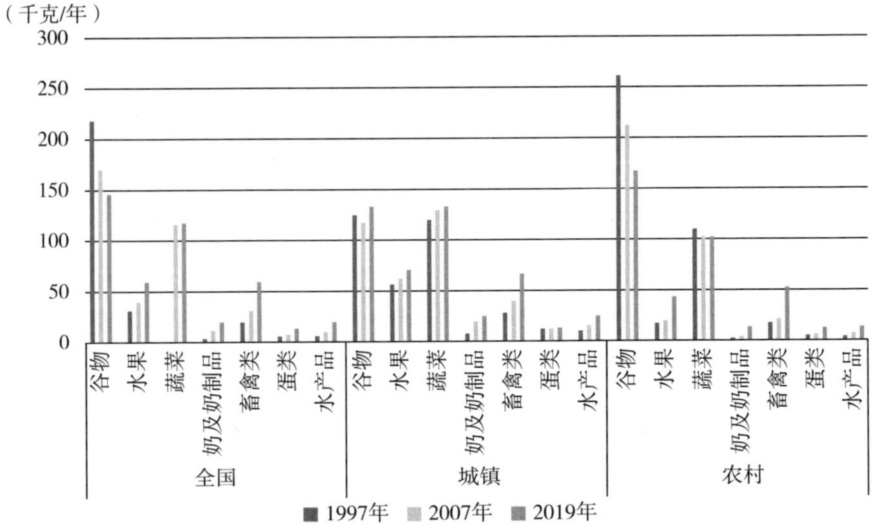

图 1　1997—2019 年中国城乡居民膳食变化情况

数据来源：人均消费量来源于1998—2020年《中国统计年鉴》，并通过在外消费比例进行调整。

中国居民膳食结构具有非常显著的地区差异。南方和东南沿海地区渔业资源丰富，水产品的消费量相对较高，排在全国前列，比如 2019 年广东、上海、浙江、福建居民水产品的消费量均在36.5千克以上，约是全国平均水平的2倍。近年来，各省居民对蔬菜、水果和动物性食物的消费均有所增加，其中，蔬菜消费增幅较大。2019年，超过一半省市居民的蔬菜消费量超过109.5千克，但是奶及奶制品的消费增幅较小。

（二）中国居民膳食结构与推荐健康膳食模式的差距分析

1. 不同健康膳食模式概述

本研究中的健康膳食模式主要指中国膳食指南、EAT–柳叶刀、地中海饮食和少肉膳食。膳食指南是各国引导居民健康膳食的重要措施之一，并根据居民营养和健康状况的不断变化进行修订完善。在本研究项目的执行过程中，第五版《中国居民膳食指南（2021）》启动修订工作但是尚未发布，因此本研究中使用了第四版《中国居民膳食指南（2016）》（以下简称中国膳食指南）作为健康膳食标准之一，鼓励食物多样、谷类为主、多吃果蔬、适量动物性食物、少油少盐等。EAT–柳叶刀膳食是2019年EAT–柳叶刀委员会出于对人类健康和生态环境的双重考虑，提出的健康和可持续膳食模式，鼓励食用全谷物、适量鱼虾、减少红肉摄入量，蛋白质来源以植物食物为主等。地中海饮食模式源于地中海区域的传统饮食模式，豆类、坚果类、果蔬和水产品摄入量较多，更多使用植物油尤其橄榄油。少肉膳食模式提倡多食用植物性食物，根据个人情况适量食用动物性食物（见表1）。

表1　健康膳食模式

膳食模式	膳食主要建议	来源
《中国居民膳食指南（2016）》	食物多样，谷类为主，多吃蔬果、奶类、大豆，适量吃鱼、禽、蛋、瘦肉，少盐少油。每天摄入畜禽肉不超过75克，蔬果不少于500克	中国营养学会，2016年
EAT–柳叶刀膳食	每日能量的35%来自全谷物和根茎淀粉类蔬菜，以植物蛋白作为蛋白质的主要来源，每天红肉摄入量约14g，蔬菜和水果摄入量应达到500g	EAT–柳叶刀委员会，2019年

续表

膳食模式	膳食主要建议	来源
地中海饮食	多吃蔬菜、水果、水产品、豆类、坚果类食物，并且烹饪时要用植物油代替动物油，尤其提倡用橄榄油。脂肪供能比在 25% ~ 35%，每周食用红肉少于 2 份	Willett 等，1995 年；Bach—Faig 等，2011 年
少肉膳食	在大量食用植物性食物的基础上，根据个人情况适度食用动物性食物，每月摄入畜禽肉少于 4 次	Tonstad 等，2009；Rizzo 等，2013

为了分析当前中国居民的膳食质量，将中国居民膳食结构与健康膳食模式进行对比，找出两者的差距，以帮助我们更快速地找到推动膳食结构转型实现健康和可持续发展的有力抓手。这里重点将中国膳食指南和 EAT- 柳叶刀两种健康膳食模式进行比较。主要原因是，膳食指南是中国的健康膳食标准，EAT- 柳叶刀则是适用于全球的健康膳食标准，两种膳食模式均明确提出了膳食结构中各类食物的最佳摄入量，能够更为直观地指导居民膳食结构调整。而地中海饮食和少肉膳食则是长期在特定区域和人群中衍生出的健康膳食模式，没有给出具体的定量膳食建议值。

2. 全谷物、水果、坚果和奶及奶制品等消费不足，但畜禽肉消费过量

当前中国居民膳食结构以谷物为主，但谷物以精制米面为主，全谷物及杂粮摄入不足，只有 20% 左右的成人能达到日均 50 克以上（中国营养学会，2021）。2019 年，城乡畜禽肉的消费量分别为 184 克 / 天和 147 克 / 天，约是 EAT- 柳叶刀推荐量的 4.3 倍和 3.4 倍；是膳食宝塔推荐量的 3.2 倍和 2.5 倍。膳食宝塔和 EAT- 柳叶刀推荐每人每天需摄入 300 克和 250 克的奶及奶制品，然而中国居民奶及奶制品的消费量一直处于较低水平，2019 年城乡居民的消费量分别为 67 克 / 天和 37 克 / 天，远远低于推荐值。当前城镇居民水果和蔬菜的消费量与推荐值差距较小，农村居民水果消费量偏低，比膳食宝塔和 EAT- 柳叶刀分别低 56.5% 和 40.2%。城镇居民蛋类和水产品的消费均满足膳食宝塔建议范围，而农村居民则还未达到膳食宝塔的下限，但城镇和农村居民蛋类与水产品的消费量均高于 EAT- 柳叶刀推荐值。

3. 各个省份的居民均存在畜禽肉消费过量和奶及奶制品消费不足的问题

北京市居民奶及奶制品消费量排在全国首位，但仅为 102 克 / 天，约为膳食宝塔建议值的 1/3 和 EAT– 柳叶刀建议值的 2/5。猪肉消费量最高的省份主要集中在西南地区，如重庆市（127 克 / 天）和四川省（126 克 / 天），约是 EAT– 柳叶刀建议值的 18 倍。各省市居民水果消费量差距较大，集中在 27 克 / 天 ~ 281 克 / 天，仅有 1/3 省市的居民水果消费量达到膳食宝塔和 EAT– 柳叶刀建议值。上海、浙江和福建等沿海地区的水产品消费量明显高于其他省份，均超过 100 克 / 天，高出膳食宝塔下限和 EAT– 柳叶刀建议值的 1.5 倍和 2.6 倍。各省市居民蛋类消费量均已达到 EAT– 柳叶刀建议值（13 克 / 天），但与膳食宝塔 40 ~ 75 克 / 天相比，大部分省市还有一定的差距。

三、中国食物营养与可持续发展面临的挑战

（一）居民食物消费结构日渐西化，带来健康和环境挑战

城乡居民膳食结构中脂肪供能比持续上升，均超过了 30% 的推荐上限，能量摄入量过量、三大功能营养素（蛋白质、脂肪、碳水化合物）比例失调，则可增加全因死亡以及超重、肥胖、心血管疾病等慢性疾病的发病风险（中国营养学会，2021）。《中国居民营养与慢性病状况报告（2020 年）》显示，6 岁以下、6 ~ 17 岁儿童青少年超重肥胖率分别达到 10.4% 和 19.0%，18 岁及以上居民超重率和肥胖率分别为 34.3% 和 16.4%。超过一半（50.7%）的成年居民超重或肥胖，而 2010 年该数据为 30.1%；农村成人超重和肥胖率的增幅高于城市人群，男性超重和肥胖率高于女性。超重和肥胖人口快速增加既与社会经济发展有关，也与居民生活方式和行为有关，尤其与膳食结构中摄入过多的脂肪、热量、糖分密切相关。超重肥胖是心脑血管疾病、糖尿病、高血压和癌症等慢性病的重要危险因素。成人高血压患病率为 27.5%，糖尿病以及高胆固醇血症患病率分别为 11.9% 和 8.2%。2017 年全球疾病负担研究指出，

中国归因于高 BMI 的心血管疾病死亡人数为 59 万。此外，长期膳食不平衡也是慢性病发生的主要危险因素。2012 年中国成人由于膳食质量不佳导致心血管代谢性疾病的死亡率为 20.8%，估计人数为 151 万，其中在所有膳食因素归因中，高钠摄入占比最高，为 17.3%，水果摄入不足其次，占 11.5%，水产类欧米伽 3 脂肪酸摄入不足占 9.7%（He 等，2019；中国营养学会，2021）。

中国居民膳食结构的变化也导致环境问题日益严重。在肉类、食用油和其他淀粉类食物消费大幅增加的推动下，1997—2011 年间，农业食物系统的温室气体排放、耗水量和土地利用每年分别约增加 1.1%、1.8% 和 2.0%，其中肉类消费的增长是造成这三种环境影响的最重要因素（He 等，2018）。动物肠道发酵和动物粪便管理是农业温室气体排放的重要来源。根据 FAO 统计数据显示，中国农业活动温室气体排放量从 1990 年的 6 亿吨增加到 2017 年的 7.2 亿吨，增加 20%。膳食结构升级对食物生产用地需求越来越大。动物性产品消费占人均食物生产用地总需求的比重逐渐上升，从 1961 年的 14.0% 上升到 2009 年的 38.2%（赵姚阳等，2014）。农业食物系统对水的需求不断提高，食物消费水足迹在 1961 年至 2003 年间增加了 2 倍，进一步加剧了水资源压力（Liu 等，2008）。考虑到当前食物系统对环境的不利影响，以及人们对其可持续性的担忧，迫切需要建立健康和对环境影响低的膳食模式，而采用健康和可持续膳食为减少食物系统的温室气体排放和改善健康结果提供了重大机遇（FAO 和 WHO，2019；IPCC，2019）。

（二）营养治理与目标存在差距，缺少必要的营养法作为保障

20 世纪 90 年代以来，中国的食物安全与营养政策由零散到系统，逐步规范、科学、全面，关注目标也从食物供给数量向食物供给种类和质量、食品安全、营养和健康转变。2017 年以来，国家发布了《国民营养计划（2017—2030）》和《“健康中国 2030”规划纲要》等，纳入了详细的营养目标，提出了新的干预措施，以提高全民健康素质。但农业与营养部门的职能整合未突破原有的权

责配置基础，新的协同体系中各方的职责不分明，缺乏考核与监督。纵向治理仍为薄弱环节，营养健康领域基层队伍力量薄弱，未将营养治理作为地方干部政绩考核的一部分，不能引起地方政府对食物营养的重视。虽然从国家层面上建立了营养目标，体现了对居民营养健康的重视，但是未将其向下级部门延伸，因此很难达到目标的实现。同时，相较于欧美、日韩甚至是部分东南亚国家，中国的营养立法工作仍然滞后。《国民营养计划（2017—2030）》明确提出要“完善营养法规政策标准体系，推动营养立法和政策研究，提高标准制定和修订能力”。2019 年，国务院印发的《关于实施健康中国行动的意见》继续强调推动营养立法和政策研究。但行政命令和文件不能代替国家立法，没有立法，政府的营养干预政策与措施难以落实，营养改善计划未能产生应有的效果。

（三）耕地和水资源紧缺，约束农业生产可持续发展

膳食结构是生计水平和生活方式的体现，随着经济发展和城市化进程加快，人们消费更多富含蛋白质的（肉类产品）以及多元的（水果和蔬菜）食物，这会对环境产生负面影响，消耗更多本已有限的能源和水资源，而当前中国农业生产越来越受到自然资源贫乏的限制。中国是世界上土地和水资源最短缺的国家之一，人均耕地面积不足世界平均水平的 40%，人均水资源占有量仅为世界平均水平的 30%（朱晶，2017）。水土资源短缺和质量恶化威胁营养食物供给安全和农业可持续发展。近 20 年的耕地“占优补劣”使我国耕地生产能力下降了大约 2%，农田土壤受污染率从 20 世纪 80 年代末期的不足 5%，上升到目前的 19.4%（石玉林等，2018）。中国农业用水占 62%，缺水压力是 OECD 国家平均水平的 2 倍（OECD，2019）。中国约有 81% 的水资源集中在长江以南，水资源分布不均衡，耕地却逐年向北方集中，除松花江区外，北方地区水资源开发利用率均超过国际公认的 40% 警戒线。随着工业化和城镇化的快速发展，水资源的需求也在快速增加，用水竞争进一步削弱了对农业部门的供水。此外，污染是对水资源构成威胁的另一大因素。

（四）气候变化和极端天气，给农业增加不确定性风险

全球气候温度上升、极端天气频发、海平面上升、生态系统破坏及生物多样性丧失，将会极大削弱农业生产能力。大部分研究表明，气候变化对农业生产的影响是负向的。气温在历史水平上每升高 1 摄氏度，全球粮食产量比如水稻、玉米、小麦会减产约 3% ~ 10%（Challinor et al.，2014）。气候变化对作物的营养元素含量、畜禽产品和水产品的影响也非常显著。Myers et al.（2014）发现在高二氧化碳浓度的种植环境下，小麦的锌含量降低 9%、铁含量降低 5%、蛋白质含量降低 6%，而稻米中的损失比例相应为 3%、5% 和 8%，玉米、大豆等农作物的蛋白质及矿物质元素的营养均有不同程度的损失。而海洋温度变化会影响渔业捕捞和水产品质量（Brander，2010）。多项研究预测，未来极端天气频率和强度会有所增加。中国已然是世界上灾害频发的国家，仅农业气象灾害一项，中国就有 5000 万公顷和 4 亿人受灾并且每年损失高达 2 万亿元（约合 GDP 的 3%）。极端温度和干旱的一个标准偏差会使北方春玉米区的玉米产量分别下降 1.4% 和 2.5%（Ma&Maystadt，2017）。

四、不同饮食模式对健康和环境的影响分析

（一）不同膳食模式对健康的影响

不同膳食模式对健康的影响已得到广泛研究。结果表明，遵循中国膳食指南与居民总体健康水平呈显著正相关（Zang 等，2018），并且膳食宝塔（CHFP）评分越高，心血管疾病、癌症和糖尿病死亡率越低（Yu 等，2014；Chen 等，2018）。如若中国居民能遵守膳食指南，则预计能使中国避免死亡

人数[①]和过早死亡人数[②]分别为115.0万人和42.5万人，比2010年参照标准分别减少12.2%和12.5%；如若中国居民遵循EAT-柳叶刀膳食标准，预计能使中国避免死亡人数和过早死亡人数分别为180.2万人和66.5万人，与2010年参照标准相比，分别减少19.2%和19.5%（Springmann等，2020）。

地中海饮食与许多健康的益处有关，它为人类提供了一种通过降低慢性病发病率和死亡率来改善健康和福祉的潜在解决方案（Trichopoulou等，2014）。从全球来看，如若实现地中海饮食，可使Ⅱ型糖尿病的发病率下降16%，由心血管疾病引发的相对死亡率下降26%，由所有原因引发的总体死亡率下降18%（Tilman和Clark，2014）。Gao等（2018）证明了地中海饮食对中国居民的健康影响，认为地中海饮食依从性越高，患高血压的风险就越低。江南饮食在营养体系上和地中海饮食相似，它们的共同特点之一是每天摄入丰富的蔬菜和适量的水果（Wang等，2020）。中国不同人群的研究显示，具有江南饮食特点可以降低Ⅱ型糖尿病、代谢综合征、乳腺癌、冠心病等的发病风险，并可降低人群的全因死亡风险（中国营养学会，2021）。

此外，大量研究将食用较少的肉类和更多的植物性食物视为健康和可持续的膳食模式，如少肉膳食等。在2018年Springmann等的一项全球研究中发现，膳食结构中动物性食物含量越少，过早死亡率下降幅度越大，在摄入相同能量的前提下，如用植物性食物替代25%～100%的动物性食物，2030年全球过早死亡率则比2010年参考标准相应下降4%～12%，其中高收入国家过早死亡率下降幅度最大，但是在动物性食物消费量较低的中等收入和低收入国家几乎没有效果。在用植物性食物完全替代动物性食物的情景下，高收入国家和动物性食物消费量较高的中等收入国家的过早死亡率分别下降14%和12%，约是低收入国家（5%）的2～3倍。但是，需要注意的是，当用植物性食物逐渐替代动物性食物时，膳食结构中的蛋白质含量不断下降，高收入和中等收入国家的蛋白质摄入量仍然充足，低收入国家将面临蛋白质摄入不足的问题。

---

① 是指20岁及以上避免死亡人数。

② 是指30～69岁避免过早死亡人数。

（二）不同膳食模式对环境影响的模拟分析

中国膳食指南、EAT– 柳叶刀、地中海饮食、少肉膳食对健康的影响已得到广泛证实，然而中国居民按照上述推荐改善膳食结构对环境的影响分析较少。已有研究表明，当 2015 年中国居民的食物消费量满足膳食指南最低推荐量时，氮足迹、磷足迹、碳足迹分别减少 36%、22% 和 29%，但是水足迹增加 3%（Wang 等，2020）。

要在 2060 年前实现碳中和目标，不仅需要采取技术措施减少碳排放，而且需要改变人的行为，如调整膳食结构。Spingman 等（2018）的研究表明，膳食结构调整可以使全球温室气体减少 29% ~ 56%。

为了探究中国居民按照健康膳食模式推荐标准调整膳食结构对实现碳中和目标是否有贡献以及贡献大小，本研究根据四种健康膳食的标准，分别设置四种不同的模拟方案，采用局部均衡模型—中国农业产业模型（China Agriculture Sector Model，CASM）模拟分析中国膳食指南、EAT– 柳叶刀、地中海饮食、少肉膳食对农业活动温室气体排放的影响。

1. 本研究主要采用 CASM 模型预测未来农产品的供需趋势和模拟各种膳食方案对温室气体排放的影响

CASM 模型是由中国农业科学院农业经济与发展研究所和国际食物政策研究所（IFPRI）共同开发的多市场局部均衡模型。该模型涵盖了 31 种农产品和农产品加工，其中包括 6 种粮食（稻谷、小麦、玉米、大麦、马铃薯和大豆）、棉花、2 种油料（油菜籽和花生）、2 种糖料（甘蔗和甜菜）、蔬菜和水果、10 种畜产品（母猪、商品猪、猪肉、母牛、商品母牛、牛肉、鸡肉、羊肉、牛奶、禽蛋）、水产品，以及 7 种农产品加工品（豆粕、豆油、菜粕、菜籽油、花生粕、花生油、食糖）。

CASM 模型的基础数据是各种农产品的供需平衡表，其中生产数据与进出口数据来源于国家统计局，各种农产品价格数据来源于《全国农产品成本收益资料汇编》《中国统计年鉴》和农业农村部发布的《中国农产品供需形势分析》等。模型参数包括各种农产品的供给价格弹性、需求价格弹性和需求收入弹性等，主要来自于参考文献和研究团队的估计值。模型中的碳排放系数主要来源于联合国粮农组织数据库（FAOSTAT）。该模型应用 GAMS（通用代数建模系统）软件进行开发和模型求解。目前，CASM 模型由 36 组方程组成，共 566 个单方程，23 组变量和 566 个内生变量以及若干外生变量构成。

2. 模拟方案设定

基准方案：以 2020 年为基准年，通过递归动态预测到 2030 年中国食物消费需求变化。在预测时对未来社会经济发展进行了一系列假设，包括人口、经济发展、居民收入、科技进步等因素。

根据中国膳食指南、EAT- 柳叶刀、地中海饮食、少肉膳食四种膳食模式，分别设计了四种模拟方案（见表 2），模拟分析假设 2020—2030 年期间，中国城乡居民逐步改变膳食习惯，并在 2030 年调整到上述四种膳食模式推荐的食物消费水平后，带来的温室气体排放量的变化。

模拟方案 1：模拟中国膳食指南的影响。参照《中国居民平衡膳食宝塔（2016）》中推荐的各类食物的摄入量范围，选取膳食宝塔对每类食物建议范围的平均值作为调整依据。

模拟方案 2：模拟 EAT- 柳叶刀膳食模式的影响。依据《人类世的食物：EAT- 柳叶刀可持续食物体系及健康饮食委员会特别报告》推荐的每人每天所需的食物种类及数量设定模拟方案。

模拟方案 3：模拟地中海饮食模式的影响。根据地中海饮食基金会（2011）和 Davis 等（2015）对地中海饮食定义的综述研究设定模拟方案。

模拟方案 4：模拟少肉膳食模式的影响。在膳食宝塔建议的基础上，将畜肉和禽肉分别减少到膳食宝塔的 1/7 和 1/2（Springmann 等，2018），同时增加水果、蔬菜、大豆等植物性食物的消费。

需要说明的是，尽管不同的模拟方案各种食物消费量不同，但是模拟方案中能量以及蛋白质、脂肪和碳水化合物三大宏量营养素均满足推荐摄入范围。

表 2　模拟方案设定

食物类别		基期	基准方案	模拟方案 1		模拟方案 2		模拟方案 3		模拟方案 4	
		（2030）	（2030）	（中国膳食宝塔）		（EAT- 柳叶刀）		（地中海饮食）		（少肉膳食）	
		消费量（克 / 天）	消费量（克 / 天）	绝对值（克 / 天）	变化率（%）	绝对值（克 / 天）	变化率（%）	绝对值（克 / 天）	变化率（%）	绝对值（克 / 天）	变化率（%）
谷薯类		409	380	325	−14.5	282	−25.8	260	−31.6	325	−14.5
水果		161	187	275	47.1	200	7.0	250	33.7	350	87.2
蔬菜		324	354	400	13.0	300	−15.3	600	69.5	500	41.2
奶及奶制品		53	67	300	163.2	250	119.3	250	119.3	300	163.2
畜禽肉	猪肉	77	100	32	−67.2	7	−93.0	6	−94.0	5	−95.4
	牛羊肉	17	22	7	−67.2	7	−68.2	6	−72.7	1	−95.4
	禽肉	45	55	18	−67.2	29	−47.3	17	−69.1	10	−81.8
蛋类		35	38	45	18.4	13	−65.8	28	−26.3	45	18.4
水产品		55	71	58	−18.3	28	−60.6	70	−1.4	58	−18.3
豆类		39	42	*	*	75	87.5	50	25.0	50	25.0
植物油		56	59	28	−52.5	47	−20.3	47	−20.3	28	−52.5
能量（Kcal）		2800	3000	2300		2310		2280		2250	
蛋白质（g）		75	83	68		65		68		65	
脂肪供能比（%）		33	36	25		22		26		26	
碳水化合物供能比（%）		40	36	52		55		50		50	

注：*膳食宝塔中未直接给出豆类的参考量。根据《中国居民膳食营养素参考摄入量（2013版）》建议，对于成年人来说，轻体力劳动者每天能量摄入量男性为2250Kcal，女性为1800Kcal；中、重体力劳动者或活动量大的人，每天能量摄入应适当增加300 ~ 500Kcal。蛋白质最佳摄入量为55 ~ 65克，脂肪供能比为20% ~ 30%，碳水化合物供能比为50% ~ 65%。

3. 模拟结果分析

在不采取任何膳食建议的情况下，随着社会经济发展和收入水平提高仍会使未来中国膳食结构发展变化。到 2030 年，中国居民谷物消费减少到 380 克 / 天，下降 7.1%；水果、蔬菜、豆类和动物性食物将继续增加，其中畜禽肉和奶及奶制品分别增加到 177 克 / 天和 67 克天，比 2020 年上升 27.3% 和 26.4%。这些食物消费的增加会导致农业温室气体排放上升。在基准方案下，2030 年中国膳食结构变化导致农业温室气体排放比 2020 年增加 8544 万吨，上升 12.0%。

按照中国膳食宝塔、EAT– 柳叶刀、地中海饮食和少肉膳食建议调整中国膳食结构后，均能起到减少农业温室气体排放的效果。模拟结果显示（见图 2），以中国膳食宝塔、EAT– 柳叶刀、地中海饮食、少肉膳食为标准，2030 年中国居民膳食结构变化使农业温室气体排放比基准方案减少 1.46 亿 ~ 2.02 亿吨，下降 18% ~ 25%。其中，少肉膳食模式使农业温室气体排放减少最多，比基准方案减少约 2.02 亿吨；其次是地中海饮食和 EAT– 柳叶刀，分别减少 1.73 亿吨和 1.68 亿吨。膳食指南对减少农业温室气体排放作用最小，但仍有 1.46 亿吨。

畜禽肉消费减少使农业温室气体排放大幅下降，但奶及奶制品消费增加会抵消部分农业温室气体排放的减少。按照中国膳食宝塔、少肉膳食的建议，到 2030 年，中国居民畜禽肉消费量比基准方案分别减少 67.2% 和 91.2%，农业温室气体排放则相应减少 1.72 亿吨和 2.47 亿吨，分别比基准方案下降 52.9% 和 75.9%，但是中国居民奶及奶制品的消费量严重不足，大量增加奶及奶制品的消费将会导致农业温室气体排放上升 8109 万吨，抵消了部分由于畜禽肉消费下降而减少的农业温室气体排放。EAT– 柳叶刀膳食模拟方案结果表明，2030 年，将会使农业温室气体排放相应减少 5215 万吨、1.19 亿吨和 817 万吨，其中猪肉和牛羊肉消费减少对环境的影响较大。EAT– 柳叶刀对奶及奶制品的推荐量为 250 克 / 天，低于中国膳食宝塔和少肉膳食的建议值（300 克 / 天），因此，奶及奶制品消费的增加导致农业温室气体排放增加 5901 万吨。按照 EAT- 柳叶刀建议，动物性食物消费变化将使得农业温室气体排放比基准方案下降 31.5%。地中海饮食与 EAT- 柳叶刀在动物性食物消费建议上有很大的相似性，因此对于农业温室气体排放的影响也较为相近，按照地中海饮食的建议，农业温室气体排放约下降 30.3%。

植物性食物消费变化对农业温室气体排放影响较小，主要是谷物消费减少带来的农业温室气体排放下降。按照中国膳食宝塔、EAT- 柳叶刀、地中海饮食、少肉膳食的建议，2030 年中国谷物消费量应比基准方案下降 14.5% ~ 31.6%，农业温室气体排放则相应减少 4030 万 ~ 5231 万吨。但由于中国居民水果消费量不足，因此水果消费量的增加会导致农业温室气体排放上升，2030 年农业温室气体排放比基准方案增加 65 万 ~ 537 万吨。蔬菜和豆类消费的变化同样会对农业温室气体排放产生影响，但作用很小。因此，在达到四种健康膳食模式的同时，中国居民植物性食物消费变化分别使农业温室气体排放比基准方案下降 9.5% ~ 14.4%（见图 2）。

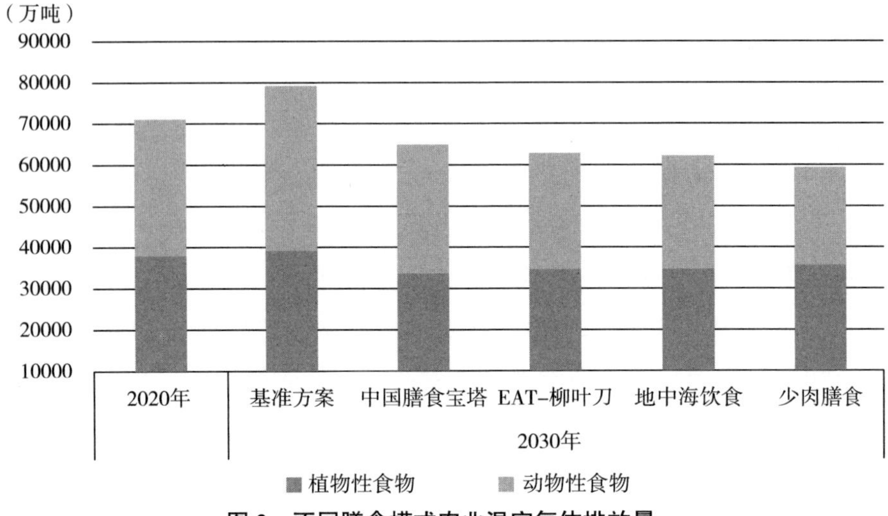

图 2　不同膳食模式农业温室气体排放量

数据来源：CASM模型结果。

五、推动实现健康和可持续膳食的国际经验

（一）重视营养目标，加强农业与营养的联系

农业部门、教育和卫生系统、社会保障及环保等不同政府部门应当在制定行业政策和发展规划时增加对营养的关注，这不但有利于改善国民营养水平，对部门自身的发展也具有潜在的积极影响（IFPRI，2015）。在气候变化领域，也要加强对营养的关注，疾病、食物和气候之间有着密切的联系，气候变化可以通过多种途径影响食物安全与营养。重点加强农业与营养的联系，通过农业改善营养。

一是加强大学、社会组织和政府部门的互动合作，开展综合性农业和营养课程，推动营养领域的跨学科教育。通过发展跨学科项目，大学可以培养全面发展的营养推广人员、医务工作者或营养顾问，帮助改善农业、营养和健康之间的联系（Fan 等，2012）。如在德国粮食和农业部的支持下，粮食和农业组织（FAO）在布基纳法索实施了“有效营养教育行动”项目，为本科生开设了营养教育专业培训课程。2015—2016 年与当地高校合作开展试点课程；对这门课的评估显示，95% 的学生养成了较好的饮食习惯。Senghor 大学也在埃及试行了同样的在线课程，效果良好（Dia 等，2017）。这些经验表明，营养教育培训可以纳入普通高等学校的通识课程，当然更应当纳入农业大学已有的专业课程，这些课程将加强本科生的营养知识水平和健康生活能力。

二是将营养知识融入农业推广体系。通过营养教育和培训提高农业推广服务的营养敏感性，进而增强农民对生产、加工、储存和销售环节中营养知识的理解（FAO，2014）。农民田间学校（Farmer field schools，FFS）传统上用于向农民提供有关农业生产和产品特性的信息和支持。一些国家已经开始

试验将营养纳入这一模式，并取得了不同程度的成功。塞内加尔从 2001 年开始实施农民田间学校。2015 年，粮农组织开展了一项调查评估尼亚伊地区农民的营养知识，调查结果显示，90% 的农民对营养知识缺乏基本的了解。随后，粮农组织在塞内加尔的四个大农业区发起了促进健康和可持续性农业项目。参与者经过 5 个月的营养敏感型农民田间学校培训后，与初始调查相比，对营养和均衡饮食的理解有了显著提高。此外，参与培训农民的子女的饮食多样性和用餐频率也有所改善（Dia 等，2017）。还有一些方法侧重于直接培训推广人员。2011 年，马拉维政府启动了粮食安全、营养政策和方案推广项目，目的是通过加强农村推广机构的能力来改善农业与营养的联系。经过项目评估，家庭通过食用当地可获得的食物改善了他们的饮食（Fanzo 等，2013 年）。

（二）制定包含环境可持续性标准的膳食指南

制定能包含可持续性标准的膳食指南是改变膳食结构、实现向更可持续、更健康膳食结构转变的关键。目前仅有少数国家（主要有巴西、德国、卡塔尔和瑞典）将环境可持续性纳入本国的膳食指南（粮农组织 / 食品气候研究网络，2016）。这些国家提出的建议普遍侧重于减少肉类消费量，适量食用鱼虾类食物，食用更多植物类及相关产品，控制能量摄入量过多，减少隐性食物浪费。瑞典与其北欧邻国已在各自的可持续性标准中突出膳食对环境的影响。瑞典食品署推出的新膳食指南参照了“北欧营养建议”第 5 版（北欧营养建议，2012），该营养建议首次用一章篇幅介绍食品生产对环境产生的影响。这部分内容随后成为瑞典膳食指南的依据，指南同时还参照了有关瑞典目前消费方式、文化偏好和膳食挑战等相关材料中的内容，以便就饮食摄入提出通俗易懂、适合大众的膳食建议，共包含 9 条膳食建议，分别涉及水果及蔬菜、鱼及贝类、运动锻炼、全谷物、脂肪、奶制品、肉类、盐及糖、均衡能量摄入与支出等。

（三）营造健康食品环境，助力全生命周期和全人群营养管理

最新的全球营养报告（Development Initiatives，2018）指出，造成各种形式营养不良的一个普遍原因是膳食不佳（包括婴儿的母乳喂养不足）。饮食不良是全球导致死亡的第二大危险因素，占所有死亡的18.8%。健康的食品环境具有改善饮食方式的潜力。树立全生命周期营养管理观念，首先，从婴幼儿营养开始抓起，许多国家的经验表明，改善营养在婴儿期和幼儿期至关重要。生命的最初1000天是建立整个生命周期的最佳健康、成长和神经发育基础的独特机会。充足的饮食和良好的喂养习惯对于确保儿童的健康、成长和发育发挥最大潜力至关重要。其次，通过学校健康和营养计划改善儿童营养。学校是保护、促进和支持儿童良好营养的重要场所，不仅可以帮助他们建立终身健康的饮食习惯，而且也可以对他们的家庭和社区产生溢出效应。最后，推动健康饮食模式发展，改善成人超重和肥胖。不健康的饮食是导致健康不良的主要全球风险因素（Forouzanfar等，2015），而健康的饮食有助于预防各种形式的营养不良，以及与饮食有关的非传染性疾病，包括糖尿病、心脏病、中风和癌症等。世界卫生组织建议的饮食目标是，总脂肪摄入量不超过总能量摄入量的30%，饱和脂肪摄入量不超过总能量摄入量的10%，反式脂肪摄入量不超过总能量摄入量的1%，糖的摄入量应限制在总能量摄入量的10%以下，盐摄入量每天少于5g。在全球范围内和各个收入水平的人群中，绝大多数国家的食物能源供应量都在增加，其增长速度足以解释同时发生的体重增加（Vandevijvere，2015）。各国对个人饮食摄入量的各种研究也反映了这一点：在超过一半的国家中，饱和脂肪的平均摄入量超过10%（Micha，2014）；含糖量高的产品的消费量在增加，尤其是含糖饮料（Singh，2015）。许多国家通过预包装食品和饮料上的营养成分声明和成分清单来为消费者提供信息。近年来，许多国家（地区）都开始采用含糖饮料税，这些税收通过诱导消费者价格偏好来鼓励他们消费更健康的食品。

此外，老人、农民工等弱势群体的营养状况亦不容忽视，完善并扩大社会保障体系是改善脆弱人群营养的有效措施。社会保护方案是指主动保护弱势群体免受冲击并降低风险的举措，社会保护工具包括现金补贴和转移支付等。通过增加购买力以及提供营养食品、卫生、保健和教育服务，政府可以改善脆弱人群的营养状况，提高他们的饮食多样性和质量。

六、实现健康和可持续膳食的政策建议

（一）制定健康与环境双赢的粮食安全战略，将环境可持续纳入营养目标中

基于营养和可持续视角，在宏观与微观层面重新审视国家粮食安全问题，把营养改善和环境可持续作为粮食安全战略的重要内容之一；围绕食物生产与消费、营养健康的经济效益、慢性病负担与防治和环境可持续等领域开展系统研究，对接农业和营养政策，为国家制定大政方针提供依据；采取科学的营养与健康信息收集、评价方法，掌握居民的营养问题及变化趋势，组织实施国家干预行动，为重点人群提供必要、公平的营养健康发展权益。

实现健康和可持续膳食，需要卫生、农业、环境和财政等多部门的共同参与。目前，卫生部门已意识到膳食与健康之间的重要联系，相继制定《中国居民膳食指南》，出台《中国食物与营养发展纲要》《“健康中国 2030”规划纲要》等，而农业、环境等部门未能将膳食纳入发展目标中。因此，中国政府应探索建立有效协同体系，在新的协同体系中打破各部门原有的权责配置，明确各方职责，并成立专门的监督和考核部门。同时，要注意强化纵向治理环节，加强基层队伍建设，将营养和可持续作为地方干部业绩考核的一项指标。

食物系统联结了农业生产、营养健康和环境可持续性。膳食结构不仅能改变居民的营养健康水平，还通过农业生产改善生态环境状况。有益于健康的膳食选择也可能有益于环境，因此，将环境可持续纳入国家营养计划既可以改善居民营养又减少环境污染，从而实现在改善环境污染的同时提高营养水平的双赢机会。同时，还应推动中国政府将环境可持续性指标纳入膳食营养的国家纲领性和指导性文件中，逐步建立以营养健康与可持续为导向的粮食安全战略。

（二）改革农业补贴政策，以政策创新促进可持续和健康膳食

农业补贴政策不仅直接影响营养健康和生态环境，还会通过影响农民收入而对营养健康和生态环境产生间接影响。为了实现中国健康和环境双赢的目标，首先，针对农业发展中造成环境污染的薄弱环节，从农业收入补贴、农业污染征税和农业生态补偿等角度，促进农业可持续发展和减排目标。第二，将更加营养的食物如豆类、蔬菜、水果、乳制品等囊括进农业补贴框架，并利用市场信号加以引导。同时采取特定粮食补贴、水果蔬菜补贴、糖税等相关政策来改善居民饮食结构，进而提高居民营养健康水平。第三，农业科技创新在一定程度上促进农业竞争力提升、农民增收和农产品品质，因此，应通过农业补贴政策来促进农业科技创新。第四，政策支持保护的范围也需要从农业生产环节向产前、产中和产后环节延伸，形成包括价格支持、农业投入、直接补贴、灾害救助、金融保险等在内的政策体系。让居民更加容易和方便地获取富有营养的食物。在保障营养健康的同时尽量减小农业食物系统对生态环境带来的负向影响，从而保障可持续的食物安全。

其他的政策创新措施还包括强化脆弱群体的营养保障、实施食品标签等。为保障贫困和脆弱群体的食物安全与营养，未来中国的营养项目、经济发展措施、社会保障措施和灾害管理等应瞄准脆弱群体，建议采取有条件的

现金转移支付和食物援助、母婴营养项目、营养改善计划等改善脆弱群体的营养状况。实施食品标签以鼓励健康的消费行为，例如采用“红绿灯”标示，以显示食物相对于每日推荐量的营养水平。研究表明，高收入国家的食品标签增加了约18%的选择更健康食品人群的比例（Cecchini和Warin，2016）。

（三）加大资金投入，加强对农业、营养、环境等交叉学科的科研投资

加大资金投入是实现健康和可持续膳食的必要条件。需要将营养投资视为促进经济增长的一种手段，而非仅仅是将营养改善视为经济增长的结果，要做出政策选择，给出营养目标与承诺，并将营养目标主流化，增加相关部门对营养的关注，落实营养行动的资金投入。增加对农业研发的私人和公共投资对于提高农业生产以加强粮食和营养安全至关重要。虽然中国政府已经致力于增加农业研发的投资，但并没有明确的法规和政策鼓励私营部门增加对农业研发的投资，例如采取保护知识产权和税收优惠等措施。加强对农业、营养、环境等交叉学科的科研投资。围绕食物生产和消费、慢性病负担与防治、营养健康及环境可持续性等领域开展系统研究，对接农业、营养和可持续等政策，为实现健康中国战略和碳中和目标提供科学参考。

（四）转型农业食物系统，提高营养食品的可获得性和可负担性

转型农业食物系统，调整食物供给结构，鼓励、支持发展健康与环保的食物产业链。通过改进技术，提高富有营养的食物生产率，提高绿色、健康、营养食物的生产能力，降低生产成本和价格，提高居民的负担能力及可获得性。营养密集型食品一般价格都相对较高，很难被社会大众所接受，因

此，提高营养食品的可获得性和可负担性是必要的。其一，调整投资重点，加大对水果、蔬菜、豆类、乳制品和鱼类等营养食品的研发投入，增加营养食物的供给。其二，由于目前的农业生产系统会对生态环境造成一定污染，因此应大力发展免耕栽培、精准农业、精准滴灌和作物防病、防草、防虫害等可持续农业技术，减少对生态环境的破坏。

参考文献

[1] 丁钢强，马爱国等. 中国居民膳食指南科学院研究报告. 北京：中国营养学会，2021.

[2] 石玉林，唐华俊，王浩等. 中国农业资源环境若干战略问题研究. 中国工程科学，2018，20（5）：9–16.

[3] 赵姚阳，蒋琳琳，王洁. 居民膳食结构变化对中国食物生产用地需求的影响研究. 中国人口・资源与环境，2014，24（3）：54–60.

[4] 朱晶. 完善农业支持保护政策推进新时期农业改革发展. 农业经济与管理，2017（6）：5–8.

[5] Bach–Faig，A.，Berry，E. M.，et al.（2011）. Mediterranean diet pyramid today. Science and cultural updates. Public Health Nutr.，14，2274 – 2284.

[6] Pei–Yan，Chen，Ai–Ping，Fang，Xiao–Yan，& Wang，et al.（2018）. Adherence to the chinese or American dietary guidelines is associated with a lower risk of primary liver cancer in China：a case–control study. Nutrients.

[7] Challinor A J，Watson J，Lobell D B，et al.（2014）. A meta–analysis of crop yield under climate change and adaptation[J]. Nature Climate Change，4（4）：287–291.

[8] Davis，C.，Bryan，J.，et al.（2015）. Definition of the mediterranean diet：a literature review. Nutrients，7（11），9139–9153.

[9] Gao，M.，Wang，FB.，et al.（2018）. Trajectories of Mediterranean Diet Adherence and Risk of Hypertension in China：Results from the CHNS Study，1997 – 2011. Nutrients，10（12）：2–10.

[10] FAO and the Food Climate Research Network（FCRN）（2016）Plates，pyramids and planets.

[11] FAO and WHO.（2019）. Sustainable healthy diets – Guiding principles. Rome.

[12] He，P.，Baiocchi，G.，et al.（2018）. The environmental impacts of rapidly changing diets and their nutritional quality in China. Nature Sustainability，122 – 127.

[13] He，Y.，Li，Y.，Yang，X.，et al.（2019）. The dietary transition and its association with cardiometabolic mortality among chinese adults，1982 – 2012：a cross–sectional population–based study. The Lancet Diabetes & Endocrinology，7（7）.

[14] Huang Y. Y.， Xu T.， Food accessibility，diversity of agricultural production and dietary pattern in rural China[J]. Food Policy，2019，84：92-102.

[15] Liu，J.，Savenije，H. H.（2008）. Food consumption patterns their effect on water requirement in China. Hydrol. Earth Syst. Sci. Discuss. 12，887 - 898.

[16] IPCC.（2019）. Climate Change and Land：an IPCC special report on climate change，desertification，land degradation，sustainable land management，food security，and greenhouse gas fluxes in terrestrial ecosystems.

[17] OECD，2019. Agricultural Policy Monitoring and Evaluation OECD 2019，Publishing，Paris. https：// doi. org/10. 1787/39bfe6f3-en.

[18] Rizzo NS，Jaceldo-Siegl K，et al.（2013）. Nutrient profiles of vegetarian and nonvegetarian dietary patterns. J Acad Nutr Diet，113（12）：1610 - 9.

[19] Springmann，M.，Spajic，L.，et al（2020）. The healthiness and sustainability of national and global food based dietary guidelines：Modelling study. The BMJ，370，1 - 16.

[20] Springmann，M.，Wiebe，K.，et al.（2018）. Health and nutritional aspects of sustainable diet strategies and their association with environmental impacts：a global modelling analysis with country-level detail. The Lancet Planetary Health，2（10），e451 - e461.

[21] Springmann，M.，Clark，M.，et al.（2018）. Options for keeping the food system within environmental limits. Nature，562（7728），519-525.

[22] Temme，E. H.，Toxopeus，I. B.，et al.（2015）. Greenhouse gas emission of diets in the netherlands and associations with food，energy and macronutrient intakes. Public Health Nutrition，18（13），1-13.

[23] Tilman，D.，Clark，M.（2014）. Global diets link environmental sustainability and human health. Nature，515（7528）：518-22.

[24] Tonstad S，Butler T，et al.（2009）. Type of vegetarian diet，body weight，and prevalence of type 2 diabetes. Diabetes Care，32（5）：791 - 6.

[25] Trichopoulou，A.，Mart í nez-Gonz á lez，et al.（2014）. Definitions and potential health benefits of the mediterranean diet：views from experts around the world. BMC Medicine，12（1），112.

[26] Wang，L.，Gao，B.，et al.（2020）. Environmental effects of sustainability-oriented diet transition in china. Resources Conservation and Recycling，158，104802.

[27] Wang，J.，X Lin，et al.（2020）. The jiangnan diet，a healthy diet pattern for chinese. Journal of Diabetes，12（5）.

[28] Weber，C. L.，Matthews，H. S.（2008）. Food-miles and the relative climate impacts of food choices in the united states. Environmental Science & Technology，42（10），pp. 3508-3513.

[29] Willett，W.，Johan R，et al.（2019）. Food in the anthropocene：the eat - lancet commission on

healthy diets from sustainable food systems. The Lancet, 393 (10170) .

[30] Willett, W. C. , Sacks, F. , Trichopoulou, A. , et al. (1995) . Mediterranean diet pyramid: a cultural model for healthy eating. American Journal of Clinical Nutrition, 61 (6 Suppl) , 1402S.

[31] Yu, D. , Zhang, X. , et al. (2014) . Adherence to dietary guidelines and mortality: a report from prospective cohort studies of 134, 000 chinese adults in urban shanghai. American Journal of Clinical Nutrition (2) , 693–700.

[32] Zang, J. , Guo, C. , et al. (2018) . Is adherence to the chinese dietary guidelines associated with better self–reported health? the chinese dietary guidelines adherence score. Asia Pacific Journal of Clinical Nutrition, 27.

保障农产品有效供给：以生猪生产波动为例*

一、引言

“猪粮安天下。”生猪产业不仅在中国经济社会发展中具有举足轻重的地位，对全球贸易也有着重大影响力。猪肉市场的稳定程度直接关乎肉类食品供应全局和副食品价格稳定。可以说，生猪产业能否健康稳定发展，直接关系到老百姓“菜篮子”“钱袋子”，以及国家宏观经济运行情况。改革开放以来，我国生猪生产得到快速发展。但长期以来，尤其是 1985 年生猪派购派养政策及产品统一定价取消之后，生猪生产在内在市场机制及外部因素冲击等作用下多次出现较大幅度的波动。且随着时间的推移，尤其是 2003 年之后，周期性波动幅度越发剧烈。2003 年以来，中国生猪产业经历了 5 轮价格的大涨大跌，2006 年以来的 4 轮波动呈现出明显的波动幅度大、周期长的特点，尤其是 2018 年 8 月以来非洲猪瘟疫情暴发重创了中国生猪产业，全国生猪产能大幅下滑，猪肉市场供需关系紧张，价格大幅上涨，且远超 2016 年 6 月的历史价格高点。生猪生产的大起大落，导致了生猪价格的大涨大跌，也严重阻碍了生猪产业的健康有序发展。本课题以保障农产品有效供给为目标，

---

* 本报告是清华大学中国农村研究院2020年重点研究课题“保障农产品有效供给：以生猪生产波动为例”的研究成果，报告观点仅代表课题组的看法。课题负责人：王济民，中国农业科学院农业经济与发展研究所研究员。报告执笔人：王济民、辛翔飞、王祖力、刘晨阳。

聚焦生猪生产演变的市场安全问题，在深入分析生猪生产规律、影响因素和内在机理的基础上，反思生猪生产波动带来的危害、产业体系中存在的问题，并梳理国际经验先进做法，提出优化我国生猪生产安全的对策建议。

二、生猪产业发展概况

（一）生猪产业发展历程

中华人民共和国成立以来，生猪产业发展大致经历了五个较为明显的发展阶段：1949—1977 年改革开放前的生猪产业曲折发展阶段，1978—1984 年改革初期的生猪产业恢复发展阶段，1985—2005 年畜产品市场放开后的生猪产业快速发展阶段，2006—2013 年畜牧业结构优化期的生猪产业转型发展阶段，以及 2014 年以来畜牧业绿色发展理念下的生猪产业提质增效发展阶段。

第一阶段（1949—1977 年）：改革开放前的生猪产业曲折发展阶段

中华人民共和国成立后，我国经历了短暂经济恢复时期，此后受接踵而来的“合作化运动”“大跃进”和“文化大革命”的影响，生猪产业经历了曲折发展。这一时期具体可细分为三个小阶段。一是 1949—1957 年恢复发展阶段。中华人民共和国成立之初，我国畜牧业发展基础薄弱，家庭式种养结合是当时生猪养殖的主要形式，生猪养殖效率低、生猪出栏率低，猪肉的市场供给明显短缺，生猪生产和消费严格按国家计划调配，实行有计划的统购统销政策。1949 年生猪年末存栏量仅为 0.58 亿头，随着国内外形势的逐渐稳定，国家相继颁发了《家畜保护暂行条例》《家畜防疫暂行条例》等相关政策措施，生猪产业由此得到发展。1956 年国务院提出“私有、私养、公助”的生猪养殖鼓励方针，1957 年国务院鼓励领导带头养猪，提出切实保障生猪饲料粮供给的措施，养殖户生猪养殖积极性得到提高，生猪养殖规模逐渐扩大。

1957年年底生猪存栏量发展到1.46亿头，为中华人民共和国成立初生猪养殖规模的2.5倍。二是1958—1966年曲折发展阶段。自然灾害与大跃进、人民公社化运动造成的影响叠加，我国生猪产业在曲折中发展。其中1958—1961年，三年自然灾害造成的生猪存栏数量骤减，到1961年生猪规模几乎降至中华人民共和国成立初水平，存栏量仅0.76亿头。1962年后自然灾害得到缓解，在社会经济建设上“左倾”之风得到一定遏制，国内开始实施经济结构调整，贯彻“公养与私养并举，以私养为主”的方针，重视畜牧业发展。到1966年，国内生猪存栏量增长到1.93亿头，较1961年增长了156%。三是1967—1977年缓慢发展阶段。“文化大革命”发生后，国内经济建设得到一定破坏，取消生猪私养政策，畜禽养殖受到一定程度的阻碍，1969年生猪存栏量为1.73亿头，较1966年下降了11%。但后期采取了一些措施鼓励农户养猪，生猪生产得到一定发展，1977年“文化大革命”结束，生猪年末存栏量增长到2.92亿头。

第二阶段（1978—1984年）：改革初期的生猪产业恢复发展阶段

在经历了一段时间的曲折发展后，随着改革开放，生猪产业进入恢复发展阶段。首先，中共中央发布一系列措施鼓励农民饲养家畜，赋予农民生产经营自主权，明显提升了农民生猪饲养的积极性，如党的十一届三中全会召开后在农村范围内逐渐实行家庭联产承包责任制，1979年党的十一届四中全会发布《中共中央关于加快农业发展若干问题的决定》，提出“大力发展畜牧业，提高畜牧业在农业生产中的比重”，以及推行“继续鼓励社员家庭养猪养牛养羊”经济政策等。1980年《关于加速发展畜牧业的报告》提出提高畜牧业在农业中的比重，1982年发布《全国农村工作会议纪要》强调要把一切行之有效的鼓励畜牧业发展的政策落实到各家各户，生猪饲养得到逐渐恢复和发展。1978年我国生猪年末存栏量为3.01亿头，1984年生猪年末存栏量增长到3.07亿头，增长幅度为1.99%。

第三阶段（1985—2005年）：畜产品市场放开后的生猪产业快速发展阶段

随着改革开放和家庭联产承包责任制等一系列政策的实施，生猪产业发展良好，随之进入快速发展阶段。1984 年粮食取得丰收，较 1978 年增长了 1 亿吨，为该阶段生猪生产打下了坚实的物质基础。1985 年，中共中央、国务院发布《关于进一步活跃农村经济的十项政策》，取消生猪派购派养政策及产品统一定价，完全放开猪肉市场，猪肉需求旺盛，为生猪产业发展提供契机，生猪存栏量迅速提升。1992 年“南方谈话”和中共“十四大”逐步确立了经济建设的中心地位，改革发展社会主义市场经济。1998 年中共十五届三中全会审议通过的《中共中央关于农业和农村工作若干重大问题的决定》，以及 2001 年 10 月农业部发布《关于加快畜牧业发展的意见》等一系列举措，为深化农产品流通体制改革、加强畜产品市场体系建设、加快发展畜牧业发挥了重要作用，由此生猪生产、流通、销售开始走向市场化发展。2002 年中央农村工作会议提出加快农村金融体制改革，改善农村金融服务，加大信贷支农的力度，一定程度上缓解了生猪养殖户的资金压力。新时期城乡居民猪肉消费需求的提升，生猪产业的政策束缚减少，生猪产业发展迎来新的历史时期。在政策红利下，该阶段生猪产业得到快速发展。2005 年生猪年末存栏量自 1985 年 3.31 亿头增长至 4.33 亿头，增长幅度高达 30.82%。

第四阶段（2006—2013 年）：畜牧业结构优化期的生猪产业转型发展阶段

随着生猪产业快速发展，规模化、集约化程度不断提高，不可避免地出现了疫病多发的问题。2006 年猪蓝耳病暴发，猪肉价格波动越发剧烈，养殖户纷纷出栏，供需矛盾尖锐。为了解决疫病带来的猪肉供需矛盾等一系列问题，国家出台相关政策促进了生猪产业的转型。一方面是 2007 年 8 月出台了《国务院关于促进生猪生产发展稳定市场供应的意见》，提出建立保障生猪生产稳定发展的长效机制，从根本上解决生猪生产、流通、消费和市场调控方面存在的矛盾和问题。另一方面，2007 年《关于促进畜牧业持续健康发展的意见》、2010 年《农业部关于加快推进畜禽标准化规模养殖的意见》以及 2004 年至 2010 年实施的《畜牧业国家标准和行业标准建设规划（2004—2010 年）》等政策从农业行业标准等方面做出规范，加快畜牧业标准化建设，促进及加快了传统畜牧业向现代畜牧业转型。2013 年生猪年末存栏量由 2006 年的 4.33 亿头增长到 4.79 亿头，增长幅度 10.62%。

第五阶段（2014 年以来）：畜牧业绿色发展理念下的生猪产业提质增效发展阶段

随着畜牧业发展规模的进一步扩大，畜牧业造成的环境污染日益显现，国家出台了一系列环保政策，生猪产业逐渐向绿色高质量发展方向转变。一是在农业农村宏观发展规划、环境整治政策及法规中提出加强畜禽粪便资源化利用。首先，全国人民代表大会常务委员会相继对《中华人民共和国环境保护法》《中华人民共和国畜牧法》《中华人民共和国固体废弃物污染环境防治法》《中华人民共和国水污染防治法》等法律进行修订，增添畜禽粪便资源化处理相关内容，以便加强畜牧业污染治理，促进畜牧业健康发展。其次，国务院、农业农村部、国家发展改革委及生态环境部等发布实施的《水污染防治行动计划》《“十三五”生态环境保护规划》《全国农村经济发展“十三五”规划》《全国农村环境综合整治“十三五”规划》《国务院办公厅关于加快推进畜禽养殖废弃物资源化利用的意见《（国办发〔2017〕48 号）》，以及《畜禽养殖废弃物资源化利用工作考核办法（试行）》等一系列政策和法规，对养殖业污染排放做出严格规定，迅速并显著提升了整个畜牧行业对畜禽废弃物进行有效的资源化利用的重视。二是出台了畜牧业环保专项政策和法规。2015 年，国务院出台了《关于促进南方水网地区生猪养殖布局调整优化的指导意见》，要求合理划定生猪禁限养区，提升粪便综合利用水平，以促进生猪养殖与环境保护协调发展。自 2016 年起逐步进入环保禁养的高峰，2017 年，划定禁限养区域进一步扩大。《关于加快推进畜禽养殖废弃物资源化利用的意见》《畜禽粪污资源化利用行动方案（2017—2020 年）》及《全国畜禽粪污资源化利用整县推进项目工作方案（2018—2020 年）》等专项政策法规的出台，同样为我国畜牧业绿色发展提供了强有力的政策支持。但环保约束政策在一定程度上抑制了生猪养殖企业及养殖户的投资需求，同时也导致了生猪产能的下降。2014 年我国生猪年末存栏量为 4.72 亿头，受环保约束加之 2018 年 8 月非洲猪瘟疫情因素影响，2019 年末生猪年末存栏量降至 3.10 亿头。随着国家调整生猪养殖政策以促进生猪产业的恢复和发展，如 2019 年印发《国务院办公厅关于稳定生猪生产促进转型升级的意见》，提出取消超出法律法规的禁养限养规定以及生猪养殖附属设施用地 15 亩上限规定等。加之，全国上下积极应对非洲猪瘟疫情，生猪产能大幅回升，2020 年生猪年末存栏量达到 4.07 亿头。

（二）生猪生产增长动因

我国生猪产量总体上以正向增长为主，在 1978—2020 年间的 43 个年份中仅有 9 个年份出现负增长。但从生猪产量增长率的变动趋势来看，其显现出两个较为明显的阶段，1978—2014 年正向增长率占主导，2014—2020 年负向增长率占主导。1978—2014 年，只有 1996 年、2000 年、2007 年、2011 年四个年份生猪产量受疫病原因影响较上年有所下降，增长率为负值，其余年份均实现了正增长（见图 1）。2014 年以来，在我国环保政策约束下，淘汰了部分散小养殖户以及禁养区的养殖户产能，再加上 2018 年非洲猪瘟疫情暴发，我国生猪产业发展受到巨大冲击，生猪产量由上一阶段的正向增长趋势转变为下降趋势，2015—2020 年间的 6 个年份中有 5 个年份生猪产量增长率为负值。

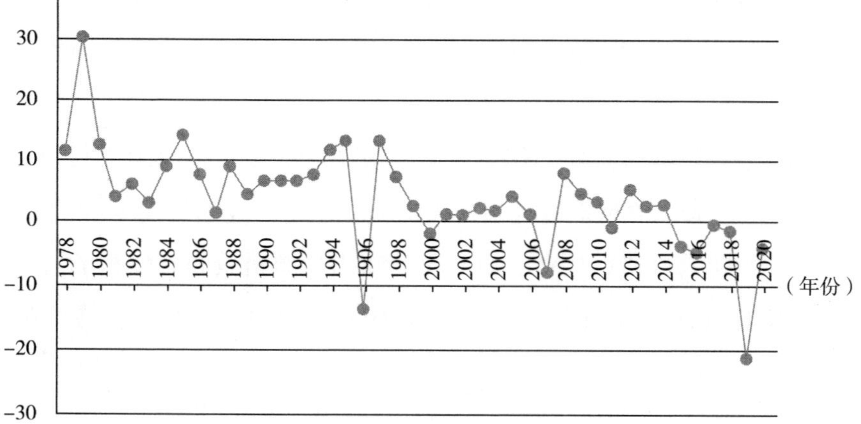

图 1　1978—2020 年生猪产量增长率

1. 生猪产量增长动因分解方法

基于生猪养殖全过程视角，生猪产量可以表达为能繁母猪存栏量、每年每头母猪出栏肥猪头数以及胴体重三个指标的乘积。能繁母猪存栏量是生猪养殖环节最重要的生产性生物资产，每年每头母猪出栏肥猪数和胴体重是生猪生产技术水平的重要指标。生猪产量与上述三个指标的关系可用公式表示为：

$$Y = X_1 \bullet X_2 \bullet X_3 \tag{1}$$

其中，Y 表示生猪产量，X_1 表示能繁母猪存栏量、X_2 表示每年每头母猪出栏肥猪数量、X_3 表示生猪胴体重。

对式（1）两边同时取对数，然后对时间 t 求导，生猪产量增长率可分解为能繁母猪存栏量、每年每头母猪出栏肥猪头数以及胴体重三个指标的增长率之和。可用公式表示为：

$$\frac{\mathrm{d}Y/\mathrm{d}t}{Y} = \frac{\mathrm{d}X_1/\mathrm{d}t}{X_1} + \frac{\mathrm{d}X_2/\mathrm{d}t}{X_2} + \frac{\mathrm{d}X_3/\mathrm{d}t}{X_3} \tag{2}$$

其中，$\frac{\mathrm{d}Y/\mathrm{d}t}{Y}$ 表示生猪产量增长率，$\frac{\mathrm{d}X_1/\mathrm{d}t}{X_1}$ 表示能繁母猪存栏量增长率，$\frac{\mathrm{d}X_2/\mathrm{d}t}{X_2}$ 表示每年每头母猪出栏肥猪数量增长率，$\frac{\mathrm{d}X_3/\mathrm{d}t}{X_3}$ 表示生猪胴体重增长率。

2. 分解结果及讨论

利用 1980—2020 年生猪产量、能繁母猪存栏量[①]、每头母猪年出栏肥猪数和胴体重数据，通过式（2）分解计算各因素对生猪产量增长的贡献，分解结果在表 1 中汇报。

基于生猪养殖全过程视角综合来看，改革开放以来，我国生猪产量增长的动因有一半来源于生猪扩群养殖规模的提升，一半来源于技术水平的提升。1980—2020 年能繁母猪存栏量、每头母猪年出栏肥猪数和胴体重的增长对生猪产量增长的贡献率分别为 50.93%、24.88% 和 24.19%。其中，作为生猪养

① 根据官方数据的公开发布情况，我国能繁母猪存栏量从1980年开始，1978年和1979年对应数据缺失，因此此处分解数据从1980年开始。

殖环节最重要的生产性生物资产能繁母猪的增长对生猪产量的增长贡献最大，为我国生猪产量增长做出了约半数的贡献。扩大能繁母猪养殖规模是生猪扩群增量，提高产能的重要手段。改革开放以来，我国生猪产业通过大幅扩群提升产能，解决了猪肉供应问题。此外，反映生猪养殖技术水平的每年每头母猪出栏肥猪数和胴体重对生猪产量的增长的贡献相当，各占约 1/4。

从生猪产业发展历程来看：其一，1978—1984 年改革开放初期生猪产业恢复发展阶段，生猪产量实现了年均增速 6.24% 的高速增长，这一阶段主要是通过养肥猪来应对老百姓“没肉吃”的现实问题，出栏生猪胴体重从 57 公斤 / 头提升到 66 公斤 / 头，年均增长 3.50%。其二，1985—2005 年畜产品市场放开后的生猪产业快速发展阶段，生猪产量实现了年均增速 5.62% 的高速增长，这一阶段主要通过扩大能繁母猪养殖规模，实现了生猪产能的提升，能繁母猪存栏量从 1984 年末的 2212 万头增长到 2005 年的 4893 万头，年均增速 3.85%。其三，2006—2013 年畜牧业结构优化期的生猪产业转型发展阶段，生猪产量增速明显放缓（年均增速 2.66%），这一阶段生猪产量的增长主要是每头母猪年出栏肥猪数的提升。作为反映生猪养殖技术水平的重要指标，每头母猪年出栏肥猪数从 2005 年的 12 头增长到 14 头，年均增速 1.59%。其四，2014 年以来畜牧业绿色发展理念下的生猪产业提质增效发展阶段，生猪产量出现大幅下滑（年均增速 –4.36%），这一阶段绿色环保政策叠加非洲猪瘟影响，能繁母猪存栏量、每头母猪年出栏肥猪数均有明显下降（见表 1）。其中，能繁母猪存栏量的缩减幅度最大，年均降幅 3.14%，贡献了生猪产量下降的约七成份额；每头母猪年出栏肥猪数年均降幅 1.41%。

表 1　　基于生猪养殖全过程视角猪肉产量增长分解

年份	生猪产量	能繁母猪存栏量	每头母猪年出栏肥猪头数	胴体重
1978—1984	100%	9.34%	33.59%	57.07%
1985—2005	100%	69.44%	18.41%	12.15%
2006—2013	100%	28.99%	60.09%	10.92%
2014—2020	–100%	–71.32%	–32.12%	3.44%
1978—2020	100%	50.93%	24.88%	24.19%

三、生猪生产波动演变及特征分析

（一）生猪生产波动特征

改革开放以来，我国生猪生产水平总体实现了大幅提升，但近年来出现阶段性下滑。1978—2020 年，我国生猪产量从 768 万吨增长到 4113 万吨，增长了 4.36 倍。其中，分别于 1979 年突破 1000 万吨，1988 年突破 2000 万吨，1994 年突破 3000 万吨，2001 年突破 4000 万吨，2012 年突破 5000 万吨，2014 年达到历史产量最高点 5821 万吨（见图 2）。但因自 2014 年以来受环保政策影响，加之 2018 年以来受非洲猪瘟疫情影响，我国生猪生产水平出现明显的阶段性下滑。2014 年以来，生猪产量和生猪出栏量降幅高达 30%，生猪存栏量、能繁母猪存栏量降幅亦超过 10%。改革开放以来，我国生猪生产及生猪价格主要经历了八次大波动（见图 3）。历次波动背后的原因离不开供需失衡导致的价格变动，以及价格的变动影响供需的调整，但是造成历次波动供需失衡的原因存在差异。

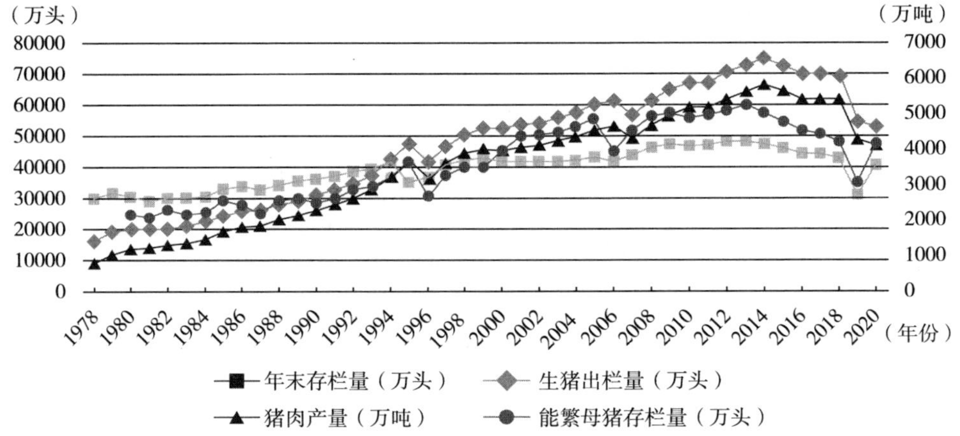

图 2 1978—2020 年我国生猪生产水平演变趋势

数据来源：《中国畜牧业统计》（历年）。

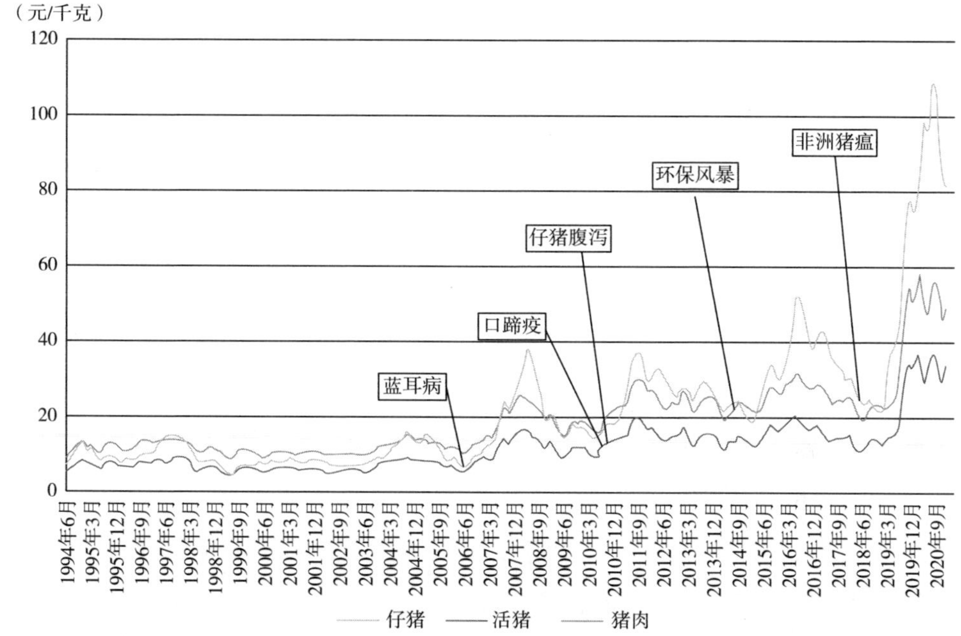

图 3　1994—2020 年我国生猪价格

数据来源：农业农村部全国500个农村集贸市场平均价格。

1987—1988 年第一次波动

“六五”期间，特别是 1985 年，由于取消了生猪派购任务，购销价格放开，养猪收入明显提高，从而刺激了农民的养猪积极性，生猪饲养业有了快速发展。1986 年发生“卖猪难”现象，养猪利润大幅度下降，养猪生产出现下降的趋势。从 1987 年下半年开始，在全国范围内出现了猪肉供应紧张的现象，到 1988 年底才逐渐趋于稳定。1987 年生猪存栏 32773.3 万头，比上年下降了 2.8%，猪肉价格比上年上涨 18.6%。1988 年生猪存栏迅速恢复到 34221.8 万头，猪肉价格比 1987 年上涨了 50.6%。

1993—1994 年第二次波动

1993 年 10 月至 1995 年 2 月，出现了生猪存栏下降、生猪和猪肉价格大幅上涨等问题。1993 年第 4 季度，生猪销售价平均每公斤 4.5 元左右；比上年同期增长 20% 左右；北京等几个省市最高时每公斤 5.5 元以上，较上年同时期增长约 40%。1993 年生猪价格比 1992 年上涨了 14.5%，1994 年又比

1993年上涨了54.6%。尽管统计数据显示1993年生猪存栏仍呈增长趋势，受疫病和生产低迷的影响，生猪存栏已出现下降或停滞状态。据估计，1993年末，北京、天津、浙江等11个省市生猪存栏有不同程度下降，其中下降幅度超过5%的有北京、天津、辽宁、上海、浙江等5省市。

1996—1997年第三次波动

由于20世纪90年代初期生猪产量持续增加，1995年左右市场上猪肉一度供应过剩，出现阶段性“卖猪难”，生猪养殖户养殖利润持续压缩，影响养殖户生猪养殖的积极性。由此造成1996年生猪出栏量和生猪产量大幅减少，1996年生猪出栏量与生猪产量分别为41225万头、3158万吨，分别下降14.21%、13.44%；供需偏紧导致猪肉价格持续上涨，1997年2月猪肉价格涨至最次轮价格波动的最高点14.07元/公斤。1997年猪肉平均价格13.7元，同比增长10.1%。同期，粮食价格走低，猪粮比价不断增大，一般在1∶6以上，高者达到1∶8左右。出栏一头猪可获得100～300元。仔猪价猛涨1～2倍，养一头母猪一年可盈利4000～5000元，持续了一年多。从而引发了1997年的养猪热，各地仔猪补栏量猛增，繁殖母猪比重直线上升，1997年全国母猪存栏率达10%左右，主产省一些地区高达15%，为常规比例的两倍多。猪肉的较高价位一直持续到1998年年初，之后价格开始出现下跌，并一直持续到2002年。

2003—2004年第四次波动

“非典”期间宰杀母猪、补栏停滞造成生猪供求矛盾突出。2003年“非典”过后，生猪、猪肉价格自2003年年底回弹，持续攀升，以其高回报率激发了新一轮“养猪热”；2004年9月份涨至历史高点，缓慢回落至2005年8月，2005年10月快速下跌至亏损线以下。随着“非典”的结束，非典期间宰杀母猪、补栏停滞所造成的生猪供求矛盾突出开始拉动活猪价反弹，从2003年5月的5.78元/千克涨至2003年11月的7.66元/千克，7个月内涨幅达32.5%。2004年4—9月受禽流感疫情刺激，猪肉价格快速上涨，当年9月已达15.21元/千克；同时因“非典”期间造成生猪及种猪存栏下降，以及受饲料价格大幅上涨、玉米霉变事件等多种因素影响，全国各地活猪价格出现历史罕见的快速上升。活猪价格从2004年3月的7.9元/千克，迅速涨至同年9月的历史最高点9.66元/公斤，6个月左右上涨了22.3%。2005年进入下降期并于当年10月快速下跌至亏损线以下；2006年跌入波谷。2004年生猪生产最大的特点是效益明显提高。猪粮比价始终维持在5.9～6.6：1的高水平，远高于5.5：1的盈亏平衡点。据历史调查测算，2004年饲养一头生猪，农户可盈利250元左右，规模猪场可盈利120元左右。其中辽宁、吉林、黑龙江、河北等玉米主产省的养猪效益更高。而在2003年上半年，农户养猪每头还亏损50多元。

2006—2007年第五次波动

生猪生产经历了2005年10月到2006年10月近一年的肉价下跌阶段，饲料成本上涨、养殖效益下降，一些地区大量宰杀、淘汰母猪。加之2006年4月江西地区暴发猪蓝耳病，后逐渐蔓延至全国。母猪和仔猪是猪蓝耳病发病主要群体，从源头上进一步加剧了生猪短缺。加上多省口蹄疫疫情的传播，散户补栏积极性受挫。受多方面因素影响，生猪存栏已经降至正常水平以下。2006年生猪存栏量与能繁母猪存栏量分别为41854万头与3924万头，较上年下降3.38%、19.80%。由此导致2007年生猪出栏量与生猪产量的下降，2007年生猪出栏量为56641万头，较上年下降7.46%；生猪产量为4308万吨，较上年下降7.36%。2007年5月，猪肉价格凸现大幅上涨行情，许多养猪大省猪源告急，猪价居高不下，2008年2月猪肉价格涨至次轮价格波动的波峰，达到26.08元/公斤，较2007年4月上涨81.23%。

2010—2011年第六次波动

2010年口蹄疫暴发频率增强，仅生猪生产大省四川省全年便暴发了四次疫情。2010年，腹泻导致的仔猪大量死亡现象在中国蔓延。2011年，受前期疫病影响能繁母猪存栏量下降，养殖场生猪加快出栏速度而减少补栏，造成生猪存栏数量的骤降，相应的生猪产量也略有下降。2011年生猪产量为5132万吨，较上年下降0.12%。2011年宏观经济总体上面临着较大的通货膨胀压力，且猪肉价格受供需关系的影响有所提高，2011 年 9 月猪肉价格达 30.35 元 / 公斤。同时饲料价格依然维持平稳偏强走势，饲料价格上涨导致生猪养殖成本较大幅度增加，从而抑制了生猪价格的下跌空间，造成 2011 年生猪价格整体偏高。

2014—2016 年第五次波动

自 2014 年起，我国开始实施严格的环保政策，“禁养区”“限养区”大量生猪养殖场关闭，生猪养殖数量及生猪产量明显减少，2015 年、2016 年生猪产量分别为 5645 万吨和 5426 万吨，分别较上年下降 3.02% 和 3.88%。产量下降引起新一轮猪肉价格上涨，2016 年 6 月猪肉价格达到历史价格高点 31.29 元 / 公斤。

2018 年以来第八次波动

2018 年非洲猪瘟疫情发生后，疫区实施了大规模的生猪扑杀，并且短期内非疫区养殖户生猪出栏速度加快，补栏意愿受挫，造成后期生猪供应偏紧。从我国生猪产量来看，2018 年、2019 年生猪产量分别较上年下降 0.88% 和 21.3%。生猪供应偏紧导致 2019 年猪肉价格居高不下，10 月猪肉价格较上年同期增长超过 100%，11 月猪肉价格较上年同期增长达到 110.2%，价格持续上涨趋势延续至 2020 年 2 月，猪肉价格达到 58.89 元 / 公斤。随着国家政策支持恢复生猪生产的出台，叠加高额利润的刺激，大型规模化生猪养殖企业积极补栏，生猪产能逐步恢复发展，2020 年我国生猪年末存栏量和能繁母猪存栏量分别较上年增长了 30.96% 和 35.11%。

（二）生猪生产波动周期初步判断

猪周期是由供给需求不平衡导致的猪肉价格周期性变化。一个典型的猪周期包括猪肉供给下降、猪肉价格上升、猪肉供给增加、猪肉价格下降四个阶段。根据改革开放以来我国生猪价格增长率的波动状况，生猪波动周期初步判断划分见表 2。

表 2　　我国猪肉价格波动周期　　单位：年，%

波动周期	上升阶段 i	下降阶段 i	波峰 ii	波谷 ii	波长	波幅
1980—1985	1984—1985（2）	1980—1983（4）	1985（34.85）	1983（-1.05）	6.00	35.90
1986—1990	1986—1988（3）	1989—1990（2）	1988（55.96）	1990（-3.73）	5.00	59.69
1991—1997	1991—1994（4）	1995—1997（3）	1994（54.60）	1991（-3.90）	7.00	54.69
1998—2002	1999—2002（4）	1998（1）	2001（4.01）	1998（-18.53）	5.00	22.54
2003—2006	2003—2004（2）	2005—2006（2）	2004（35.64）	2006（-7.83）	4.00	43.47
2007—2009	2007—2008（2）	2009（1）	2008（44.43）	2009（-23.42）	3.00	67.85
2010—2014	2010—2011（2）	2012—2014（3）	2011（45.52）	2014（-9.89）	5.00	55.41
2015—2017	2015—2016（2）	2017（1）	2016（21.26）	2017（-16.77）	3.00	38.03
2018—2020	2018—2019（2）	2020（1）	2019（63.62）	2018（-15.55）	3.00	79.18
平均	2.56	2.00	39.99	-11.19	4.56	50.75

注：i 括号内为年数；ii 括号内为生猪价格环比增长率。

四、生猪生产波动周期精准测定

（一）分析方法及数据说明

1. 分析方法

本研究采用 HP 滤波法（Hodrick-Prescott-Filter）将生猪产量和价格指标数据分解为趋势成分和周期成分；然后运用谱分析方法通过周期图揭示该时间序列的频域结构，确定其主周期和次周期，把握其主要波动特征。

2. 数据说明

生猪养殖包括能繁母猪配种、妊娠，仔猪育肥以及生猪出栏等环节，不同环节周期又受到多种因素影响，各环节间波动或许会存在一定滞后期。因此，生猪产量波动选择能繁母猪存栏量、生猪存栏量、生猪出栏量与生猪产量四个指标进行剖析，生猪价格波动选择猪肉价格进行剖析。为了数据便于对比分析、加之考虑到数据的可获取性，生猪存栏量、生猪出栏量和生猪产量选取 1949 年以来的年度数据，能繁母猪存栏量选取 1985 年以来的年度数据；猪肉价格选取 1994 年 6 月以来的月度数据。以上数据主要来源于《中国统计年鉴》《中国畜牧业年鉴》、FAOSTAT 数据库以及布瑞克数据库等。

（二）生猪产量波动周期测定

由于谱分析要求时间序列具有平稳性特征，因此对 1949—1984 年生猪存栏量、生猪出栏量和生猪产量序列，以及 1985—2020 年生猪存栏量、能繁母猪存栏量、生猪出栏量和生猪产量进行单位根检验，发现以上序列均存在单位根。通过 HP 滤波法对 1949—1984 年生猪存栏量、生猪出栏量和生猪产量进行滤波，对 1985—2020 年生猪存栏量、能繁母猪存栏量、生猪出栏量和生猪产量进行滤波，将其趋势成分与周期成分进行过滤。经过 HP 滤波处理后，再次进行单位根检验，序列为平稳序列，符合谱分析的前提条件。

通过基于谱分析的周期图方法精准测度生猪生产周期。1949—1984 年生猪存栏量、生猪出栏量和生猪产量各序列周期图见图 4 至图 6。生猪存栏量在频率为 0.1389 和 0.2222 处分别存在第一谱峰和第二谱峰，对应周期分别为 7.20 年和 4.50 年；生猪出栏量在频率 0.1389 和 0.1944 处分别存在第一谱峰和第二谱峰，对应周期分别为 7.20 年和 5.14 年；生猪产量在频率 0.1389 和 0.2222 处分别存在第一谱峰和第二谱峰，对应周期分别为 7.20 年和 4.50 年（表 3）。综合来看，可以确定 1949—1984 年生猪产量波动周期为 7.2 年。这一阶段生猪波动周期主要受粮食周期等周期性外部因素影响决定。

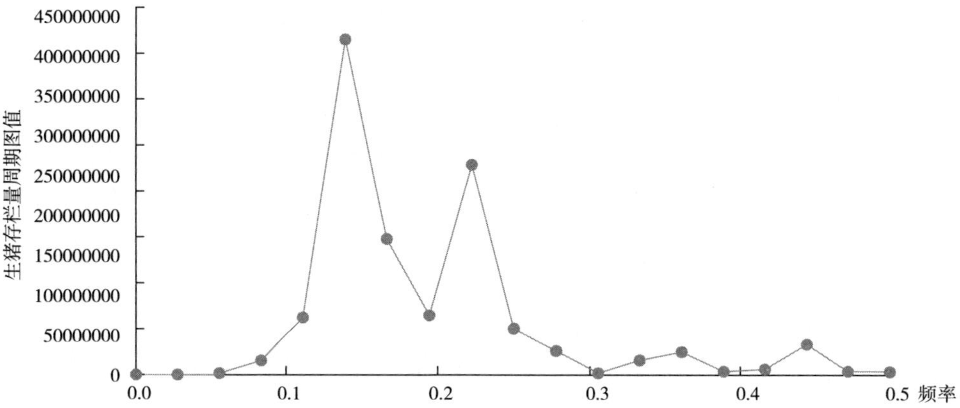

图 4　1949—1984 年生猪存栏量周期图

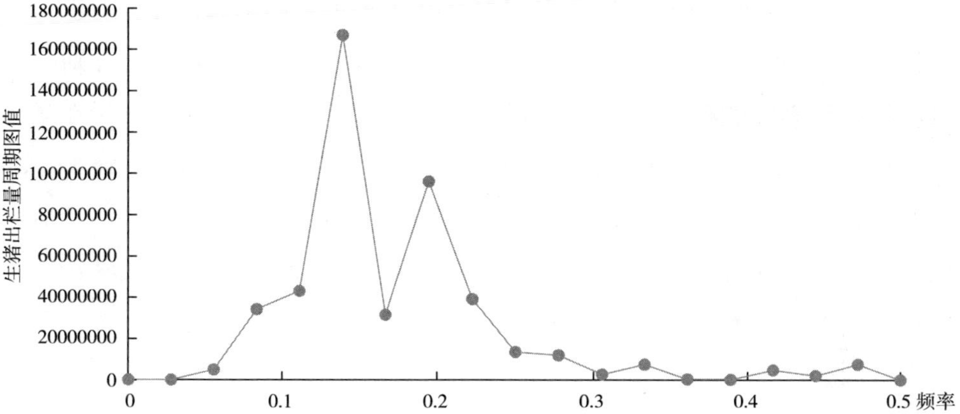

图 5　1949—1984 年生猪出栏量周期图

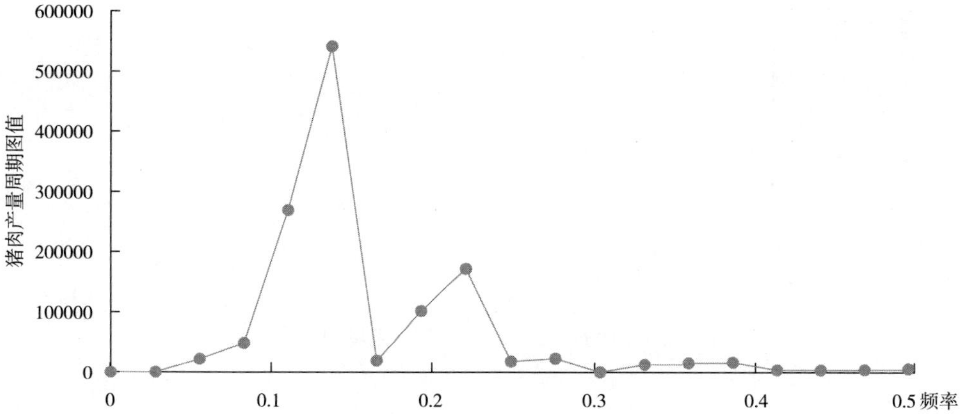

图 6　1949—1984 年生猪产量周期图

表 3　　1949—1984年生猪产量谱分析频率及周期值

序列	频率		周期值（年）	
	主频率	次频率	主周期	次周期
生猪存栏量	0.1389	0.2222	7.20	4.50
生猪出栏量	0.1389	0.1944	7.20	5.14
生猪产量	0.1389	0.2222	7.20	4.50

1985—2020 年生猪存栏量、能繁母猪存栏量、生猪出栏量和生猪产量各序列周期图见图 7 至图 10。生猪存栏量在频率为 0.2500 和 0.3889 处分别存在第一谱峰和第二谱峰，对应周期分别为 4.00 年和 2.57 年；能繁母猪存栏量在频率 0.3056 和 0.3889 处分别存在第一谱峰和第二谱峰，对应周期分别为 3.27 年和 2.57 年；生猪出栏量在频率 0.2500 和 0.3056 处分别存在第一谱峰和第二谱峰，对应周期分别为 4.00 年和 3.27 年；生猪产量在频率 0.2500 和 0.3056 处分别存在第一谱峰和第二谱峰，对应周期分别为 4.00 年和 3.27 年（见表 4）。综合来看，可以确定 1985—2020 年生猪产量波动周期为 4 年。此阶段，在技术进步的作用下，生猪产量波动周期较 1949—1984 年阶段明显缩短。

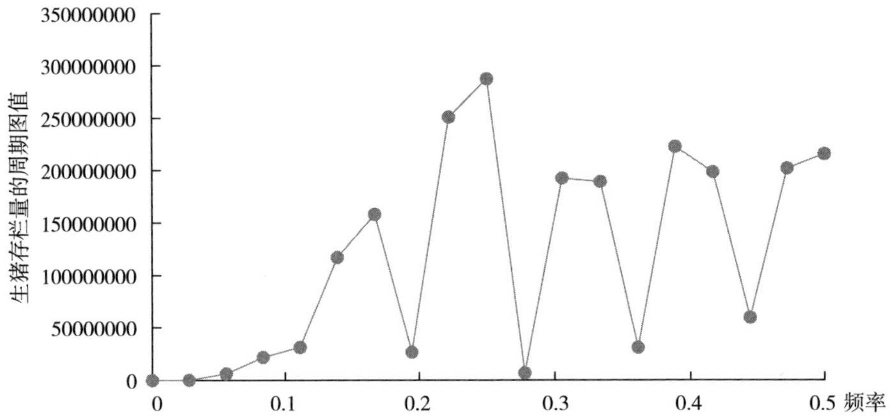

图 7　1985—2020 年生猪存栏量周期图

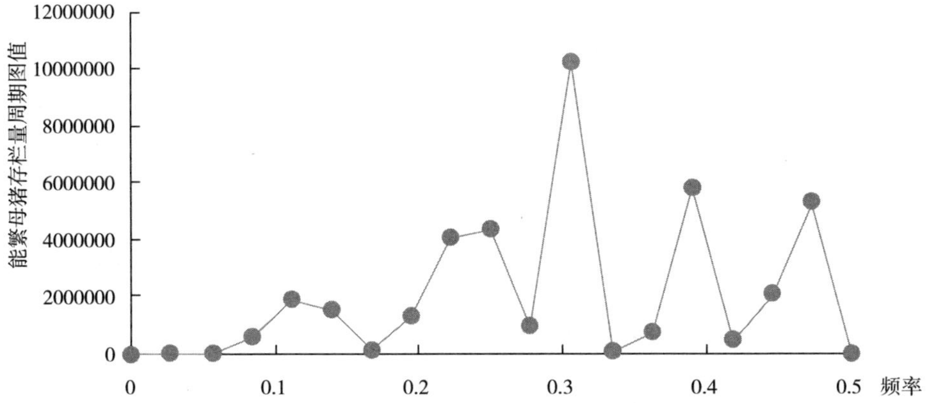

图 8　1985—2020 年能繁母猪存栏量周期图

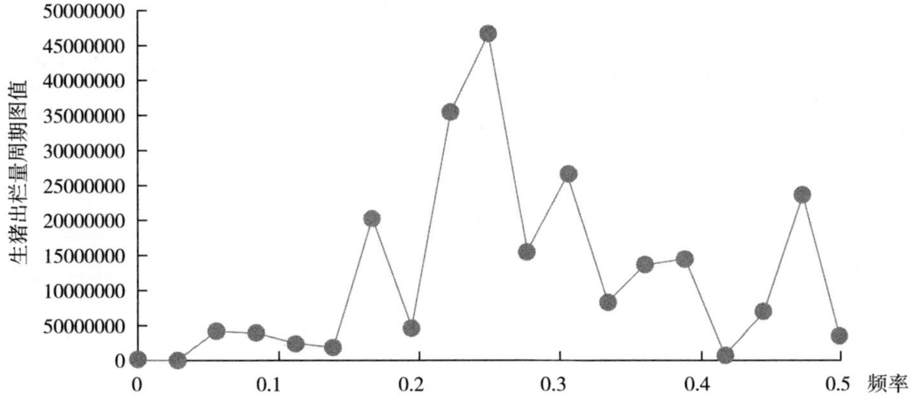

图 9　1985—2020 年生猪出栏量周期图

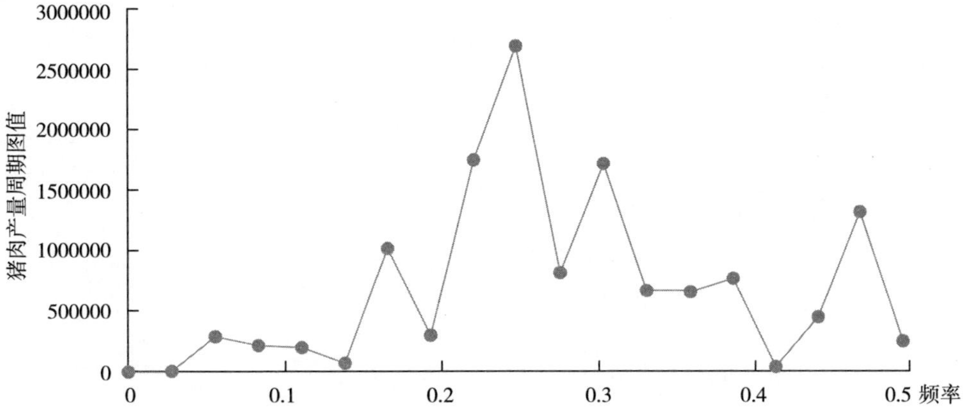

图 10　1985—2020 年生猪产量周期图

表 4　　1985—2020年生猪产量谱分析频率及周期值

序列	频率		周期值（年）	
	主频率	次频率	主周期	次周期
生猪存栏量	0.2500	0.3889	4.00	2.57
能繁母猪存栏量	0.3056	0.3889	3.27	2.57
生猪出栏量	0.2500	0.3056	4.00	3.27
生猪产量	0.2500	0.3056	4.00	3.27

（三）生猪价格波动周期测定

由于频谱分析要求时间序列具有平稳性特征，因此对猪肉价格序列进行单位根检验，发现生猪价格序列存在单位根。生猪价格月度数据通过 HP 滤波法对其趋势成分与周期成分进行分解。经过 HP 滤波处理后保留时间序列的周期循环成分，再次进行单位根检验，结果为 0.000，序列为平稳序列，符合谱分析的前提条件。

通过基于谱分析的周期图方法精准测度生猪价格周期。为了测度生猪价格精准的波动周期长度，使用谱分析的周期图方法对价格指标进行频谱分析，各变量频率及周期长度见图 11 及表 5。生猪价格在频率为 0.022 和 0.028 处分别存在第一谱峰和第二谱峰，对应周期为 45.66 个月和 35.71 个月，即 3.81 年和 2.98 年。

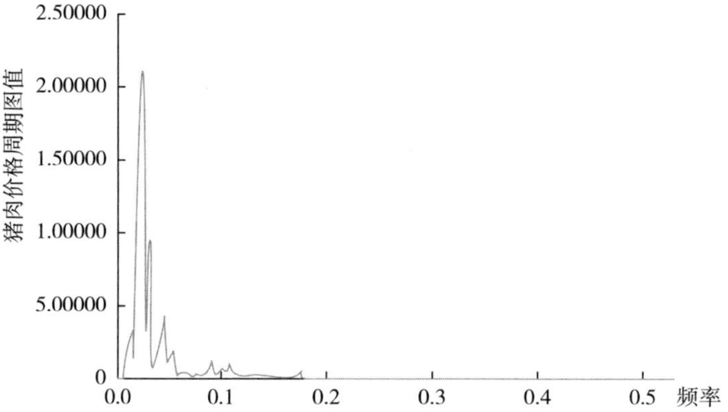

图 11　1994—2020 年猪肉价格周期图

表 5　　1994—2020年我国猪肉价格谱分析频率及周期值

序列	频率		周期值（月）	
	主频率	次频率	主周期	次周期
猪肉价格	0.022	0.028	45.66	35.71

注：以上猪肉价格周期为月度数据，如果按照年度周期计算，则主周期为3.81年，次周期为2.98年。

五、外部冲击对生猪生产波动影响分析

（一）生猪生产波动影响梳理

猪周期是由供给需求不平衡导致的猪肉价格周期性变化。由于畜产品的生产不是即时的，通常需要一定的时间阶段，也正是由于供给端无法即时改变生产数量，所以供应数量相对于市场价格的调整会出现延迟。正因如此，猪周期是客观存在的。猪肉价格上涨刺激生产端积极性造成供给增加，供给增加造成肉价下跌，猪肉价格下跌打击生产积极性造成供给短缺，供给短缺又使得猪肉价格上涨，循环往复，即形成“猪周期”（见图 12）。各个国家

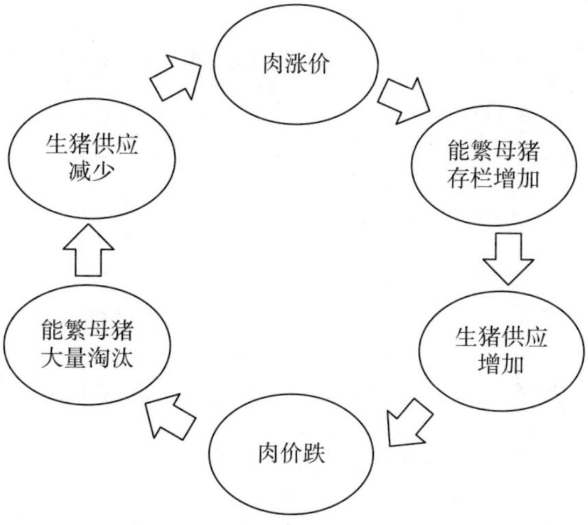

图 12　生猪波动周期形成机制

都存在猪周期，已有文献中对美国、德国、英国、加拿大等国生猪波动周期测度，其结果见表6。上文中对我国生猪产量波动的周期测度结果显示，1949—1984年，我国生猪波动周期主要受粮食周期等周期性外部因素影响决定，周期相对较长，长度为7.2年；1985—2020年，在技术进步的作用下生猪产量波动周期明显缩短，长度为4年。

表6　部分国家猪肉价格周期测度

国家	测度指标	阶段（年）	周期长度（月）	测度方法	来源
美国	猪肉价格	1949—1965年 1969—1985年	84，48 36	Time series analysis（ARIMA）	Shonkwiler and Spreen（1986）
美国	猪肉价格	1910—2004年	60 ~ 36	TV-STAR time-varying smooth transition autoregressive model	Holt and Craig（2006）
美国	猪粮比价	1964—1971年	48	Harmonic analysis-Multi-Frequency Cobweb Model	Talpaz（1974）
美国	猪粮比价	1952—1968年	48	Harmonic analysis, Ordinary Least Squared	Jelavich（1973）
美国	猪肉价格	1925—1959年	48	Visual inspection	Harlow（1960）
美国	猪肉价格	1970—1979年	33	Harmonic analysis	Plain and Williams（1981）
美国	猪肉价格	1974—2009年	48	Hodrick-Prescott-Filter	Holst and von Cramon-Taubadel（2012）
德国	猪肉价格	1896—1914年	48 ~ 36	Visual inspection	Hanau（1928）
德国	猪肉价格	1974-2008年	45	Hodrick-Prescott-Filter	Holst and von Cramon-Taubadel（2012）
英国	猪肉价格	1921—1933年	48	Visual inspection	Coase and Fowler（1935）
加拿大	猪肉价格	1949—1972年	48 ~ 36	Harmonic analysis	Kulshreshtha and Wilson（1973）

注：表中两处“猪粮比价”均是生猪和玉米价格比值。

影响生猪波动的因素主要包括生猪生产的内在机制和外部冲击（见图

13），其中外部冲击包括周期性外部因素和随机性外部冲击。周期性外部因素和生猪生产的内在机制共同决定了生猪波动周期，随机性外部冲击则打乱了原有周期的长度和振幅。

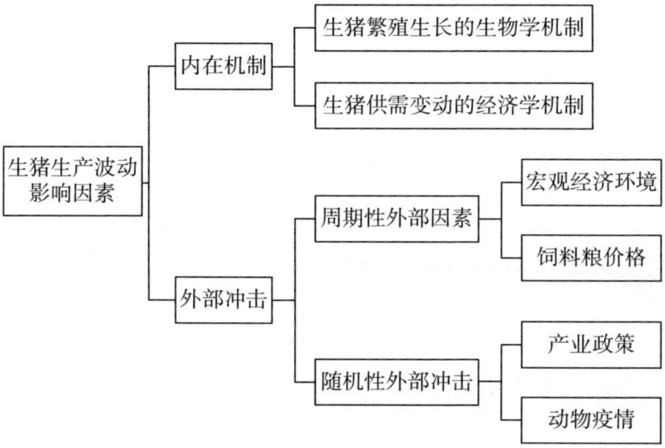

图 13　生猪生产波动影响因素

生猪生产内在机制包括生猪繁殖生长的生物学机制和生猪供需变动的经济学机制两大方面。其一，生猪繁殖生长的生物学机制。生猪生长周期相对固定，通常从仔猪到出栏一般需要近半年的时间，从二元母猪补栏到生猪出栏则需要 380 天左右。其二，生猪供需变动的经济学机制。生猪价格围绕生猪的价值规律以“均衡价格”为中心上下波动，生猪生产需求、供给对价格的反应存在时间差，在市场机制自发调节的情况下，生猪市场必然发生周期性波动。

生猪生产外部冲击因素包括宏观经济环境、饲料粮价格等周期性外部因素，也包括产业政策、动物疫情等随机性外部冲击。其一，国民经济波动。由于经济繁荣和低失业率导致的居民可支配收入的增长很可能会影响肉类消费模式。低收入的消费者更喜欢便宜的蛋白质来源；然而，随着收入的暂时增加，消费偏好可能会改变，这些家庭就会购买更多的肉类，使得原有的市场供求关系发生了根本性变化。其二，饲料粮价格。饲料成本的推动，使生猪养殖成本提高，利润减少，养殖端生产积极性下降，打破了原有的供给状况。其三，生猪传统养殖方式。由于生猪生产组织化程度低，生猪养殖场户决策者的经济行为具有相当程度的同步性和很强的从众心理，加之缺乏及时准确的市场信息和预测能力，当养猪生产有利可图时，大家一哄而上，造成生产过剩，使猪肉价格下降；反之则压缩生产，造成供应短缺，猪肉价格上升。其四，产业政策因素。生猪政策会不同程度上影响生猪需求和供给，生猪扶持政策、生猪价格调控政策以及 2014 年以来严格实施的环保政策等都对生猪生产产生影响。其五，疫病因素。重大生猪疫病的暴发，一方面会造成大量生猪死亡和个体生产性能的下降，直接导致生猪产量的大幅下降；另一方面甚至会使养殖户产生恐慌而弃养，引起生产较大的波动。另外，疫病还可能影响消费者的消费心理，影响消费从而也会间接影响生猪生产，造成生产波动。

（二）分析方法及数据说明

Box & Tiao（1975）提出干预分析模型为研究突发事件或经济政策变化等干预事件对时间序列的影响提供了有力的数学工具。本研究采用干预分析模型实证分析外部随机冲击对生猪生产和价格波动的影响。模型干预变量选取上，动物疫病选取影响最大的猪蓝耳病和非洲猪瘟，人类疫病选取“非典”疫情以及新冠肺炎疫情，政策因素选择影响最大的环保政策。

猪蓝耳病。2006 年 4 月，高致病蓝耳病在江西暴发，因疫情之初未引起重视，部分养殖户将发病猪乱扔或者卖到市场，导致疫情扩散。母猪和仔猪是猪蓝耳病发病主要群体，从源头上加剧了生猪短缺。根据 2017 年 10 月 29 日国务院新闻办公室新闻发布会信息发布，截至 2007 年 10 月 25 日，全国共有 26 个省份 304 个县，发生了高致病性猪蓝耳病，疫点有 1030 个，发病猪 310134 头，死亡 81030，捕杀了 235380 头。2007 年 6 月，全国高致病性猪蓝耳病达到了高峰,6 月之后逐步下降。当年 7 月至 8 月，一直到 10 月，猪蓝耳病规模越来越小。高致病性猪蓝耳病防治工作取得了积极的成效，全国的疫病基本得到了控制。此事件符合第四种类型，即干预影响逐渐开始增加，在某个时刻达到高峰，然后又逐渐减弱至消失。根据事件发生情况设置干预变量，发生时段为 2006 年 4 月至 2007 年 12 月。

非洲猪瘟。我国于 2018 年 8 月 3 日在辽宁沈阳首次确认非洲猪瘟疫情，此后在辽宁、河南、江苏、浙江、安徽、黑龙江等省份相继出现疫情，逐渐蔓延至全国。非瘟疫情对生猪生产影响是持续性的，因此选择阶跃函数形式，根据事件发生情况设置干预变量，发生时段为 2018 年 8 月以来（见图 14）。

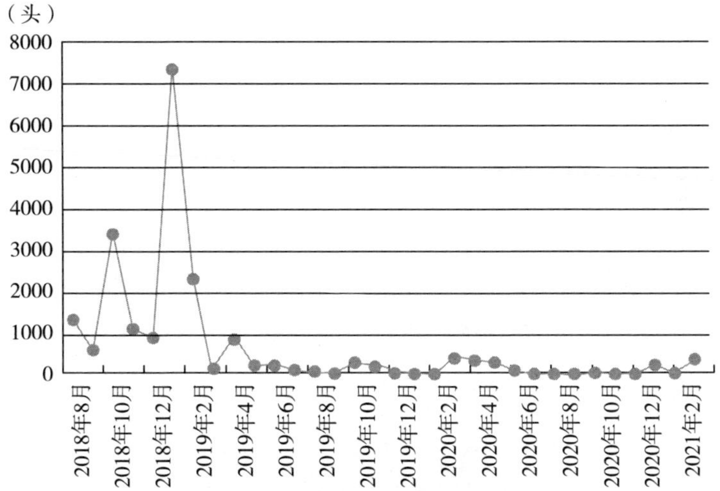

图 14　全国非洲猪瘟发病数

数据来源：布瑞克数据库。疫情导致的生猪扑杀数远远高于发病数。

环保政策。2013 年由国务院发布并于 2014 年 1 月实施的《畜禽规模养殖污染防治条例》，标志着禽畜养殖业开启了环保周期。2014 年 4 月，《中华人民共和国环境保护法》公布，2015 年 4 月国务院发布实施的《水污染防治行动计划》，2015 年 11 月农业农村部发布《农业部关于促进南方水网地区生猪养殖布局调整优化的指导意见》，将环保力度提升到前所未有的高度。2016 年 12 月国务院发布的《"十三五"生态环境保护规划》，对养殖业污染排放做出严格规定，显著提升了整个畜牧行业对畜禽废弃物进行有效的资源化利用的重视。但随着 2018 年非洲猪瘟疫情的发生，各地环保力度又逐渐放松。因此，根据事件发生情况设置干预变量，发生时段为 2014 年 1 月至 2018 年 12 月。

"非典"疫情。2002 年底至 2003 年 6 月份为"非典"疫情期，其中 2002 年 11 月—2003 年 3 月为初发期，疫情主要集中在广东省，2003 年 4 月为加速扩散期，疫情开始向其他省份扩散，并逐步向北京、山西、内蒙古、河北和天津集中，同年 5 ~ 6 月是疫情消退期。受“非典”疫情影响，生产物资与畜禽调运受阻，养殖场（户）被迫做出应对，畜禽补栏量出栏量大幅度缩减，养殖规模增速放缓，部分养殖场（户）出现“卖猪难”等问题。2003 年上半年各类畜产品消费总量锐减，其中 4 月全国畜产品消费总额环比下降 15.8%。因此，根据“非典”疫情对生猪产业发生的影响情况设置干预变量，发生时段为 2002 年 11 月至 2003 年 12 月。

新冠肺炎疫情。2019 年 12 月以来发生的新冠肺炎疫情，是中华人民共和国成立以来在我国发生的传播速度最快、感染范围最广、防控难度最大的一次重大突发公共卫生事件。新冠肺炎疫情暴发后，隔离是此次疫情的重要防控措施，生产资料和出栏生猪市场调运难度大，从而使饲料等生产资料运输和畜禽销售两个主要环节受到严重影响，此外，疫情前新开工建设的猪场建筑施工也被迫延后。作为经营主体，养殖场（户）无心补栏和扩产，更多的是被动采取压栏、低价出售，生猪生产受到一定影响。因此，根据事件发生情况设置干预变量，发生时段为 2019 年 12 月以来（见表 7、8）。

表 7　因变量

因变量	时间
生猪存栏量	1985—2020 年
能繁母猪存栏量	1985—2020 年
生猪出栏量	1985—2020 年
生猪产量	1985—2020 年
猪肉价格	1994 年 6 月—2020 年 12 月

表 8　干预变量

干预变量	变量性质	干预时间
猪蓝耳病	阶段	2006 年 4 月—2007 年 12 月
非洲猪瘟	持续	2018 年 8 月以来
环保政策	阶段	2014 年 1 月—2019 年 12 月
非典肺炎	阶段	2003 年
新冠肺炎	持续	2020 年以来

注：生猪生产干预分析模型采用的是生猪产量、出栏量等年度数据，在干预变量设置时，由于猪蓝耳病、非洲猪瘟的发生阶段不是涵盖整个年度，因此初始年度干预变量设置为0.5。

（三）干预分析模型估计结果

随机性外部冲击因素对生猪存栏量、能繁母猪存栏量、生猪出栏量、生猪产量以及猪肉价格的干预分析模型估计结果分别在表 9 至表 13 中汇报。由于“非典”疫情和新冠肺炎疫情对生猪产量和价格影响均不显著，在下面的估计结果汇报中不再列出。

表 9　　　　生猪生产波动干预分析模型估计结果

变量	生猪产量（一阶差分）		生猪出栏（一阶差分）		生猪存栏（一阶差分）		能繁母猪存栏（一阶差分）	
常数项	158.665	***	1949.692	***	506.755	*	94.083	***
非洲猪瘟	-718.927	***	-9233.199	***	-3210.316	***	-297.883	***
猪蓝耳病	-286.303	***	-3673.556	***	-1148.044		-584.189	***
猪蓝耳病滞后一期					2841.706		736.703	*
环保政策	-187.979	***	-2444.436	***	-1778.465	*	-308.544	*
因变量滞后一期	-0.627	***	-0.651	***	-0.750	***	-0.686	***
因变量滞后二期	-0.363	**	-0.393	**				
样本区间	1985—2020 年		1985—2020 年		1985—2020 年		1985—2020 年	
样本量	36		36		36		36	
Log likelihood	203.18		-329.07		-332.254		-259.698	
Wald chi2	-237.404		200.37		59.81		30.51	

注：***、**、*分别表示在5%、10%和15%的水平上显著。

表 10　　　　猪肉价格波动干预分析模型估计结果

变量	估计系数		Z 值
因变量			
猪肉价格增长率			
自变量			
常数项	0.002		0.47
非洲猪瘟	0.037	***	4.2
猪蓝耳病	0.037	***	2.54

续表

变量	估计系数		Z 值
环保政策	-0.005		-0.48
因变量滞后一期	0.770	***	19.28
因变量滞后二期	-0.357	***	-8.09
样本区间	1994 年 6 月至 2020 年 12 月		
样本量	318		
Log likelihood	592.2189		
Wald chi2	408.73		

注：***、**、*分别表示在5%、10%和15%的水平上显著。

表 11　外部冲击对生猪生产的干预效果　单位：万吨，万头

外部冲击	生猪产量		生猪出栏		生猪存栏		能繁母猪存栏	
	当期影响	长期影响	当期影响	长期影响	当期影响	长期影响	当期影响	长期影响
非洲猪瘟	-719	-361	-9233	-4517	-3210	-1835	-298	-177
猪蓝耳病	-286	-144	-3674	-1797			-584	-347
猪蓝耳病滞后一期							737	437
环保政策	-188	-94	-2444	-1196	-1778	-1016	-309	-183

表 12　2018—2020年外部冲击对生猪产量波动的贡献　单位：万吨

阶段	生猪产量变动	非洲猪瘟的影响	环保政策的影响	周期自身的影响
2017—2020 年	-1339	-1132	-76	-131
		（84.54%）	（5.66%）	（9.81%）

注：-表示产量下降，（ ）内是各因素对产量变动贡献的百分比。

表 13　2018—2020年外部冲击对生猪价格波动的影响　单位：元/千克

阶段	价格增长	非洲猪瘟的影响	周期自身的影响
2018 年 7 月—2020 年 12 月	29.23	20.76 （71.03%）	8.47 （28.97%）

注：（ ）内是各因素对产量变动贡献的百分比。根据外部冲击对猪肉价格的干预分析模型估计结果，环保政策对猪肉价格的影响不显著，且估计系数非常小。因此，在此表中没列出环保政策影响。环保政策对生猪价格影响不显著，可能的主要原因是在环保政策实施导致生猪生产有所下降的同时猪肉进口大幅增加，在很大程度上抵消了环保政策对猪肉价格的影响。

（四）实证结果分析和讨论

通过上述外部冲击对生猪存栏量、能繁母猪存栏量、生猪出栏量、生猪产量以及猪肉价格的估计结果可以看到，非洲猪瘟、猪蓝耳病的暴发，以及环保政策的实施等外部冲击对生猪产能和价格均产生显著的影响。根据干预分析模型的估计结果汇总，表 11 计算了外部冲击对生猪生产的当期影响和长期影响，表 12 和表 13 分别计算了 2018 年以来外部冲击对猪肉产量变动的贡献。

非洲猪瘟能够导致猪群发病死亡率高，严重危害生猪养殖。干预模型的估计结果显示，非洲猪瘟对生猪存栏量、能繁母猪存栏量、生猪出栏量、生猪产量均产生了显著的负向影响，非洲猪瘟的发生在很大程度上减少了生猪存栏量、能繁母猪存栏量、生猪出栏量、生猪产量，且影响程度明显高于猪蓝耳病和环保政策。非洲猪瘟使生猪存栏量、能繁母猪存栏量、生猪出栏量、生猪产量平均年度下降 3210 万头、298 万头、9233 万头和 719 万吨；估计的长期影响分别为 1835 万头、177 万头、4571 万头和 361 万吨。2018 年以来我国生猪产量下降 1339 万吨，其中来自非洲猪瘟的影响占到 84.54%。由于非洲猪瘟会导致产能的大幅缩减，出现供需失衡，导致价格上涨。干预模型的估计结果显示，非洲猪瘟对猪肉价格有显著的正向影响，即非洲猪瘟会导致猪肉价格的上涨，平均月度上涨 0.037 个百分点。

猪蓝耳病主要对母猪和仔猪产生影响。其对生猪生产的影响有两个层面，猪蓝耳病会导致当期能繁母猪存栏的数量下降，由于能繁母猪患病后极易流产或死胎，即使产下活仔猪，也多为弱仔，成活率极低（仅为 15% ~ 25%），因此行业对能繁母猪的需求扩大，会带来下一期能繁母猪数量需求的增加，这与猪蓝耳病对能繁母猪的影响的估计系数为 –584.189，以及猪蓝耳病滞后一期对能繁母猪的影响的估计系数为 736.703 所反映的状况相吻合，也与猪蓝耳病对生猪出栏的影响的估计系数 –3673.56、对生猪产量 –286.30 的影响的估计系数所反映的状况相吻合。猪蓝耳病对生猪存栏的影响不显著。猪蓝耳病使当期能繁母猪存栏量、生猪出栏量、生猪产量平均每年下降 584 万头、3674 万头和 286 万吨；同时当期猪蓝耳病促进下一期能繁母猪存栏增加 737 万头，因此在猪蓝耳病暴发第二年，能繁母猪存栏受到当期猪蓝耳病和上一期猪蓝耳病的共同影响，二者综合产生的影响为促进能繁母猪存栏增加 152 万头。对能繁母猪存栏量、生猪出栏量、生猪产量的长期影响分别为增加 90 万头、下降 3674 万头和 286 万吨。猪蓝耳病通过影响生猪的供给对猪肉价格产生正向影响，平均月度上涨 0.032 个百分点。

环保政策自 2014 年实施，这是在生态文明框架下国家层面对畜牧业生产发展迅猛所带来的环境承载压力增大、畜禽养殖污染问题加大力度的治理和管控，政策的实施导致了相当一部分"禁养区""限养区"生猪养殖场（户）关闭退出，当然也为一部分未退出行业的规模养殖场（户），尤其是为部分生猪养殖龙头企业扩大出栏规模并扩充生猪产能提供了发展契机，部分地区养殖场规模的扩张能够抵消散养户退出带来的产能下降的影响。根据干预模型的估计结果，总体来看，环保政策的实施对生猪存栏量、能繁母猪存栏量、生猪出栏量、生猪产量均产生了显著的负向影响，平均每年下降 1778 万头、309 万头、2444 万头、188 万吨；估计的长期影响分别为下降 1016 万头、183 万头、1196 万头和 94 万吨。环保政策对生猪价格影响不显著，可能的主要原因是在环保政策实施导致生猪生产有所下降的同时猪肉进口大幅增加，在很大程度上抵消了环保政策对猪肉价格的影响。

总体而言，非洲猪瘟、猪蓝耳病的暴发，以及环保政策的实施等外部冲击对产能的影响是负向的，对价格的影响是正向的。从各冲击因素的作用程度来看，动物疫病冲击的影响大于政策冲击产生的影响，动物疫病中非洲猪瘟产生的影响大于猪蓝耳病产生的影响。2018 年以来我国生猪产量下降 1339 万吨，其中来自非洲猪瘟的影响占到 84.54%，来自环保政策的影响占 5.66%，来自生猪产量周期变动自身的影响占 9.81%。

六、生猪生产波动反思

（一）生猪产业发展存在的问题

1. 疫病防控能力明显不足，疫病冲击是导致生猪生产和价格波动的最主要因素

重大动物疫病影响具有很大的外延性和不确定性，随着全球畜禽养殖规模化集约化进程加快，动物疫病频发，已成为一个超越国界、全人类共同关注的问题。改革开放以来，我国畜牧业迅速实现产业化、市场化和国际化，疫病防控体系虽然有了一定的发展，但面对我国生猪疫病的多发态势，疫病防控能力明显不足，疫病冲击仍是导致生猪生产和价格波动的最主要因素。

一是作为防疫第一线的基层防疫力量极端薄弱。动物防疫体系不仅没有随着畜牧业生产规模扩大而加强，反而有所弱化。我国历次机构精简，基层畜牧兽医机构都是合并撤减的对象，绝大部分乡镇的兽医站只有两三个人，却要同时兼顾检疫、防疫、疫病治疗服务等多项职能。目前我国农村基层动物防疫体系普遍存在机构残缺不全，队伍不稳，待遇偏低，专业人才匮乏，疾病诊断、化验设备等基础设施短缺落后等问题。

二是动物疫情报告系统形同虚设。病毒扩散程度与信息传递、反馈行动密切相关。近年来，我国动物疫病防控新规新制陆续出台，科技水平日渐提升，相应的人力、物力、财力投入显著增加，但从包括2018年非洲猪瘟疫情在内的历史上多次重大动物疫情的暴发、扩散来看，我国的动物疫情报告系统形同虚设，这也造成历次重大动物疫情发展呈现出较为一致的轨迹：信息传递不畅——疫情应对不力——疫病扩散——产业损失巨大——应对措施调整——最终局面改观。过去的历次重大动物疫情已经证明，离开了真实有效的动物疫情信息传递和反馈，法规、技术、人财物的努力和进步都可能是好看不中用，

解决不了根本问题。必须下决心构建高效的动物疫情报告系统这一关键中的关键问题，否则不论其他方面再做多少努力，恐怕也无济于事，还会重蹈覆辙。

三是生物安全防控体系建设滞后。我国生猪养殖是基于传统的家庭散养模式发展起来的，虽然规模化、标准化已经有了很大程度的提升，但2018年非洲猪瘟暴发之前，我国生猪养殖主体的生物安全意识总体较为淡薄，尤其是许多中小生猪养殖场户缺乏严格的隔离措施和消毒设施，疫病防控主要靠疫苗。非洲猪瘟暴发之后，行业对生物安全防控体系建设的重视显著提升，通过构建较为完善的疫病防控体系，国内大型养殖企业复养、扩产的成功案例越来越多，技术集成越来越成熟，为国内生猪产能恢复发挥了重要作用。但是，大量中小养殖场户的生物安全体系建设还仍有待进一步加强。

2. 监测预警体系相对被动，价格波动大导致产业震荡

我国生猪市场价格周期性波动以及“肉贵伤民”与“猪贱伤农”现象交替出现，价格波动引发猪周期频繁发生，周期缩短、频次增多、幅度加大，对农民稳生产、保供给、促增收造成巨大冲击和威胁。一是对于消费端来讲，猪肉价格上涨直接拉动CPI上升。表现较为明显的是2011年和2019年。2011年6月14日，国家统计局发布数据，2011年5月全国CPI同比涨5.5%，同比涨幅创下近34个月以来新高。其中，食品价格同比上涨11.7%，对CPI上涨的“贡献”达到63.6%；猪肉价格涨幅达到40.4%，对CPI的“贡献”将近20%。而2019年猪肉价格10月上涨了101.3%，对CPI整体带动接近64%，贡献率达到了近2/3，生猪及猪肉价格是CPI上涨的重要源头，在一定程度上加大了居民生活成本，影响了居民正常的生活消费节奏。二是对于供给端来讲，价格大幅下跌会对广大养殖场户造成沉重打击。供过于求的生猪市场和季节性消费淡季使生猪价格快速下滑，养殖利润的下降甚至亏损对养殖造成的影响显而易见，轻者会挫伤养殖户的积极性，重则会对养殖场带来沉重的债务负担，特别是一些小型养殖场或者散户抗风险能力差，造成的影响更加严重，不利于产业的健康发展。

从历次生猪价格周期波动来看，我国生猪生产、价格的监测预警体系和机制还有待进一步完善。完善生猪价格分析预警体系，将被动预警改为主动预警，提高预警的及时性、有效性，帮助养殖户正确了解和判断市场供需状况和价格走势，有效规避市场风险，是今后生猪稳定发展的重要举措。

3. 正确看待生猪生产和价格波动，进一步完善产业扶持政策

周期波动是客观存在的，过度波动才是需要高度关注和强力避免的。在市场经济条件下，生猪市场的正常波动是一种市场机制配置养猪资源的客观表现，这种表现完全符合市场经济运行的规律。生猪市场波动一方面会使一部分基础设施差、饲养管理水平低、疫病防控能力弱的散养户退出养猪业，促进养猪业的规模化发展，提高养猪业的整体水平。另一方面也会使养殖户增强风险意识，加强饲养管理，提高应对市场风险的能力和水平。但如果波动幅度过大则会严重影响到生猪产业的健康发展和社会稳定，必须采取及时有效的措施加以应对。

产业扶持政策不能反应过度，也不能滞后反应，更不能顺周期调控。应对生猪波动，调控措施要适度。市场规律能调节的要依靠市场调节，市场波动过大，自身难以调节的，才需要动用财政支持政策。猪肉市场的供求关系变化有很大的放大效应，局部的市场供应紧张极易造成市场恐慌，引起连锁反应，因此调控政策要在具有前瞻性的预测预警的基础上及时实施。同时，从改革开放以来的历次生猪生产和价格大幅波动的应对措施来看，存在顺周期调控多、逆周期调控少的问题。当生猪供需关系偏紧、价格上涨时，出台补贴措施属于顺周期调控，可能在短时间内促进生猪供需实现平衡，但是从中长期来看，当生猪价格上涨时，如果依靠市场力量就可以实现猪肉的供需平衡，顺周期调控则会导致下一轮市场价格下跌的放大。

4. 国际竞争压力加大，宏观经济等外部环境的影响不容忽视

近几年，我国猪肉进口数量大幅增长，但“洋猪肉”凭借其较低的价格优势，对我国生猪产业发展带来了不小的压力。布瑞克农业数据显示，目前我国生猪总体生产效率与养猪发达国家还存在较大差距，生猪养殖成本比美国高 40% 左右；生猪饲养料肉比平均在 3.0 以上，每公斤增重比美国和欧盟多消耗饲料 0.5 公斤左右；母猪年提供断奶仔猪约为 17 头，比国外先进水平低 6 ~ 8 头。由于中国生猪养殖成本高，产业竞争力明显低于发达国家，近几年猪肉进口数量总体保持高位，尽管占国内消费比重低，但仍给中国生猪产业发展带来了一定压力。

国民经济增速、饲料粮价格等外部环境的影响不容忽视，有待进一步加强研究。饲料价格是生猪生产成本的主要组成部分，占 50% ~ 70%，饲料粮价格是生猪价格的重要影响因素。饲料价格的变动影响生猪产量的波动，进而通过供需关系影响生猪价格的波动。此外，我国生猪生产和价格的多次大波动都发生于 GDP 高速增长时期。GDP 增长对生猪生产和市场价格波动具有两方面的作用。当 GDP 高速增长时，在市场机制的作用下，一方面农业土地、劳动力、资金急剧向工业和城市流动，养猪比较效益偏低，养猪户大量空栏，生猪增产速度将逐步减缓；另一方面居民收入快速增加，农村人口快速进入城市，城市居民户外活动增多，农产品需求急剧上升，国内猪肉消费呈快速增长。在生猪生产增速减缓，猪肉需求快速扩大的情况下，猪肉供需形势变得越来越严峻，价格也随之快速上升。从历史上的波动实际状况来看，每当 GDP 增长速度超过 10% 时，生猪生产和市场价格都要经历一次大的高峰期；每当 GDP 进入平缓增长状态时，生猪生产和市场价格都要进入低谷期。我国 1985 年、1988 年、1994 年、2004 年的几次波动都发生于 GDP 增长速度超过 10% 的时期。从 GDP 与生猪生产和市场价格的变动关系来看，除 1993—1994 年外，GDP 增长速度的波峰都先于生猪生产和价格增长波峰 1 年，这进一步说明了 GDP 的增长对生猪生产和价格具有明显的作用，GDP 变动对生猪生产和市场价格变动具有很好的警示作用。

（二）稳定生猪生产的国际经验借鉴

国际经验对我国生猪产业发展的实践探索具有重要借鉴意义。梳理国际发达国家应对生猪生产大幅波动的实践经验，主要有如下四点。

1. 高度重视疫病防控

西方发达国家十分重视动物疫病防控，尤其是自从20世纪90年代中期以来，不少国家和地区频频发生严重畜禽传染病，促使各国对原有的动物防疫与兽医管理制度进行一系列改革。对动物防疫和兽医工作，各国都有相当详细的动物防疫法和兽医法。依据这些法律法规，兽医管理权限覆盖了动物及其产品、肉食品防疫和检疫的全过程。同时，发达国家制定完善的重大动物疫病应急计划。丹麦、瑞典和德国由于动物防疫水平较高、兽医管理严格，所有国家都制定了严格的、符合国际标准的重大突发性动物疫病和外来病紧急应对计划。这些计划一般包括两大部分：一部分是关于重大动物疫病应对的总体战略与资源计划；另一部分是关于特定疾病控制的操作手册。所有这些计划必须要经过欧盟兽医委员会的核准，才能正式执行。重大疾病控制应急计划也设置了不同的警戒水平，其警戒水平的高低主要取决于疫病的种类和流行扩散情况。

2. 加强产业外部补贴对抗猪周期

美国加强产业外部补贴对抗猪周期。2007年以来我国多项生猪扶持政策的出台，对促进生猪生产的稳定发展发挥了巨大作用，但这些政策主要是基于产业系统内部问题而提出的。美国通过农业补贴政策发展生猪产业的做法为我国生猪产业发展提供了另外一个视角：美国政府对种植业（集中于玉米和大豆，这两种作物是生猪饲料的主要成分，而饲料费用占生猪总成本的47%）的补贴促进了美国生猪养殖的规模化和产业化，可以间接支持区域生猪产业发展，同时防治系统直接补贴带来的行业垄断或利益独享，“跳出生猪产业来解决产业内部问题”，逐步走出猪周期怪圈。

3. 大中小养殖规模齐头发展

日本大中小养殖规模齐头发展。从20世纪70年代开始，日本开始推行生猪生产的规模化、标准化，企业规模扩大，企业数量下降。配合生猪养殖规模化转变，日本出台了《粮食、农业、农村基本法》（1999年，新农业基本法），重视扶持大型养殖企业的发展，但不忽略中小规模养殖户的扶持，以有效对接不同的市场需求，使日本生猪产业避免步入寡头垄断阶段。在生猪生产经营上表现为“农户、非农户、企业多种经营组织参与，专业化、标准化与一贯经营相结合，多头饲养为主的规模化”等特征，对于保障市场供求均衡、防止市场价格波动、保护消费者和生产者利益具有重要作用。

4. 发展生猪保险

加拿大与美国在生猪价格风险调控上主要举措是推行生猪价格保险，主要有规避因市场价格低于预期水平引发损失的纯价格风险保障险种——畜牧价格保险（LRP）和涵盖饲料价格（看涨期权）、市场价格（看跌期权）综合影响因素的畜牧收益保险（LGM），典型实践有美国 LRP-Swine、LGM-Swine 和加拿大阿尔伯特省生猪价格保险计划 HPIP 计划等，但由于期货市场价格确定时间与保险价格确定时间有别，投机和逆向选择问题较为明显，但这种将生猪期货与生猪保险结合的方法对于平抑市场价格波动，提振市场信息作用较大。此外，日本主要是采用通过《畜产品价格稳定法》，成立“畜产品价格稳定基金协会”进行生猪生产价格补贴，协会根据其市场供求情况，综合采用生猪价格补贴契约、生猪生产公积金、生产价格补贴金等方式进行市场价格调控，值得中国政府借鉴。

七、结论与对策建议

（一）结论

1. 中华人民共和国成立以来我国生猪产业发展历程，根据发展特征可以划分为五个阶段

1949—1977 年改革开放前的生猪产业曲折发展阶段，1978—1984 年改革初期的生猪产业恢复发展阶段，1985—2005 年畜产品市场放开后的生猪产业快速发展阶段，2006—2013 年畜牧业结构优化期的生猪产业转型发展阶段，以及 2014 年以来畜牧业绿色发展理念下的生猪产业提质增效发展阶段。改革开放以来，基于生猪养殖全过程视角综合来看，生猪产量增长的动因有一半来源于生猪扩群养殖规模的提升，一半来源于技术水平的提升；基于生猪育肥期视角综合来看，生猪产量增长的动因约八成来源于技术水平的提升，约两成来源于生猪养殖数量的扩大。

2. 改革开放以来，我国生猪生产和价格经历了 8 次大波动

猪周期是由供给需求不平衡导致的猪肉价格周期性变化。由于供给端无法即时改变生产数量，所以供应数量相对于市场价格的调整会出现延迟，也因此猪周期是客观存在的。1949—1984 年，我国生猪波动周期主要受粮食周期等周期性外部因素影响决定，周期相对较长，长度为 7.2 年；1985 年农产品流通市场体制改革后，在技术进步的作用下生猪产量波动周期缩短至 4.0 年。

3. 影响生猪波动的因素主要包括生猪生产的内在机制和外部冲击

生猪生产内在机制包括生猪繁殖生长的生物学机制和生猪供需变动的经济学机制两大方面。生猪生产外部冲击因素包括宏观经济环境、饲料粮价格等周期性外部因素，也包括产业政策、动物疫情等随机性外部冲击。周期性外部因素和生猪生产的内在机制共同决定了生猪波动周期，随机性外部冲击则打乱了原有周期的长度和振幅。随机性外部冲击对生猪生产影响的实证分析结果显示，非洲猪瘟、猪蓝耳病等重大动物疫病疫情和环保政策等重大政策变动等外部冲击对生猪生产具有显著的负向影响，对价格具有显著的正向影响。从各冲击因素的作用程度来看，动物疫病冲击的影响大于政策冲击产生的影响，动物疫病中非洲猪瘟产生的影响大于猪蓝耳病产生的影响。

4. 我国生猪产业发展存在的问题

疫病防控能力明显不足，疫病冲击是导致生猪生产和价格波动最主要因素；监测预警体系相对被动，价格波动大导致产业震荡；应正确看待生猪生产和价格波动，进一步完善产业扶持政策；国际竞争压力加大，宏观经济等外部环境的影响不容忽视。

5. 梳理国际发达国家应对生猪生产大幅波动的实践经验

值得我国借鉴的主要有：高度重视疫病防控，发达国家均有动物防疫法和兽医法、制定完善的重大动物疫病应急计划；加强产业外部补贴对抗猪周期；大中小养殖规模齐头发展；发展生猪保险等。

（二）保障生猪生产有效供给的政策建议

1. 要将非洲猪瘟防控作为稳定生猪产业发展的首要任务，进一步强化优化疫情防控措施

目前，我国非洲猪瘟疫情虽然已基本得到控制，但其仍是影响生猪产能稳定和产业发展的最大不确定性因素和最大障碍因素。仍要将非洲猪瘟防控作为稳定生猪产业发展的首要任务，进一步强化优化疫情防控措施。要强化疫情监测，强化进出场生猪和场外环境病毒监测，打通疫情监测和检疫信息共享通道。加强各类措施对病毒作用的机理和效果研究，优化消杀隔离防控措施。重塑重大动物疫情报告制度，在原有“从下到上”报告的基础上，增加“从上到下”的抽查检查机制，并加大监督和处罚力度。适当恢复生猪运输关卡，对乡镇洗消中心建设和运营进行财政补助。启动生物安全示范场户和无疫小区建设，引导养殖防疫由只靠疫苗向疫苗与生物安全措施并重转变。此外，完善基层畜牧兽医体系建设，大力强化对中小养殖户的技术服务。借鉴“大学生村官”计划，建立畜牧兽医类大专院校毕业生进入基层队伍引导机制，优化基层畜牧兽医队伍的年龄结构和知识结构。加强对现有人员的技术培训，提高技术服务水平。增加基层防疫经费，采取工资补贴等形式，充分调动基层畜牧兽医队伍的积极性。探索通过灵活政策扶持发展兽医社会化服务组织，引导社会资本投入动物防疫工作中。

2. 大力推动种养结合循环农业生产模式，推进生猪养殖绿色发展

强化种养结合是解决集约化畜禽养殖粪便资源化利用的最主要的有效途径，是进行生态环境保护、实现畜禽养殖业绿色发展的关键所在。产业发展过程中，生猪养殖企业可以将总量规模做大，但单个养殖场规模要适度，应考虑粪污产生量与周边土地比例，合理规划，将粪污消纳作为养殖场建设的先决条件。养殖场须与周边种植者签订粪污消纳利用合同，或养殖场所在地须有畜禽粪污集中处理中心。

3. 加快产业转型升级，提高养殖端应对市场波动的能力

进一步推动实施生猪标准化规模养殖建设项目，充分发挥龙头企业带动作用，加强生猪养殖产业园区、科技园区建设，加大养殖标准化、绿色化、智能化示范力度，提高散养户的组织化程度，推动生猪产业转型升级。着眼长远，策划启动生猪种业科技重大专项，围绕生猪种业卡脖子问题，开展联合育种，培育生产性能优、肉品质量好、满足消费需求的自主新品种。加大科技推广力度，因地制宜地采取适用技术，提高养殖技术的应用效率，帮助广大生猪养殖户解决生产中的技术难题，提高饲料利用率和转化率，节约生产成本，提升整个养猪业发展的科技水平。

4. 科学建立生猪生产和市场监测预警体系，高度重视能繁母猪数量、仔猪价格、仔猪存活率、猪粮比价等预警指标

加强对能繁母猪存栏数量、猪粮比价的监测，并且针对重大疫情冲击导致出现“能繁母猪数量不减、生猪供给乏力”的状况，将仔猪价格、仔猪存活率纳入疫病冲击等特殊时期的监测预警指标体系，为有效应对市场波动提供更为全面的重要基础支撑。通过进一步加强生猪生产和价格监测统计和信息预警，科学预测未来生猪供需和市场价格变化趋势，提前制定生猪价格暴涨后生猪价格大幅度下跌时的应对预案，适时启动调控预案。

5. 实行科学稳健逆周期调控，引导生猪产业进入市场价格稳定、供给保障有力的良性循环

基于生猪供需和市场价格波动的周期性规律，借鉴国内外应对生猪波动的经验，对生猪波动实行反周期的逆向调控政策，以实现生猪供给有保障，市场价格稳定运行。通过完善猪肉收储政策，建立国家战略、地方政府、生猪企业三级应急储备体系，在市场供大于求、猪粮比价过低时，要增加储备数量，缓解农民卖猪难；在市场供不应求、猪粮比价过高时，增加投放，缓解消费者买肉难。

参考文献

[1] 陈蓉. 我国生猪生产波动周期分析. 农业技术经济，2009（3）：77–86.

[2] 李秉龙，何秋红. 中国猪肉价格短期波动及其原因分析. 农业经济问题，2007（10）：18–21，110.

[3] 李明，杨军，徐志刚. 生猪饲养模式对猪肉市场价格波动的影响研究——对中国、美国和日本的比较研究. 农业经济问题，2012，33（12）：73–78+112.

[4] 廖翼，周发明. 我国生猪价格调控政策分析. 农业技术经济，2013（9）：26–34.

[5] 罗千峰，张利庠. 基于B–N分解法的我国生猪价格波动特征研究. 农业技术经济，2018（7）：93–106.

[6] 吕东辉，杨祚，金春雨. 基于MS–ARCH模型的我国生猪价格波动特征检验及其与CPI变动关联性分析. 农业技术经济，2012（9）：96–103.

[7] 毛学峰，曾寅初. 我国生猪市场价格动态变动规律研究——基于月度价格非线性模型分析. 农业技术经济，2009（3）：87–93.

[8] 王明利，李威夷. 生猪价格的趋势周期分解和随机冲击效应测定. 农业技术经济，2010（12）：68–77.

[9] 王明利，肖洪波. 我国生猪生产波动的成因分析. 农业经济问题，2012，33（12）：28–32.

[10] 徐雪高. 猪肉价格高位大涨的原因及对宏观经济的影响. 农业技术经济，2008（3）：4–9.

[11] 许彪，施亮，刘洋. 我国生猪价格预测及实证研究. 农业经济问题，2014，35（8）：25–32，110.

[12] 易泽忠，高阳，郭时印，彭新宇. 我国生猪市场价格风险评价及实证分析. 农业经济问题，2012，33（4）：22–29.

[13] 岳冬冬，王征兵. 我国生猪生产波动周期研究. 农业技术经济，2010（10）：18–25.

[14] 张喜才，张利庠，卞秋实. 外部冲击对生猪产业链价格波动的影响及调控机制研究. 农业技术经济，2012（7）：22–31.

[15] 朱增勇，浦华，杨春. 新冠肺炎对生猪产业影响及应对策略. 农业经济问题，2020（3）：24–30.

[16] Coase，R. H.，Howler，R. F. The Pig cycle in Great Britain：An Explanation，Economics，1937，4（13）：55–82.

[17] Griffith，G. R. A note on the pig cycle in Australia revisited，Australian Journal of Agricultural Economics，1977，21（2）：130–139.

[18] Miller，Douglas J.，Marvin L. H. Price Cycles and Asymmetric Price Transmission in the U. S. Pork Market. American Journal of Agricultural Economics，2001，83（3）：551–62.

[19] Ruth M. , Cloutier L. M. , Garcia P. A Nonlinear Model of Information and Coordination in Hog Production: Testing the Coasian-Fowlerian Dynamic Hypotheses. American Journal of Agricultural Economics, 1998, (8): 156-164.

[20] Talpaz. H. Multi-frequency Cobweb Model: Decomposition of the Hog Cycle. American Journal of Agricultural Economics, 1974, 57 (1): 38-49.

乡村移风易俗微观干预机制研究*

改革开放40多年来，中国农村经济社会发展迅速，广大人民群众日益增长的物质需求不断得到满足，但人们的精神生活需求与发展的不充分不平衡之间的矛盾也更加突出，文明乡风不断遭到破坏，一些不良社会风气侵入乡村社会，给广大人民群众造成巨大的家庭负担，也扭曲了社会的价值观。近年以来，各地在革除农村陋习、树文明新风方面，做了一些工作，取得了明显成效。但是，天价彩礼“娶不起”、豪华丧葬“死不起”、名目繁多的人情礼金“还不起”以及孝道式微、农村老人“老无所养”等问题还大量存在，2021年江西某银行推出的“彩礼贷”和云南某银行推出的“墓地贷”更是引爆了社会舆论，挑战了社会痛点。

2017年，党的十九大报告提出了“开展移风易俗、弘扬时代新风行动”的要求。2018年，中共中央、国务院发布的《关于实施乡村振兴战略的意见》指出，乡村振兴，乡风文明是保障；必须坚持物质文明和精神文明一起抓，提升农民精神风貌，培育文明乡风、良好家风、淳朴民风，不断提高乡村社会文明程度。2019年，中央一号文件明确指出要对婚丧陋习、天价彩礼、孝道式微、老无所养等不良社会风气进行治理。为有效遏制农村陈规陋习，树文明新风，2019年10月，中央农办牵头，联合中央组织部、中央宣

---

* 本报告为清华大学中国农村研究院2020年重点研究课题“乡村移风易俗微观干预机制研究”的研究成果，报告观点仅代表课题组的看法。课题负责人：王亚华，清华大学公共管理学院副院长、教授，清华大学中国农村研究院副院长。报告执笔人：舒全峰、王亚华。

传部、中央文明办、农业农村部等 11 个部门，共同印发了《关于进一步推进移风易俗 建设文明乡风的指导意见》，这个文件对当前和今后一个时期的文明乡风建设工作作出了全面的部署安排。

推进移风易俗，需要久久为功，也需要政府、社会、农村基层组织和群众的多元共治。歪风怎么移，恶俗怎么易，在推进过程中需要注意哪些问题，是当前开展移风易俗工作需要高度关注的焦点。2019 年来，本课题研究团队先后前往河南尉氏县、湖北阳新县、浙江温岭市、河北河间市、山东沂水县、山西襄汾县、云南元阳县、江西分宜县、福建连城县等多地开展实地调查，分析当前我国农村不良风俗泛滥的表现、危害、成因，总结部分县市推进乡村移风易俗的典型经验，客观认识当前乡村移风易俗工作推进过程中存在的问题，最后提出建立乡村移风易俗微观干预机制的对策建议。

一、当前农村不良社会风气的表现

（一）婚娶成本高企不下

1. 彩礼金额不断攀升

近年来，结婚彩礼金额不断上涨，有学者基于中部某县的长期追踪调研显示，2008 年到 2014 年间结婚的夫妇，彩礼基本在 5 万元以下，还有一定数量的女方家长未收彩礼；但从 2015 年开始，彩礼金额迅速上涨，礼金从 6.6 万元、8.8 万元上升至 10 万元以上，有的甚至高达 20 万元。课题组在湖北阳新、福建连城等地调研时发现，农村地区彩礼尽管因地区、家庭条件而异，但基本上从 10 万元起跳，最高达到 35 万元，借债结婚已成为农村家庭普遍现象。湖北阳新一村民表示，“为了给儿子结婚，自己几乎脱了一层皮，打工十几年，一夜回到解放前，还要继续打工还债”。

2. 彩礼种类名目繁多

近些年来，除了礼金金额不断上涨，礼品支出也不断增多。支出相对较大的首饰以往为“三金”（戒指、耳环、项链），现在普遍流行“五金”，额外增加了金手镯、金吊坠；与此同时，烟酒的支出也直线攀升，课题组在江西分宜、湖北阳新调研时发现，婚礼前男方还需要额外采购一批高档烟酒送给女方招待宾客，一买就是上万元。

3. 因婚借贷现象多见

课题组在多地调研均发现，在村里有自建房、进了城有商品房、出了门有小汽车已成为不少女方家庭答应婚事的前提条件，这给农村群众造成了极大的压力，不少群众不得不通过私人或银行借贷来应对。以湖北阳新某在京务工的村民为例，2018 年为给儿子结婚，其拿出 35 万元打工积蓄在阳新县城购买了商品房；后因女方要求，又在女方打工地广东惠州按揭贷款 120 万元购买一套商品房；2019 年春节期间，女方再次要求购买一辆汽车才能举办婚礼，随后其通过私人借款 20 万元购买一辆大众 SUV，总计借贷 140 万元，月均需要还款 6800 元。

（二）豪华丧葬破坏风俗

1. 豪华葬礼铺张浪费

在中国传统文化里，死者为大，因此若有亲人过世，一般都不太主张薄葬，这也是豪华葬礼屡禁不止的根源。前几年，浙江温岭某企业家为其母亲举办葬礼，直接租用当地中学操场，来吊唁的亲属和企业工人数千。然而，来吊唁的人中很多人和去世老人并不相识，他们参加吊唁只是为了一笔丰厚的回礼礼金，只要手持香烛前来悼念的，都能收到少则 200 元、多则 1700 元的礼金，外加 2 包中华烟。据媒体公开报道，葬礼的费用高达 500 万元左右，给当地社会造成了严重的不良影响。

2. 厚葬薄养有损风气

一些农村地区老人在世时孤苦伶仃，老无所依，甚至无人赡养，但在老人去世后子女们却为其大办丧事，以赢得所谓“孝子”之名。课题组在山西襄汾调研时了解到，一位过世老人有五个儿子，这些子女们常年在外打工，老人中风瘫痪后一直由老伴照顾，每个儿子只是在过年时回家探望一下，每年给 1500 元赡养费，老人家晚年十分凄凉，去世时亦无一个子女在身边，老人过世后，五个儿子为其办了一场十分奢华的葬礼，花费数十万元。

3. 丧葬支出成本高昂

豪华葬礼和厚葬薄养风气的盛行，也催生了丧葬行业产业链的繁荣。一是丧葬纸扎泛滥。例如纸扎别墅、纸扎豪车。二是丧葬酒席攀比浪费。例如，湖南邵阳某群众为给父亲办一个所谓“体面”的葬礼，办了三天“流水席”，一天 3 顿，每顿 25 桌，前后花费 40 万元，还不包括买墓地的支出，而夫妻俩一年的收入仅有 4 万元，一场葬礼相当于一家十年的收入。

（三）人情支出负担较重

1. 人情酒席名目繁多

除了婚丧嫁娶的红白喜事，更多的则是子女升学、小孩满月、老人祝寿、新居乔迁、迁坟立碑等脱离于正常礼尚往来的人情酒席，人民群众抱怨颇多。课题组在调研时了解到一个案例，一农户在春节期间举办“60 岁”生日宴，但实际上这户人家并没有 60 岁的人，真实情形是家里的一对 30 岁的年轻夫妻合在一起办生日宴，加起来 60 岁。类似这种情况层出不穷，有的村民一天要赶 3 份以上的人情支出，甚至出现过村子里同时有几户人家在村庄的宗祠里办酒席，有群众直到酒席结束才发现自己“吃”错了人家的笑话。

2. 人情支出压力很大

古往今来，人情往来在农村乡土社会中一直都发挥着重要的纽带作用，有利于农村社会人与人之间关系的建立和维持，以及维护农村社会群体之间的团结。然而近年来，人情支出逐年增长，在家庭总收入中的占比增长明显，且相对快于家庭总收入增长速度，2018 年的一项调查显示，农村家庭年均人情消费 5000 元，占家庭可支配收入的 11% 左右，多的甚至占到 20%（李汉林，2018）。农业农村部开展的驻村调查数据显示，人情支出已成为农民群众仅次于食品支出的第二大消费项（韩俊，2019）。

3. 人情酒席风气难刹

近年来，尽管移风易俗的相关政策不断出台，各地方采取的措施也种类繁多，然而从整体上看，人情酒席之风却并未被显著遏制。根据课题组在全国 29 个省份 158 个市州、254 个区县获得的 1585 份有效农户问卷数据显示，2020 年春节期间有高达 42% 的农户原计划举办各类酒席，其中有 21.3% 的农户计划举办两场或两场以上，即便受新冠肺炎疫情影响，也有 13.94% 的农户已正常举办或计划延后举办；疫情缓解后，原先未办的诸多酒席在“五一”或“十一”假期期间进行了补办。

二、当前农村不良社会风气危害巨大

这些不良风气的盛行，给我国农村群众造成巨大经济负担的同时，也对农村地区经济社会产生了诸多负面影响。

（一）加大低收入和边缘群众返贫风险

当前农村地区人情消费在家庭总收入中的占比增长明显，家庭人情年支出的增长速度相对快于家庭总收入增长速度。不少在村务农的群众反映，人情支出还不够一年到头挣的钱。以婚娶为例，许多农村地区都有“一婚十年穷”“辛辛苦苦几十年，一婚回到解放前”等说法，尤其是借贷结婚对那些农村低收入群众家庭造成了巨大的经济负担。高额的彩礼和婚房婚车购置需要农民长期储蓄，大量贫困家庭的婚龄青年找不到对象，或者为了娶媳妇弄得债台高筑，增加了低收入和边缘群众家庭的返贫风险，不利于推进乡村振兴工作。

（二）扭曲的家庭消费挤出人力资本投资

研究表明，当人情支出占收入比重达到一定程度的时候，会对正常消费产生净挤出作用（周广肃、马光荣，2015；方帅，2019）。杜丽永等人（2020）的研究发现，当周围家庭人情消费标准越高时，家庭人情负担就会越重，对平均子女教育支出的挤出效应就越明显，他们基于中国劳动力动态调查（CLDS）2016 年数据对上述命题进行了实证检验，依然发现周围家庭的人情消费标准提高的确显著挤出了家庭的子女教育支出，尤其是对农村低收入家庭和中部分散型村庄的子女教育挤出最为严重。

（三）损害农村社会风气弱化社会资本

不管是天价彩礼“娶不起”，豪华丧葬“死不起”，还是人情酒席“吃不起”，都存在盲目攀比、铺张浪费的共性问题，损害农村社会风气，弱化村庄社会资本积累。这种农村社会不良风气的蔓延，成为广大农民群众巨大的家庭负担，同时也扭曲了社会价值观。一些在外打工的农民因不堪重负，不愿意回家过年，以图个清静；亲朋好友之间也越来越多算计，损害了乡土社会原有的淳朴关系，不利于村庄社会资本的积累。

三、不良社会风气诱因分析：以人情支出为例

不良社会风气的盛行有多方面的复杂原因。例如，婚娶成本高昂的问题，

既有我国农村适婚男女比例失调的客观原因，也有农民攀比心理严重的主观因素；例如豪华丧葬的问题，同样既有“死者为大”的地方文化习俗的客观原因，也有面子文化以及补偿心理的主观因素等。鉴于婚娶、丧葬均涉及人情支出问题，因此，本报告将基于清华大学中国农村研究院 2017 年暑期农村调查数据，深入分析当前我国农村地区人情支出泛滥成灾的影响因素。

（一）文献回顾

已有的文献主要从如下几个视角对农村人情支出的影响因素开展探索分析。

1. 经济地理的视角

于铁山（2015）使用 2010 年中国家庭追踪调查（CFPS）的广东省调查数据发现家庭人情消费存在地区性差异，例如发达地区的人情支出会明显少于相对欠发达地区（张旭青等，2018）；赖凯声、孙晓冬（2016）通过分析 2010 年中国综合社会调查数据发现农村家庭人情消费高于城市，中西部地区的家庭高于东部。根据这一经济地理特征，本报告引入市场机会（Market Opportunity）这一概念，市场机会通常是指某一事件发生的所在地离经济中心或政治中心（多数情况下会重叠）的物理距离（Agrawal & Yadama，2010），通常市场机会越大的地方经济条件也相应越好。据此，本报告提出研究假设 1 和假设 2：

假设 1：市场机会显著影响农户的人情消费压力。

假设 1a：农户所在村庄与乡镇中心距离越远，农户的人情压力越大。

假设 1b：农户所在村庄基础设施水平越发达，农户的人情压力越小。

假设 2：来自贫困村的农户比来自非贫困村的农户人情压力更大。

2. 家庭生命周期的视角

家庭生命周期理论描述了家庭人口结构和家庭关系变化的完整过程，通常与家庭整体的劳动力配置、收入、储蓄、消费等各种行为密切相关（Glick，1947）。对农户家庭而言，在生命周期的不同阶段，人情往来通常是不对称的（阎云翔，2000）。由于在一个村庄中，不同农户所处的家庭生命周期有差异，人们可以借助于人情往来将伴随生命周期变化而来的办大事的压力，分散到日常生活中去共同承担（陈柏峰，2011），例如当农户健康状态不佳、医疗负担加重或者陷入贫困时，反而会更有动力增加人情投入以获得其他个体的帮助（马志雄、丁士军，2018）。据此，本报告提出研究假设3和假设4：

假设3：户主健康状况越差，农户的人情压力越大。

假设4：贫困户家庭比非贫困户家庭的人情压力更大。

3. 资源依赖的视角

在熟人社会中，农民人情往来能够降低农业生产经营、借贷融资等活动的成本，因而采用人格化交易模式能够节约交易成本，比如在劳动力转移、雇工及其监督等活动中发挥重要作用（田学斌、闫真，2011）。小农经济是我国农业生产的基本形态，小农经济的存在决定了农业生产中的互帮互助和相互依赖更为重要。例如，苏毅清等（2020）发现土地流转会通过降低农户对农业经济、农村社会的资源依赖，进而减少集体行动等亲社会行为。当个体需要维持、改善和沟通社会关系以在某个情景下获得外界帮助时，则有动力增加送礼等人情支出（Belk & Coon，1993）。据此，本报告提出研究假设5：

假设5：农户对农业生产依赖越大，农户的人情压力越大。

4. 社会地位寻求的视角

人情消费往往被权威者视作实现自我认同和社会地位提升的交往策略，即在一定程度上是一种“炫耀性消费（Conspicuous Consumption）”（Veblen & Chase，1953），能够增加送礼者的自我幸福感（Llamas & Thomsen，2016；Pillai & Krishnakumar，2019）或者提升送礼者的“面子”。杭斌（2015）利用微观数据对居民家庭人情支出行为进行了实证分析，发现城镇居民和农村居民在人情支出上均存在显著的地位寻求特征；而且居民之间的收入差距扩大会通过富裕家庭的示范效应对贫困农户人情支出产生促进作用（Brown，et al.，2011）。比如，不管是在中国还是印度，贫困人口会将有限收入中的一大部分用于人情消费，甚至以缩减日常消费为代价也在所不惜（Banerjee & Duflo，2007）。据此，本报告提出研究假设6：

假设 6：农户的社会地位会显著影响农户的人情压力。

假设 6a：农户的经济收入增长幅度越大，农户的人情压力越大。

假设 6b：农户收入在村庄所处层次越低，农户的人情压力越大。

5. 社会资本的视角

中国通常被认为是一个传统的关系型社会（Yang，1994；Bian，1997），因此在有关社会问题的研究中，社会资本理论被广泛引入。从现有的研究来看，社会资本与人情支出的关系有两种不同的分析维度。一种分析维度把人情支出视为解释变量，即人情支出影响社会资本，例如人情支出有利于农民在城市劳动力市场上获得更好的就业机会，进而间接影响农民工的工资水平和潜在经济利益（章元、陆铭，2009；赵剑治、陆铭，2009）；另一种分析维度把人情支出视为被解释变量，即社会资本影响人情支出，村庄或者村民所拥有的社会资本存量影响农户在人情支出上的投入，例如在村庄中，互帮互助、关系和谐的社会氛围具有降低收入不确定性的功能，能够促进农民家庭的正常消费，而无需依靠过多的人情支出来维持关系（周广肃、马光荣，2015）。据此，本报告提出研究假设 7：

假设 7：村庄社会资本水平越高，农户的人情压力越小。

6. 技术与社会变迁的视角

随着近十年来移动互联网的发展，以微信为代表的信息通信技术推动了乡村社会结构和人际关系网络的变迁，对公共治理带来显而易见的影响，例如能够改变集体行动中的个体决策结构（Forsberg，2018）。当前，中国社会发展已经步入信息化时代，给乡村治理带来了广泛而深刻的影响，有越来越多的学者关注到了“微信治村”这一新的治理形态（郭明，2019；程玉贤，2020），微信作为一种平台型信息通信技术，对乡土社会的人情支出也带来一定的影响，农村中的一些人情酒席信息通过微信迅速传播，微信红包、微信转账的便捷又进一步助推了人情随礼的普遍性，甚至在微信群内出现了攀比“份子钱”的现象。据此，本报告提出研究假设 8：

假设 8：加入村庄微信群的农户比没有加入农户的人情压力大。

（二）数据来源

1. 样本

本报告研究采用 2017 年由清华大学中国农村研究院组织的暑期农村调查项目所获得的一手数据开展研究。本次调查由来自清华大学、北京大学、中国农业大学等全国多所高校的数十支调研团队历时 2 个月完成。调查采用分层随机抽样的调查方法，按照省、县（区、市）、乡（镇）、村四级依次抽样，以村为抽样单位，每个村平均随机抽样 10 ~ 15 户，剔除部分存在变量缺失的样本后，共获得来自全国 28 个省份 865 个行政村的有效住户样本 8940 份。

2. 变量及描述性统计

本研究的变量选择及其测量方式如表 1 所示。因变量为人情压力，用人情支出占家庭支出的排序来测度，即取值越大，意味着人情支出压力越大。自变量包含六个维度共 10 个具体变量，分别是村庄与乡镇政府距离、村庄基础设施供给水平、是否来自贫困村、是否是贫困户、户主的健康状况、农户对农业依赖性、近两年来家庭收入增长幅度、家庭收入在村庄所处水平、村民之间互助程度以及农户是否加入村庄微信群。控制变量为性别、年龄、文化程度等人口统计学变量。其中，村庄村民之间互助程度属于社会资本的一个维度，通常被定义为个人能获得的地方性社会支持（Silva et al.，2006），本研究参照桂勇、黄荣贵（2008）发表在《社会学研究》上的文章采用 4 个有关互帮互助的题项测量，最后以加总得分作为变量值。

变量的基本特征与描述性统计如表 1 所示。人情压力排序上，人情支出占家庭支出排第四位或更后的占比 59.8%，排第三位支出的占比 28.1%，排第二位的占比 10.4%，排第一位的占比 1.7%，排序数值越大，代表压力相对越大。本次调查的样本中，男性户主、女性户主分别占比 83.5%、16.5%；样本农户的平均年龄为 51.08 岁，最年轻的 22 岁，最年长的 96 岁；文化程度为未上学、小学、初中、高中 / 中专 / 职高、本科 / 大专、研究生的比例分别为 14.3%、33.7%、38.4%、11%、2.4%、0.1%，主要集中在小学和初中阶段，在一定程度上也凸显了农村地区劳动力文化素质普遍不高的问题。

表 1　变量选择与描述性统计

	变量名称	变量取值	均值	方差	最小值	最大值
因变量						
人情压力	人情支出占家庭支出排序	1= 第四或更后；2= 第三；3= 第二；4= 第一	1.54	0.747	1	4
自变量						
经济地理	村庄到乡镇政府距离	连续变量	5.45	23.025	0	70
	村庄基础设施供给水平	1= 特别差；7= 特别好	1.98	1.435	1	7
家庭生命周期	是否来自贫困村	0= 是；1= 否	0.22	0.172	0	1
	是否是贫困户	1= 是；2= 边缘户；3= 非贫困户	2.16	0.865	1	3
	户主健康状况	1= 很少生病；2= 经常生小病；3= 有慢性病；4= 有重大疾病；5= 有残疾，但仍能自理；6= 丧失劳力，不能自理	1.42	0.847	1	6
资源依赖	农业生产依赖性	1= 流入土地；2= 耕种承包地；3= 部分流出；4= 没有耕种	2.59	0.918	1	4
社会地位寻求	收入增长幅度	1= 大幅增长；2= 小幅增长；3= 稳定不变；4= 小幅下降；5= 大幅下降	2.66	0.654	1	5
	收入相对水平	1= 上等；2= 中上等；3= 中等；4= 中下等；5= 下等	2.72	1.168	1	5
社会资本	村民之间互助程度	0= 特别少；16= 特别多	12.25	10.756	0	16
信息技术与社会变迁	是否加入村庄微信群	0= 有，1= 无	0.58	0.244	0	1
控制变量						
人口情况	年龄	连续变量	51.08	166.700	22	96
	性别	0= 女；1= 男	0.83	0.138	0	1
	文化程度	1= 未上学；2= 小学；3= 初中；4= 高中 / 中专 / 职高；5= 本科 / 大专（高职 / 高专）；6= 研究生	2.54	0.913	1	6

①经济地理维度：村庄到乡镇政府距离的均值为5.45千米，最远的达到70千米；村庄水、电、网基础设施供给水平的均值为1.98，整体上较差。②家庭生命周期维度：样本中来自建档立卡贫困村的占比22%，来自非建档立卡贫困村的占比78%；为建档立卡贫困户的占比36.6%，为脱贫边缘户的占比10.9%，为非贫困户的占比52.5%；户主健康状况的均值为1.42，介于很少生病与经常生小病之间，整体健康状况较好。③城乡结构变迁维度：流入土地的农户占比6.3%，完全种植自己承包地的占比55.4%，部分流出的占比10.7%，完全不种地的占比27.5%。④社会地位寻求维度：在过去两年收入增长幅度与收入所处层次上，样本均值分别为2.66与2.77，表明样本农户的收入状况整体较好。⑤社会资本维度：村民之间互助程度的均值为12.25，表明样本所在村庄互帮互助的氛围整体上较好。⑥信息技术维度：加入村庄微信群的农户占比57.9%，剩余42.1%的农户所在村没有或者本人没有加入村庄微信群。

（三）实证结果

1. 有序 Logistic 回归模型

鉴于本报告因变量为有顺序或者大小区别的分类变量，故采用有序Logistic回归模型进行参数估计，模型表达式：

$$P(y=j\mid x_i)=\frac{1}{1+e^{-(\alpha+\beta x_i)}} \tag{1}$$

式中，x_i代表第i个变量，y表示农户人情支出占家庭支出排序（第一、第二、第三、等于或小于第四）的概率，建立累计的Logistic回归模型：

$$Logit(P_j)=In[P(y\leqslant j)/P(y\geqslant j+1)]=\alpha_j+\beta x \tag{2}$$

式中，$P_j=P(y=j), j=1,2,3,4$；β表示与x相对应的一组回归参数，α_j为本报告分析有序Logistic回归模型的截距，在得到α_j和β的参数估计后，则在某种特定情况下发生的概率可以通过以下等式得到：

$$P(y \leqslant j \mid x) = \frac{e^{-(\alpha+\beta x_i)}}{1+e^{-(\alpha+\beta x_i)}} \qquad (3)$$

2. 计量模型分析

本报告采用 Stata16 软件进行分析，影响农户人情压力的有序 Logistic 回归结果整理后如表 2 所示。从模型拟合优度检验的参考指标看，χ^2 对应的显著性水平为 0.000，Pseudo R^2=0.241，表明有序 Logistic 模型估计结果整体上较为理想。

表 2　　影响农户人情压力的有序Logistic回归模型结果

自变量	系数	标准误	Z 值	P 值	95% 置信区间	
与乡镇中心距离	0.031	0.005	6.64	0.000	0.022	0.040
村庄基础设施水平	−0.135	0.020	−6.87	0.000	−0.174	−0.097
村庄微信群（加入）	0.281	0.043	6.51	0.000	0.197	0.366
来自贫困村（是）	0.550	0.058	9.44	0.000	0.436	0.664
户主健康状况	0.190	0.028	−6.87	0.000	−0.245	−0.136
农业依赖性	0.011	0.006	1.75	0.080	−0.002	0.023
收入增长幅度	−0.037	0.029	−1.29	0.197	−0.094	0.019
收入水平层次	0.049	0.028	1.76	0.078	−0.006	0.103
村民之间互助程度	−0.023	0.064	1.96	0.018	−0.010	0.015
脱贫户	0.070	0.047	−1.48	0.139	−0.162	0.023
边缘户	0.063	0.072	−0.87	0.384	−0.204	0.078
性别（男性）	0.261	0.061	−4.29	0.000	−0.380	−0.142
年龄	0.011	0.002	5.98	0.000	0.008	0.015
文化程度	0.141	0.025	5.73	0.000	0.093	0.189
临界值 1	1.296	0.213			0.878	1.714
临界值 2	2.934	0.215			2.512	3.356
临界值 3	5.025	0.228			4.577	5.473
LR χ^2				417.75		
Prob > χ^2				0.000		
Pseudo R^2				0.241		

从表 2 的回归结果中可以得到如下信息：

（1）经济地理维度：所在村庄到乡镇中心的距离越远，村庄农户的人情压力越大，假设 1a 通过检验；所在村庄基础设施供给水平越好，村庄农户的人情压力也越小，反之基础设施水平越差，农户的人情压力也相应越大，假设 1b 通过检验。来自贫困村的农户比来自非贫困村的农户人情压力更大，假设 2 通过检验。

（2）家庭生命周期维度：户主健康状况越差，人情压力越大，假设 3 通过检验。以非贫困户为参照，建档立卡贫困户、脱贫边缘户与非贫困户的人情压力不存在显著差异，假设 4 未通过检验；

（3）资源依赖维度：农户对农业生产依赖度越高，人情压力越大，假设 5 通过检验。

（4）社会地位寻求维度：农户过去两年的收入增长幅度与农户的人情压力不存在显著的因果关系，假设 6a 未通过检验；但农户收入在村庄所处的层次水平与人情压力存在显著的正向因果关系，即收入所处层次越低，农户的人情压力越大，假设 6b 通过检验。

（5）社会资本维度：村民之间互助程度对人情压力存在显著的负向影响，即感受到互帮互助氛围越浓的农户，其人情压力就越小，假设 7 通过验证。

（6）信息技术与社会变迁维度：以没有加入村庄微信群的农户为参照，加入村庄微信群的农户人情压力显著更大，假设 8 通过检验。

（7）人口统计学特征上：样本农户的年龄、文化、性别均对人情压力存在显著影响，具体而言，年龄越大人情压力越大，文化程度越高人情压力越大，男性人情压力显著大于女性人情压力。

（四）研究结论

本报告通过实证分析，从经济地理、家庭生命周期、资源依赖、社会地位寻求、社会资本、信息技术和社会变迁等维度验证了农户人情支出压力的来源，从整体上剖析和解释了乡村人情的差异性表现，揭示了人情消费成“灾”的形成机制，有如下结论与讨论。

1. 村庄经济社会发展水平越差、相对越贫困，农户的人情压力也越大

其原因有两方面：一是越是落后的地方，获取常规收益的机会越少，一些村民通过举办各类人情酒席来获取收入，村民们碍于面子不得不随礼，并逐渐形成恶性循环；二是越是落后的村庄，对来自他人的帮助需求越大，使得农户有动机通过增加人情上的投入以强化跟村民的联系。

2. 村庄的社会资本越丰富，农户的人情压力越小

村庄经济社会发展不足对农户人情压力的负面效应实际上可以通过增强村庄社会资本来进行对冲。课题组在云南省元阳县哈尼族某村寨做田野调研时就发现，尽管该地区经济社会发展相对落后，村民之间人情往来比较频繁，但村民在人情支出数额上却普遍不高，通常都在 20 ~ 50 元，如果是非亲属的婚丧嫁娶事宜，几乎没有超过 100 元的。根据对部分农户年度收支的计算，人情支出占可支配收入的比例均未高于 5%。其原因在于当地村寨传统文化氛围十分浓厚，长久以来村民之间互帮互助成为一种文化习惯，因此并不需要通过举办各类不合理的酒席来增加收入，也无需通过提高人情礼金数额来维持或增进关系。

3. 农户在人情支出中的社会地位寻求特征十分显著

农户在短期内的收入变化幅度与其人情压力没有显著因果关系，但农户对自身家庭收入水平在村庄中的位次认知会显著影响其人情支出压力。在中国农村“熟人社会”的面子文化以及富人的示范效应下，收入层次较低的农户可能会被裹挟着做出所谓“打肿脸来充胖子”的人情行为，以追求自身在村庄中的社会地位。

4. 农户户主的健康情况越差，人情压力越大

一方面，可能需要获得外界的帮助，所以需要通过人情支出来维持和强化关系，并且在接受其他村民的帮助而有所缓解后，又要进行相应的回礼；另一方面，户主通常是农户家庭中的重要劳动力，当健康状况下降时，获得收入的渠道也会相对减少，即使人情支出绝对值并未增加，但所面临的人情压力也极有可能上升。

5. 农户对农业生产依赖越大的，人情压力越大

实际上，农户经营土地的面积越大，从其他村民手中流转的土地越多，在生产经营中越需要获得其他村民的支持和帮助，尤其是灌溉、土地平整等需要集体行动或雇用大量劳动力的环节。与此同时，能在乡村中大量流转土地的，往往是大户或“能人”，甚至是外来的新型农业经营主体，这些农业经营者可能会通过“人情化运作”的方式调适自身同村庄的各种关系，建立适应村庄的嵌入性关系网络，进而提高农业经营的效益。

6. 加入村庄微信群的农户，面临的人情压力更大

这一点也是本报告一个重要的新发现。在过去，由于空间相对疏离，农户可能不知晓或可以通过假装未得知消息而选择不参加某些人情宴请，而在微信群等网络平台的影响下，无论如何也无法逃避，这从农村宴请中“人不到礼到”等情形愈加普遍也能予以佐证。村庄微信群的存在对农村人情消费的影响，更多时候会在潜移默化中形成。例如，村民随礼的情况可能会在微信群中被公开展示，一些铺张浪费甚至夸张惊人的人情酒席也可能经由微信群在乡间广为扩散，这些由炫耀性行为引起的攀比之风，通过微信等社交媒体而得以强化。

四、推进移风易俗的地方经验

（一）浙江温岭大溪：“链式工作法”全方位推进婚丧礼俗陋习整治[1]

大溪镇隶属浙江省温岭市。区域面积 129.5 平方千米，辖 11 个居委会、70 个行政村，人口 14 万余人。大溪镇是浙江省小城市培育试点镇，是“中

① 本小节资料由浙江省温岭市大溪镇政府提供。

国水泵之乡”“中国水泵电容器之乡”“中国日用品塑料之乡”，工业发达，经济发展水平高。随着一部分人先富起来，婚丧事大操大办现象也时有发生，甚至出现了喜宴发一条香烟的夸张行为。“喜宴香烟发一条”也成为温岭广为人知的陋习。为刹住这股铺张浪费、盲目攀比的不良风气，大溪镇积极响应市委、市政府号召，不断完善制度建设，以“链式工作法”，环环紧扣，环环落实，环环发力，营造婚丧礼俗陋习整治高压氛围，推进婚丧礼俗整治常态化管理，取得了一定成效。目前，全镇操办婚丧事酒宴风气焕然一新，“一条烟”也成为历史，完成了华丽的蜕变。

1.“立法”先行细化标准，打造整治“第一环”

一是形成规范决议，让整治工作“师出有名”。通过前期向社会各界广泛征求意见，大溪镇梳理了包括婚丧事大操大办在内的十项群众反响比较强烈的陋习，并在镇第十七届人民代表大会第七次会议上进行表决。到会的113位代表以全票赞成的方式，表决通过了《关于大溪镇“向陋习宣战，与文明同行”行动决定的决议》，并签订了《操办婚丧礼俗事宜廉洁自律文明示范承诺书》，将“向陋习宣战，与文明同行”这件大事要事在全镇范围全面铺开。

二是细化实施标准，让整治工作“有法可依”。在市级实施方案的基础上，大溪镇结合实际，出台了针对性更强、力度更大、更接地气的《大溪镇关于深入开展婚丧礼俗整治推进移风易俗工作的实施细则》。该细则扩大了对象范围，增加离退休人员、自聘人员、村民代表、网格员、商会会员等群体；细化了操办标准，明确规定不得操办“暖房夜”“落厨房”等额外的酒席，不上茅台、五粮液以及高档红白葡萄酒等名贵酒品，不上龙虾、野生黄鱼、辽参、燕窝、鱼翅等名贵菜等。范围对象除本人不能操办超规格的婚丧宴席外，也不能参加超规格的婚丧宴席。

三是夯实行动机构，让整治工作“有人可用”。大溪镇组建成立了婚丧礼俗规范整治工作领导小组，以党委副书记为组长，下设镇婚丧礼俗规范整治办公室，由宣传委员任办公室主任，镇派出所、市场监督管理分局、党建办、党政办、行政执法、环保办、社管办、各管理区等负责人任成员，进一步加强部门联动，凝聚工作合力。形成“工作有指导，行动有力量”的良好局面。

2. 广泛宣传全面发动，打造整治“第二环”

一是丰富宣传形式，做到“应知尽知”。通过宣传车各村巡回宣传、张贴宣传海报、挨家挨户发放宣传折页、“大溪发布”公众号推广等途径，结合文化礼堂文明婚丧宣讲，多途径多媒体开展宣传，深入发动，推动婚事新办、丧事简办、喜事减办，做到全镇群众“应知尽知”，掀起全民整治热潮。2019 年 9 月 17 日，作为整治活动的战斗号角，“大溪发布”推送的《致大溪人民的一封文明信》，引起广泛共鸣，得到网民一致认可，3 小时内浏览量突破 5000。

二是抓住少数关键，发挥表率作用。“村看村、户看户、群众看干部”，大溪镇坚持首先抓牢政府能管住的“少数关键”对象，要求党员干部、“两代表一委员”、工商联会员等当好除陋习、树新风的领路人，并通过他们管好身边的亲属，以实际行动把移风易俗引向深入，真正使文明新风生根发芽、开花结果。在全镇“深入婚丧礼俗整治 推进移风易俗工作”动员会上，镇组织委员代表全体党员干部作出承诺，常务副镇长、镇妇联主席分别向工商联会员和全体妇女群众发出倡议，村（居）党组织书记分别上台做表态发言，承诺带头深化移风易俗工作，做文明婚丧的积极倡导者、主动传播者和自觉实践者。各村也借助主题党日活动联合村民代表召开婚丧礼俗整治动员会，向村里各类对象传达会议精神并签订承诺书。

三是坚持事后公示，营造良好氛围。以村居为单位设立移风易俗“红黑榜”，将全村所有婚丧宴席操办情况以“文字 + 照片”形式在“红黑榜”中予以公示。对移风易俗工作做得好的群众“红榜”予以表扬，对不遵守“一十百千万”[①] 等规定的列入“黑榜”曝光警示，促其改正，通过先进示范

① 即：婚丧事只办1场酒，丧事酒席不超过10桌100人，婚事单方酒席不超过20桌200人，双方合办不超过40桌400人，不发香烟；倡导酒水单价不超过100元，自办酒席单桌菜品成本不超过1000元，婚庆礼仪不超过3万元，婚车数量不超过6辆，订婚彩礼不超过10万元，不随礼、不收礼。

引领和社会舆论压力，促进乡风文明培养，形成良好社会氛围。

3. 加强督查完善机制，打造整治“第三环”

一是建立制度，强化巡查执法。建立每日巡查制度，将所有群众纳入巡查范围，根据社会事务管理中心提供的丧者名单及各村居事先上报的喜庆事宜操办名单，遵循“属地＋属人”原则，实行管理区包干制度，由各管理区行政综合执法队伍分片管理，落实专人对每一处婚丧酒席进行巡查，并拍照记录。对违规超办的村民，做好调查取证，事后依规处理。为加大打击力度，大溪镇还强势推进“大日子”联合执法，每逢大日子，由整治办联合纪委、党建办、行政执法、交警中队等相关部门组成巡查组，集中开展婚丧事酒席大巡查。做到了有婚丧事宜必巡查，有大日子必联合巡查。

二是“赏罚分明”，完善奖惩机制。大溪镇制定了详细的范围对象违规处理细则。突出正面引导，坚持奖惩并举，对于违规操办婚丧宴席或参加超规格婚丧宴席的党员干部，在党员先锋指数考评中直接评定为不合格党员，并给予廉政提醒谈话或者书面检查；对违规情节较重的党员，给予党政问责处理；对违规情节严重的党员，给予党政纪立案调查处理；对于违规操办婚丧宴席的普通群众，在乡风文明积分制评分中进行相应扣分并在移风易俗红黑榜中公布；对于严格执行“十不准”“两报告”“两严控”“六严禁”“五规范”等规定内容，自觉遵守“一十百千万”标准的对象，则颁发“文明风尚奖”予以鼓励，并赠送婚庆娃娃一对。

三是全员参与，建立监督体系。文明没有旁观者，为鼓励全民参与婚丧礼俗整治，大溪镇设立了婚丧礼俗整治举报平台，动员广大群众通过举报电话或“大溪发布”微信公众号专栏对周边的婚丧事进行监督，通过全社会共同参与线上线下监督，共同破除陈规陋习，不断净化社会风气，提升乡风文明。对所有举报问题，由婚丧礼俗规范整治办公室开展核实处置，确保所有举报线索件件有落实、事事有结果。

（二）河北邯郸肥乡："六抓"同构规范红白喜事，破除婚丧陋习①

河北省邯郸市肥乡区辖5镇4乡，265个行政村，总面积503平方千米，总人口41万人。近年来，婚丧事大操大办、人情比附、天价彩礼在一些农村地区呈现蔓延态势，成为农民的一大烦心事。2017年以来，邯郸市肥乡区把移风易俗作为树立文明乡风、实现乡村振兴的重要工作，通过抓组织领导、村民自治、宣传教育、公益服务、政策引导和常态巡查，引导村民制定红白喜事操办标准，树立婚事简办新风尚，提供免费婚介服务，建立有效的激励约束措施，红白喜事盲目攀比等现象得到有效遏制，移风易俗取得良好效果。

1. 抓组织领导，让民风治理有人管

邯郸市肥乡区把转变党风、民风作为一项重要的政治任务，成立了区、乡、村三级移风易俗工作领导小组，由三级书记任组长，层层签订责任状，层层制定方案，全力推动落实。要求全区党员干部走在移风易俗、抵制彩礼的最前列，三级领导干部带头宣誓，签订"移风易俗、抵制彩礼"承诺书，就事前报告、抵制高价彩礼、婚事新办、丧事简办等内容进行公开承诺，接受社会监督。区纪委出台了《关于党员干部带头移风易俗严禁大操大办婚丧喜庆事宜的通知》，将党员干部报备的操办婚丧事宜列入干部廉洁档案，已经有2名村干部被问责、公开曝光。在党员干部的带动下，全区9.88万户家庭共签订各类承诺书14.5万余份，实现了全覆盖。

2. 抓村民自治，让红白喜事有标准

邯郸市肥乡区出台了《移风易俗节俭操办红白事参照标准》（如表3所示），全区265个村依据参照标准和本村实际，经民主程序制定自己的红白事操办标准。各村根据村规民约，经过村民自治程序制定约束性规定，对操办红白喜事的席面规模、用车数量、办理天数、待客范围、仪式程序等一一

① 本小节资料来源为中央农村工作领导小组办公室、农业农村部《全国乡村治理典型案例》汇编。

作出具体规定。所有村全部成立了村民事务理事会，由村党支部书记任理事长，村内各类人才、婚事丧事具体操办人作为理事，协助操办村内红白喜事，促进文明乡风具体落实。

表 3　　　　　　肥乡区移风易俗节俭操办红白事参照标准

序号	内容
1	农村婚礼由村民事务理事会承办，一天办清，不得搭建彩棚
2	结婚抵制彩礼，不巧立名目索要礼金，迎亲车辆不超过 6 辆，以大锅菜为主，用烟每盒不超过 10 元，女方送亲人数不超过 12 桌。提倡旅行结婚、集体婚礼等
3	婚庆时不燃放烟花爆竹
4	办理丧事不超过 3 天，禁止在大街小巷、公共场所等占道办理
5	丧事不燃放烟花爆竹，不准请戏班、歌舞，不摆酒席，用烟每盒不超过 8 元
6	禁止在灵前使用纸人、纸马等丧葬用品
7	凡不按上述规定执行的，村民事务理事会不予承办

3. 抓宣传教育，让群众心中有导向

2017 年，邯郸市肥乡区以走好网上群众路线，心连心、手拉手、跟党走为宗旨，建立了区、乡、村三级微信矩阵群，将全区 600 余个村和机关单位微信群纳入一张同心网。由总群自上而下发布婚事新办、“零彩礼”宣传，引导农村单身青年树立正确婚恋观。组织党代表、人大代表、政协委员、教师、医生、职工、农民、工商户等群体开展宣誓活动，营造“以高彩礼为耻、以零彩礼为荣”的浓厚氛围。树立“零彩礼”典型 1000 多例，开展了“百户授牌、千人宣誓、万人签名”活动，区委常委集体为 100 个“移风易俗好家庭”授牌，示范引领效应持续显现。

4. 抓公益服务，让婚事新办有平台

区妇联搭建了“鹊桥会”“缘来是你”等免费微信婚介平台，区、乡、村三级妇联组织牵头建立义务红娘队 380 支，每个村都有 3 ~ 5 名义务红娘，吸纳巾帼志愿者、热心大姐、爱心女性等 1000 余名优秀妇女广泛参与志愿服务，从事免费婚介服务，关注群众 10 万余人。区妇联、团委和各乡镇积极组织开展相亲、美丽乡村游志愿服务等联谊活动，使参加公益联谊相亲成了肥乡青年的新时尚。在重要节假日定期举办集体婚礼，倡导“零彩礼”、无酒宴、无红包。定期评选公开承诺女儿结婚不要彩礼的“最美母女”和免费提供婚介服务的“最美红娘”等，由区领导亲自颁发奖牌。

5. 抓政策引导，让破旧立新有动力

区政府相关职能部门综合施策，出台了移风易俗好家庭六项优惠政策和五项制约措施，形成了良好的激励效应。六项优惠政策为：①女方父母在本乡镇卫生院，每年享受免费体检一次；②孕前孕期免费健康指导，住院“一免四减”（免新生儿专家体检费，床位费减收 30%，胎心监护费减收 50%，新生儿洗澡费减收 50%，产前彩超检查费减收 50%）；③子女就读幼儿园，每年免收一个月保育费；④降低创业贷款担保门槛，创业担保贷款提高到 10 万元，并在人社大厅开辟服务直通车；⑤到金融机构办理业务，专设窗口优先办理；⑥到行政审批局（政务中心）办理一切审批及服务事项，享受代办服务。五项制约措施为：①全面抵制彩礼，反对违背男方意愿、强行索要彩礼等行为，禁止大操大办；②村民家中遇有红白事，要向村民事务理事会主动报告，不报告或违反村规民约、索要高价彩礼的村民，日后其家中事项一律不予操办；③对于索要高价彩礼的低保户，村委会要组织召开村民代表会议重新评议，按程序取消低保户资格；④贫困户索要高价彩礼的，不再享受贫困户奖补政策；⑤对于索要高价彩礼的家庭，不能评为星级文明户；⑥对于索要高价彩礼的家庭，电视台、微观肥乡、“心连心”微信矩阵群要对其进行公开曝光。

6. 抓常态巡查，让违规操办有震慑

建立常态巡查制度，由区委办、组织部、纪委、宣传部、民政局组成 5 个移风易俗巡查组，到各村开展即时巡查、随机抽查。特别是每月组织一次大联查，由常委、宣传部长带队，各乡镇宣传委员和 1 名科级干部参加，分组抽查每个乡镇 3 个村，每个村走访调查 10 户群众，一旦发现违规操办的，当场进行处置。目前，已责令工作不力的 3 名乡镇党委书记、17 名村党支部书记和 17 名当事人作出深刻检查，并在全区公开曝光。

经过治理，邯郸市肥乡区红白喜事盲目攀比、大操大办和天价彩礼现象得到有效遏制。村民红白喜事操办支出大幅下降，平均办理红事支出为2万 ~ 3万元，降幅高达76% ~ 84%；白事支出不到5000元，不及之前的1/6。集体婚礼、旅行结婚等婚事新办和丧事简办已经逐步成为当地新习俗。

五、多元共治协同推进移风易俗的政策建议

不良社会风气盛行原因复杂，致使移风易俗成效一直以来都不尽如人意。例如，“天价彩礼”的出现并不仅仅是因为群众攀比心理的主观影响，也跟当前我国农村地区婚姻市场性别严重失衡密切相关；而豪华葬礼屡禁不止同样除了面子文化和补偿心理作用外，也跟古往今来死者为大的文化习俗紧密关联。文明乡风建设是我国全面推进乡村振兴战略的重要内容，当前和今后一个时期，深入持续推进移风易俗是大势所趋和人心所向，需要在总结提升已有经验的基础上，不断创新方式方法，协同推进乡村移风易俗。

（一）以农村法治为基础点，依法依规推进乡村移风易俗工作

第一，监督审核村规民约的合法性。个别地方村规民约中至今还留存有与现代文明和社会主义法治精神相违背的内容，建议由县市一级文明办、法制办、农业农村局、公安局等单位联合制定指导性意见下发各村，指导乡村制定合法、合情、合理的村规民约，并对村规民约采取报备审核制，对村规民约中的歧视性和违法内容要及时提出纠正意见。同时，村规民约的制定要贯彻落实基层民主，充分征求村民群众的意见，遵循村民委员会自治程序和法律规定。第二，依法加大对恶俗婚闹的打击力度。近年来，恶俗婚闹现象层出不穷，既是对婚姻当事人个人权益的侵害，更是违背了公序良俗，助长

了社会歪风邪气。各地要及时出台明确规定，通过法律手段遏止低俗婚闹，依法保护群众合法权益，抵制不良风气盛行。第三，定期开展人情酒席专项整治。名目繁多的不合理酒席以及超出承载能力的高额份子钱让不少群众陷入“人情债”和“人情灾”的困境，各地应组织公安、民政、纪检监察、食药监、乡镇政府等部门定期联合开展人情酒席专项整治，实施人情酒席备案审批制，对不合理、不合情、不合法的行为及时劝退和制止。第四，各地因地制宜出台酒席指导标准。各地政府部门和农村基层组织应根据本地经济社会发展水平，针对红白事酒席及其他与公共交往相关酒席制定规模、档次、数量等指导标准供群众参考，并配套给予一定的激励约束措施。

（二）以思想引领为切入点，加强乡村移风易俗宣传教育工作

第一，加强社会主义思想道德建设。以社会主义核心价值观为基础，融合中华优秀传统文化，大力弘扬宣传新时代社会主义婚姻价值观念，提倡“象征性彩礼”或“零彩礼”理念，倡导婚事新办、简办。第二，改进农村公共文化服务供给。鼓励支持有条件的乡村开展戏曲、说书、民族歌舞、乡村晚会等多样化的文体服务活动，坚决抵制农村葬礼淫秽舞蹈表演；宣传部门要采取农民群众喜闻乐见、具有地方特色的形式，引导各类新闻媒体和快手、火山、西瓜等自媒体多宣传报道婚事新办、丧事简办、孝亲敬老的正能量事迹。第三，营造乡村移风易俗良好氛围。充分利用乡村街集、村内大喇叭等直接面向农民群众的宣传阵地，宣传农民身边的移风易俗典型案例；积极开展“最美儿媳”“最美公婆”“最美民族婚”等评选表彰活动，举办简约而不失隆重的乡村特色婚礼，营造反对奢华浪费、崇尚节约的良好社会氛围。

（三）以社会自治为关键点，重塑乡村治理以及社会动员体系

第一，充分发挥村规民约在移风易俗中的作用。积极引导各村把文明乡

风建设要求纳入村规民约，因地制宜探索村规民约积分制，使村规民约内化为群众的自我行动规范，充分激发移风易俗的群众动力和社会活力。第二，积极动员和发挥群众自治组织作用。引导各村红白理事会、道德评议会、村民议事会等群众性自治组织的舆论监督和道德约束作用，加强对婚丧嫁娶中天价彩礼、攀比浪费、弃养老人等不良风气的监督。第三，探索搭建公益婚介服务平台。以乡镇为单位，引导鼓励村庄中德高望重的老人和经验丰富、热心公益的乡村媒婆组建未婚青年婚恋服务中心，创办公益“相亲角”，搭建县市域范围内“公益红娘群”等交友平台，为“零彩礼”新人推出免费婚检、婚纱摄影、集体婚礼婚庆等一系列奖励政策。

（四）以制度建设为着力点，建立健全乡村移风易俗机制设计

第一，提升移风易俗政策方案的精细化水平。当前，一些地方出台的移风易俗政策过于笼统，缺乏指导价值，建议各地政府邀请民俗专家学者、基层党员干部和群众代表仔细研究本地移风易俗问题，认真探讨移什么风、易哪些俗、新风俗如何取代旧歪风以及如何缩小传统文化保护与移风易俗之间的张力等重要问题，分阶段、分步骤明确移风易俗成效目标。第二，加强移风易俗的激励示范。要继续发挥基层党员干部的先锋模范和带头示范作用，落实基层党员干部婚丧事宜报备、公开制度；对于农村中的经济“能人”、意见领袖、乡贤精英等群体要重点引导，充分发挥他们对村民群众的示范和激励作用。第三，健全乡村移风易俗的经费保障机制。各级政府要切实以行动来表达对移风易俗工作的支持，财政部门应定期拨付一定比例经费专门用于支持农村文体活动，支持非宗族文化地区的村庄建设统一的红白喜事场馆，鼓励宗族文化地区把农村宗祠改造升级为文化礼堂，并配置相应的文体活动设备；同时要积极创造条件，鼓励社会资金、工商资本做大做强乡村的文化产业，参与设计、投资和建设农村的文体基础设施、红白喜事场馆等。

（五）以数字乡村为突破点，推进乡村移风易俗方法方式创新

第一，加强互联网平台移风易俗监督和管理。对在微信、QQ、抖音、快手等各类互联网平台上传播的有违社会公序良俗的人情浪费、人情攀比等不良信息加大打击力度；农村基层组织要加强村庄微信群的规范化管理，及时制止人情“恶俗”信息在村庄微信群的传播扩散，推广运用“红黑榜”“道德墙”等措施积极宣传正确的人情观、面子观。第二，基于数字乡村平台探索建立文明银行。以大数据、人工智能等为代表的数字技术在赋能乡村治理方面已取得显著成效，建议在数字乡村 App 上探索建立掌上“文明银行”，发布乡风文明行为指导性意见条目，引导群众在日常生活中通过文字、照片或视频自主记录储蓄文明行为，借助于数字乡村 App 中的人工智能技术自动识别并给予相应评价得分，对积分高的群众给予红白喜事办理优惠支持，在最美家庭、最美个人等先进事项评选以及基本公共服务供给中予以优先考虑。

参考文献

[1] 陈柏峰. 熟人社会：村庄秩序机制的理想型探究. 社会，2011，31（1）：223-241.

[2] 程玉贤. 微信在新时代乡村治理中的作用研究. 智库时代，2020（6）：286-287.

[3] 桂勇，黄荣贵. 社区社会资本测量：一项基于经验数据的研究. 社会学研究，2008，（3）：122-142.

[4] 郭明. 虚拟型公共空间与乡村共同体再造. 华南农业大学学报（社会科学版），2019（6）：130-138.

[5] 韩俊. 我国全面推行乡村移风易俗避免“人情味”成“人情债”. 新华社：http：//finance. sina. com. cn/roll/2019-06-24/doc-ihytcitk7373207. shtml.

[6] 杭斌. 人情支出与城镇居民家庭消费——基于地位寻求的实证分析. 统计研究，2015，32（4）：68-76.

[7] 赖凯声，孙晓冬. 中国城乡家庭人情消费及其影响因素研究——基于CGSS2010数据的实证分析. 消费经济，2016，32（5）：9-15.

[8] 李汉林. 减轻人情消费推进移风易俗. 江淮时报. 2018年3月5日第3版.

[9] 马光荣，杨恩艳. 社会网络、非正规金融与创业. 经济研究，2011，46（3）：83–94.

[10] 马志雄，丁士军. 精准扶贫、人情支出与农村家庭医疗负担. 中国人口科学，2018（3）：85–96，128.

[11] 苏毅清，秦明，王亚华. 劳动力外流背景下土地流转对农村集体行动能力的影响——基于社会生态系统（SES）框架的研究. 管理世界，2020，36（7）：185–198.

[12] 田学斌，闫真. 农村人情消费中的非正式制度：一个交易费用理论框架. 消费经济，2011，27（3）：85–89.

[13] 阎云翔. 礼物的流动：一个中国村庄中的互惠原则与社会网络. 上海：上海人民出版社，2000：44.

[14] 于铁山. 家庭人情消费的地区分化研究——基于CFPS（广东）2010调查数据. 华南理工大学学报（社会科学版），2015，17（6）：41–49.

[15] 翟学伟. 人情、面子与权力的再生产——情理社会中的社会交换方式. 社会学研究，2004（5）：50–59.

[16] 张旭青，杜丽永，何伟. 家庭生命周期对农户人情往来的影响研究——基于CHFS数据的实证分析. 消费经济，2018，34（1）：73–79，72.

[17] 章元，陆铭. 社会网络是否有助于提高农民工的工资水平. 管理世界，2009（3）：45–54.

[18] 赵剑治，陆铭. 关系对农村收入差距的贡献及其地区差异——一项基于回归的分解分析. 经济学（季刊），2009（1）：363–390.

[19] 周广肃，马光荣. 人情支出挤出了正常消费吗?——来自中国家户数据的证据. 浙江社会科学，2015（3）：15–26+156.

[20] Agrawal，A.，Yadama，G. How do Local Institutions Mediate Market and Population Pressures on Resources? Forest Panchayats in Kumaon，India. Development & Change，2010，28（3）：435–465.

[21] Banerjee，A.，Duflo，E. The Economic Lives of the Poor. Journal of Economic Perspectives，2007，21（1）：141–168.

[22] Belk，R. W.，Coon，G. S. Gift giving as Agapic Love：An Alternative to the Exchange Paradigm Based on Dating Experiences. Journal of Consumer Research，1993，20（3）：393 - 417.

[23] Bian，Y. Bringing Strong Ties Back In：Indirect Ties，Network Bridges，and Job Searches in China. American Sociological Review，1997，62（3）：366–385.

[24] Brown，P. H.，Bulte，E.，Zhang，X. Positional Spending and Status Seeking in Rural China. Journal of Development Economics，2011，96（1）：139–149.

[25] Forsberg，P. Technology as Integrated into Institutions：Expanding the List of Actors Affecting Institutional Conditions of Cooperation. International Journal of the Commons，2018，12（1）：82–110.

[26] Glick，P. C. The Family Cycle. American Sociological Review，1947，12（2）：164–174.

[27] Llamas, R. , Thomsen, T. U. The Luxury of Igniting Change by Giving: Transforming Yourself while Transforming Others' Lives. Journal of Business Research, 2016, 69 (1) : 166 - 176.

[28] Pillai, R. G. , Krishnakumar, S. Elucidating the Emotional and Relational Aspects of Gift Giving. Journal of Business Research, 2019 (101) : 194–202.

[29] Silva, M. J. D. , Harpham, T. , Tuan, T. , Bartolini, R. , Penny, M. E. , Huttly, S. R. Psychometric and Cognitive Validation of a Social Capital Measurement Tool in Peru and Vietnam. Social Science & Medicine, 2006, 62 (4) : 941–953.

[30] Veblen, T. , Chase, S. The Theory of the Leisure Class: An Economic Study of Institutions. New York: The New American Library, 1953.

[31] Yang, M. H. Gifts, Favors, and Banquets: The Art of Social Relationships in China. Journal of Asian Studies, 2016, 56 (3) : 789.

乡村发展用地类型、供地方式及保障政策研究*

自改革开放以来，中国迈入了经济繁荣的高速发展时期。在这一时期，中国农村改革大体经历了家庭经济地位重新确立、资源配置从计划向市场过渡、新型城乡关系初步确立和发展、农村改革全面深化四个阶段，基本脉络是以家庭承包经营为基础，以保障农民权益和主体地位为核心，从单领域到全方位、从点到面、从试点到推广的渐进式市场化改革，激发了农民的积极性和农村的发展活力，为中国农村的持续快速发展奠定了坚实的制度基础。

“地者政之要也”，土地作为民生之本、财富之源和发展之基，始终贯穿着农村改革的全过程，是解决“三农”问题的关键点和实现乡村振兴的切入口。2013 年，中央一号文件首次提出要改革农村集体产权制度，有效保障农民财产权利，指出要完善农村土地承包政策、引导和规范农村集体经营性建设用地入市和完善农村宅基地管理制度，并由此定下了农村“三块地”改革的基本方向。2015 年，中共中央办公厅和国务院办公厅联合印发了《关于农村土地征收、集体经营性建设用地入市、宅基地制度改革试点工作的意见》，并授权允许在北京市大兴区、天津市蓟县等 33 个试点县级行政区域暂时调

---

* 本报告是清华大学中国农村研究院2020年重点研究课题“乡村发展用地类型、供地方式及保障政策研究”的研究成果，报告观点仅代表课题组的看法。课题负责人：许庆，上海财经大学财经研究所教授。报告执笔人：许庆、刘进、刘丹丹、陆钰凤。

整实施土地管理法，由此拉开了农村土地征收、集体经营性建设用地入市和宅基地管理制度改革试点的序幕。2017 年，党的十九大报告再次强调要“深化农村土地制度改革”，表明以承包地、宅基地和经营性建设用地为主的乡村发展用地依然需要进行更加务实和深入的探索，乡村发展用地要进一步明晰土地产权定位、保障收益分配公平合理、显化农民土地财产权利、提升农村土地利用质量。

一、导论

（一）研究背景

当前，我国农业农村发展事业已步入新的历史阶段，改革仍是激活主体、激活市场、激活要素的关键所在，尤其要准确把握以土地制度改革为主线的农村改革方向。然而，随着社会经济的快速发展，居民需求结构的变化要求乡村提供更多的产品和服务，促使乡村功能不断发生变化。且由于不同地区自然资源禀赋的差异，经济发展的不均衡及土地利用方式的多样化，使乡村功能存在显著的区域差异特征，呈现功能类型多元化、主导功能差异化和功能组合复杂化的特点，乡村土地发展方向也呈现差异化和多元化的特征。如何在坚守“耕地红线不突破”“基本农田不占用”“建设用地总量不增加”等总体土地利用制度约束下最大限度地保障乡村发展用地的供给成为新时代土地供给侧结构性改革的核心问题之一。与此同时，我国农村发展用地也呈现新的特征。一方面，农村土地利用类型更加多样、结构更加复杂，在一定程度上改变了传统的以耕作和居住两类用地为主导的农村土地利用空间结构；另一方面，随着农村生产方式和消费需求升级加快，一二三产业融合发展逐渐成为趋势，带来用地需求结构的重要变化，农村新产业发展、新设施建设，不断形成大量新的用地形态，对乡村发展用地的供地方式和政策保障方面提出了新要求。

因此，乡村发展用地依然是土地制度改革的重点，需要加大对乡村发展用地的支持力度，充分发挥政府的引导调控作用。针对乡村发展用地的供给需求以及不同区域的要素禀赋，如何提高乡村发展用地的利用水平，进一步做好乡村发展用地的保障工作是亟须回答的重要问题。对于这一问题的回答，不仅关系小农户、集体经济组织主体、家庭农场、专业合作社等经营主体的利益，还关系田园综合体、庄园经济、互联网+农业、乡村生态旅游业等相关产业发展，不仅是解决“三农”问题的重要突破口，也是本研究的主要目的。

（二）研究意义

基于以上背景，本课题通过梳理我国乡村发展政策变迁及土地改革历程，结合我国现有的土地分类标准，试图从理论上明晰农村发展用地的内涵与功能定位，通过总结国内外农村发展用地的先进经验，结合我国乡村发展用地利用现状，为我国下一阶段乡村发展用地提供可能的借鉴措施。本研究以农村承包地、宅基地和经营性建设用地为例，针对我国乡村发展用地存在的问题和面临的挑战，探索我国乡村发展用地的保障路径，对我国农村农用地的保护、集体经营性建设用地入市和宅基地“三权分置”的实施具有一定的理论意义，同时，有利于保障农民权益，增加农民财产性收益，提高乡村发展用地利用水平和质量。总而言之，通过对乡村发展用地的探索和研究，以期为新时代我国农村发展用地的有效利用、“三农”问题的解决和乡村振兴战略的实施提供借鉴意义。

二、我国乡村发展用地的政策变迁与基本内涵

（一）我国乡村发展的政策变迁及成就

1. 我国乡村发展的政策变迁

中华人民共和国成立以来，我国农村改革走过了一段极不平凡的历史进程，深刻反映了党和国家对农村改革的认识转变和政策变迁。根据改革的目标、任务和重点的不同，本课题大致把中华人民共和国成立以来农村改革过程分为五个阶段：1949—1978 年为改革起点阶段，即为社会主义革命和建设阶段的农村改革；1978—1992 年为探索突破阶段；1992—2002 年为全面推进阶段；2002—2012 年为城乡统筹阶段；2012 年至今为改革全面深化阶段。

（1）改革起点阶段（1949—1978 年）

中华人民共和国成立到改革开放之前，国民经济经历了曲折前进的过程，农村经济发展同样如此。农村主要经历了两次大的改革：一是实行短暂的农民土地所有制；二是实行农业合作社，开展农业合作化运动，最终形成人民公社体制。1950 年 6 月颁布的《中华人民共和国土地改革法》明确指出，土地改革的目的就是要在全国废除地主阶级封建剥削的土地所有制，实行土地农民所有制，以解放农村生产力，发展农业生产。我国农业经历了互助组、初级社到高级社的转变。到 1952 年年底，试办的初级社达到 3634 个。1958 年 8 月，《中共中央关于农村建立人民公社问题的决议》的发布，标志着人民公社化运动从理论走向实践，开始了由集体所有制向全民所有制的过渡。与此同时，在快速实现国家工业化的背景下，我国为限制农村人口和劳动力向非农产业转移和向城市流动，阻断城乡人口流动高度分割的二元户籍管理制度应运而生。

（2）探索突破阶段（1978—1992 年）

在该阶段，农村的改革主要推行以“包产到户”“包干到户”“大包干”为主要形式的家庭联产承包责任制，并在全国范围内进行普及，1984 年由中央予以确立。之后，形成了以家庭承包经营为基础、统分结合的双层经营体制，同时被确立为我国农村的基本经济制度。这是迄今为止中国农村极具历史性意义的制度改革。

1978—1984 年是我国农村改革的探索突破阶段。人民公社使农民生活水平低下，农村经济发展基本停滞，它早已被人们认为是一种“功能性障碍的组织”。1982 年发布的《农村工作会议纪要》，明确肯定“包产到户”“包干到户”等都是社会主义集体经济的生产责任制。1984 年的中央一号文件规定了土地承包期一般为 15 年。至此，家庭联产承包责任制正式确立，这是我国农地产权制度改革的一个重大突破。1985 年，中央一号文件提出要对传统的农产品统购统销制度进行改革，逐步建立起市场调节机制。此后，合同定购与市场收购的“双轨制”方式在我国农产品流通领域开始出现。

（3）全面推进阶段（1992—2002 年）

1992 年，党的十四大提出我国将全面建设社会主义市场经济体制。这一时期，在建立社会主义市场经济体制改革的目标引领下，农业农村改革进行了多方面探索，市场机制在农业和农村经济发展中的作用进一步凸显，如农村基本经营制度的进一步完善、户籍制度改革的逐步展开，农业农村改革沿着稳定完善农村基本经营制度、健全农产品市场体系等逐步展开。

（4）城乡统筹阶段（2002—2012 年）

进入 21 世纪，针对城乡差距的拉大，中央及时提出了“两个趋向”的重要论断，制定了农村“多予少取放活”的方针。通过农村税费改革实现“少取”，通过农村社会事业改革、农业支持保护制度和农民权益保护制度建设等实现“多予”和统筹发展，极大促进了城乡关系的改善。

（5）全面深化阶段（2012 年至今）

党的十八大以来，中共中央作出了全面深化改革的重大战略部署，以前所未有的决心和力度推进改革。2013 年 11 月，中共十八届三中全会审议通过了《中共中央关于全面深化改革若干重大问题的决定》，提出了全面深化改革的指导思想、目标任务和重大原则。这一阶段，农村改革也提出了一系列重大改革任务，改革的重点主要围绕精准扶贫体制机制的构建、承包地“三权分置”制度改革、农村土地征收、集体经营性建设用地入市、宅基地制度改革、农业供给侧结构性改革、乡村建设等乡村振兴战略等议题展开。

2. 我国乡村的发展成就

中华人民共和国成立以来，党中央根据国情和农情逐步推进农村改革，坚持一切从实际出发推动改革，出台了涵盖农村方方面面的优惠政策，坚持农业农村农民一起抓，中国农村农业发展取得了举世瞩目的成就。

一是从农业生产上看，从 2004 年到 2019 年，我国粮食生产实现了历史性的“十六连增”，2012 年以来，总产量连续八年持续稳定在 6 亿吨以上。2018 年，我国粮食总产量 6.58 亿吨，人均占有量 470 公斤，高于世界平均水平 120 公斤；肉类总产量 8571 万吨，人均占有量 61 公斤，高于世界平均水平 18 公斤；水产品总量 6469 万吨，人均占有量 46 公斤，高于世界平均水平 23 公斤。

二是从劳动力结构上看，1978 年从事第一产业的劳动力为 2.83 亿人，到 2002 年达到 3.66 亿人的历史最高点后，从业人员绝对数量开始不断减少，到 2018 年，减少到 2.03 亿人。与此同时，1978 年全部劳动力构成中，从事第一产业的比例为 70.5%，到 2018 年其比例下降到 26%，每年下降一个百分点以上，全部劳动力构成由农民为主变为二、三产业从业人员为主。我们之所以能以越来越少的农村劳动力生产出越来越多的农产品，大大提升生产效率、土地制度演进在其中扮演了重要角色，最大可能地实现了小农户与现代农业的有机衔接，走出了一条独具中国特色的农地创新之路。

三是从农民收入上看，中华人民共和国成立以来，党中央高度重视解决农村贫困问题，从救济式扶贫到开发式扶贫，再到精准扶贫，探索出了一条符合中国特色的减贫道路。特别是党的十八大以来，将扶贫开发纳入国家总体发展战略，实施精准扶贫、精准脱贫，不断加快建立健全城乡融合发展体制机制和政策体系，着力解决城乡二元结构问题，实施乡村振兴战略，推动农业农村发展现代化，农民收入增长迅速，收入渠道更加多元、结构更加优化，城乡居民收入消费水平差距趋于缩小，生活质量和消费水平明显提高。

（二）乡村振兴战略背景下农村土地改革历程

土地制度是国家重要的基础性经济制度，对国民经济社会发展和实施乡村振兴战略意义重大。现行法律中，规范农村土地制度的主要是《中华人民共和国土地管理法》（以下简称《土地管理法》）和《中华人民共和国农村土地承包法》（以下简称《农村土地承包法》）。现基于我国农村土地相关法律的修订与调整及行政法规的发布，对乡村振兴战略背景下农村土地改革历程进行梳理和归纳。

一是《土地管理法》的立法与修订。《土地管理法》是 1986 年 6 月由第六届全国人大常委会审议通过的，1988 年、1998 年、2004 年、2019 年四次修改。1988 年的修正案，建立了土地有偿使用制度和土地使用权出让、转让制度，严格乡镇和村公共设施、公益事业建设用地的审批程序，明确了破坏耕地的法律责任。1998 年的修订，重点将土地管理方式由分级限额审批调整为土地用途管制，强化了土地利用总体规划和土地利用年度计划的效力，加强了对农用地特别是对耕地的保护。2004 年的修正案，是根据 2004 年宪法修正案有关征收、征用的规定，对相关条款作出衔接性修改，在十三届全国人大常委会五年立法规划中，《土地管理法》修改列为一类立项项目。2019 年的修改在土地征收、集体经营性建设用地入市和宅基地制度改革方面均有所突破。在土地征收方面，首次明确界定“公共利益”，并完善了征地程序，改革了征地补偿制度；在集体经营性建设用地入市方面，清除了入市的法律障碍，明确了入市的条件和程序，并明确了使用者再转让的权利；在宅基地方面，下放了宅基地的审批权、增加了户有所居的规定，并鼓励宅基地有条件流转。

二是《农村土地承包法》的立法与修订。《中华人民共和国农村土地承包法》于 2003 年正式颁布，是为稳定和完善以家庭承包经营为基础、统分结合的双层经营体制，赋予农民长期而有保障的土地使用权，维护农村土地承包当事人的合法权益，促进农业、农村经济发展和农村社会稳定的法律。2018 年 12 月 29 日，第十三届全国人民代表大会常务委员会第七次会议表决通过了《关于修改〈中华人民共和国农村土地承包法〉的决定》。2019 年 1 月 1 日，修改后的《中华人民共和国农村土地承包法》正式施行。

（三）我国乡村发展用地的功能定位与内涵

通过上文对我国乡村发展的政策变迁、我国农村土地改革历程的梳理可以发现，我国农村土地制度改革试点取得初步成效，当前已经基本构建了符合我国国情农情的农村制度、土地制度框架体系。要想准确把握我国农村发展用地的内涵，首先要厘清我国土地当前的用途分类准则，并在此基础上对我国乡村发展用地的功能进行准确定位。

土地用途分类是加强土地管理和合理利用土地资源的重要依据，是行使自然资源统一管理的基础、前提与载体。我国现行土地用途分类标准可以分为三类：①按照土地的现状进行分类，主要是基于土地、森林资源、草地资源调查和监测的分类，譬如《土地利用现状分类》《耕地后备资源调查与评价技术规程》《地理国情普查内容与指标》等标准。②按照土地的规划进行分类，主要是针对部门规划设计的土地分类，包括《土地规划用途分类》《城市用地分类与规划建设用地标准》《镇规划标准》《风景名胜区规划规范》《城市绿地分类标准》《村庄规划用地分类指南》等标准。此外，林业和草原部门的《林地分类》和《湿地分类》等标准为土地现状与规划相同的分类，主要为森林、湿地资源的调查、统计、监测、管理和规划设计。③按照土地分区进行分类，我国三大主要规划中，土地利用总体规划划分了建设用地管制分区和土地用途分区；主体功能区规划依据环境资源承载能力、现有开发密度和发展潜力等要素进行综合分析，以此为基础确定功能分区；城市总体规划为城乡建设分区，涵盖居民城乡居民点的空间布局规划。

可以发现，乡村发展用地依然是以承包地、农村集体经营性建设用地和宅基地为基础，其将村庄土地利用规划作为提高乡村土地利用质量的重要方式，统筹区域基础设施建设与产业布局、居民点体系建设的“蓝图”，是统筹区域土地资源配置的依据。因而，乡村发展用地的内涵在于通过供地政策和实践应对乡村发展和政策环境的变化，以期达到缓解乡村用地矛盾、提高土地利用综合效率、促进城乡统筹发展的战略性选择。简言之，乡村发展用地的保障工作是为了从规划高度更好地服务于农业农村的发展，有助于推进乡村振兴战略的实施，缩小城乡差距，为乡村可持续发展提供保障。

三、国内外乡村发展用地经验借鉴及模式探索

（一）国外乡村发展用地供应方式、经验与借鉴

1. 美洲经验借鉴

（1）美国——宏观调控导向型

美国是土地私有制国家，其土地资源丰富，耕地面积约占全球农业用地的 10%，企业、个人、联邦及州政府均占有一定份额的土地。尽管美国面积广袤，但土地滥用依旧导致了美国农村耕地面积的锐减、土地非集约利用和环境破坏等后果。为解决土地利用过程中存在的种种矛盾，美国偏重于采取宏观的政策手段来促进土地利用。具体来说，一是采取土地许可证制度。美国政府将不同的土地进行细分和区分，对于土地的用途、类型、开发、买卖、使用等明确区别开来。与此同时，保障美国政府对土地征用的权利，即

政府机构有权购买土地权利，以此来促使土地有序合理开发利用。二是通过立法对土地利用进行管制。美国联邦政府 1981 年颁布的《农地保护政策法案》就主张通过政策干预或者实施项目的手段，以“土地利用合同”的形式来保护农地，并建立了较为完整的土地评估和评价体系，加强区域间土地利用方面的合作。三是运用税费等政策手段调节土地供需，尤其是为实现土地集约利用对不同类型的土地实行不同的税收政策，即“双轨制”，提高土地集约利用效率。

（2）加拿大——规划制度导向型

加拿大是联邦制国家，现行土地所有制包括了联邦公有、省公有和私人所有三种形式。在土地规划管理方面，与我国自上而下的垂直管理体系不同，加拿大联邦政府、省政府和市政府相对独立又各有分工，其土地利用规划主要分为省级规划、县或市土地利用总体规划、乡或镇土地利用总体规划、用地分区条例或土地开发审批制度、地块规划、开发许可和土地分区及建筑许可六个层次。加拿大主要通过规划达到管制土地的目的，公众在土地规划中扮演着重要的角色。以加拿大安大略省为例，土地规划的实施主体可以是土地所有者，或是开发商，他们根据自身发展需要，在土地利用规划规定范畴内，履行相应管制程序和要求，开展土地利用活动。任何个人或团体在贯彻落实规划时，如果持不同意见，可以随时提出调整方案和调整理由，逐级直至向安大略省城市委员会上诉，要求变更修改规划。但调整方案未通过前，建设管理部门不得发放建筑许可，相关部门也不得办理相关手续。规划实施是政府利用该规划管理的落脚点，为了保证规划得以顺利实施，省政府通常运用政府投资项目、土地征用和储备、社区改造、基础设施建设等措施来影响省级规划的实施。

2. 欧洲经验借鉴

（1）英国——法律法规导向型

英国城市化进程选择的是自上而下的城市化过程，为限制城市向郊区疯狂无序扩张外延，英国政府制定了相应的法律法规。1947 年英国颁布了城乡规划法，把城市规划和区域经济发展有效结合，既兼顾城市长期和短期发展利益需求，又保证城市发展对土地的需求。大体方法是：英国的城市建设用地绝大部分必须经政府审批，并征得民众同意才可进行开发。英国土地规划由两个系统组成：一个是完善的立法系统，另一个是强有力的执法系统。英国这套完备的政府和民众共同参与的制度，有效避免了城市的任意蔓延和过度扩张，并防止过度扩张带来一系列隐患影响城市的未来健康发展，既保证了城市规划的有序开展，又节约了宝贵的土地资源。

首先，建立完善的土地规划立法体系是城市土地开发控制体系有效运转的关键。英国政府制定各种相关法律、条例和法令以及实施无偿或有偿资助政策和减免税收政策等。英国的政策通常是通过法令、条例、通告等法律性文件公布的，强调经济行为的法制化和有序化。英国针对遇到的各种城市问题，先后颁布城市规划、城市住宅、土地划分、地方政府职责、新镇开发、农村土地利用、公众利益保护、古建筑和环境保护等涉及城市土地开发各方面的40余部周详法律，并且不断完善、发展。政策法律化，可保证经济活动过程的有序化和自由竞争过程的公平性，并加强政策的严肃性、权威性和稳定性。

其次，对土地利用的干预主要包括编制土地利用规划、审核批准“规划许可”和强制征购土地等手段。英国土地利用规划一经编制，就具有法律效力，且具有很大的强制性和权威性。英国《城乡规划法》规定，城市土地开发必须以土地利用规划为法律依据，土地市场中的出租、出售、转让等必须以不违反土地利用规划为准则，否则将受到不同程度的经济和行政制裁。土地利用规划已成为政府、公众和开发商必须严格遵照执行的法律规范，规划不以党派和政府领导人的变更而改变，一个规划往往能管十几年甚至更长时间。

最后，构建土地税收政策和税收体系，在促进土地的集约高效利用方面发挥了重要作用。英国税制有两个显著特点：一是总体税制简化、高效；二是重保有轻流转，即土地或房屋权利转移、流转的税收相对较少，而持有环节征税较重。不仅形成了一套有利于土地合理流转和高效配置的经济机制，高额的保有税也促使“地尽其用”。

（2）德国——全面发展导向型

德国的土地供给在不同的阶段有不同的目标。20 世纪 70 年代至今，德国土地整理更加注重生态景观的布局设计，既要促进现代化农业的发展，也要保护乡村生态面貌和空间布局，德国土地供给管理的特点具体包含：

一是土地权属关系的管理。在土地整理项目立项前，首先明晰项目区各土地所有者与土地的权属关系，调整方案必须权衡参加联合会各方的利益，且要通过表决、公示等复杂的程序。

二是土地整理过程中进行土地估价。德国的国家土地并不是通过对土地分等定级确定一定范围内土地的基准地价，而是建立起地块间的相对价值关系。首先是土地整理局建立一个土地价值参考体系，相当于我国的地价基准体系。再根据土地的质量、用途、坡度、植被覆盖等对土地进行分等定级。为了便于每个土地等级间的价值交换，需对每个土地等级都确定一个相对价值系数。土地的估价结果要具体落到土地估价图上，即在各个图斑上有各自等级的土地估值。

三是公众广泛参与到土地整理过程中。一方面，德国公众参与土地整理的组织形式、参加的规模、可以行使的权利都有明确的法律条文保护。另一方面，土地整理每一个项目的立项、估价结果、整理方案、权属调整都会公示，接受公众的监督和质询。

3. 亚洲经验借鉴

（1）日本——政府管制导向型

日本是土地资源极为紧缺的岛国，土地所有制实行私有制和国有制并存，其中私有制土地占 65%，国有制土地占 35%。日本国土资源十分匮乏，是典型的人口密度高、人口城市化率高、人均土地资源紧缺的国家，却在有限的可开发用地上创造了惊人的经济成就。在土地管理方面，一是日本的法律制度均具有“门类健全、综合配套、结构科学、体系完整”的鲜明特征，其土地利用的基本法律、综合性法律、专项法律为土地集约管理奠定了基础；二是科学规划为日本土地用途管制提供了依据，日本政府先后多次制定和修正了《全国综合开发规划》，形成由点到线、面，再到形成全国网络，最后通过“参与协作”的模式形成一极多轴的国土开发结构，有效地促进了土地集约利用。

（2）新加坡——集约利用导向型

新加坡是世界上人口密度和经济密度最高的国家之一，其公共组屋、交通收费闸门、垂直绿化、雨水集蓄等集约利用土地资源的做法成效显著。新加坡政府的主要做法有：一是注重政府和法律的作用，形成以政府为主导、法律为手段的集约化土地利用机制，其将法律制度作为保障集约用地政策落实的重要手段；二是重视土地规划的指导作用，多样化提高土地集约利用水平。新加坡为了提高土地利用水平，采取填海造陆的方式增加土地面积，为新加坡的持续发展提供了空间。此外，新加坡将有限的土地最大化利用，不仅利用地表上的空间，还在地下和地上空间利用上煞费心思，在地上空间，新加坡创新性地开发建设了高密度、多功能公共组屋、商业地产和堆叠式厂房，特别是在综合公交转换站、商业中心区附近建设高密度服务场所、设施和住宅，方便居民出行和消费。深度开发地下空间，分层用于车辆停放、污水处理、物品仓储等用途。

（二）我国乡村发展用地供应的实践探索

1. 多功能导向型发展模式——以上海市为例

上海市实施郊野单元规划，配套系列用地政策，统筹解决乡村新产业发展问题，取得较好效果。现以上海市松江区为例分析大都市地区在农村新业态用地管理上探索实践的具体做法：

首先，解决“三农”新定位中的规划与建设问题。建立郊野单元规划体系，在镇级“多规合一”基础上形成实施性策略规划；实施建设用地整治，通过对集建区外的零星农村建设用地、低效工业用地等进行拆除复垦实现减量化；在镇级整合各类规划、各领域资源，实现集建区外格局优化、用地集约、生产高效、生活便利、生态改善、城乡统筹的发展目标；通过盘活建设用地效益的政策机制，对拆建所形成的建设用地节余指标（每亩 80 万～100 万元）收益，返回乡镇集体，让 130 多万农民增加收益。

其次，加大设施农用地的保障力度。完善设施农用地政策，对符合现代农业发展方向的设施农用地基本做到应保尽保；严格管控农用地的用途改变，建立部门责任机制，实行“谁准入、谁负责”，严格问责；实施林地中设施农用地并行管理，农业、林业、国土一块进行清理整顿。

最后，编制专项规划，将乡村旅游用地按建设用地管理。按照上海的“十三五”规划以及旅游规划发展战略，对乡村旅游进行梳理，并加以规范。规定乡村旅游的设施用地必须按建设用地管理，上海市乡村旅游共有 300 多个项目，用地需求量在 3000 亩左右。

2. 乡村点状供地模式——以广州市花都区为例

在点状供地方面，广州市花都区赤坭镇和狮岭镇均进行了实践。花都区赤坭镇“绿沃川”智慧农业种植园项目占地 266666.7 平方米，园内悬挂式温室种植、全自动蔬菜水培等技术实现了智能化农业生产，“空中草莓园”等文旅开发也促进了农村一二三产业融合发展。花都区狮岭镇“叶海生态园”项目总占地 6666666.7 平方米，已发展为集种植业、养殖业、农产品加工业和旅游业于一体的复合型农旅项目。随着这些农旅项目不断发展，项目内现有的少量配套服务设施已不能满足日益增长的游客的需求。这两个企业都有新增配套一些点状建设用地以建设游客服务中心、厕所、纪念品商店等设施的强烈需求。在地方自然资源部门的指导下，这些拟新增配套建设用地的选址已避让永久基本农田、生态保护红线及城市总体规划的禁止建设区等刚性管控“红线”，但依然存在严重的“三规不符”问题——具体而言，上述案例拟新增建设用地的选址，均同时涉及城市总体规划的限制建设区（总规不符）、土地利用规划的耕地和园地等农用地（土规不符）、控制性详细规划的农林用地（控规不符）。按照现行的规划管控要求，必须待总规、土规、控规均调整完成后，才可开展后续的供地工作。

3. 南海模式——以佛山市南海区为例

南海模式是由于大量外资抢滩南海，集体自发以土地或厂房出租给企业使用、征地艰难和市场作用促成的土地资本化和农村工业化股份合作制。南海推行农村股份合作制的主要做法是将土地折成股份，将股权按比例分配给村民，土地承包经营权仍然属于村集体，由土地股份合作组织统一经营，村民以股东身份获取资产增值和盈利收益。通过引入外部资本或长期合作投资等方式对集体建设用地进行开发利用，具体有村集体自行开发经营、村集体以土地入股与投资者合资经营、村集体开发土地或转让部分土地获取资金开发其余部分土地后出租或转让给投资者和村集体将未开发的土地长期出租给投资者进行开发利用等几种形式。集体建设用地使用权流转可以提高土地配置和利用效率，凸显或提升了土地的市场价值，促进了当地的民营经济发展，而民营经济发展又为“南海模式”提供需求和支撑，目前南海 90% 以上的集体建设用地已经实现流转，占农村集体土地的 30% 左右。

4. 土地增值模式——以浙江省为例

浙江省各地积极开展了农业供给侧结构性改革探索，在农村产业用地的保障上勇于创新，取得了一定的成功经验。譬如武义的“从设施农用地遗留问题到农村产业用地新政”、上虞的“闲置农房激活计划”、义乌的“全覆盖宅基地整治下的集体经营性建设用地入市”实践模式等。武义、上虞和义乌的实践模式具体如下。

（1）武义县

武义县将农村产业融合发展新业态用地进行分类，并与现行用地分类管理相衔接。按照农村新业态用地特征和土地用途管制要求，将农村产业融合发展新业态用地分为产业用地和配套用地，其中，产业用地按照建设用地管理，配套用地按原地类管理。并将试点范围内用地细分为 16 个小类，规定了每种用地内涵及建设要求，为农村新产业新业态用地提供了地类管理依据，缓解了政策上的矛盾。产业用地按“点状布局、垂直开发”的原则进行规划。许多旅游项目虽然占地面积大，但实际需要的建设用地指标不多，尤其是休闲农业和乡村旅游业。“点状供地”模式，在不影响规划布局的前提下，有利于盘活土地的“边角料”，节省建设用地指标，同时不妨碍整个项目的开发、建设和运营；配套用地按“转征分离、分类管理”办法，单个建筑 400 平方米以下，或者整个项目 3 亩以下的用地，允许按照“征转分离”的方式优先供地，并可按照台账报批管理办法进行用地报批。这样有利于简化建设用地审批手续，使项目尽快落地。同时，明确负面清单。产业用地及生产用地的生活用地，禁止占用永久基本农田、粮食生产功能区、生态保护敏感区、主要水域的土地；配套用地的生产、生态用地，严格控制占用水田等优质耕地。

（2）上虞区

上虞区根据自身的资源优势和现实条件，展开探索实践。其主要做法是成立了区镇村三级平台推动闲置农房市场进入，一方面在区成立产权交易中心，由区便民中心管理；另一方面，镇产权交易中心成立了一个分中心，收购闲置住宅，在产权交易中心进行流转。涉及宅基地“三权分置”的具体改革内容包括：①规范农村集体“三资”管理，探索深化农民土地承包经营权、农户宅基地用益物权、农民对集体资产股份权等三权到人（户）农村产权制度改革。②探索农房“三权分割”，为盘活闲置房产提供收益依据。通过合理划分农房所占土地、地上建筑物产权、农房经营收益权益归属界限，探索农村集体组织以出租、合作、合资等方式引入工商资本，盘活利用空闲农房及宅基地。③强化招商引资，为闲置农房引入经营主体。借助“互联网 +”等手段，吸引工商资本利用闲置农房等资源，开发民宿等新经济业态。④设立“农房租”网，为盘活农房搭建网上平台。建立“农房租”网，发布资源信息和招商项目信息，畅通农村资源流转、租用渠道。

（3）义乌市

在宅基地制度改革试点工作上，义乌市政府发挥了政府的主导作用，对全市 756 个行政村进行了全覆盖的整治或更新。对于 42 个城中村，采取城市更新的方式；对于城镇规划区范围内的 383 个行政村，其中 102 个采取统规自建或统建的“四层半”模式，另外 281 个采取“新社区集聚”的模式；而对于城镇规划区外的 331 个行政村，其中 291 个采取“农村更新”的模式，剩下 40 个山区的农村采取“异地奔小康”的模式。这种全覆盖式的整治或更新，不仅提升了整个义乌宅基地的节约集约利用，也为城市产业发展提供了更多的土地空间，更为集体经济的后续发展提供了既规范又高效的土地要素基础——集体经济可以自主且灵活地开发利用产业用地空间。

在全域宅基地整治过程中，义乌对所有村庄开展人均 100 平方米的建设用地规模“减量化”总量控制。政府在给定这个指标总额后，不再干预各村内部在不同用途上如何分配这些建设用地指标。村集体通过自治的方式决定这些指标在宅基地、集体经营性建设用地和基础设施用地之间的配置。同时，无论是增量还是存量经营性建设用地都可以入市。

（4）德清县

德清县以集体经营性建设用地入市来实现乡村发展用地保障。截至 2017 年 6 月，入市 131 宗，共 855.55 亩，成交价款 1.88 亿元，亩均 21.97 万元。对于入市的业态，因为德清毗邻莫干山，大多数人可能误以为民宿等休闲农业产业是德清入市改革的主导产业。实际上，工矿仓储业态占入市地块面积的 86%。这些入市地块在空间分布上绝大部分都在城镇规划区范围外。而且大多数入市的地块属于没有经过审批和办理任何用地手续既成事实的产业用地，属于“历史遗留问题”，正好通过此次入市试点改革的方式解决。这些都揭示了德清的入市改革本质上就是一种农村产业发展用地政策创新。

5. 地票模式——以重庆市为例

地票交易是土地交易的创新模式，是对我国城乡建设用地增减挂钩试点做法的大胆探索。地票，是指土地权利人自愿将其建设用地，按规定复垦为合格的耕地等农用地后，减少建设用地形成的在土地交易所交易的建设用地指标。通过地票交易实现城乡建设用地指标的跨城乡等量增减，有助于解决城市化过程中城市快速发展造成的建设用地指标短缺问题。

重庆地票交易模式，主要包括 4 大环节——土地复垦、复垦验收、地票交易和指标落地。第一步是土地复垦：在政府部门确认农民权利并颁发证明的基础上，具有其他合法住所的农民自愿向相关政府部门提出复垦宅基地，复垦申请通过后由相关政府部门主导，农村土地交易所接受申请后将农民应得收益以预支的方式发放给农民，然后农民交房。第二步是复垦验收，即农民申请的土地复垦完成后有关部门对复垦情况进行验收，复垦指标形成地票。第三步是地票交易。地票复垦验收完成后，农村土地交易所收集所形成的地票，对外公开信息，在农村土地交易所进行地票交易。如果地票供不应求，就会采取拍卖的方式进行交易，力求获得最大的利润；如果地票供过于求，则会采取招拍挂的形式，力求获得最大的利益。企业、个人及相关用地单位根据土交所的公开信息申请购买地票。最后一步是指标落地：交易主体购买地票后，通过使用地票获得在城市规划区内选定的待开发土地，由区县人民政府办理征收转用手续，按“招拍挂”有关规定取得与地票面额相当的国有建设用地使用权，指标落地时可冲抵新增建设用地有偿使用费和耕地开垦费。

6. 产业融合发展模式——以四川省为例

为了保障农村产业用地促进乡村发展，四川省多地进行了不同的实践创新。具体实践模式如下。

（1）高县

宜宾市高县规划先行，为农村一二三产业融合用地奠定发展基础，政府安排了 1.33 公顷的设施用地支持先建厂房和办公用房用地，并配置了 0.66 公顷农业设施用地，通过农地流转和土地整理获得规模生产经营的第一产业用地。目前，当地已形成了以红薯生产为中心的第一产业、无明矾粉条精深加工为中心的第二产业、红薯菜品研发示范及美食中心为主的第三产业的薯类产业链。

（2）郫都区

该村根据区位优势制定了农村第一、第三产业融合的休闲旅游产业规划，第一期总占地10公顷，其中，建设用地1.93公顷，农用地8.06公顷。创新性地探索“宅基地原址”开发，形成以第三产业开发带动第一产业发展的用地模式，采用了公开交易的方式获得集体经营性建设用地以及通过流转方式获得了农用地及未利用地，成功建成了集体经营性建设用地属性的“千鹭湖乡村度假酒店”。

（3）龙泉县大龙村

该村结合远大博雅项目的进驻制定了产业发展规划，根据历史遗留问题处理把原来的承包地通过用途管制及规划转为集体经营性建设用地，通过招商引资并制定规划，使其成为以建设木雕加工厂和艺术会属中心产业为主的“远大博雅产业园”用地。

（4）福洪镇

四川福洪镇依据乡镇土地利用总体规划、城乡建设规划、土地整治规划等相关规划，为改善农民居住条件，对原有住房进行拆除后在居住区建房，同时结合田、水、路、林、村综合整治，将原有零星分散的废弃建设用地复垦为耕地的工程行为，形成了具有特色的福洪镇“小挂钩”模式。“小挂钩”的运作机理与城乡“增减挂钩”相似，但在具体运行中存在不同：①审批层级不同，城乡“增减挂钩”由省级国土部门审批，“小挂钩”由市政府审批；②项目区范围不同，城乡“增减挂钩”可跨县级行政区设置，“小挂钩”项目区仅能在本乡镇范围内设置；③建新区用地性质不同，城乡“增减挂钩”用于城镇建新区的土地要征收为国有建设用地，“小挂钩”的建新区通常保留为集体建设用地。

具体到福洪镇来看，其地处成都市龙泉山旅游区腹地，临近成南高速等交通干道，具有比较优越的资源禀赋及交通和区位优势，但却是典型的纯农业乡镇，2011年农民人均纯收入只有4000元。2012年，和盛公司以投资实施“小挂钩”项目为切入点，驱动福洪镇走出了一条“人地同步”“村镇融合”的新路。和盛公司首先以“规划先行、全镇统筹”为理念，协助镇政府编制各类规划，形成“多规合一”，为村庄整理和乡镇改造提供规划依据。然后以远离新规划场镇的先锋村为拆旧区，在农民自愿的基础上对先锋村破旧农房及宅基地进行拆除和复垦还耕，并到规划的新村聚居点和新场镇集中修建住房。将通过项目实施节余的部分建设用地指标配置在场镇用于第二、第三产业发展，部分配置在镇域用于休闲农业与观光旅游等项目建设，通过改善场镇基础设施和公共服务条件，吸引本镇和周边乡镇的农村人口以及在本镇企业中务工的人员向场镇聚居。福洪镇引入社会资本，将村庄整理与乡镇改造结合起来协同推进，在短短几年内从一个纯农业乡镇升级为三产融合发展的经济强镇，2017 年全镇农民人均纯收入达 20572 元，6 年增长了 400%。

（三）国内外乡村发展用地经验启示

“他山之石，可以攻玉”。土地是人民安身立命的基本保障和坚实后盾，确保土地科学合理使用，提高土地利用效率，发挥农村土地的价值和作用，对于我国乡村振兴战略的实施、脱贫攻坚的夯实和粮食耕地的安全具有重要意义。国内外乡村发展用地的先进经验与实践案例为我国乡村土地的发展指明了方向，提供了能够借鉴的可行措施。

1. 加强法律体系建设，引导土地良性发展

加快土地利用和管理的立法建设，为乡村土地利用水平的提升提供法律依据。要增强土地法律法规的落实效率和权威性，做到土地利用有法可依，并且要严格按照法律执行土地利用的相关规定。在相关土地法律法规的基础上，根据不同区域的土地发展水平，制定相应的土地利用奖惩措施。一方面，加强对土地非法使用的监管，严禁土地违规乱建行为，遏制土地执法人员知法犯法违规乱纪行为，不断提升各级政府的土地管理能力；另一方面，促使土地法律法规的有效落实，为土地的高效使用提供保障，提高基层工作人员参与土地管理的积极性，减少土地使用矛盾。政府部门和民间部门要加强土地法制宣传工作，增强人民群众的法律意识，鼓励公众参与土地法制工作的开展，建立和完善土地管理的群众参与与监督机制。

2. 注重顶层规划设计，明确土地利用方向

科学编制土地利用规划，构建多层级、多目标和多时期的土地规划体系，不断完善土地规划方面的法律法规，明确我国土地规划的程序、编制、审批等内容，界定不同主体的责任和权限，既要考虑到土地规划的稳定性，又要注意土地规划的弹性，立足于当地实际情况，将土地利用的短期利益与长远利益结合起来，从大局出发编制土地利用规划。公众要充分行使土地规划监督权，积极参与土地规划的编制、修改、审核等流程，共同为土地规划的集约化利用建言献策。在土地总体规划的基础上要注重详细规划的编制，充分利用现代科学技术为土地详细规划提供技术支持，提高村镇布局和建设的协调性，深化土地详细规划的内容、目标和作用。不断健全各级土地管理部门的职能，提高管理人员的管理水平，增强专业技术人员的专业素养，为土地规划的编制提供重要保障。

3. 完善土地管制机制，提高土地利用效率

加快土地分类体系的建设，细分土地类型和用途，将土地规划与土地用途管制结合起来，明确划分乡村土地优先发展区、重点建设区、生态保护区和基本农田耕作区，严禁违规违建行为，防止建设用地规模无序扩张。在土地管制过程中，不仅要提高土地审批的效率，减少冗杂烦琐的程序，增强各级政府之间的协调度，实现统筹安排土地利用的目标，也要重视公众的提议，拓展民众参与土地管理的渠道，激发公众参与土地建设的主观能动性，从而保证广大人民群众的利益。合理利用国家税费政策，通过行政手段来遏制土地粗放利用，提高土地集约化利用效率。不断完善土地保护补偿机制，构建多元化的土地补偿方式，鼓励集约化土地利用方式，将“绿水青山就是金山银山”的理念贯彻到乡村发展用地的管理中，建立土地集约化利用考核机制，将土地利用评价作为政府业绩考核的重要指标。

4. 健全土地市场体系，优化土地资源配置

坚持市场在土地配置中的基础地位，发挥政府的宏观调控作用，合理调控激活土地流转市场，促使土地市场健康有序发展。逐步放宽土地有偿使用范围，严格制定土地出让价格和标准，落实土地“招拍挂”政策。探索将集约用地要求、处置方式和退出机制等作为土地出让约定条款，并实施动态监管。建立集约用地的奖惩机制，从而有利于土地利用效率的提升。建立与健全土地市场制度，需继续推进土地市场秩序治理整顿工作，加强土地市场建设，促进市场稳定发展。同时，要建立土地市场动态监测机制，有效利用土地税收、国家财政政策等对土地交易与地价市场进行干预。积极开展用地结构性挖潜，鼓励和引导用地者对现有建设用地进行再开发、再调整、再利用，不断提高现有用地利用强度，增加有效发展空间；继续加大对闲置土地的处置力度，采取回购、鼓励二次开发等方式积极盘活利用低效用地。

四、我国乡村发展用地类型及供地方式现状

（一）农用地利用现状

现行土地法律制度下，对于农用地的利用方式可分为两种，一种是基于土地承包经营权的流转不改变土地利用性质的方式，通过转让、出租、入股、抵押等方式引入社会资本；另一种是改变土地性质的利用，如休闲农业及旅游开发过程中涉及的占用农用地的行为，需要基于土地利用总体规划及土地利用年度计划实现农地转用。

农用地的基本功能是生产功能，同时兼备气体调节、水源涵养等生态功能和景观文化功能。随着传统农业不断升级转型，农用地的景观文化功能被市场逐渐开发，社会资本开始通过承包经营流转的方式，使用农用地从事与旅游相关的种植业、林业、畜牧业等生产活动。乡村农用地的利用形态较以往单一的生产功能变得更具复合性。广大农村的产业已不再局限于传统农业，开始逐步形成泛农业产业体系，有些乡村向规模化农业生产兼具加工业的方向发展，有

些乡村向兼具消费型的现代服务业发展。总体来看，广大乡村的农用地利用形态发生改变，我国耕地保护政策面临农用地复合利用引致的新压力。

（二）宅基地利用现状

闲置浪费、“一户多宅”是当前乡村宅基地表现出最常见也最突出的问题。据《农村绿皮书：中国农村经济形势分析与预测（2018—2019）》估算，2018 年农村宅基地空置率为 10.7%，样本村庄房屋空置率最高达 71.5%；第三次全国农业普查数据显示，截至 2016 年年末，拥有自己住房的农户占比高达 99.5%，其中，拥有 2 处及以上住房农户比例近 13%，“一户多宅”“一人一宅”“建新不拆旧”“少批多占”“未批先占”“两栖占地”等农民的隐性占地行为已明显突破现行法律规章制度约束，导致了宅基地资源的粗放利用。

由于乡村的异质性，我国不同类型农村在宅基地的利用效率及方式上也存在差异。依据地理区位将我国乡村分为一般乡村及沿海发达地区和城郊乡村，进一步分析宅基地在乡村发展中的利用现状。一般农村的宅基地具有较强的承载功能、生活功能、社会保障功能，但这类农村宅基地资源一般较为丰富，农户对于土地集约利用的意识较弱，乡村发展用地的利用更为粗放，宅基地表现出的闲置浪费问题也更加突出。沿海发达地区和城郊农村的宅基地由于其财产属性更为显化，这类乡村宅基地资源一般较为紧缺，农户的集约利用意识较强，宅基地使用管理执行力度相对较高，但“小产权房”等宅基地乱用问题更为突出，在一线城市和二线城市广泛存在。

（三）集体经营性建设用地利用现状

我国乡村的集体建设用地是获取乡村振兴所需资金的重要来源。在现有乡村发展用地的供地政策下，乡村的集体建设用地也是发展休闲农业、乡村旅游等新业态、新产业的重要用地形式。但从规模来看，作为承担了乡村生产经营性活动的重要建设用地，集体经营性建设用地在乡村建设用地中的占比较低，其规模仅占13%左右，且主要分布在东部沿海地区和大城市周边。由于受到建设用地总量约束，乡村建设用地的利用往往以保证城市用地供给为目标，乡村建设用地的流失严重，但农村发展用地土地需求整体旺盛，设施用地及休闲农业等普遍面临用地指标不足的问题，严重阻碍了乡村的振兴。

自2013年集体经营性建设用地入市改革提出“在符合规划和用途管制前提下，允许集体经营性建设用地实行与国有土地同等入市、同权同价”，集体经营性建设用地入市试点工作逐步开启，先后两次延长试点时间。截至2018年12月，33个试点县（市、区）集体经营性建设用地已入市地块1万余宗，面积9万余亩，总价款约257亿元，收取调节金28.6亿元。针对如何借助集体经营性建设用地入市实现乡村振兴，目前试点地区已经积累了较为成熟的经验。如通过对集体经营性建设用地实行用途管制，规定只能用于旅游业、商业和工业发展等；使用集体经营性建设用地打造旅游观光、农业体验、休闲度假一体式的乡村旅游综合体等。试点工作的成功也为广大乡村建设用地保障提供了启示。

五、新时代乡村发展用地面临的问题及挑战

（一）农用地面临“数量”与“质量”的双重压力

在产业融合发展的背景下，农用地在乡村发展中除了承担粮食生产的任务以外，其利用方式、功能和用途均朝着复合化的方向发展，但农用地复合利用的相关法规却滞后于需求，传统的土地用途管制面临着挑战，乡村农用地面临“数量”与“质量”的双重压力。

一方面，耕地“非粮化”和“非农化”现象对农用地带来影响。第一，

“非粮化”利用对耕地质量产生影响，当前，我国耕地“非粮化”类型从利用、管理方式来划分，可归纳为“水田旱作、旱地种植经济林果（园）、旱地种植速生林木或用材林木、带土移植、挖塘养殖”五种，其管理不当带来土壤酸化、板结、污染、退化等质量问题。第二，耕地侵占现象时有发生。由于乡村设施农业和旅游产业发展用地指标的普遍紧张，不少地区已经出现农用地承载休闲农业、乡村旅游、农业教育、农业科普、农事体验等功能的现象。相较于“非粮化”利用对于耕地质量的影响是缓慢而渐进的，农用地“非农化”利用对于耕作层的影响是破坏性的。

另一方面，农用地复合利用相关法规不完善。由于对乡村发展用地缺乏规范引导，当前农业经营主体在利用农用地时违法违规现象屡屡发生，实际管理中对于“占用农用地，改变农用地用途”的违法认定不够明确。仅依靠“不破坏耕作层”这一标准，无法在土地用途管制上确定其是否承载建设用地功能，如为了避免农地展用的长周期和高成本，采用架空搭建设施来实现规避破坏耕作层的违法风险。可以说，当前对于土地复合利用的相关标准缺乏系统性，且政策边界模糊，导致地方难以把握，政策无法落地。

（二）宅基地“无用”“超用”“乱用”问题突出

随着我国迈入城镇化加速期，农村居民向城市转移的规模和速度增大，农村宅基地资源浪费现象日趋严重。乡村宅基地的“无用”（闲置浪费）、“超用”（一户多宅）、“乱用”（小产权房）现象普遍存在，带来了乡村土地资源的极大浪费，不利于盘活农村要素。

第一，宅基地的“无用”问题主要来源于宅基地保障功能和财产功能的现实矛盾。一般乡村的宅基地当前除了自用，无法进行转让和抵押，其财产功能无法发挥。由于兼具财产功能和社会保障功能，乡村宅基地在价值取向上一直面临效率与稳定的冲突。第二，宅基地的“超用”问题，主要受到宅基地“无偿进入”与“退出困难”的共同作用。由于宅基地的无偿分配特征，农户符合条件便积极申请取得宅基地，同时宅基地却缺乏有效的退出机制，再加上存在批新不交旧、强占、违建等违法行为，宅基地处于无序扩张和蔓延的状态。第三，“小产权房”带来的宅基地“乱用”问题主要发生在一、二线城市，主要受到社会及制度因素两方面的影响。其一，由于大城市住房保障缺口较大，小产权房又价格低廉，带来了旺盛的需求；此外，在当前二元土地体系下，农民无法有效地合理分享征地的增值收益，部分村民或村集体基于自己追求更多收益的角度自发建造小产权房，使得乡村宅基地资源的规划与利用更加复杂。

（三）集体建设用地增量调节与存量整合机制有待完善

目前，我国乡村旅游发展势头猛，成为旅游业发展最快、潜力最大的构成。广大乡村以现代农业为载体，涌现了大批产业融合发展的新业态、新产业，诸多以现代农业冠名的各类农业园区与公园、特色小镇和民宿开发也逐渐兴起。乡村新业态的蓬勃发展为不少贫困地区脱贫攻坚工作的开展提供了平台，但同时大体量的农业设用及旅游配套建筑对乡村建设用地的需求提出了更高的要求。但当前，乡村建设用地的增量规模小，存量利用效率低下，乡村发展用地的供给严重滞后于实践需求，集体建设用地的增量调节与存量整合机制有待完善。

从乡村发展增量用地来看，其主要来源为土地利用计划支持及村庄整治、设施农用地调整和四荒地开发所节余出来的建设用地指标，由于增量土地的法律风险低、数量少，其成本通常非常高，对于乡村发展用地的供给保障较小。完善增量调节机制，应在国家土地利用总体规划“总体稳定、局部微调”的框架下依靠生态化整治技术重点针对农村四荒地及低丘缓坡土地等进行复垦开发。从乡村发展存量用地来看，主要包括农村工矿废弃地、闲置厂房、校舍、农房、宅基地等，这些闲置的土地与房屋资源虽然规模不小，但其利用效率却很低。相较于增量用地，乡村发展存量用地虽然位置分散，但数量多且成本低，似乎更具开发潜力。因此，在“耕地红线不突破”“基本农田不占用”“建设用地总量不增加”三大目标约束下，应该存量、增量“两手抓”，通过构建乡村发展用地增量调节机制与存量整合机制，最大限度地寻求乡村发展用地的供给保障。

（四）对集约利用与环境友好的理念重视不够

保障乡村发展用地需求，应建立在土地资源的可持续利用原则之上。但在现实乡村发展用地的利用中，环境友好利用的约束机制尚未建立，土地粗放利用带来的资源浪费和环境污染问题频发，不利于走出一条“环境友好”的乡村振兴之路。当前乡村的快速发展无疑为生态环境带了额外的负担。从设施农业来看，我国设施农业在建设中存在工程结构与布局不合理、耕作密度高、过量使用化学肥料或农药等辅助生产措施和设施利用率低等问题，使土壤原本结构发生改变，带来了土壤有机质含量降低和农村水体污染加剧等环境问题。从乡村旅游产业来看，投资者为追求“山水田园诗”的意境，偏好将一些设施布局在农田间或水域，餐饮住宿等人类活动带来的生活垃圾及污水甚至直接排放在农田及水域，不仅对土壤和水体带来污染，甚至对当地的生物多样性和人文景观带来不可逆的危害。面对紧张的资源与环境约束，充分考虑区域土地资源的可持续利用，是应对当前乡村发展用地资源环境困境的必然选择。

六、新时代乡村发展用地保障的实现路径及政策建议

（一）坚持严格的耕地保护制度，筑牢粮食安全根基

粮食生产是资源约束型生产，其中耕地资源是保障粮食生产主要的刚性约束之一。农村土地制度改革无论怎么改，都不能把农村土地集体所有

制改垮了，不能把耕地改少了，不能把粮食产量改下去了，不能把农民利益损害了。强调了土地的农业生产功能，也指出了保障乡村发展用地的思路必须建立在坚持“最严格”的耕地保护制度之上。

第一，必须充分认识遏止耕地“非粮化”和“非农化”的重要性和紧迫性。我国本身耕地资源总量少、后备资源不足，在追求乡村振兴与脱贫攻坚的目标下，必须防止耕地“非粮化”和“非农化”倾向，保障国家粮食安全和重要农产品的有效供给。务必站在耕地“数量”“质量”“生态”三位一体的管护视角，制定科学的管制规则，避免在乡村发展过程中，一味追求经济产出挑战耕地“数量”及“质量”底线。

第二，着重推进小农户生产和农业现代化的有效对接。妥善处理“三权分置”制度框架下农村集体、承包农户、土地经营者之间的关系，培育新型农业经营主体，优化农业布局结构，促进适度土地规模化经营，破除我国小农困境，逐步走向现代农业发展的轨道上。

（二）稳慎推进宅基地制度改革，建立生态宜居乡村

稳慎稳妥推进宅基地“三权分置”能够有效提升农民财产性收入，激发乡村产业发展活力，为乡村发展用地腾出建设空间，与村庄村落规划配套，建立生态宜居乡村。目前，宅基地使用权流转制度或者是宅基地退出机制都不够完善，无法切实实现宅基地的财产功能以及农户的保障功能。为了盘活和利用这些宅基地资源，国家也在积极探索宅基地所有权、资格权和使用权的实现路径，为乡村振兴提供政策支持。

宅基地是发展乡村设施农业、休闲农业和乡村旅游多种业态的一大潜在用地来源，然而当前我国乡村宅基地规模大而利用效率低，不能与乡村发展的需求相匹配。为了满足乡村新产业新业态的用地保障，更应拓展盘活乡村存量资源的新思路，重视对闲置宅基地潜力的挖掘，针对不同乡村的特征，因地制宜，通过创新驱动和完善宅基地制度规定来实现乡村发展用地的保

障。对于一般农村，可以利用闲置宅基地或宅基地整理结余的建设用地指标进行开发利用，发展休闲农业、乡村旅游等新业态、新产业。对于沿海发达地区和城郊农村，在乡村产业融合过程中，可以凭借区位优势，在个性化改造基础上发展度假养生、文化创意等多种产业，同时可与城市租赁住房需求对接，实现多方主体“共赢”。

（三）统筹乡村集体经营性建设用地，助推乡村产业兴旺

统筹利用乡村集体经营性建设用地资源，聚集乡村振兴所需要的生产要素，是为乡村振兴提供建设用地保障的重要基础。为了破除集体经营性建设用地入市障碍，自 2020 年 1 月 1 日起，我国已经允许集体经营性建设用地不经过地方政府征收环节直接入市，这项制度安排对于鼓励农民利用集体建设用地从事非农产业、助推乡村产业兴旺意义非凡。但即使在破除直接入市的障碍前提下，当前集体经营性建设用地入市仍然困难重重。要借力乡村建设用地促进乡村振兴，就需要反思现行制度中阻碍乡村振兴的制度缺陷。

当前，乡村土地权力界定不清晰，历史遗留问题多，很多集体经营性建设用地无法满足入市规定；中西部地区和偏远农村土地价值显化程度低，集体经营性建设用地上市动力不足；由于集体经营性建设用地入市程序复杂，且对国有土地市场存在冲击，地方政府积极性也未充分调动。因此，统筹乡村集体经营性建设用地，应坚持市场化改革的方向，切实落实“建立城乡统一建设用地市场”的要求；进一步明晰集体建设用地产权，赋予农民更加充分的交易权，为保护农民权益，提升农民福祉做实制度保障；完善入市机制设计，降低乡村集体经营性建设用地入市的交易成本，保障乡村零星、分散的小规模集体建设用地的入市需求。

（四）加强乡村土地制度联动治理，协调乡村振兴用地保障

土地制度作为国家的一项基础性制度安排，不仅是整个经济社会结构的基础，而且构成乡村制度体系的基础和核心。要实现乡村振兴，必须注重乡村土地制度的联动性治理，实现乡村发展用地保障与脱贫攻坚有效衔接。坚持以高质量发展、农业农村优先发展、城乡融合发展为导向，依据因地制宜、分类施策的基本理念，以处理好农民与土地的关系为主线，以促进农民共同富裕为总体目标，以深化乡村土地制度改革、完善土地产权权能及其收益分配机制为突破口，适应乡村人口与产业结构变化对乡村社会秩序造成的影响，充分且有效利用大数据、遥感技术、互联网配送、物联网管理等技术与服务，打破原有产业壁垒，驱动乡村产业模式变革，形成新型乡村治理机制。

其中，承包地“三权分置”制度的巩固和完善是基础和着力点，应转变农业发展方式，保障“藏粮于地、藏粮于技”，完善和创新以粮食安全为基本目标、农用地有效复合利用为主要内容的乡村发展用地保障。集体经营性建设用地改革是关键点和重要保障，为稳步推进乡村振兴提供资金保障，也是实施乡村社会现代化治理的重要资金来源，有助于乡村基础设施的完善和农民福利的改善。宅基地使用权的实现路径是乡村土地改革的重点和难点，是整合乡村存量资源的一大抓手，需考虑乡村的差异性，因村施策，循序渐进，为乡村发展用地提供有效保障。

参考文献

[1] 蔡昉. 中国“三农”政策的60年经验与教训. 广东社会科学，2009（6）：148-157.

[2] 陈美球，廖彩荣，刘桃菊. 乡村振兴、集体经济组织与土地使用制度创新——基于江西黄溪村的实践分析. 南京农业大学学报（社会科学版），2018，18（2）：27-34+158.

[3] 陈锡文. 论农业供给侧结构性改革. 中国农业大学学报（社会科学版），2017，34（2）：5-13.

[4] 姜长云，杜志雄. 关于推进农业供给侧结构性改革的思考. 南京农业大学学报（社会科学版），2017，17（1）：1-10，144.

[5] 蒋省三，刘守英. 土地资本化与农村工业化——广东省佛山市南海经济发展调查. 管理世界，2003（11）：87–97.

[6] 李谷成. 中国农村经济制度变迁、农业生产绩效与动态演进——基于1978～2005年省际面板数据的DEA实证. 制度经济学研究，2009（3）：20–54.

[7] 刘守英，熊雪锋. 我国乡村振兴战略的实施与制度供给. 政治经济学评论，2018，9（4）：80–96.

[8] 刘振伟. 乡村振兴中的农村土地制度改革. 农业经济问题，2018（9）：4–9.

[9] 孙健. 中华人民共和国经济史（1949–90年代初）. 北京：中国人民大学出版社，2017.

[10] 魏后凯，刘长全. 中国农村改革的基本脉络、经验与展望. 中国农村经济，2019（2）：2–18.

[11] 翁鸣. 中国农业转型升级与现代农业发展——新常态下农业转型升级研讨会综述. 中国农村经济，2017（4）：88–95.

[12] 项继权，周长友. “新三农”问题的演变与政策选择. 中国农村经济，2017（10）：13–25.

[13] 叶兴庆. 新时代中国乡村振兴战略论纲. 改革，2018（1）：65–73.

[14] 叶裕民，戚斌，于立. 基于土地管制视角的中国乡村内生性发展乏力问题分析：以英国为鉴. 中国农村经济，2018（3）：123–137.

[15] 张红宇. 乡村振兴与制度创新. 农村经济，2018（3）：1–4.

[16] 张红宇. 中国农村改革的未来方向. 农业经济问题，2020（2）：107–114.

[17] 赵龙. 为乡村振兴战略做好土地制度政策支撑. 行政管理改革，2018（4）：11–14.

[18] 中共中央，国务院. 关于保持土地承包关系稳定并长久不变的意见. 人民日报，2019–11–27.

[19] 中共中央关于坚持和完善中国特色社会主义制度推进国家治理体系和治理能力现代化若干重大问题的决定. 人民日报，2019–11–06.

[20] 朱启臻. 当前乡村振兴的障碍因素及对策分析. 人民论坛・学术前沿，2018（3）：19–25.

农村金融回归本源及支持政策评估研究*

2008年国际金融危机发生后，为尽早摆脱危机冲击的影响，鼓励金融创新一度成为金融政策的主调，金融创新在加快经济恢复性增长中发挥了重要作用，但也出现了商业银行的同业业务和非标业务等盲目扩张乱象。在追求利润最大化的内在动力驱动下，部分农村金融机构也热衷于发展同业业务，非信贷资产快速增长，表外业务也在不断地扩大，出现了农村金融逐渐偏离本源的现象，没有将有限的金融资源配置到“三农”领域。例如，银监会2017年对内蒙古、江西、河南、广东、四川等5家省联社进行现场检查发现，部分省联社对“离农脱农”问题不考核、不纠正、不处理，导致少部分县域农合机构严重偏离支农战略定位，甚至违规牵头组织发放大额、异地、非涉农贷款。部分农村中小金融机构追求短期行为，偏向体内空转或者追求监管套利的金融创新，农村金融风险积累。

---

* 本报告为清华大学中国农村研究院2020年度重点研究课题“农村金融回归本源及支持政策评估研究”的研究成果，报告观点仅代表课题组的看法。课题负责人：汪小亚，清华大学国家金融研究院特邀研究员。报告执笔人：汪小亚、侯涛、杨庆祥、刘晓峰。

一、农村金融回归本源的政策提出与内涵

（一）回归本源政策的提出

2017 年 2 月 28 日，中央财经领导小组第十五次会议强调，要及时弥补监管短板，做好制度监管漏洞排查工作，参照国际标准，提出明确要求；要坚决治理市场乱象，坚决打击非法行为；要通过体制机制改革创新，提高金融服务实体经济的能力和水平。根据党中央和国务院决策部署，2017 年 4 月，银监会下发《关于提升银行业服务实体经济质效的指导意见》（银监发〔2017〕4 号）首次提出银行业“回归本源、专注主业”的要求。同年 7 月，全国第五次金融工作会议提出，做好金融工作第一重要原则是“回归本源，服从服务于经济社会发展”。2018 年中央一号文件《关于实施乡村振兴战略的意见》首次提出“推动农村金融机构回归本源，把更多金融资源配置到农村经济社会发展的重点领域和薄弱环节，更好满足乡村振兴多样化金融需求。”同年，银保监会根据一号文件精神，印发《关于做好 2018 年银行业三农和扶贫金融服务工作的通知》（银监办发〔2018〕46 号）要求“银行业金融机构要回归服务实体经济的本源，坚守定位，深入推进三农和扶贫金融服务专业化体制机制建设，形成各具特色、相互补充的农村金融服务体系。”再次强调：农村中小金融机构回归本源，坚守支农支小战略定位，发挥好支持乡村振兴主力军作用。由此，引导农村金融机构回归本源的各项政策纷纷出台，“回归本源、专注主业、下沉重心”成为宏观政策对农村金融机构的基本要求和考核重点。

（二）回归本源政策的研究对象：重点为农村中小金融机构

从分机构类型看，我国金融机构涉农贷款基本“三分天下”，大型机构（四大行、交行、国开行、邮储银行）、中型机构、小型机构（含农信社和农商行、村镇银行、农村合作银行等小型银行）贷款占比分别约 36%、24% 和 40%。

强调回归本源的涉农金融机构应该包括：中国农业发展银行、中国邮政储蓄银行、中国农业银行、农村信用社、农村商业银行、农村合作银行、农村资金互助社、村镇银行、小额贷款公司以及与农业相关的担保和保险等其他金融机构。

本课题的重点研究对象为以农商行和农信社为主体的农村中小银行机构（也称农村金融机构），主要是涉农金融机构中的地方法人机构。到 2019 年，农村中小银行机构已占银行业 13.4% 的资产，贡献了 28.9% 的涉农贷款和 26.5% 的小微企业贷款。截至 2019 年末，我国农村金融法人机构 5163 家，网点 83028 个，从业人员 101 万人，分别占我国金融机构总量的 93%、37% 和 26%。

（三）回归本源的政策内涵：本源是什么?

从银行功能来看，农村金融是否回归本源主要指农村金融机构的贷款业务是否专注于服务本地融资需求主体。首先农村金融回归本源是针对农村商业银行等农村金融机构而言的，从机构占比看，我国农村金融法人机构数量占我国银行业机构总量接近 90%。从业务划分来看，主要由资产、负债、中间业务组成。其中以贷款业务为核心的资产业务是农村金融偏离本源问题最为严重的环节。

从服务产业来看，农村金融的本源业务指的是与农村相关的一次至三次产业。既包括农业生产环节的农林牧渔贷款、加工环节的农产品加工业贷款，也包括县域范围内对县域经济发展提供动力支持的县域二、三产业。县域二、三产业的涉农贷款比重不容忽视。我国涉农贷款统计口径按照服务产业口径划分为：①农林牧渔业贷款；②农用物资和农副产品流通贷款；③农村基础设施建设贷款；④农产品加工贷款；⑤农业生产资料制造贷款；⑥农田基本建设贷款；⑦农业科技贷款；⑧其他。其中其他类贷款主要由县域工商业贷款构成。

从地域划分来看，农村金融的本源业务即为县域金融业务，是发生在县域范围内与个人、公司和各类组织融资需求相匹配的贷款。县域融资需求包括个人客户的消费与生产性融资需求，公司客户的流动性和项目融资需求，县域社会公共事业的各类金融需求等。值得注意的是，近年来县域房地产部门发展过热，应当从“回归本源”的业务考察中进行相应折扣或剔除。

总之，农村金融“本源”业务可概括为三方面内涵：①从地域来看，即服务于县域本地，流出当地的跨区域贷款业务，即视为脱离本源②从服务群体来看，首要服务对象为三农、小微需求主体，当存在信贷业务有过于集中于部分大客户的情况，即视为脱离本源；③从支持产业来看，农村金融应主要服务于农业、制造业等实体产业，贷款流向房地产等过热领域超过一定比例的情况，即视为脱离本源。因此，本源业务可以概括为农村金融机构在所处县域（县级市）开展的主要用于服务从事三农、小微业务的自然人个体或企业等经济组织的业务（见图 1）。

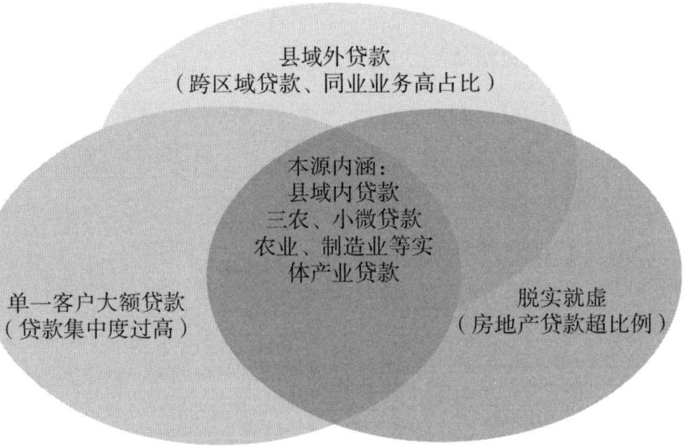

图 1　农村金融本源业务与脱离本源示意图

二、农村金融机构本源业务及偏离状况分析

（一）农村金融机构本源业务发展状况——以涉农贷款为例

1. 我国涉农贷款发展状况

根据《人民银行中国农村金融服务报告 2018》，涉农贷款年末余额由 2007 年的 6.12 万亿元增长到 2018 年的 32.68 万亿元，年均增速 17.46%，经计算同期涉农贷款占各项贷款比重从 23.37% 增长到 23.98%。增速呈持续下滑趋势，从 2009 年最高点的 32.10% 下降到 2018 年的 5.58%（见图 2）。

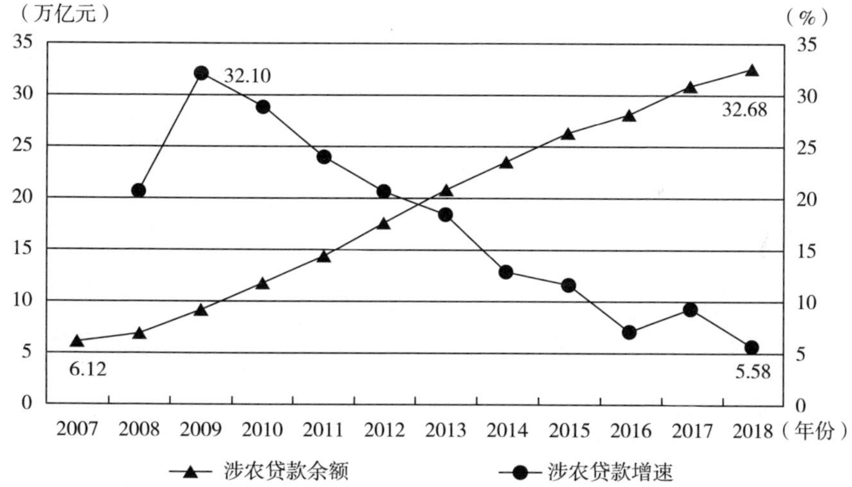

图 2　2007—2018 年我国涉农贷款余额及增速

2. 涉农贷款供需状况分析

（1）农村金融机构涉农贷款需求

首先看涉农贷款需求组成与变化。以贷款主体划分，涉农贷款可分为农户贷款、企业贷款和非企业组织贷款 3 大类。

2010 年至 2018 涉农贷款组成变化情况，可以看到企业为主体申请的贷款在涉农贷款中占据最大份额，占比从 2010 年到 2017 年均保持在 70% 以上，

2013 年后占比有逐年下降趋势，2018 年占比降到 69.06%；农户贷款是涉农贷款中第二大组成，特别在 2012 年后比重逐年上升，2018 年达到 29.00%；非企业组织贷款无论规模、占比均小于前两类，2018 年的涉农贷款占比为 1.94%（见图 3）。

从涉农贷款各组成对增量贡献来看，企业贷款贡献呈波动下降趋势，增量贡献从 2011 年的 83.23% 下降到 2018 年的 45.25%；农户贷款贡献不断提升，增量占比从 2011 年的 19.78% 增长到 2018 年的 66.23%，在 2018 年涉农贷款余额占比仍然接近 70%。总体来看，农户贷款增量和涉农贷款占比在 2011 年以后逐年增加，并在 2018 年农户贷款增量首次超过企业贷款，成为当年涉农贷款增长的第一大动力。

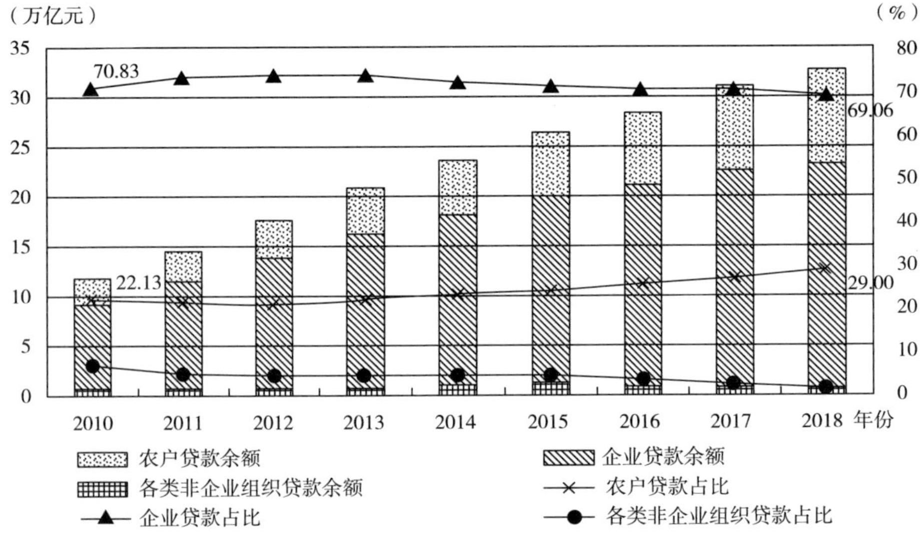

图 3　涉农贷款组成及占比

（2）农村金融机构涉农贷款供给

首先看涉农贷款供给总体分工情况。由图 4 可见，从 2016 年开始，农村信用社和小型银行（含小型农村商业银行、合作银行、村镇银行和小型城市商业银行，农村金融机构占比约为 90%）取代全国性大型银行，成为我国涉农贷款的最主要供给主体，并且涉农贷款余额增速相对较高且较为平稳。

同时，各银行机构的涉农贷款增速有持续下降趋势，自 2017 年第五次金融工作会议提出“回归本源”后，中资全国性大型银行、农村信用社和中资小型银行的涉农贷款增速有所提升，但在2018年涉农贷款增速又出现下滑。

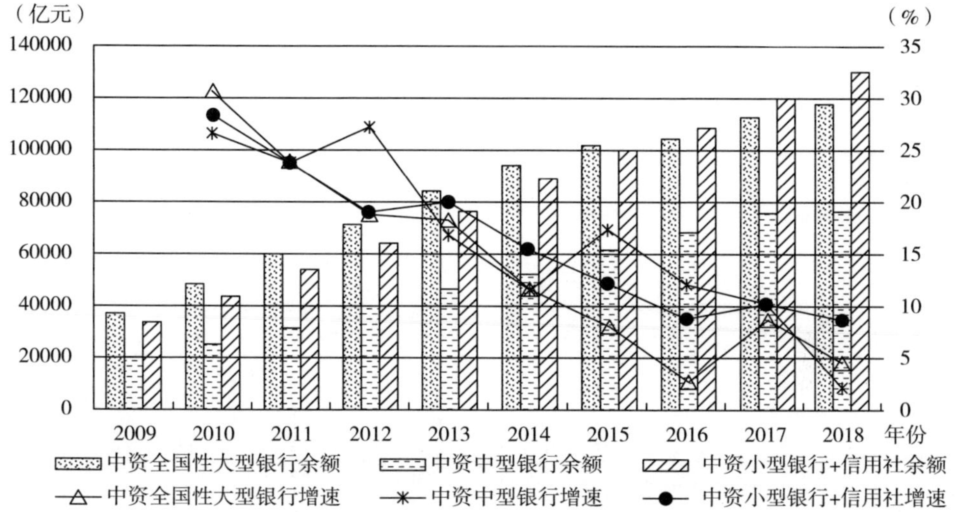

图4　不同金融主体涉农贷款余额、增速

如果对小型银行进一步细分，信用社、农商行、合作银行三类机构的涉农贷款供给占比最高，占农村金融机构贷款的70%以上。但从2011年占比不断下降，其他小型银行（小型城商行）和村镇银行的涉农贷款占比逐年提升（见图5）。

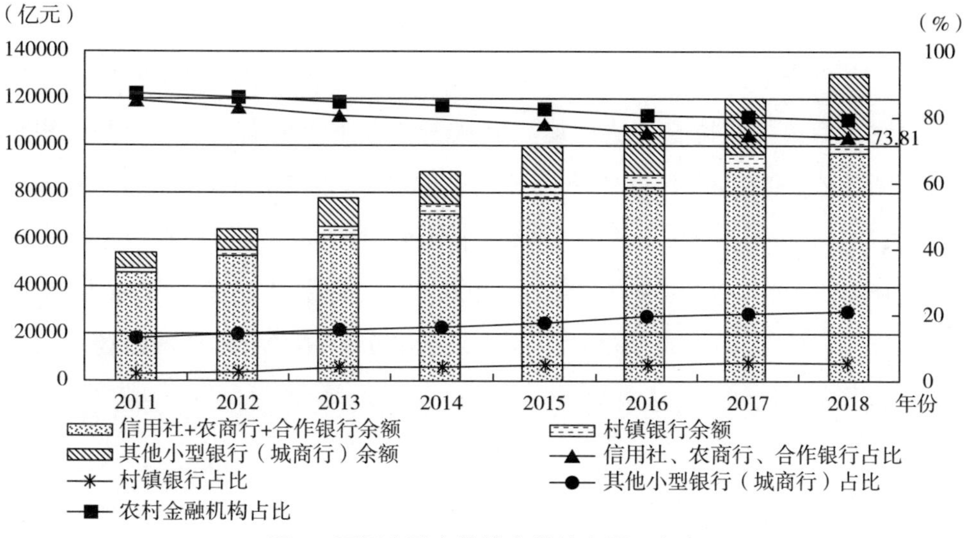

图5　不同金融主体涉农贷款余额、占比

从农村贷款余额及各贷款主体供给来看，2015年以前中资全国性大型银行的农村贷款占比居于首位，但随后由于中资小型银行和信用社农村贷款发展迅速，逐步被取代且占比差距逐年拉大。到2018年中资小型银行和信用社农村贷款占比由2011年的39.75%上升到43.70%。中资全国性大型银行的农村贷款占比由2011年的42.28%下降到2018年的37.39%。中资中型银行农村贷款占比较为稳定，8年平均占比18.53%（见图6）。

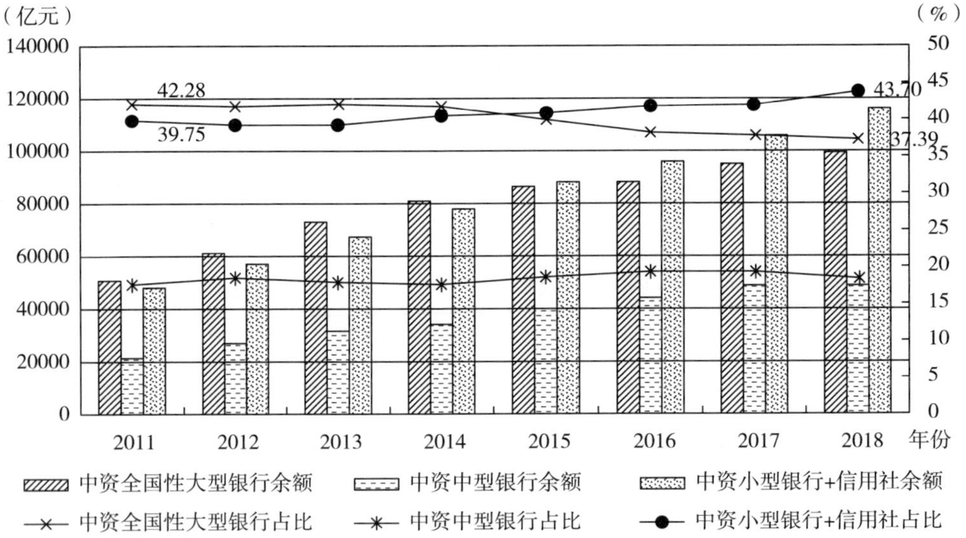

图6 不同金融主体农村贷款余额、占比

从农户贷款组成来看，中资小型银行和信用社、中资中型银行、中资全国性大型银行保持着较快增速。但从三者占比变化来看，中资小型银行和信用社农户贷款占比逐年下降，占比从2011年78.41%下降到2018年的62.71%，降幅为15.70个百分点。中资全国性大型银行的农户贷款占比逐年增加，由2011年的19.85%上升到2018年的35.11%，升幅为15.26个百分点（见图7）。大型银行业务的县域下沉，并对农村金融市场中的农户贷款形成替代和“掐尖”效应。

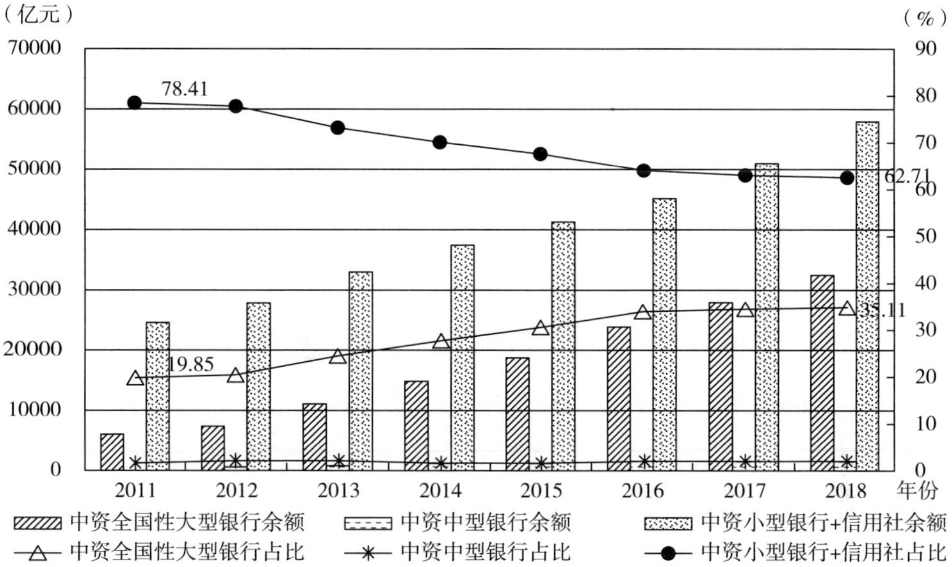

图 7　不同金融主体农户贷款余额、占比

（二）从贷款占比角度，看农村金融机构偏离本源状况

1. 贷款、同业资产占比

根据历年金融统计年鉴中各类银行的资产负债表，对农村信用社、外资银行、小型银行、中型银行和大型银行这 5 类银行从 2010 年到 2019 年各季度的贷款资产占比和同业资产的构成比例进行分析。发现从贷款占比来看，除外资银行外，信用社和中资小型银行（以农商行等农村金融机构为主）的贷款占比最低，其中 2010 年以来信用社贷款占比呈逐年下降趋势，由 2010 年一季度末最高的 62.75% 下降到 2019 年末的 47.47%，平均水平低于 2019 年银保监会 5 号文中各项贷款占比 50% 的目标。农村金融机构资产通过同业业务流出本地、脱离本源的状况较为严重，且同业占比远高于其他银行类金融机构。

2. 客户集中度

为了比较农商行的客户集中度情况，利用 Wind 数据库中可得的商业银行数据，对不同类型银行前十大客户的贷款占比进行比较。共选取四类银行，分别包含10家农村商业银行（含3家上市农商行）、5家国有大型银行、25家城市商业银行（含10家上市城商行）和8家全国性股份制银行。发现2010年到2019年10年间，农商行贷款客户集中度从2010年的57.14%逐年下降到2018年的28.11%，2019年又反弹至28.85%。横向比较来看在四类银行中农商行贷款集中度与城商行（31.27%）接近，远高于全国性股份行（20.29%）和国有大行（13.75%）水平。以上事实表明，以农商行为代表的农村金融机构从贷款集中度角度考察同样存在更为严重的“脱离本源”问题。

3. 房地产贷款占比

根据Wind数据库可得数据选取44家农商行（含7家上市农商行），48家城商行（含17家上市城商行），12家全国性股份制银行和6家国有大行来反映农商行、城商行、全国性股份制银行和国有大行四类银行历年贷款分布情况。从房地产贷款占比来看，从2010年到2019年总体经历了先下降后上升的过程。历史上多数年份农商行的房地产贷款占比均高于同业水平，2017年后房地产贷款增幅受到抑制，到2019年，农商行房地产贷款比例低于全国性股份行和城商行水平。表明2017年以后，相比城商行和全国性股份制银行，农商行的贷款导向得到了有效调控，经济过热部门的信贷配置得到有效控制。但以农商行为代表的农村金融机构资产业务对房地产贷款依然具有较强依赖性，房地产贷款占比超过20%，农村金融服务脱离实体经济的现象仍旧突出。2020年12月31日下午，中国人民银行联合中国银行保险监督管理委员会发布《关于建立银行业金融机构房地产贷款集中度管理制度的通知》，要求县域农合机构房地产贷款开发上限占比上限为17.5%，个人住房贷款占比上限为12.5%，农商行20%以上的房地产贷款占比将面临较高的监管压力。

综上所述，从贷款与同业资产占比、贷款集中度和房地产贷款比重3个角度来看，农村金融机构的“脱离本源”问题都要更严重于其他银行类金融机构（见图 8）。

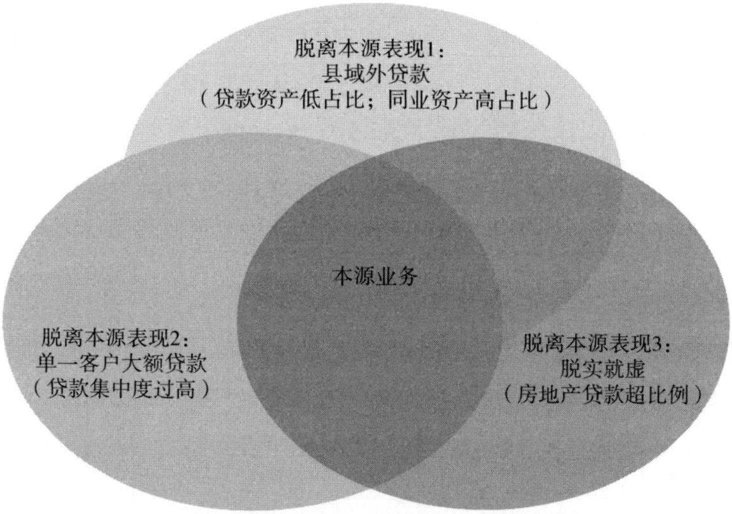

图 8　农村金融机构脱离本源示意图

（三）从银保监会罚单情况，看农村金融机构偏离本源状况

为了考察农村金融机构“脱离本源”程度，通过历年农村金融机构“脱离本源”产生的罚单数量、金额进行衡量，比较不同地区农村金融机构在不同年份“脱离本源”状况。根据罚单产生的原因，将农村金融机构“脱离本源”情形分为 4 类，分别为违规向房地产贷款，虚（错）报涉农贷、小微贷款；贷款集中度超比例，跨域经营违规。将涉及以上 4 类脱离本源处罚情况及汇总情况列示于表 1。

从不同罚单类型数量组成看，违规向房地产领域投放贷款、贷款集中度超过管理规定是农村金融机构“脱离本源”的两个最主要表现。从“脱离本源”罚款原因组成看，贷款违规流向房地产和涉农、小微贷款业务出现违规是罚单金额数量最大的两类处罚原因。

表 1　农村金融机构不同年份“脱离本源”罚单数和罚款额

脱离本源	分类	2010 年以前	2010 年	2011 年	2012 年	2013 年	2014 年	2015 年	2016 年	2017 年	2018 年	2019 年	2020 年	合计
脱离本源罚单数量	房地产	1	0	4	6	2	10	9	10	58	64	65	93	322
	涉农 / 小微	0	0	1	0	0	4	29	7	4	4	3	64	116
	集中度	1	0	1	5	5	24	27	5	36	87	59	23	273
	跨域	0	0	0	0	1	0	0	2	1	3	7	1	15
	合计	2	0	6	11	8	38	65	24	99	158	134	181	726
脱离本源罚款金额（万元）	房地产	0	0	70	60	60	166	180	142	1378	2905	2713	3191	10865
	涉农 / 小微	0	0	35	0	0	80	530	95	190	65	20	2127	3142
	集中度	0	0	0	0	0	0	0	0	0	0	0	0	0
	跨域	0	0	0	0	0	0	0	0	0	0	1	0	1
	合计	0	0	105	60	60	246	710	237	1568	2970	2734	5318	14008

数据来源：根据银保监会网站整理。

从脱离本源罚单数量和金额看，农村金融脱离本源处罚在2014年以前发生频次较少。2014年到2015年和2017年经历了两次激增，特别集中在2017年我国提出“金融回归本源”的全国第五次金融会议之后。2017到2020年3年间因“脱离本源”罚单数量和金额均维持在较高水平。其中2020年又是农村金融机构因“脱离本源”接受罚单最多的一年。

从不同类型罚单的处罚时点来看，因房地产贷款违规处罚主要发生在2017年之后；贷款集中度违规处罚主要发生在2014年以后；涉农、小微贷款违规主要集中在2015年和2020年两个年度，其中2015年主要因违规发放非涉农社团贷款受到相应处罚，2020年罚单则主要因各地农村金融机构虚、错报涉农、小微贷款引起。

从地域分布看，除个别年份外（2016年）与东部地区比，中、西部欠发达地区和农业大省“脱离本源”现象更为严重。历史罚单总数排名前5的省份分别为江西、云南、河南、广西、吉林。历史罚单金额超过千万的8个省份为江西、云南、河南、广西、广东、福建、吉林、湖北，涵盖了5个罚单量最多的省份。其中2020年江西省因虚（错）报涉农、小微贷款的农村金融机构接受处罚情况最为严重。

（四）农村金融机构偏离本源影响因素分析

以农信社、农商行为代表的农村金融机构显然面临两个不同业务市场的需求，一是以同业、房地产和跨域大型企业为代表的非主业市场需求，二是以农户、新型农业经营主体、县域小微工商企业为代表的本源市场需求。农村金融机构的经营活动将根据两个市场的供需状况及成本（风险）收益差异进行。从某种程度上讲，农村金融政策及其变化始终围绕激励与约束农村金融加大本源业务支持与回归本源开展的。农村金融政策变化的过程也是一个不断发现农村金融偏离本源影响因素，从而对政策变量施加外部约束，引导农村金融回归本源、专注主业，不断提升农村金融支农经济绩效的过程。

1. 县域经济发展基础相对薄弱是农村金融偏离本源业务的根本驱动力

农村金融市场主要源于县域经济融资需求并服务于县域经济，农村金融市场规模、增速是县域经济发展状况的重要体现。相比于县域经济，城市资本不仅增值速度更快，资金规模经济还使银行运营成本更低，企业管理、报表的规范性更高，这导致农村金融资源通过中间业务、表外理财等各种渠道投资到城市。2010 年以来，县域经济增速相比城市迎来了更大幅度下降，县域企业的生产、融资活动相应减弱，银行出于市场实际需求疲软和主动避险目的，加快资金回笼和减缓信贷投放速度。加之居民存款增速下降成为新常态，信贷供给意愿和能力下降。这些市场因素相互叠加共同导致农村金融脱离本源形势日趋严重。

2. 从安全性、收益性、流动性角度看，农村金融机构选择非主业市场是理性选择

从安全性上看，房地产等非主业贷款有充足的抵押物，或通过同业业务进入政府平台公司的债券投资，背靠政府信用，这类资产的信用等级高、信用风险小，而农户等主业贷款基本缺乏有效抵押物，因此贷款对应的信用风险大；从收益性上看，非主业贷款的额度大，贷前贷后管理成本相对小，而主业业务单笔贷款额度小，每笔贷款的成本与大额贷款程序和成本基本一致，在同样放贷额度情况下，非主业利润自然低；从流动性角度看，非主业对应的抵押物容易处置，由于房地产市场相对发达或者地方政府会帮助平台公司处理到期债务，而主业贷款或没有抵押物或可用作抵押物的资产难以变现，优势不及非主业贷款。

3. 政策的激励约束对农村金融机构选择行为影响有限

从发展中国家农村金融实践经验来看，由于农村金融市场存在信息不对称、外部性和进退机制不健全等天然缺陷，政府对农村金融市场的直接干预难以产生令人满意的效果。我国农村金融发展历史表明，强监管政策并不能带来农村金融服务的实质性改善。于是在何种力量主导农村金融市场问题上行政力量逐渐让位于市场，政府对农村金融市场活动的介入主要以非强制的引导与激励政策为主，对“脱离本源”现象缺乏相应的处罚机制。农村金融政策表现出更多的是根据农村金融市场变化进行的适应性调整。

三、引导农村金融机构回归本源的支持政策与考核指标体系

（一）引导金融机构回归本源的支持政策体系

1. 信贷政策

用差别化准备金率、再贷款（如支农再贷款、支小再贷款、扶贫再贷款）、再贴现、抵押补充贷款（面向政策性、开发性银行）等货币政策工具，结合宏观审慎评估参数的动态调整，引导金融机构加大三农服务力度。例如支农再贷款主要投向涉农贷款，发放对象为农商行、农村合作银行、农信社、村镇银行等四类地方法人金融机构，截至2020年末，全国支农再贷款余额为4572亿元。

2. 监管政策

一是单列涉农和普惠型涉农信贷计划，保持涉农贷款和普惠型涉农贷款余额持续增长，普惠型涉农贷款增速要高于自身各项贷款平均增速，农户贷款和新型农业经营主体贷款较快增长。

二是制定差异化的普惠型涉农贷款增速考核目标，对于普惠型涉农贷款在全部贷款中占比达到一定比例的，实施差异化考核。由各银保监局制定辖内法人机构普惠型涉农贷款增速考核要求。

三是各银保监局对辖内县域存贷比进行定期监测分析，对于资金外流严重的县，要制定县域存贷比提升规划，引导银行将新增可贷资金优先支持县域发展。

3. 财税政策

运用税收优惠、贴息、奖补、保费补贴等手段，对金融机构加大激励。例如金融机构向农户、小微企业及个体工商户发放小额贷款取得的利息收入，免征增值税；对金融机构农户小额贷款的利息收入，在计算应纳税所得额时，按 90% 计入收入总额；对农村信用社、村镇银行、农村资金互助社、由银行业机构全资发起设立的贷款公司、法人机构在县及县以下地区的农村合作银行和农村商业银行提供金融服务收入，可以选择适用简易计税方法，按照 3%（而不是 6%）的征收率计算缴纳增值税。

4. 地方政策

（1）以四川为例

2018 年，财政厅会同农业农村厅、人民银行成都分行出台《建立乡村振兴农业产业发展贷款风险补偿金制度的实施意见》，省级财政按照市县农业产业发展风险补偿金规模的 35% 予以补助，支持市、县围绕乡村振兴规划，组建乡村振兴农业产业发展贷款风险补偿金，支持金融机构为农业企业、农民合作社、家庭农场、养殖大户等新型农业生产经营主体提供贷款。

2019 年，财政厅会同人行成都分行、省发展改革委、省地方金融监督管理局等部门，出台《四川省财政金融互动奖补资金管理办法》，对引导银行业、保险业、融资担保、小额贷款等金融机构和地方金融组织为农村产权抵押贷款、新型农村经营主体、农村土坯房改造贷款基础、金融服务薄弱地区新设营业网点等提供财政资金支持。

（2）以山东为例

山东省财政厅会同人行济南分行、省农信联社于 2020 年印发《关于农村商业银行支持财政金融政策融合乡村振兴战略制度试点的若干措施》，将解决试点县的融资难题作为首要任务，对试点县农商行实行专门的信贷政策，在投放规模、贷款利率、不良容忍度、办贷效率等方面加大政策优惠，鼓励试点县支持农商行加大创新力度，为涉农主体定制乡村振兴专属信贷产品，充分满足涉农信贷需求。《若干措施》承诺 14 家试点县农商行在 2020—

2022年试点期间，各项贷款累计投放总量不低于4000亿元，三年增量不低于500亿元。其中涉农贷款累计投放总量不低于3200亿元，三年增量不低于400亿元。人民银行济南分行对试点县农商行敞口供应再贷款，每年额度不少于50亿元，对符合支农支小再贷款条件的全额报销；对于利用国家再贷款政策的，支农支小贷款利率在国家政策规定上限的基础上再下降20个BP。

（二）农村金融机构回归本源政策考核指标体系

2019年1月4日，《银保监会办公厅关于推进农村商业银行坚守定位强化治理提升金融服务能力的意见》对农村商业银行"本源"经营定位，涉农、小微金融供给目标提出了具体要求。主要包括农村商业银行经营定位、金融供给、金融基础设施、金融服务机制4大类内容，共15项具体指标，其中包含了贷款资产占比、新增贷款用于当地比例、涉农及小微贷款占比、大额贷款占比，以及涉农及小微贷款增速等指标要求。各级银保监局履行属地监管主体责任，每年4月底前向银保监会农村银行部报送上一年度执行落实情况及监测指标体系运行考核情况（见表2）。

2019年12月20日，银保监会发布《关于推进村镇银行坚守定位，提升服务乡村振兴战略能力的通知》，对村镇银行贷款资产占比、新增可贷资金用于当地比例、农户和小微企业贷款占比、户均贷款等指标提出了相应考核要求。对比农村商业银行考核指标一脉相承，只是其中经营定位和金融供给两方面内容的简化版。其中贷款占比70%、新增贷款用于当地比例80%相比较村镇银行更加严格，农村商业银行涉农小微占比指标更换为农户和小微企业贷款占比90%。此外新增了户均规模贷款35万元以下的考核（见表3）。值得注意的是银监会给予各地方银监局较大的自由裁量权，可以根据当地经济发展实际情况选择更加宽松的考核标准，并且对于存贷比大于75%的机构免于新增可贷资金用于当地比例的考核。属地银保监局负责属地监管，每年4月底前向银保监会农村银行部报送上一年度相关情况。

表 2　农村商业银行经营定位与金融服务能力考核指标

序号	分类	指标名称	公式	目标值	备注
1	经营定位	各项贷款占比	各项贷款期末余额 / 表内总资产期末余额	≥ 50%	—
2		新增可贷资金用于当地比例	年度新增当地贷款 / 年度新增可贷资金	≥ 70%	对县域农商行，“当地”指该行所在的县（市、区）；对城区农商行，“当地”指该行所在的一个或几个市辖区。若年度可贷资金减少，则贷款余额应保持增加
3		涉农及小微企业贷款占比	（涉农贷款期末余额 + 小微企业贷款期末余额 – 涉农贷款与小微企业贷款重复部分）/ 各项贷款期末余额	逐年上升直至超过 80%	—
4		大额贷款占比	大额贷款期末余额 / 各项贷款期末余额	逐年下降直至低于 30%	大额贷款指单笔贷款超过（含）一级资本净额 2.5% 或 5000 万元人民币（孰低）的贷款
5	金融供给	涉农与小微企业贷款增速	（涉农贷款与小微企业贷款扣除重复部分的期末余额 – 涉农贷款与小微企业贷款扣除重复部分的期初余额）/ 涉农贷款与小微企业贷款扣除重复部分的期初余额	≥各项贷款增速	涉农及小微企业贷款占比超过 80% 的，可替换为“涉农与小微企业贷款余额持续增长”
6		普惠型农户贷款和普惠型小微企业贷款（扣除重复部分）增速	（单户授信在 500 万元以下的农户贷款与单户授信 1000 万元以下小微企业贷款扣除重复部分的期末余额 – 单户授信在 500 万元以下的农户贷款与单户授信 1000 万元以下小微企业贷款扣除重复部分的期初余额）/ 单户授信在 500 万元以下的农户贷款与单户授信 1000 万元以下小微企业贷款扣除重复部分的期初余额	≥各项贷款增速	单户授信在 500 万元以下的农户贷款、单户授信 1000 万元以下小微企业贷款以及重复部分的计算口径参考银保监会非现场监管报表 S71

续表

序号	分类	指标名称	公式	目标值	备注
7	金融供给	农户授信覆盖面	授信农户户数期末余额 / 当地农户总户数期末余额	原则上逐年上升	—
8		小微企业授信覆盖面	授信小微企业户数期末余额 / 当地小微企业总户数期末余额	原则上逐年上升	—
9		农户与小微企业用信覆盖面	农户和小微企业的授信（贷款）户数 / 农户和小微企业的授信户数	原则上逐年上升	—
10	金融基础设施	农户建档评级覆盖面	建档评级的农户户数期末余额 / 当地所有农户户数期末余额	原则上逐年上升	—
11		小微企业建档评级覆盖面	建档评级的小微企业户数期末余额 / 当地所有小微企业户数期末余额	原则上逐年上升	—
12		电子交易替代率	主要电子交易笔数 /（主要电子交易笔数＋柜面交易笔数＋其他交易笔数）	逐年上升	—
13	金融服务机制	涉农贷款不良率容忍度	涉农不良贷款余额 / 涉农贷款余额	≤当地银行业金融机构各项贷款不良率以上 3 个百分点与 5% 的孰高值	—
14		小微企业贷款不良率容忍度	小微企业不良贷款余额 / 小微企业贷款余额	≤自身各项贷款不良率之上 3 个百分点	—
15		支农支小业务绩效考核倾斜度	支农支小贷款业务绩效考核指标权重	＞其他业务绩效考核指标权重	—

注：相关指标的目标值应根据银保监会和其他部门有关规定同步进行调整。

表 3　村镇银行坚守定位 提升服务乡村振兴战略能力监测考核基础指标表

序号	指标名称	计算公式	目标参考值
1	各项贷款占比	各项贷款期末余额 / 表内总资产期末余额	≥ 70%
2	新增可贷资金用于当地比例	年度新增当地贷款 / 年度新增可贷资金	≥ 80%
3	农户和小微企业贷款占比	农户和小微企业贷款期末余额 / 各项贷款期末余额	≥ 90%
4	户均贷款	各项贷款余额 / 贷款户数	≤ 35 万元人民币

说明：

1.本表所列考核基础指标目标参考值过渡期为1年，即以2020年末达标为目标。

2.各银保监局制定的监测考核指标体系可在本表所列指标基础上，适当增加其他指标，如信用贷款占比、中长期贷款占比、授信/贷款户数、单户100万元以下贷款占比等。考核方式既可通过设置达标值要求达标，也可要求逐季（月）提升的方式加以督促改善。

3.本表所列基础指标中，各项贷款、农户和小微企业贷款占比以及户均贷款的目标值，银保监局可根据辖内实际适当调整，原则上应满足以下标准：各项贷款占比不低于60%，农户和小微企业贷款占比不低于70%，户均贷款不高于100万元（注册地在直辖市、计划单列市和全国百强县的机构可放宽至150万元）。

4.对于新增可贷资金用于当地比例指标，若年度可贷资金减少，则贷款余额保持增加即为达标。此外，存贷比大于（含）75%的机构不考核该项指标。

（三）历年涉农贷款增长目标

中国银行业监督管理委员会（2018 年与中国保险监督管理委员会为中国银行保险监督管理委员会，以下简称银保监会）在 2009 年第一次对涉农贷款提出“两个不低于”的增长要求，即涉农贷款增量不低于上年，增速不低于各项贷款增速。随后相关通知密集出台。2009 年到 2020 年 12 年间，除 2010 年、2017 年未出台对外公布的文件通知外，涉农贷款增长目标在农村金融服务相关通知中前后共出现过 10 次。由于监管部门对涉农贷款的增长目标设定主要是对涉农贷款增量和增速两方面的要求，下文简称为涉农贷款的“增量、增速”目标。

如表 4，对于涉农贷款增量目标，2011 年、2013 年、2016 年、2018 年、2019 年、2020 年 6 次通知内容均是规定了涉农贷款的余额增长目标要求（其中 2020 年增加了普惠型涉农贷款的增长要求），2009 年、2012 年、2014 年、2015 年 4 年则是相比上一年的增量而提出的增量提升目标要求。对于涉农贷款增速目标，2018 年以前的增速目标均为“涉农贷款高于全部贷款平均增速”的“超速”目标，2018 年后该目标调整为“普惠型涉农贷款不低于其他各项贷款增速”。

表 4　　银保监会历年公开通知中的涉农贷款增长目标

年份	通知文件	增量目标	增速目标
2009	中国银监会办公厅《关于加大农产品生产加工流通信贷资金支持力度的紧急通知》	涉农信贷增量不低于上年	涉农信贷增速不低于各项贷款增速
2011	中国银监会办公厅《关于全面做好农村金融服务工作的通知》	引导农村金融机构增加信贷投放	涉农信贷投放增速不低于其他各项贷款平均增速
2012	中国银监会《关于全面做好 2012 年农村金融服务工作的通知》	涉农贷款增量不低于上年	增速不低于各项贷款平均增速
2013	中国银监会办公厅《关于做好 2013 年农村金融服务工作的通知》	涉农信贷总量持续增加	增速不低于各项贷款平均增速
2014	中国银监会办公厅《关于做好 2014 年农村金融服务工作的通知》	有效提高贷款增量	涉农贷款增速高于全部贷款平均水平
2015	中国银监会办公厅《关于做好 2015 年农村金融服务工作的通知》	有效提高贷款增量	涉农贷款增速高于全部贷款平均水平
2016	《关于做好 2016 年农村金融服务工作的通知》	涉农信贷投放持续增长	
2018	中国银监会办公厅《关于做好 2018 年三农和扶贫金融服务工作的通知》	涉农贷款余额持续增长	普惠型农户经营性贷款和普惠型涉农小微企业贷款增速总体不低于各项贷款平均增速
2019	中国银保监会办公厅《关于做好 2019 年银行业保险业服务乡村振兴和助力脱贫攻坚工作的通知》	保持同口径涉农贷款余额持续增长	普惠型涉农贷款 1 增速总体高于各项贷款平均增速
2020	《关于做好 2020 年银行业保险业服务“三农”领域重点工作的通知》	保持同口径涉农贷款和普惠型涉农贷款余额持续增长	完成差异化的普惠型涉农贷款增速考核目标

注：根据银保监会官网收集整理。

四、回归本源政策有效性分析

（一）农村金融回归本源政策初见成效

2018 年后，随着我国农村金融“回归本源”发展思路逐渐清晰明朗，政策导向效果开始显现。2018 年开始农村金融发展导向中增加了对普惠型涉农贷款增长的要求，人民银行等部门已经对 2019 年和 2020 年普惠型涉农贷款总体数据进行了公布。根据人民银行、银保监会及有关报道数据，“十三五”期间，我国涉农信贷实现连续五年增长。2020 年末，我国本外币涉农贷款余额 38.95 万亿元，同比增长 10.7%；全年增加 3.94 万亿元，同比多增 1.26 万亿元。当年普惠型涉农贷款余额超过 7.7 万亿元，同比增长约 20%。2020 年末，我国农村（县及县以下）贷款余额 32.27 万亿元，同比增长 11.9%，增速比 2019 年末高 3.6 个百分点；全年增加 3.55 万亿元，同比多增 1.2 万亿元。2020 年末，我国农户贷款余额 11.81 万亿元，同比增长 14.2%，增速比 2019 年末高 2.1 个百分点；全年增加 1.51 万亿元，同比多增 3213 亿元。农业贷款余额 4.27 万亿元，同比增长 7.5%，增速比 2019 年末高 6.8 个百分点；全年增加 3295 亿元，同比多增 2580 亿元。但与此同时，据初步测算涉农贷款占金融机构各项贷款的比重近年来出现下降，从 2016 年末占比 25.2% 降至 2020 年末占比 21.8%。

由图 9 可见，2019 年和 2020 年两年我国对普惠型涉农贷款增速高于各行业贷款平均增速，实现了 2019 年银保监会《关于做好 2019 年银行业保险业服务乡村振兴和助力脱贫攻坚工作的通知》提出的普惠型涉农贷款差异化考核目标。2018 年之后涉农贷款增速逐步回升，与平均贷款增速之间的差距缩小，到 2020 年二者之差仅为 1.2 个百分点，有望 2021 年涉农贷款增速再次超过全行业贷款平均增速。以上事实表明我国对农村金融“回归本源”的政策导向已经初见成效，农村金融的脱离本源倾向得到了有效遏制。

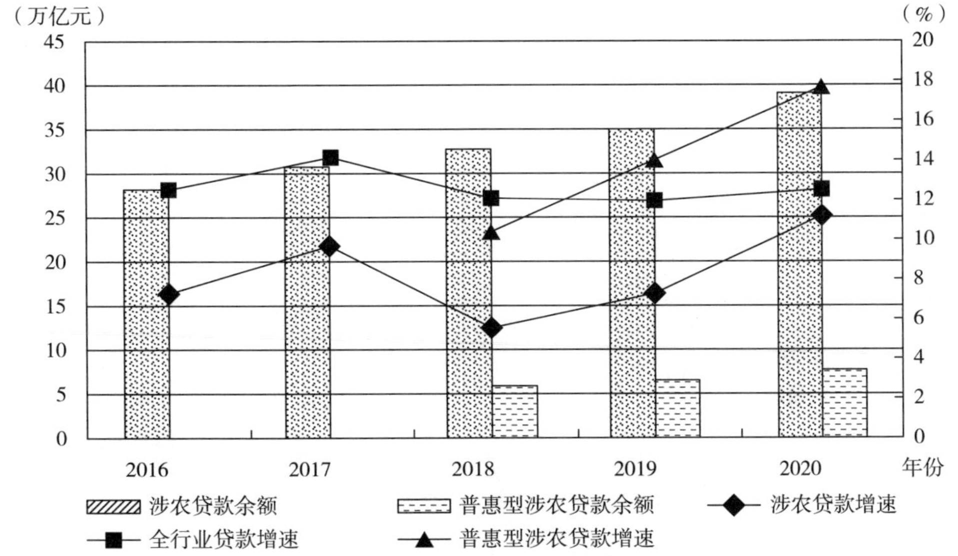

图 9　2016—2020 年涉农贷款与普惠型涉农贷款增长情况 ①

（二）政策有效性分析——以涉农贷款增量奖励试点政策为例

1. 涉农贷款增长目标实现情况

由图 10 可见，从 2011 年到 2018 年我国涉农贷款增速一度呈现逐年下滑趋势。增速由 2011 年的 24.08% 下降到 2018 年的 5.58%，7 年累计降幅达到 18.50 个百分点。下滑幅度最严重的 4 个年份 2013 年、2014 年、2016 年、2018 年增速降幅均超过 4 个百分点，相应年份涉农贷款的增量对比上年没有实现提升，但实现了余额增加；其余年份增速降幅均控制在 3 个百分点以内，相应年份涉农贷款同时实现了余额增加和增量提升。对比监管部门设定涉农贷款增长目标的相应年份，2011 年到 2018 年有涉农贷款增量目标的 7 个年

① 数据来源于人行和Wind数据库；2019年末余额根据2020年末数据倒算。

份中只有 2014 年没有实现增量提升目标，其余年份均实现了监管部门当年设定的涉农贷款增量预期目标。

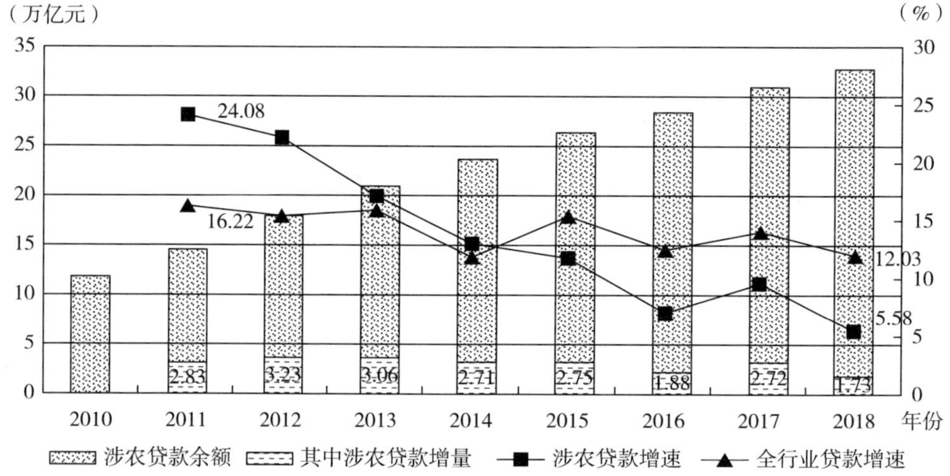

图 10　2010—2018 年涉农贷款总量、增量及增速比较

对比涉农贷款增速与全行业贷款增速（见图 10）。2014 年之前涉农贷款增速一直高于全行业平均增速，此后涉农贷款增速持续下滑，并与全行业贷款平均增速之间出现差距，除 2017 年涉农贷款与平均增速之间差距有所减小外，增速差距从 2015 年的 3.76 个百分点扩大到 2018 年的 6.45 个百分点。值得注意的是在 2015 年之后，涉农贷款增速波动方向与全行业信贷增速波动方向趋于一致，表现出较强相关性。其中 2017 年涉农贷款增速提升幅度高于全行业平均水平，表明 2017 年我国银行业贷款投放调控已经有意识的向涉农贷款领域倾斜，同年涉农贷款与全行业贷款增速差距有所缩减，但随着 2018 年涉农贷款增速下滑，这一差距又有所增加。由于 2014 年以后涉农贷款增速低于各项贷款增速，也是从这一年开始涉农贷款增长均无法实现“超速”。因此监管部门从 2011 到 2015 年设定的涉农贷款增速的“超速”目标中，只有 2015 年一年没有实现，此前 4 年的涉农贷款“超速”目标均得以完成（见表 5）。

表 5　2010—2018年涉农贷款增长及政策目标实现情况

增长状况（政策目标实现情况）		2011 年	2012 年	2013 年	2014 年	2015 年	2016 年	2017 年	2018 年
贷款增量	余额变化	增（√）	增（√）	增（√）	增	增	增（√）	增	增（√）
	增量变化	—	升	降	降（×）	升（√）	降	升	降
贷款增速	增速高 / 低于各项贷款增速	高（√）	高（√）	高（√）	高（√）	低（×）	低	低	低

注：括号内“√”“×”分别表示当年相应涉农贷款增长目标实现或未实现。

对比 2010 年以来东、中、西部地区涉农贷款增量、增速变化。虽然各区域增量、增速变化表现出较强的差异性，但东、中、西部地区涉农贷款余额始终保持着正向增长，表明各区域涉农融资需求和投入持续增加，保证了各区域涉农贷款增量目标的持续完成。2010 年以来，东、中、西部涉农贷款增速同时出现大幅下滑。当与对应区域贷款平均增速相比较后发现，东、西部地区涉农贷款增速于 2014 年首次滑落到各项贷款平均增速之下，早于中部地区首次出现增速逆转的 2016 年。观察三区域涉农贷款和全行业贷款平均增速后发现，这是由于中部区域涉农贷款增速下降较为缓慢所致。以上现实表明我国不同区域之间的涉农贷款增速存在显著差异性，并因此导致不同区域间存在涉农贷款增量和增速目标实现状况出现差异。2011 年到 2018 年我国东、中、西部地区涉农贷款增长及政策目标实现情况见表 6。

表 6　涉农贷款增长及政策目标实现情况

	2011 年	2012 年	2013 年	2014 年	2015 年	2016 年	2017 年	2018 年
政策目标 1：增量目标	余额增	余额增	余额增	增量升	增量升	余额增	—	余额增
东部	√	√	√	×	×	√		√
中部	√	√	√	×	√	√		√
西部	√	√	√	×	√	√		√
政策目标 2：增速目标	超速	超速	超速	超速	超速	—	—	—
东部	√	√	√	×	×			
中部	√	√	√	√	√			
西部	√	√	√	×	×			

注：“√”“×”分别表示当年相应涉农贷款增长目标实现或未实现。

2. 涉农贷款增量奖励试点政策有效性讨论

为考察涉农贷款增速财政奖励政策的有效性，采用双倍差分法（DID）对我国涉农贷款增量奖励试点政策实施效果进行分析。又因为中央与地方财政对东、中、西部不同区域涉农贷款增量奖励的分担比例不同，可能导致地方利用涉农贷款增量政策试点的积极性不同，接下来首先对增量奖励政策试点对涉农贷款增速影响的显著性进行分析。受限于2008年和2010年两次政策节点之前省际面板数据不可得，仅对2014年7个政策试点省（区、市）增加前后效果进行分析，分别是福建、山西、海南、重庆、贵州、青海、西藏；参照组选取2014年及之前从未实施涉农贷款增量奖励试点的9个省（区、市），包括北京、天津、内蒙古、上海、江苏、浙江、安徽、广东、宁夏。构建2014年新增政策试点的二重差分模型如下：

$$Lspeed_{it} = \beta_0 + \beta_1 Treat_i \times Post_t + \beta_2 Treat_i + \gamma Post_t + \theta Control_{it} + \epsilon_{it}$$

选取 $Lspeed_{it}$ 为被解释变量，表示 i 省份 t 年的涉农贷款增速。$Treat_{it}$ 为实验组虚拟变量，取值为1时表示 i 省份 t 年为涉农贷款增量奖励试点，取值为0时属于控制组，即 i 省份 t 年非财政奖励试点。$Post_t$ 为实验期虚拟变量，取值为1时表示2014年起政策试点扩大后的状态，取值为0时表示2010年到2014年政策试点扩大前的状态。交互项 $Treat_i \times Post_t$ 是重点考察的虚拟变量，取值为1表示2014年起扩大试点规模后的实验组，取值为0时为除此之外的其他情形。交互项系数 β_1 用来度量实验组的政策效应，如果显著大于0，表明贷款增量政策对涉农贷款增速具有显著促进作用。$Control_{it}$ 为各控制变量，继续选取上文影响涉农贷款增速的主要变量。通过计算新增变量与各控制变量相关系数，各变量之间无严重多重共线性。为观察交互项的稳健性，采用逐步回归方法进行回归。回归结果见表7。

表 7 增量奖励试点政策有效性DID模型结果

自变量	模型 1	模型 2	模型 3	模型 4	模型 5	模型 6	模型 7
交互项	9.684*	7.712*	8.021*	7.185	8.024*	7.162*	5.545
	(5.252)	(4.447)	(4.472)	(4.400)	(4.400)	(4.144)	(4.102)
实验期	−19.711***	−6.444*	−7.564**	−7.116**	−7.744**	−6.791*	−5.584
	(2.513)	(3.537)	(3.134)	(3.031)	(3.438)	(3.811)	(3.780)
实验组	2.739	−0.921	−2.295	−3.311	−2.405	−1.469	−2.552
	(3.098)	(2.956)	(2.956)	(2.953)	(2.945)	(2.902)	(2.987)
县域经济增速		0.399**	0.357*	0.355*	0.383*	0.317*	0.244
		(0.194)	(0.201)	(0.187)	(0.200)	(0.191)	(0.167)
县域经济结构 1			0.124	0.027	0.055	0.017	−0.039
			(0.121)	(0.125)	(0.126)	(0.137)	(0.141)
县域经济结构 2			−2.13	−2.719	−2.648	−2.486	−2.447
			(1.933)	(1.933)	(2.008)	(1.880)	(1.845)
县域经济发展水平				−0.128**			−0.213***
				(0.058)			(0.080)
居民储蓄存款增速		1.093***	1.062***	1.005***	1.039***	1.022***	0.966***
		(0.275)	(0.274)	(0.273)	(0.267)	(0.249)	(0.244)
农村金融从业者密度					−0.711	−0.888*	0.309
					(0.443)	(0.498)	(0.598)
农村金融监管强度					0.016	0.037	0.033
					(0.067)	(0.058)	(0.065)
贷款不良率						−2.652	−3.745*
						(2.220)	(2.194)
常数项	25.626***	−0.98	2.583	8.177	5.459	9.662*	15.317**
	(1.969)	(6.045)	(4.889)	(5.309)	(5.075)	(5.704)	(6.135)
观测值	144	144	144	144	144	144	144
R 方	0.264	0.446	0.457	0.474	0.465	0.476	0.493
F 值	30.74***	23.78***	18***	16.45***	15.07***	14.36***	13.38***

注：***、**、*分别代表1%、5%、10% 的显著性水平，括号内数字为标准误。

从回归结果来看，当模型考虑并加入县域经济发展水平控制变量后，交互项不再显著，表明县域金融机构涉农贷款增量奖励政策作用的发挥受到区域经济发展水平的制约。又因为增量奖励政策针对东、中、西部地区的不同经济发展水平分别给予不同力度的中央财政支持。而经济发展水平越高的地区涉农贷款需求市场潜力得到充分挖掘，表现出更低涉农贷款增速的同时，贷款增量奖励政策发挥作用有限。总体来看，涉农贷款增速奖励试点政策对各省涉农贷款增速提升发挥了一定条件的促进作用。其可能原因如下：一方面，由于经济发达地区涉农贷款增速相对更低，欲达到涉农贷款增量奖励门槛难度相对更大，从主观上削弱了经济发达区域金融机构提升涉农贷款增速的内在动力。另一方面，试点政策根据东、中、西部不同区域进行中央与地方财政的资金分配比例安排，中央财政的资金倾斜在一定程度上削弱了经济发达区域地方政府鼓励本地金融机构提升涉农贷款增速的积极性，虽然从银行机构角度来看达到奖励门槛后可获得等量奖励资金，但实质上激励效果存在着显著差异。

3. 模型结论与政策启示

为激励县域金融机构加大涉农信贷投放，财政部从 2010 年正式实行县域金融机构涉农贷款增量奖励试点政策，通过实证分析发现，试点政策在试点省份有条件的发挥了激励效用：试点政策效果发挥受试点所在区域经济发展水平的制约。相对于经济发达地区试点，增量奖励试点政策在欠发达省份效果更加显著，试点前后涉农贷款增速提升效果更加明显。这种局面一方面是由于经济发达区域存在着较低的涉农贷款增速基数，导致与较高的政策激励门槛差距较大，造成经济发达地区的涉农贷款增长内在动力不足。另一方面，不同区域地方财政分担奖励资金比重不同，造成经济发达的东部地区地方政府对当地涉农贷款积极性不足，进而引起涉农贷款激励政策传导至地方时发生异化。

几点启示：第一，涉农信贷扩张受农村金融可贷资金即县域储蓄存款增速的制约，随着近年来市场上存款替代产品的丰富，农村金融机构揽储成本高企，居民存款增速不断下滑，从客观上制约了农村金融规模和涉农贷款的增速提高。第二，我国经济由高速增长全面进入高质量发展时期后，县域供给侧产能的压降过程必然伴随着融资需求放缓和涉农贷款投放的减速。相应农村金融增长目标应当充分适应宏观经济周期进行动态适时调整。第三，以涉农贷款增量奖励政策为代表的农村金融激励政策虽然在促进涉农贷款增长方面发挥了一定作用，但政策激励机制还有待改进。一方面激励政策没能根据各地经济发展动态和涉农贷款增速变化来制定，这削弱了部分地区金融机构增加涉农贷款投放以达到门槛要求的积极性；另一方面，财政分担机制的不均衡进一步削弱了该类地区地方政府鼓励涉农贷款投放的动力，导致了涉农贷款增速奖励试点政策在不同区域的效果异化。因此农村金融激励政策应在充分考虑不同区域特点和执行难度基础上科学设定与调整政策目标，通过打造更加精细化与专业化的农村金融政策体系持续提升农村金融服务“三农”的能力。

五、农村金融回归本源政策建议

农村金融机构回归本源是我国实施乡村振兴战略的必然要求，其提出意义重大，回归本源道阻且长。农村金融机构的本源业务由于存在规模不经济、信息不对称、成本高、抗风险能力差、合格抵押物缺乏等劣势，必须从外部政策支持、内部服务模式创新两方面人手，以增强农村金融机构服务本源业务的动力与能力。

（一）加大外部支持

1. 引导农村金融机构将回归本源趋势成为内在要求

从国内外农村金融发展经验来看，对农村金融市场进行必要干预成为一种普遍共识。因而，目前有必要对经营地域范围、同业资产比例，以及房地产等一些本地过热行业的“抽水”业务进行上限设定。但出于市场效率考虑，政府部门同时应对相应“损失”给予政策支持，包括对涉农贷款增长奖励、风险分担、县域金融机构资本金补充便利等配套政策的切实跟进。从目前制度设计来看，虽然对直接的跨域贷款违规情况进行了有效限制，但相较于其他类金融机构，农村金融机构的同业资产长期居于银行业之首，以同业途径流出县域、三农的领域的现象最为严重。从制度上加强对银行资产同业业务比重限制，成为保证农村金融资源留在县域、服务农村的必要规定。

2. 设置基于县域经济发展的差异化监管要求

农村金融与农村经济之间的关系一方面是互生互促的，同时，二者的关系也是互相制约的。因此在金融政策制定应当保持与区域经济和县域经济发展趋势相一致的动态、适度原则。过松与过紧的农村金融支持政策都是不恰当的。另一方面政策制定应当充分考虑经济周期作用，设置动态化的农村金融发展目标，在经济下行时期应当适度放松对资本金、不良率以及增速要求。同时根据东中西部和具体省份县域经济基础、发展速度、涉农贷款基础不同，制定差异化的金融监管和发展目标。因此构建根据不同时间不同区域的动态化、精细化、多层次的“回归本源”监管体系成为必然。

3. 确立合理的户均贷款规模

户均贷款规模对农村金融机构的资产质量、运营成本、贷款定价、盈利水平以及经营稳定性等都有重要的影响。合理的户均贷款规模因地区或机构而异，不能过高但也并非越低越好，它是农村金融机构稳定发展以及商业模式可持续的关键。因为它更能体现农村金融机构对小微企业和“三农”客户等弱势群体的支持情况。而贷款总金额、贷存比等总量型指标能有效衡量对当地经济的支持力度，但不能反映贷款类型以及客户结构；农户和小微企业贷款占比指标不能反映所支持客户的规模分布，单户 500 万元贷款占比指标过于粗糙，不能精确衡量所服务客群的内在结构。可见，户均贷款规模能够全面反映农村中小银行坚守定位和本源、服务小微企业和“三农”客户的情况。因此，在引导农村金融回归本源的政策制定中，应强调设立合理的户均贷款规模这一指标。

4. 扩大政策性农业担保业务范围

目前，我国农担公司的主要目标客户为规模化的农业新型经营主体，而被排斥到金融系统之外的、正在走向规模化的农户，往往具有更迫切的融资需求和更难以获得融资。政策性农担公司应当不断下沉担保门槛，扩大担保范围，为走向成熟的中小规模农业经营主体提供政策支持。通过覆盖更多处于发展期的普惠型涉农客户，更好地发挥政策性农业担保功能。

5. 促进构建金融基础设施共享机制

从本质来讲，抵押物除了第二还款用途外，抵押物要求是在借款人信用无法完全把控的情况下，对借款人主观违约可能的一种制约机制。其作用更多发挥在真实违约前对主观违约倾向的一种限制，而非违约后作为第二还款来源的损失覆盖。从这种意义上讲，如果有对主观违约实现有效控制的替代技术出现，便能减少传统信贷业务中对抵押物的依赖。随着互联网技术的发展普及，网上购物、市政缴费记录已经在第三方支付平台和地方政务平台中积累了大量的数据信息，通过数据整合、挖掘可以作为替代抵押物，评价客户信用等级的有效手段，但目前这类信息一方面没有得到有效整合，各自处于数据孤岛状态；另一方面，这类有效信息没有与银行授信系统对接，制约了商业银行的业务创新，特别是无征信记录、缺乏抵押品的三农、小微客户金融业务的发展。而类似信息之类的金融基础设施的构建、共享工作需要在政府的统筹协调下与数据公司、银行等三方面开展广泛合作，才能作为一种重要的金融基础设施从根本上重构农村金融业态和市场环境。

6. 加强农村产业政策与金融政策的协同配合

以涉农贷款为代表的农村金融增长受到县域经济、涉农产业发展状况的影响和制约。因此，农村金融支持政策作用的发挥需要有相应的经济促进政策相互配合，才能更好地发挥政策协同效应。为保证农村金融回归本源政策的有效性，实现农村金融规模、增速、质量状况的持续改善，需要在县域产业政策方面予以配合。农村金融政策本身很难对农村经济发展起到持久刺激作用，一旦经济本身可持续性出现问题，也会反过来影响农村金融自身的可持续性。为培育经济可持续的企业实体，需要在财政金融政策上施展“组合拳”，最终目的是实现金融和经济的良性循环互动。县域产业结构单一，发展后劲不足是农村金融发展的主要瓶颈。深刻挖掘县域产业，离不开县域产业发展的精耕细作。因此要加大县域经济财税支持力度，鼓励企业落户县域，激发连通城乡市场的县域初创企业孵化，支持直接融资、间接融资等多重金融工具在支持产业成长过程中协同配合，特别是鼓励政策向中西部县域农村倾斜。

（二）增强内在动力

作为以县域为活动与服务单位的农村金融机构，可以充分依据自身优势特点，通过更加精细化的市场调研分析开展相应业务，形成局部的农村金融发展的小气候，营造县域经济与金融互生互促的造血、供血、运血、输血微循环式的毛细循环系统。

1. 主动深入挖掘潜在市场需求

对于县域农村金融机构，其业务规模、增速取决于由当地经济规模大小和增速。农村金融机构要以服务乡村振兴和县域经济发展为使命。一方面，农村金融机构要告别业务发展的“坐市商”思维，积极走出去主动营销，深入当地产业一线，挖掘潜在融资需求；二是要主动探索下沉贷款业务方式，扩大合格押品范围，积极发展信用贷款，不断探索小额普惠型贷款的额度边界；此外，由于县域产业基础薄弱是制约县域经济和金融增长的根本原因，要深入研究当地资源禀赋和历史禀赋，结合国内外消费市场需求趋势，积极发掘本土亮点产业和发展引领当地产业增长的创业型贷款产品，培育和发展未来农村市场主体，实现县域金融机构与县域实体经济的共成长。

2. 完善内部考核激励机制

农村金融机构专注本源业务除了需要一定的外部激励机制外，更需要形成机构内部统一认识，从内部管理考核办法上突破以往业务发展模式，构建农村金融机构下沉服务、专注本源的内部激励制度。首先要正确看待金融机构自身发展与业务下沉二者之间关系，全员上下在形成金融服务三农使命共识基础上，理解好深耕本地市场与金融机构稳健经营二者之间的相辅相成关系。通过明确服务小散的公司定位，建立差异化考核体系，优化基层信贷人员的考核激励方式。工作人员的考核评优和提拔任用与贷款户数、户均规模、涉农贷款投放量挂钩，进而让本地业务发展带来的银行综合绩效提升成为农村金融机构发展的内生动力。

3. 争取外部支持，分担贷款成本及风险

随着近年来国有大行信贷业务的不断下沉，部分优质客户和头部企业被大行“掐尖”，县域农村金融机构的客户质量不断下降，信贷风险逐步增加，利润空间持续收窄，农商行生存空间受到严重挤压。在这一大背景下，县域农村金融机构需要另辟蹊径争取更多的政策性资金来源，积极利用人民银行再贷款专项资金，降低信贷资金成本压力。同时积极探索风险分担机制，加强与政策性农业担保、农业保险、农业期货机构的合作，有效分担农业生产与经营风险，提高农业贷款的商业可持续性。

4. 积极创新金融科技手段在农村金融中的应用

近年来，金融科技在降低贷款供需之间信息不对称、降低贷款风险、成本方面的优势逐渐凸显，金融科技化已经成为基本趋势。随着大数据金融、互联网金融以及区块链技术的普及，金融科技的应用和发展可以让更多的人尤其是贫困人口以更低成本、更为便捷地获得金融服务。作为最贴近落后地区和人群的农村金融机构更应积极开展与金融数据公司的合作，依靠数字技术缓解农村金融服务成本高、信息不对称的难题。同时要合理规划，优化统筹实体服务和数字服务两种方式的下沉工作。充分利用物理网点、人工服务弥补数字服务在服务“温度”上的欠缺；运用金融科技手段，提高传统人工服务在风险识别、监控、预警和处置效率上的不足，进而促进农村金融机构在服务三农和县域经济工作水平上的大幅度跃升。与此同时要加强对服务区域农户数字普惠金融知识的宣传普及，消除农户参与数字金融服务过程中的数字鸿沟。

参考文献

[1] 冯果，李安安. 包容性监管理念的提出及其正当性分析——以农村金融监管为中心. 江淮论坛，2013（1）：109–116.

[2] 贺雅婷，魏诗颖，臧敦刚，蒲霄玥. 涉农贷款的配置效率、减贫绩效与政策效应——以四省藏区为例. 农村金融研究，2020（11）：16–26.

[3] 侯涛，杜彦坤. 农产品加工业项目融资可得性影响因素研究——基于工业面板数据的比较分析. 经济问题，2017（4）：57–64.

[4] 侯涛. 农业贷款可得性问题研究. 中国农业科学院，2017.

[5] 胡新杰，赵波. 我国正规信贷市场农户借贷约束研究——基于双变量Probit模型的实证分析. 金融理论与实践，2013（2）：12–17.

[6] 黄惠春. 农村土地承包经营权抵押贷款可得性分析——基于江苏试点地区的经验证据. 中国农村经济，2014（3）：48–57.

[7] 贾娟琪. 普惠金融视角下甘肃省涉农贷款配置效率及影响因素研究——基于DEA–Tobit方法. 金融理论与实践，2018（2）：38–43.

[8] 雷曜，张文婷. 金融支农成效的10年回顾. 金融发展研究，2018（3）：3–11.

[9] 李凯. 商业银行零售贷款发展及其决定因素——以美国为例. 新金融，2013（1）：50–52.

[10] 马九杰，亓浩，吴本健. 农村金融机构市场化对金融支农的影响：抑制还是促进？——来自农信社改制农商行的证据. 中国农村经济，2020（11）：79–96.

[11] 孙雅婷. 中国商业银行信贷供给与经济增长实证研究. 时代金融，2021（7）：89–94.

[12] 汪小亚，李洪树. 提升乡村振兴金融服务能力. 中国金融，2021（8）：34–36.

[13] 汪小亚，唐诗. 农信社的前世今生. 中国金融，2018（18）：29–32.

[14] 汪小亚，黄迈. 乡村振兴中农商行之担当. 中国金融，2018（21）：55–56.

[15] 汪小亚. 中银富登破解农村金融难题. 中国金融，2018（8）：75–78.

[16] 汪小亚，石峰. 农商行上市的思考. 中国金融，2017（22）：32–35.

[17] 汪小亚. 新型农村合作金融组织案例研究. 中国城市金融，2017（7）：80.

[18] 汪昌云，钟腾，郑华懋. 金融市场化提高了农户信贷获得吗?——基于农户调查的实证研究. 经济研究，2014，49（10）：33–45.

[19] 王朝晖. 我国农村金融政策异化问题的破解之道. 农业经济，2019（12）：93–94.

[20] 王凌飞，陈小辉. 市场化能增加涉农贷款吗? 世界农业，2020（4）：78–84，143.

[21] 王伟，温涛. 涉农贷款拖累了农村金融机构经营绩效吗？ 农业技术经济，2019（2）：73–84.

[22] 王耀. 支持农村金融发展的政策研究. 财政部财政科学研究所，2010.

[23] 王煜宇，邓怡. 农村金融政策异化：问题、根源与法制化破解方案. 西南大学学报（社会科学

版），2017，43（2）：45-53.

[24] 王悦，霍学喜. 财政支农、涉农贷款对农业发展的影响——基于河北省数据的实证研究. 河北经贸大学学报，2014，35（4）：61-64.

[25] 王周伟，伏开宝，汪传江，胡德红. 中国区域信贷顺周期效应的异质性成因分解与时空特征研究——基于面板VAR模型. 上海经济研究，2015（5）：41-52.

[26] 尹志超，谢海芳，魏昭. 涉农贷款、货币政策和违约风险. 中国农村经济，2014（3）：14-26.

[27] 张晓晶，刘磊，李成. 信贷、杠杆率与经济增长：150年的经验与启示. 新金融，2020（1）：6-13.

[28] 张晓晶，刘磊，李成. 信贷、杠杆率与经济增长：150年的经验与启示. 新金融，2020（1）：6-13.

[29] 郑方钰. 信贷投放与经济增长关系研究——以安徽省为例. 金融理论与实践，2014（1）：59-62.

[30] 中国人民大学宏观经济分析与预测课题组，刘元春，阎衍. 中国宏观经济分析与预测（2015年中期）报告——低迷与繁荣、萧条与泡沫并存的中国宏观经济. 经济理论与经济管理，2015（8）：5-35.

[31] 周天芸. 农村金融有效性政策基础分析. 西安财经学院学报，2006（1）：16-18+41.

[32] 朱岩金. 基于断点回归设计的涉农贷款监管政策有效性研究. 江西财经大学，2020.

[33] Bernanke，B. S.，Gertler M.，GilchristS. The Financial Accelerator and the Flight to Quality[J]. The View of Economics and Statistics，1996，128（1）：1-15.

[34] Bhattacharya P C，Sivasubramamian M N . Trends and composition of bank credit in India：1971 -1999[J]. Finance India，2005（June）. 19（2）：493-512

国家农业战略科技力量建设研究*

一、国家农业战略科技力量建设面临的新形势新需求

（一）形势需求

1. 世界正处于百年未有之大变局，国家对科技创新尤其是基础研究提出更加迫切的要求

2020 年中央经济工作会议明确将“强化国家战略科技力量”当作 2021 年头号任务。“十四五”规划和 2035 年远景目标的建议提出，把科技创新摆在各项规划任务首位，坚持创新在我国现代化建设全局中的核心地位，把科技自立自强作为国家发展的战略支撑，强化国家战略科技力量。21 世纪以来，国家连续 18 年将中央一号文件聚焦“三农”问题，越发注重科技创新对农业发展的引领和支撑作用。2020 年中央一号文件提出，“强化科技支撑作用。加强农业关键核心技术攻关，部署一批重大科技项目，抢占科技制高点。”我国农业基础科学研究短板依然突出，只有把关键核心技术掌握在自己手中，才能从根本上保障国家经济安全、国防安全和粮食安全。

---

* 本报告是清华大学中国农村研究院2020年重点研究课题“国家农业战略科技力量建设研究”的研究成果，报告观点仅代表课题组的看法。课题负责人：陈诗波，中国科技产业化促进会主任、研究员。报告执笔人：陈诗波、盛静、李伟、郑丽秀。

2. 多学科交叉催生新的前沿创新方向，对农业技术研发与创新组织模式革新提出了现实需求

当前，以智能化为特征的第四次工业革命、以疫情防控常态化为标志的后疫情时代以及新型大国博弈关系等一系列大事件交叉叠加，正在引领人类社会进入以科技创新为核心的全民创新时代。特别是在国家重大战略需求的驱动下，跨学科对话与合作成为大势所趋，全面创新将更多发轫于多学科交叉融合与协同攻关。一方面，多学科交叉融合推动原有的知识体系的解构和重组，催生新的前沿方向，进而为全面创新提供前瞻性引领。另一方面，多学科交叉会聚将构建新的创新生态，进而为全面创新提供体系化场景。

3. 加快推进农业现代化，需要强化农业战略科技力量，重点破解“卡脖子”难题

十几亿人口要吃饭，这是我国最大的国情。要下决心把我国种业搞上去，抓紧培育具有自主知识产权的优良品种，从源头上保障国家粮食安全。2020 年中央经济工作会议和中央农村工作会议上再一次强调，要解决好种子问题，要开展种源“卡脖子”技术攻关。2021 年中央一号文件强调指出要“打好种业翻身仗”“农业现代化，种子是基础”，要对育种基础性研究以及重点育种项目给予长期稳定支持。当前，我国高端品种的蔬菜种子仍以进口为主，种业自主创新能力不足，种业集中度低，多、小、散、弱格局未根本改观。迫切需要强化农业国家战略科技力量，开展种源“卡脖子”技术攻关。

4. 适应“三农”工作重心的历史性转移，需要坚持创新驱动、全面塑造农业发展新优势

在逆全球化和保护主义蔓延的背景下，要补齐农业农村短板弱项、推动城乡协调发展、畅通城乡经济循环，就必须“坚持创新驱动发展，全面塑造发展新优势”，坚持依靠科技创新，充分发挥科技创新在“三农”建设中的支撑引领作用，才能做好巩固拓展脱贫攻坚成果同乡村振兴的有效衔接，实现产业兴旺、生态宜居、乡风文明、治理有效、生活富裕的总要求，让农业强起来、农村美起来、农民富起来，走出一条中国特色的创新驱动乡村振兴发展道路。

（二）内涵特征

1. 国家农业战略科技力量内涵

“国家战略科技力量”是关于我国高精尖科研力量的一种新提法、新概念，具有鲜明时代特色且概念内涵尚在丰富完善过程中，目前尚无权威文件对此做出明确阐释，学术界相关研究也偏少，并未达成一定共识。

肖小溪等（2021）认为“国家战略科技力量”是以满足国家战略需求为定位，由国家支持、主要从事一般科研主体无意或无法开展的高投入、高风险、大团队、长周期的科技创新活动的科研力量，是国家科研机构、高校、企业（包括高科技民企）等优势力量的集合与协同。中央提出国家战略科技力量具有特定的政策含义，其目的在于通过改变现有科技力量的平衡，形成科技力量新的格局，以便更好地服务国家战略。

中国科学院院长白春礼认为，国家科研机构是国家战略科技力量，国家科研机构代表国家科技的最高水平，集中解决新兴、交叉、综合性的前沿科学问题，聚焦未来技术前沿，提出新理论新方法，开辟新兴前沿方向，为新兴知识及技术提供源头，在国家创新体系中发挥着骨干引领作用。中国科学院贾宝余等认为国家实验室是国家战略科技力量的一种重要组织形态和功能定位，其核心特征是战略导向、综合集成、前瞻引领、不可替代。中国科学院科技战略咨询研究院研究员朱涛提出，纵观世界科技强国的发展历程，战略科技力量始终扮演着重要角色，即体现国家意志，发挥战略作用，引领科技水平。上海市科学研究所副所长、研究员李万提出，加快形成“使命导向”的战略科技力量体系，建构起引领未来的“新型举国体制”，对于强化原始创新、加强关键核心技术攻关具有十分重要的战略意义。综合已有研究，我们可以从“定位”“作用”“贡献”“前瞻性”“建制化”五个维度确定一个国家科技发展水平。国家农业战略科技力量是在大科学时代背景下，以科学创新为引领，发挥国家建制化优势，围绕国家使命，聚焦未来技术前沿，制订“靶向”性农业科技攻关计划，对关乎农业战略发展关键领域开展跨学科、跨领域、跨机构的协同创新与技术攻关，解决关系国家农业全局和长远发展的基础性、战略性、前瞻性、先导性和系统性的重大科技问题，代表一国农业最高科技发展水平。

2. 国家农业战略科技力量特征

本质上，国家农业战略科技力量是一种能够突破地域限制和行政壁垒且机制灵活、繁殖能力旺盛的协同创新生态系统。其特征具体表现为以下几方面：

前瞻性：聚焦全球农业科技创新最前沿，放眼世界科创中心开展对标布局。根据世界农业科技发展的趋势和中国重大战略需求，对国内优势科研力量结构进行改革和优化。

战略性：对接国家重大战略需求，以全国农业领域优势学科为牵引，强化人才、研发、产业、市场、资本等全要素协同，集聚高端研究力量，在基础开发、产业培育孵化和产业链构建等方面开展跨学科、大协同的创新活动。

突破性：瞄准全球农业科技前沿和国家粮食安全重大战略需求，以优势学科为牵引、以新型组织模式建设为抓手，统筹布局由政府组织、市场导向、多主体协作和跨界融合的靶向研究组织模式，推动前瞻性基础研究、引领性原创成果重大突破。

共赢性：围绕把知识技术变为现实生产力，大尺度重构全国农业科技创新生态体系，实现各类创新主体协同互动、创新要素顺畅流动和高效配置，形成创新驱动发展的实践载体、制度安排和环境保障。

（三）构成和分类

第一层是国家实验室等新型高端组织形态。国家实验室等新型高端组织形态，突破现在单一所有制结构的限制，规避单一主体的制度障碍，围绕农业科技重大问题在全国范围内布局产业链，实现全国性协同布局。

第二层是全球化战略科技人才。即具有国际一流水平的战略科学家、科技领军人才、青年科技人才、高水平创新团队以及优秀企业家。在生物技术、信息技术等新科技革命标志性技术上取得突破和领先，引领全球农业科技发展。

第三层是世界一流的科研团队 / 机构。公益型、研究型国家一流涉农高等院校与科研机构，是开展基础研究、理论研究的中坚力量，是培养基础研究人才的摇篮，是众多创新平台的建设主体或参与单位，在完善我国基础研究学科体系，为各类创新主体供给基础研究人才方面发挥着不可替代的作用，例如中国农业科学院、中国水产科学研究院、中国热带农业科学院、中国农业大学等。

第四层是高水平软硬件创新平台。这些创新平台有的是国家实验室的后备力量和重要补充，有的是产学研协同创新公共平台，以关键技术研发为核心使命，为产业提供源头技术供给，在农业战略全局、战略领域、战略能力、战略影响方面开展创新性研究，凸显其不可替代的作用，包括农业类国家工程研究中心、学科国家重点实验室、国家现代农业产业科技创新中心等创新平台。

二、我国农业战略科技力量基本现状

（一）农业战略科技力量创新主体培育情况

农业战略科技力量创新主体包括国家级一流农业高等院校、一流农业科研院所、国家级农业新型研发机构、头部农业科技企业以及高层次农业创新人才等。

1. 国家级一流农业高等院校基础情况

我国国家级农林高校“重点学科”和“双一流”建设学科设置的随意性较大，存在学科多重复现象，学科分割严重，学科设置多集中在作物遗传育种领域。此处国家级农林高校包括国家级农业类、林业类大学，包括教育部直属和省部共建高校。2019 年教育部世界双一流学科名单共有 137 所高校，而农林高校有“双一流”建设学科的仅有 8 所。此外，在数字农业、农林生物质、农业生物药物、食品绿色制造、加工和食品绿色储藏与冷链物流、农业领域先进制造与动物育种等农业“卡脖子技术”方面涉及不全面，如对动物育种技术就没有涉及。

我国国家级农林高校整体布局分散，农业科研力量分散、条块分割。目前，我国农林类大学共有 102 所，其中国家级农业类、林业类大学有 35 所，国家级农业类、林业类大学仅占 36%，分布在 24 个省份（见表 1）。分布式高校农业科技资源不利于科技创新协同，高校间相互独立，缺乏必要密切沟通与合作，资源分散，没有形成合力，科技资源配置效率低下，推广力量薄弱、手段不足。

表 1　我国国家级农业类、林业类高校各省分布情况[①]

省份	2019 年国家级（国家部署或参与共建）农业类、林业类大学数量（所）
北京	2
上海	1
浙江	2
江苏	2
河北	2
山西	1
内蒙古	1
辽宁	2
吉林	1
黑龙江	2

① 不包括港澳台地区。

续表

省份	2019 年国家级（国家部署或参与共建）农业类、林业类大学数量（所）
安徽	2
福建	1
江西	2
山东	2
河南	2
湖北	1
湖南	2
广东	2
四川	1
云南	1
西藏	
陕西	1
甘肃	1
新疆	1

数据来源：互联网数据整理。

我国农业类高校及学科国际学术水平及影响力相对偏弱。根据 2019 年 3 月最新 ESI 数据（数据统计覆盖时间为 2008 年 1 月 1 日—2018 年 12 月 31 日），全球共有 6009 家科研机构上榜。其中农业类院校进入百强的只有 5 所院校，分别是：第 30 名中国农业大学、第 47 名南京农业大学、第 50 名华中农业大学、第 57 名西北农林科技大学、第 89 名华南农业大学、农业大学综合实力较弱。基本科学指标数据库（Essential Science Indicators，简称 ESI）已成为当今世界范围内普遍用以评价高校、学术机构、国家 / 地区国际学术水平及影响力的重要评价指标工具之一。由表 2 可知，国内涉农高校排名最高的中国农业大学 ESI 排名为 583，ESI 前 1% 学科数仅为 10，说明国内农业类高校及学科国际学术水平及影响力相对偏弱。中国农业科学院 2017 年共发表 SCI/EI 论文 2516 篇，同比增长 16.6%，出版著作 321 部。

表 2　　农业类高校2019年国内排名TOP15

名次	学校名称	2019 年全国排名	主管单位	办学层次	双一流建设类型	ESI 排名	ESI 前 1% 学科数（个）
1	中国农业大学	35	教育部	世界高水平大学（特色）	一流大学	583	10
2	南京农业大学	50	教育部	中国一流大学（特色）	一流学科	819	8
3	华中农业大学	50	教育部	中国一流大学（特色）	一流学科	875	8
4	西北农林科技大学	58	教育部	中国一流大学（特色）	一流大学	922	7
5	华南农业大学	82	广东省	中国一流大学（特色）		1365	5
6	北京林业大学	100	教育部	中国一流大学（特色）	一流学科	1540	6
7	东北林业大学	124	教育部	中国高水平大学	一流学科	2068	4
8	福建农林大学	129	福建省	中国高水平大学		2527	2
9	东北农业大学	130	黑龙江	中国高水平大学	一流学科	2433	2
10	四川农业大学	139	四川省	中国高水平大学	一流学科	2029	2
11	山东农业大学	143	山东省	中国高水平大学	——	1917	3
12	湖南农业大学	161	湖南省	区域一流大学	——	2614	2
13	南京林业大学	176	江苏省	中国高水平大学	一流学科	2634	2
14	河南农业大学	191	河南省	区域一流大学	——	3210	2
15	河北农业大学	206	河北省	中国高水平大学	——	3436	2

数据来源：以上表格2019年全国排名为综合2019年国内武连书、校友会和邱均平等三大排行榜进行综合排名（将三大排行榜取平均值）。

2. 国家级一流农业科研院所基础情况

从国家级农业科研院所各省（市）分布情况来看，北京并非中国的农业主产区，但却集中了众多的国家级农业科研机构，这导致了农业科研与农业生产实践的相互脱节。我国现有国家级农业科研院所包括中国农业科学院、中国热带农业科学院和中国水产科学研究院（简称“三院”），附属 57 个研究所，其中中国农业科学院 39 个，中国热带农业科学院 10 个，中国水产科学研究院 8 个。“三院”主要分布在北京、江苏、山东、河南等 18 个省（自治区、直辖市），其中中国农业科学院分布在 16 个省（自治区、直辖市），中国热带农业科学院分布在海南、广东2省（市），中国水产科学院分布在上海、广东等7个省（市）。从各省（自治区、直辖市）分布数量来看，北京数量最多，达到14个，占农业科研院所总数量的接近1/4；其次为海南，达到7个，占12%；江苏6个，占10%，北京、海南、江苏分布最多，分别占科研院所总数量的25.0%、12.3%和10.5%，三省（市）合计占总数量的近50%。从全国各个大区来看，黄淮海区、长江中下游区和华南区分布较多，共计47个，占全国总数的82.5%；东北区5个，占总数的8.8%，而西南区、黄土高原区、西北干旱区和青藏高原区只有6个，仅占10.5%，其中青藏高原地区没有国家级农业科研院所分布。

国家级农业科研院所优势研究领域不断扩宽。中国农业科学院通过调整学科设置，不断对研究所进行联合重组，逐步形成57个学科领域，302个研究方向。从中国农科院及其院属机构的ESI学科表现来看，全国有9家农业科研院所拥有ESI前1%学科，分别是：中国农业科学院（9个）、北京市农林科学院（2个）、广东省农业科学院（2个）、江苏省农业科学院（2个）、山东省农业科学院（2个）、浙江省农业科学院（2个）、中国热带农业科学院（2个）、中国水产科学研究院（2个）、贵州省农业科学院（1个）；我国农业科研院所拥有ESI前1%的学科数共计9个，分别是：植物与动物科学、农业科学、环境与生态学、生物与生化、化学、工程学、微生物学、分子生物与遗传学、药理学和毒理学。在“生物与生化”“化学”“工程学”“微生物学”“分子生物与遗传学”“药理学和毒理学”6个学科中，仅中国农业科学院进入前1%。农科院3所机构首次拥有ESI前1%学科，即包括农科院在内共有12所机构拥有ESI前1%学科。

国家级科研院所农业关键核心技术领域专利授权数量远低于美国顶尖机构，科技创新能力不强。从大豆科技论文研究机构看，全球发文最多的20个研究机构中，有12个来自美国，显示了美国的研究机构在大豆相关研究中的领先地位，而中国只有1个研究机构进入了全球前20名。此外，从作物育种专利主要申请机构看，如表3所示，全球作物育种专利主要申请机构排名 6 ~ 9 位的为我国国家级农业科研院所，分别为：中国农业科学院作物科学研究所、南京农业大学、中国农业大学、华中农业大学，作物育种专利授权数量分别为 35 件、16 件、12 件、9 件，远低于美国排名前三位的公司——孟山都（415 件）、杜邦先锋（286 件）、陶氏（187 件）的专利授权数量。我国作物育种领域基础研究已经处于世界领先水平，但申请专利数量远低于美国，新品种产业化严重滞后。

表 3　　作物育种专利主要申请机构

机构名称	专利申请数量（件）	专利授权数量（件）
孟山都	247	415
杜邦先锋	165	286
陶氏	174	187
先正达	91	96
拜耳	70	41
中国农业科学院作物科学研究所	39	35
南京农业大学	40	16
中国农业大学	41	12
华中农业大学	43	9

从农业生物技术相关专利排名来看，我国国家级高校院所农业生物技术相关专利申请量远落后美国、德国，美国陶氏杜邦公司、德国拜耳公司、德国巴斯夫公司、中国化工公司（2016 年，收购瑞士先正达，现归属于中国化工公司的大部分专利是由先正达公司申请的）、中国科学院是全球农业生物技术相关专利申请量最多的前 5 家专利权机构，专利量均在 1500 件以上，其中，陶氏杜邦公司的专利数量最多，超过 5000 件；其次为德国拜耳公司和德国巴斯夫公司（专利数量超过 3000 件）。其中，中国科学院为我国相关专利技术申请量最多的机构，为 1824 件；中国农业科学院专利申请数量为 1230 件，排名第 2 位，这两家机构的专利申请量远高于陶氏杜邦公司专利数量。

3. 头部农业科技企业基础情况

我国农业领域头部企业国际竞争力及创新能力仍有限。如表 4 所示，以种业为例，我国先正达和隆平高科销售收入增长率为 6.3%、5.69%，在前十企业中，增长率较快，仅低于丹农（丹麦）。以种业为例，2018 年种子销售额前 20 企业中，拜耳、科迪华第一梯队领跑，其销售总额占 TOP20 总销售额的近 60%；先正达、巴斯夫、利马格兰和科沃施组成第二梯队，4 家销售总额约占 TOP20 总销售额的 26%。我国先正达和隆平高科虽进入 2017 年、2020 年世界种子市场前十，但先正达和隆平高科的市场占有率和研发投入占比相对较低（见表 5）。

表 4　　世界种子市场前十企业

排名	名称	国家	2017 年销售额（百万美元）	2017 年市场占有率	2017 年研发投入占营业收入比重（%）
1	孟山都	美国	10913	0.285	14.29
2	陶氏杜邦	美国	8143	0.215	18.45
3	先正达	中国	2826	0.074	—
4	利马格兰	法国	1900	—	—
5	拜耳	德国	1805	—	—
6	KWS	德国	1596	—	—
7	坂田种苗	日本	558	—	—
8	DLF	丹麦	542	—	—
9	隆平高科	中国	492	0.0128	9.96
10	瑞克斯旺	荷兰	480	—	—

资料来源：VilMorin & Cie公开发布榜单。

表 5　　世界种子市场前十企业

排名	名称	国家	2020 年销售额估算（百万美元）	2020 年市场占有率	2019 年研发投入占营业收入比重（%）
1	拜耳	德国	980000	—	—
2	科迪华农业科技	美国	770000	—	—
3	先正达	中国	290000	—	—
4	利马格兰	法国	160000	—	—
5	巴斯夫	德国	160000	—	—
6	科沃施	德国	140000	3	—
7	丹农	丹麦	110000	—	—
8	瑞克斯旺	荷兰	40000	—	—
9	坂田	日本	30000	—	—
10	隆平高科	中国	30000	—	13.15

资料来源：VilMorin & Cie公开发布榜单。

近年来，国内种业上市公司不断加大研发投入，但企业综合竞争实力仍待提升，研发投入仍有限。以行业龙头隆平高科为例，公司 2017—2019 年研发投入占营业收入比重不断提高，分别为 10.14%、12.55%、13.15%（见图 1）。研发投入上的不遗余力，让隆平高科在新品种培育方面领先于国内同行，公司及下属子公司此次获批的水稻新品种占所有新获批水稻品种的 23%、获批玉米新品种占此次所有获批玉米新品种的 6.5%、获批棉花新品种占所有获批棉花品种的 3.8%。2019 年，我国前 50 强种业企业年研发投入为 15 亿元人民币，仅接近跨国农业公司孟山都公司的 1/7，国内企业综合竞争实力不强，研发投入有限。

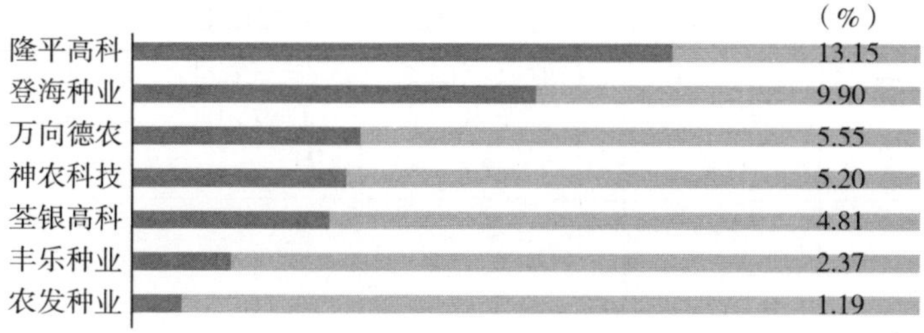

图 1　2019 年国内种业头部企业研发投入占比比较

数据来源：新华社《瞭望》周刊曾援引相关调研数据。

4. 高层次人才队伍建设情况

我国农业战略科技人才队伍建设取得明显成效。国家通过项目、国际学术交流、参与大学科计划等方式，有意识地识别、引导、培养大量农业高层次人才，农业高层次人才队伍建设取得显著成效，有效支撑农业经济高质量发展。截至 2015 年，全国共有 2000 多名专家和团队受到表彰，在受表彰的“两院”院士中，农业领域有 121 人，约占全国“两院”院士的 8%；农业高层次创新人才中，从事涉及动植物基因、育种等方面的产前研究人才最多，占 47%；从事农产品研究及推广等产后研究人才和从事作物病虫害等方面的产中研究人才数基本持平，占 40%；从事产后示范推广方面的人才占 13%。2011—2014 年，全国高层次创新人才共获得各项国家奖励 122 项，其中，农业农村部部属中国农业科学院、中国热带农业科学院和中国水产科学研究院获得 27 项，占全部国家奖励的 22%。

（二）农业战略科技力量创新平台建设现状

近年来，我国农业领域的国家重点实验室、国家工程技术中心、国家农业科技园区以及国际科技合作基地等国家级科技创新平台建设取得了显著成效，充分发挥了科技支撑和专业人才优势，积极推进农业粮食生产、经济作物育种、畜牧养殖、生态防控、农产品加工等方向科技创新、试验示范和成果推广，为全国乡村振兴战略和打赢脱贫攻坚战提供了坚实的科技支撑（见表 6）。

表 6　全国31个省区市农业科技创新平台数据汇总

序号	省份	国家重点实验室	农业领域国家工程技术中心	国家农业科技园区	农业领域国际科技合作基地
1	北京	19	16	7	19
2	天津	4	2	2	4
3	河北	1	2	14	2
4	山西	—	—	2	2
5	内蒙古	1	1	8	5
6	辽宁	2	1	9	3
7	吉林	—	2	6	3
8	黑龙江	2	3	5	—
9	上海	2	4	3	—
10	江苏	4	7	11	2
11	浙江	2	1	8	4
12	安徽	1	1	16	4
13	福建	5	3	7	3
14	江西	1	2	9	2
15	山东	3	9	19	6
16	河南	4	3	14	4
17	湖北	5	4	10	7
18	湖南	3	4	12	1
19	广东	3	4	8	—
20	广西	2	1	6	7
21	海南	1	1	3	1

续表

序号	省份	国家重点实验室	农业领域国家工程技术中心	国家农业科技园区	农业领域国际科技合作基地
22	重庆	1	1	11	2
23	四川	—	—	10	4
24	贵州	—	—	10	
25	云南	3	1	11	2
26	西藏	2	—	4	
27	陕西	2	3	9	2
28	甘肃	2	1	9	3
29	宁夏	1	2	5	2
30	青海	1	—	5	1
31	新疆	1	3	16	8
合计		78	82	269	103

注：本表数据截至2019年年底，为调查整理而得。

本报告调查数据显示，截至2019年年底，全国共有国家重点实验室492个，比2016年增加93.7%。其中农业领域78个，占比为15.9%，比2016年增加了42个，年均增长率为17.9%，农业领域国家重点实验室数量有所增加。由此可见，我国科研力量在快速增长，对于农业研究和创新能力也愈加重视。

三、我国农业战略科技力量建设的短板与不足

（一）农业领域关键核心技术协同创新机制仍有待完善

目前，我国农业大科学装置、国家重点实验室等所属单位不同，农业科技管理部门存在条块分割、各自为政的问题，使农业战略科技项目存在分散、重复与交叉等现象。农业科技资源共享机制亟待完善，科技人才、资

本、技术、科技成果和产权等创新要素过于集中，跨省市流动和开放共享程度偏低。我国政府立项注重“短平快”，形成的科研成果多而重复，缺乏牵引力强、关联度高、影响力大的高质量成果。国家农业战略科技创新体系效能不强，创新资源分散重复低效，投资结构单一，企业基础研究投入少，企业主体地位缺失问题，长期制约我国科技发展。

（二）农业领域头部企业技术创新能力不足

与发达国家相比，我国农业企业科研投入占总收入比例不足 1%，缺乏具有研发能力的高能级创新型企业，自主研发能力很弱。2019 年，我国前 50 强种业企业年研发投入为 15 亿元人民币，仅接近跨国农业公司孟山都公司的 1/7。我农业科技企业大多数属于中小企业，市场呈现“小”“散”“弱”的局面，大多企业的研发投入严重不足，导致原始创新能力不足，基础理论、核心技术积累薄弱，缺乏重大原创科技成果。美国从事种子业务的企业有 700 多家，其中孟山都、杜邦先锋、陶氏、先正达等跨国公司占市场份额达到 75%，中小企业只占 25%。2017 年，在世界种子市场前十企业中，美国孟山都研发投入 15.6 亿美元，市场占有率约为 28.5%，反观隆平高科，从研发投入（0.49 亿美元）、市场占有率（1.28%）都远低于美国孟山都。

（三）农业领域重大前沿学科建设薄弱

从现有涉农国家重点实验室布局来看，重大前沿学科建设薄弱，学科布局不合理，缺乏一体化设计，专业设置同质化、前瞻性不强，与农业科技发展趋势衔接不够紧密。根据科技部 2017 年 12 月发布的《2016 国家重点实验室年度报告》显示，在作物科学领域，国家重点实验室建设达到 7 个，占总数 33.3%，而支撑和保障国家粮食安全的大宗粮、油、果、菜等重要产业领域，尚没有建设国家重点实验室；食品加工、农用物资装备国家工程技术研究中心建设落后于种养殖业，导致我国农业生产规模化、机器化滞后。截至2016年，农业领域国家工程技术研究中心为84个，主要分布在5个领域，其中养殖业、种植业国家工程技术研究中心42个，占比49.9%；食品加工、农用物资装备国家工程技术研究中心32个，占比38%。新科技革命标志性技术（生物技术、信息技术、重型农机等）领域农业国家重点实验室、国家工程技术研究中心建设滞后。

（四）农业领域重大科技基础条件设施及平台建设相对滞后

我国农业领域尚未建立国家实验室，国家重点实验室建设规模小，力量分散。国家对农业战略科技建设远滞后于工业，在生物技术、智慧农业、农业信息技术、重型农机等代表未来科技发展方向的重点领域，依然没有建立国家实验室。我国农业领域建设国家重点实验室46个，占国家重点实验室总数量的约1/10，占工业领域国家重点实验室数量的1/5.4。在工程技术研究中心方面，工业领域建设159个，是农业领域近2倍；而且我国农业领域技术研究中心在种植养殖领域，大豆、水稻、玉米、淡水渔业都存在2个工程技术研究中心，研究方向存在重复和交叉问题。在大科学装置方面，与工业相关的大科学装置有37个，农业仅有2个。我国农业重大科技基础设施总体数量仍偏少，发展建设水平相对滞后，学科布局不平衡，管理机制分割，开放共享的软硬件相对不足，设施效益发挥受到制约。

（五）缺乏行业领军人才和战略科学家

从整体看，我国农业高层次人才不足，相比全国人才总量占比较低，缺乏领军人物。中国科学院院士的研究领域统计表明，农业领域的研究人数仅占2.75%，相比理学61.04%和工学领域30.12%的占比有很大差距；中国工程院院士的研究领域统计表明，农业领域占比为 8.11%，同样远不如工学领域 67.66%、医学领域 12.67% 和理学领域 10.07% 的占比。此外，我国农业科技资金投入不足、结构不优，农业科技创新人才评价与激励机制亟待完善，制约了农业战略科技人才的培养。科研评价过多依赖获得国家科研经费数量、论文发表数量等量化指标，造成科研成果质量不高。国家财政对农业科技投入远低于工业等其他领域的投入，导致高层次人才引进与培养资金不足。农业项目经费使用受到严格限制，购置设备的比重偏大，未能针对重大农业科技攻关。

四、主要发达国家农业战略科技力量建设经验与启示

（一）美国国家农业战略科技力量建设经验和启示

美国作为全球第一大农作物出口国，美国农业整体优势主要来源于完善的农业政策和高效的农业科技创新体系。

1. 建立国家农业研究局统筹农业国家实验室

农业研究局是美国农业部内辖的专业农业研究机构，主要任务是为国家和全球农业面临的挑战提供科学的解决方案。农业研究局现任管理员是 Chavonda Jacobs-Young 博士，局内设立有国家项目办公室、行政与财务管理、立法、国际研究办公室、通信办公室、技术办公室、科学质量评审办公室、预算和项目管理人员以及外联多样性与机会平等办公室，负责项目的规划、协调和支持，另外设有一个国家农业图书馆和太平洋西部、中西部、东北部、平原、东南部八个研究局实验室负责研究和信息传递等。

美国农业研究局包括海外实验室在内共设有 90 余个研究点，以完成联邦政府赋予的使命、服务国家战略为目标，从事农业发展所需的前沿基础

研究、竞争前战略高技术和重要公益性研究和高新技术开发与转移。

2. 实验室、大学研究人员双向流动推动人才培养

美国农业国家实验室非常注重优秀人才的吸引和培养，其主任级别的选用一般是学术水平高、社会影响力大的知名学者专家，其中包括诺贝尔奖获得者。国家实验室的科研人员与实验室实行合同管理模式，鼓励研究人员在大学兼职、大学教授也可在国家实验室兼职开展研究。在世界范围内选拔和聘任人才，重点考察其研究能力和研究水平，以此为基础签订不同期限的聘用合同。一般来说，研究人员聘期为 2 ~ 3 年，优秀研究人员合同期限适当延长。流动人员一般为研究生、博士后，也以合同形式招聘，工作期限从不足 1 月到 2 年不等。

此外，部分美国国家农业实验室建立 Co–Labs 模式，通过与大学、企业组成互动性社区，促进多主体间信息与思想的交流。Co–Labs 汇集当地集体研发专业知识，鼓励技术合作并提供教育计划，以“价值教育”模式有目的、有计划、有组织地培养科研人才。根据 2011 年考夫曼创业活动指数，科罗拉多州的创业活动率在美国排名第五。国家农业和环境实验室（NLAE）设于爱荷华州立大学校园内，采用主任负责制进行管理，实验室内 22 名科学家涵盖了生物地球化学、土壤物理学、数学等一系列学科，专业学科知识的多样性为跨学科方法提供了坚实的基础。

注重农业领域领军人才培养，美国农业领域的杰出人才屡获国家级和世界级奖项。美国农业部农业研究局于 1986 年在华盛顿特区设立了科学荣誉殿堂（ARS Science Hall of Fame），专门表彰为农业技术做出杰出贡献的 ARS 科学家们，入选者们代表着美国农业技术科学领域内的精英群体。2017 年、2019 年、2020 年、2021 年，分别有 4 位、3 位、2 位、2 位科学家入选科学荣誉殿堂。世界农业奖（GCHERA World Agriculture Prize）是目前唯一面向全球从事农业高等教育、农业研究和推广事业的杰出学者、科研人员设立的国际性奖项。过去几年中，美国有三名杰出科学家荣获此奖项；农业与应用经济学协会年度大奖（AAEA）根据研究、教学和推广活动中的成就选择学生、早期职业专业人员和经验丰富的成员并给予提名，1997 年至今，每年约有 5 ~ 6 名研究员获得年度大奖，其中约 80% 均为美国成员。

3. 科研项目管理严谨，强调基础科学

农业研究局依据美国国家计划办公室指定的五年国家农业计划组织和开展国家农业实验室研究，每个国家计划下面又包括若干研究项目。建立科学委员会对每个研究项目进行评议，保证农业研究工作持续良好地开展。委员会为每个计划制订详细的 5 年行动内容，并把相关内容公布在网站上以支持行动计划的落实。项目执行过程中，科学家要就每个项目做年度报告，计划办公室要为每个计划准备完成情况进行总结，这些内容都将通过网站向公众公开。5 年后国家计划办公室将评价每个项目的完成情况，并开始下一个 5 年计划的制订。

为保证项目完成质量，成立科学质量评价办公室（Office of Scientific Quality Review）负责对项目事前、事中和事后进行严格考核，实施同行评审系统，包括同行评审政策、流程和程序，每 5 年对 ARS 国家计划内的项目计划进行集中协调并进行小组同行评审。在此基础上，绩效考评与财政拨款直接挂钩，形成内外相结合的考评制度，能够激励创新，提高主动性和积极性，是避免评估流于形式、提高评估质量的有效手段，也是严格国家实验室管理、提高科研效益和管理效率的一项重要举措（见图 2）。

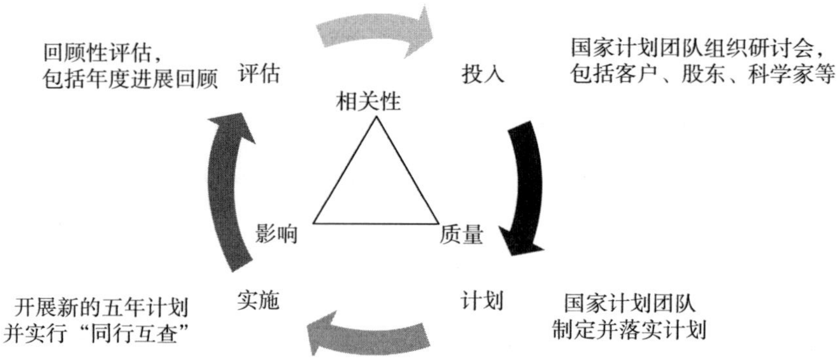

图 2 美国农业研究局国家计划循环图

4. 联邦政府间接干预，社会力量积极参与

美国国家农业实验室经费来源部分为联邦政府拨款，部分来自竞争性项目申请及相关机构和人员的赞助。例如，在2018年农业部预算年报中，农业研究局与国家粮食和农业研究所分别被分配到总额25亿美元预算的40%与50%。除了政府预算，其他形式的赠款也有效地帮助了美国农业实验室研究的开展。如美国领先的农业科学竞争性赠款计划——农业和食品研究计划（AFRI）每年可提供近7亿美元的赠款，推进研究、教育、推广三个方面的活动，支持基础研究与应用研究，增强农业科研机构能力，吸引新的科学家进入国家优先重点领域。

5. 强化农业生物技术企业创新作用

美国政府为推动农业科技企业发展实施了一系列金融优惠政策，例如商业银行农业贷款量占该银行贷款总量的比重超过25%便可拥有享受税收优惠政策的权利等，很大程度促进了商业机构对农业科技企业的投资积极性。美国商业性融资占农村融资量的65%，目前全美排名前20位的全国性大银行中有15家涉足农业信贷领域，有5890家中小商业银行、20家保险公司开办农业、土地、农场按揭等贷款业务，农村合作金融占美国农村金融融资总量的32%。凭借各项优惠政策和先进的技术优势，2020年农业生物技术领域融资额最高的10家公司中有8家是美国企业。

（二）日本国家农业战略科技力量建设经验和启示

日本政府建立了日本国际农林水产研究委员会，依照环境与自然资源管理、稳定农业生产、农业增值技术和信息分析四大方面开展农业研究，形成了政府机构主导的农业科技创新力量。

1. 成立农林水产研究委员会，统筹管理多创新主体

日本政府成立农林水产研究委员会（AFFRC）及下设秘书处用于国家农业科研机构的管理与协调。农林水产研究委员会中设有会长、委员、事务局

和研究总务官，研究总务官之下有研究统括官、研究开发官、研究调整课、研究企划课、研究推进课和国际研究馆，委员会主要负责农林渔业研究活动五年国家计划的制定、研究机构与行政部门的联络协调、行政机构的合并事项、研发活动的补贴及研究人员的素质提高。2016 年，日本成立产学研合作委员会（FKII），以涉农企业、农业生产商、农科大学及研发机构等多主体共同行动为原则推动日本农业产学研协调联合（见图 3）。

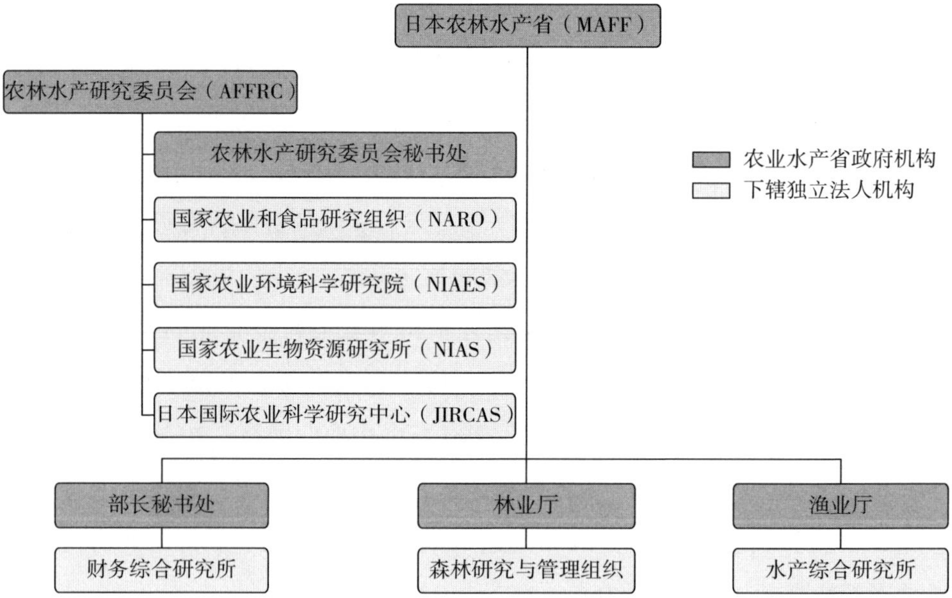

图 3　农林水产研究委员会组织架构图

农林水产研究委员会下辖四个独立法人机构：国家农业和食品研究组织（NARO）、国家农业环境科学研究院（NIAES）、国家农业生物资源研究所（NIAS）以及日本国际农业科学研究中心（JIRCAS）。除了国家级农业机构，日本全国 47 个都道府县都设有地方农业研究中心，各地农业研究中心根据本地政府的要求，制订本地区农业研究计划，开展各种研究项目，经费主要由地方政府承担。

2. 国家农业实验室实施“独立行政法人制度”的管理模式

日本国家农业实验室实行“独立行政法人制度”。该制度借鉴英国执行局制度，以“自上而下”的建设模式推行。根据日本《独立行政法人通则法》，独立行政法人的运营管理包括登记设立检讨机制、组织架构、营运机制、监督评价机制、财务会计机制、信息公开机制等六方面。制度上拥有决策与执行分离、较大自主权、制订中长期计划并进行年度审计等特点。这种独立行政法人的制度提高了公共服务的效率和质量，使运行过程透明化公开化，强化管理运营自主性，有效提高国家农业实验室的独立性，减少事前控制的可能性。

3. 重要战略科技项目资金来源多为政府资助

虽然日本市场上农业科技公司、大学里的农业部都有丰富的研究成果，但大规模作物品种还是由国家和地方政府的科研机构担当主力，大的项目资金也主要依赖国家投入。据统计，日本研发支出强度一直在世界上保持前列，1998—2008 年基本保持在 3% 以上，高于美国等发达国家。此后日本实施独立行政法人制度以缩减财政支出。独立行政法人的资金来源以政府资助为主，但相较改革前，资金使用灵活性大大提高，预算周期更长。此外，独立行政法人吸收社会私人部门的投资用以拓宽资金来源。

4. 人才培养上注重实验室、企业、大学联合培养

日本国家农业实验室以茨城县筑波市为重点领域，与私人公司、农业大学合作建立一批联合研究设施。例如，田间作物质量控制联合实验大楼，化学仪器分析中心和食品物理功能研究所等六个设施，均配备最先进的设备并有专业研究人员仔细指导，以设施开放为途径激发学生和社会人士的兴趣、创新意识与主动性，有效促进人才的培养。此外，JIRCAS 一年举办一次的国际研讨会，以国际农业热点问题为主题促进研究人员与公众之间的讨论，开阔研究人员国际视野，提高研究人员素质。

5. 积极开展国际农业合作推动农业技术进步

日本国际农业科学研究中心（JIRCAS）作为代表日本国际农业的唯一国家研究所，与发展中国家合作开展国际农业研究项目，为热带、亚热带地区发展中国家的农林渔业及相关产业技术进步进行综合研究，同时收集分析当地相关研究信息，最终为全球粮食问题、环境问题和农产品稳定供应问题提出解决方案。JIRCAS 还将自己的员工和研究人员派往实地工作，邀请合作研究人员共同研究，为国内外研究人员及多种农业主体提供合作机会，共同促进农业创新。

（三）荷兰国家农业战略科技力量建设经验和启示

依托瓦格宁根大学与研究中心（WUR）和农业高度机械化的特点，荷兰以 2% 的劳动力造就了世界第二大农产品出口国的实力。

1. 以瓦格宁根大学与研究中心为战略科技力量重要承载，布局学科建设

1896 年，荷兰政府在瓦格宁根成立了国家农业学校，把原有的中等农校和研究站改建成了国家的农业科学中心，之后成立了农业推广站（DLV）并聘用专家巡回为农民提供咨询服务，依托农业科学中心和两百多家农业教育科研推广机构，初步形成了教育、科研和推广三位一体的知识创新与推广系统。随着农业科研从以知识创造为导向转变为以市场需求为导向的趋势不断发展，政府对整个教育科研体制进行了大量的重组，将两百多家农业教育科研推广机构合并成了一个集农业基础、应用研究和职业、高等教育为一体的瓦格宁根大学与研究中心。合并后的瓦格宁根大学与研究中心（WUR）是目前世界上最大的农业研究机构，也是荷兰农业科技初创企业和实验农场的广泛集群“食谷”（Food Valley）的重要节点。瓦格宁根大学与研究中心拥有来自数百个国家 / 地区的 242 名教授，将近 6000 名员工和 12000 余名学生，博士数量约为 2000 人，年度预算超过 7 亿欧元，重点从事食品、饲料和生物基生产，自然资源与生活环境以及社会与福利三个领域的研究。瓦格宁根大学与研究中心拥有 180 家公司，通过公私合营依托科学驱动和市场驱动相混合的模式不断发展（见图 4）。

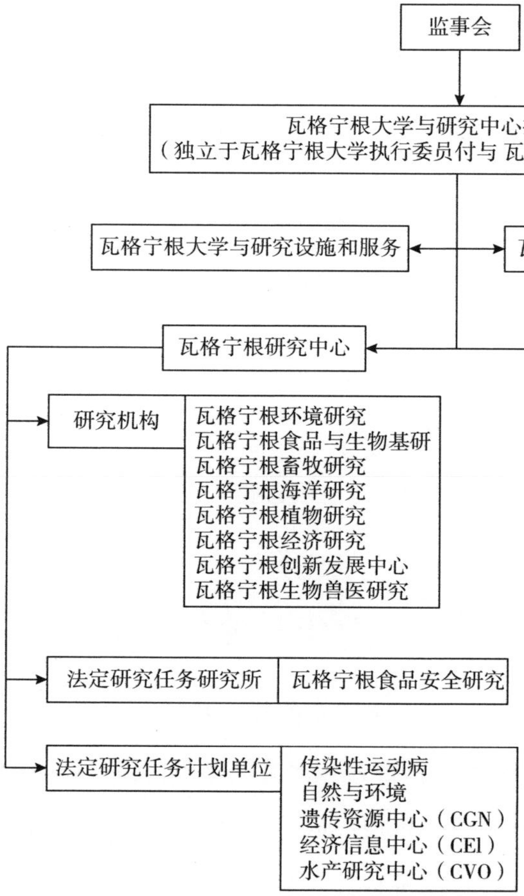

图 4　瓦格宁根大学与研究中心组织架构

2. 政府通过财政自主承担一半以上科研资金、为研发企业提供税收优惠、设立合作研发基金等措施，促进企业自主研发创新

荷兰农业科研体制以政府、科研机构和企业分工合作的方式共同参与农业科研成果的转化。政府通过财政自主承担一半以上科研资金的举措，同时对研发企业进行一定程度的税收减免，为农业科研提供良好的投资环境和技术转化平台。此外，荷兰政府还通过研发促进法案（WBSO），鼓励非公有部门投资，主要通过减免企业人员工资税和提供优惠的企业利润税收来促进企业的研发投入和创新水平。

为了解决政府资金对企业投资的负影响力和单个企业无力承担具有较强

外部性的基础应用研究项目等问题，荷兰政府面向战略性产业主导设立了多个公私合营的研发基金，如荷兰牛奶基因组计划（Milk Genomics Initiative）、免疫谷 ALTANT 计划（Immuno Valley ALTANT program）、TTI 绿色基因（TTI Green Genetics）、生物系统基因组学中心 CBSG（The Centre for Bio Systems Genomics）等公私合作的研发基金。在合作研发基金中政府承担 50% 的资金，剩余 50% 由研究机构和企业共同承担，通过多方参与的方式支撑创新研究的不断突破和研究结果的快速应用（见图 5）。

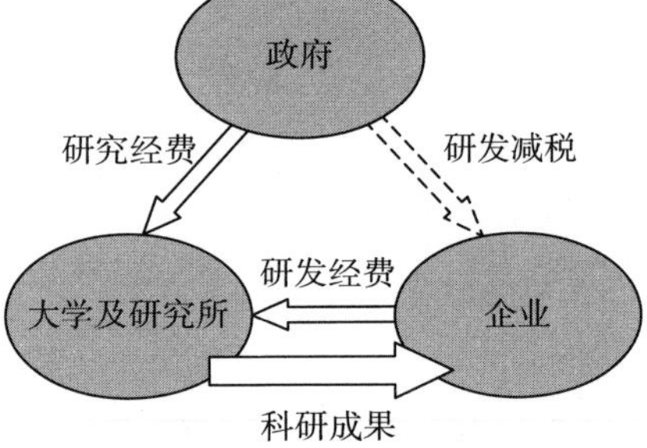

图 5　荷兰农业科研及科研成果转化模式

3. 采用“双重三角”管理模式，促进创新主体合作互联、协同攻关

一方面，本国政府、市场和科研机构形成一个牢固的三角，三者之间形成合作互联、协同攻关前沿食品行业难题；另一方面，与国际接轨时也按照政府—市场—科研机构的三角形模式进行交涉，不仅促进了区域内教育研究机构和商业机构的沟通与合作，将商业与创新有机地结合起来，还方便了区域与区域、国与国之间的合作（见图 6）。

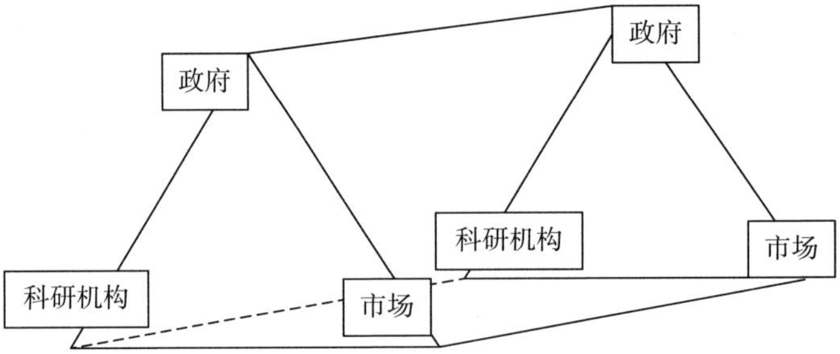

图 6　“双重三角”模式

4. 采取量身定制计划培养人才

荷兰农业研究机构针对特定专业人员制作量身定制培训计划。瓦格宁根大学创新中心与培训需求方事先制订提案，听取需求方在能力建设方面的知识差距与诉求，双方共同参与培训方案制订；参与者在第一次培训前需参与本地情况相关培训以便更好地了解当地情况；每次培训结束后，都会针对本次培训进行评估并对下次培训进行讨论，便于应对随时变化的培训需求调整。2013 年，荷兰瓦格宁根大学、荷兰皇家菲仕兰公司与中国农业大学共同建设中荷奶业发展中心。中心每年选拔 2 名中国奶业相关研究背景的优秀硕士毕业生前往瓦格宁根大学攻读 4 年制博士学位，同时选拔 3 名中国教师前往荷兰进行为期 6 ~ 12 个月的交流访问，旨在为中国培养高层次奶业专业研究人员。

5. 通过开展国际合作交流促进农业前沿技术研究

瓦格宁根大学与其他欧洲高等院校通过彼此学科互补加强合作，培养思想开放、具备国际视野的高层次人才。欧洲动物育种和遗传学硕士（EMABG）是欧洲视角下动物育种和遗传学领域的联合课程。EMABG 涉及低收入国家育种计划、育种生物学和社会背景、基因组选择和精确表型、功能基因组学。

瓦格宁根大学与中国农业大学、康奈尔大学、加州大学戴维斯分校和圣保罗大学成立“农业五国联盟”。五国联盟旨在改善教育系统结构，力图教导新一代学生解决全球食品问题，在确保包容性和考虑地区文化差异的前提下培养学生跨学科合作能力。五国联盟试图开发新型教育模式，如远程学习、大型开放式网络课程（MOOCs）、暑期学校等，集中培养未来农业领军人才，帮助实现食品生产体系的变革。

瓦格宁根大学及研究中心与国际农业研究磋商组织（CGIAR）的 15 个研究所联合开展国际科技计划，展开两个相互关联的挑战导向型研究集群：一是八个农业系统创新，采用综合性农业系统大规模提高生产力、可持续性、营养等；二是四个相互交叉的全球整合计划，如农业营养与健康研究计划（A4NH）、农业和粮食安全研究计划（CCAFS）等。

五、我国农业战略科技力量建设重点与举措

坚持“国家主导、管办分离”，实行“开放发展、依托管理”，依托核心优势的科研单元，统筹布局大科学计划、大科学工程，依托国家实验室、国家重点实验室、技术中心等平台，整合全国农业科技创新资源，强化自主创新，着力攻克一批农业领域“卡脖子”的核心关键技术。

（一）加强顶层设计，构建科学合理、分工有序、协同高效的农业战略科技创新体系

第一，通过立法形式（类似 Stevebson-Wydler 技术创新法），厘清国家一流农业高校、国家一流科研机构、新型研发机构、头部企业等创新主体功能定位，构建科学合理订分工有序订协同配合的农业战略科技创新体系，强化企业创新主体地位。第二，制定农业科技强国行动纲要，聚焦国家农业科技创新战略需求，保持科技战略定力，发挥科技预见作用，强化在战略性研究、国家重大科技任务、科技咨询和服务等方面的创新政策引领。第三，建立分工明确、风险共担、利益共享的机制（类似拜杜法案利益分配机制），平衡企业、大学、科学家间利益，让企业分享科技创新的红利，调动企业和民间资本投入农业科技基础研究，提升农业大学、国家重点实验室原始创新能力。

（二）实施农业战略科技创新条件与平台提升战略，强化农业领域核心技术协同攻关

探索组建由农业国家实验室、国家重点实验室、国家工程技术研究中心

等科技基础条件平台组成的农业战略科技资源管理委员会，实行会员制，在每个会员单位建立分委员会，管理单位科技资源，同时组建审查委员会，实施市场化运营，对现有农业国家战略科技平台存量资源进行系统梳理，明确各平台创新功能定位，优化整合和统筹设计。聚焦国家农业科技战略需求，在作物育种、生态环境、农业现代化、农产品质量、农业信息技术、智能化农业工程技术等有望引领未来农业战略发展的领域，统筹部署和建设集突破型、引领型、平台型为一体的农业国家实验室，给任务、给机制、给条件、给支持，探索建立政府所有、企业化运营 GOCO 模式，实行理事会制度、开放流动竞争机制、聘任制等创新机制，提高农业国家实验室创新活力。优化农业国家重点实验室布局，在前沿、新兴、交叉、边缘等学科方面以及布局薄弱学科，推进学科交叉国家研究中心建设。加强企业国家重点实验室建设，支持企业与高校、科研院所等共建研发机构和联合实验室。聚焦影响未来农业发展和国家安全的重大科技难题，衔接好农业科技重大专项相关规划和计划，强化农业领域重大科技基础设施建设及前瞻性布局。

（三）培育高能级企业创新联合体，打造农业战略科技新引擎

支持优势企业牵头，整合相关领域的高校、科研院所和企业创新资源，联合打造一批平台型、网络型、高水平产业创新联合体，牵头农业国家重大科技专项项目，开展基础研究和竞争前共性技术研究。鼓励企业与高校、科研院所建立联合实验室、多学科交叉前沿新型研发机构、研究院，明确利益分享和风险分担机制，联合开展关键核心技术攻关。探索多个创新主体共同出资、联合申报国家专项项目，进一步激发企业在协同攻关中的能动性。在先进材料、先进制造、生命健康、绿色能源领域，建立共性技术平台、智能测试平台、技术研发平台，打造领域性国家技术创新中心。

（四）加强重大前沿基础研究，增强农业领域科技创新源头供给能力

加强农业生物技术、农业信息技术、智能化农业工程控制技术等领域科技战略研判，开展综合性、体系化的跟踪评估，开展国家重点研发计划重点专项项目，提高我国农业科技原始创新能力。推行农业科技攻关“揭榜挂帅”制度，探索农业重大战略任务采用定向择优或定向委托方式，支持企业等各类优势单位开展关键核心技术攻关。改革以往项目评审和纵向委托方式。推进政府投入向基础研究倾斜，重视和支持原始性创新和关键技术的自主创新与系统集成，扩大经费“包干制”试点范围，建立符合科研规律的项目经费预算、审计和财务管理机制，对农业领域基础研究类科技项目试行代表作论文评价制度。探索设立国家农业科学基金，针对农业领域跨学科、跨地域、跨行业、跨机构的科技项目或计划进行资助。优化农业重大基础研究领域的多元投入方式，引导社会资本以联合设立科学计划、共建新型研发机构、联合资助、慈善捐赠等方式加大对基础研究的投入。

（五）着力引进和培养一批世界顶尖的农业战略科技人才

一方面，加快探索农业科技体制改革，从立项、评估体系、激励体系等方面进行改革，建立“科学家本位”管理体系，切实保障课题研究科学家主导权。以项目为抓手，引导农业战略科学家参与到国家科技人才培养、政策制定以及重大科技计划。根据农业战略科技需求，在高端教育阶段，引导学生对前沿技术形成兴趣，通过开展战略科技相关课程、共同建立科技创新平台以及联合发起大科学计划中，联合培养具有国际视野、较强科研能力的战略科技人才。另一方面，鼓励企业通过薪酬体系和项目收益分红、股权分红制度来激励战略科学家开展基础科学、基础技术等创新研究。开辟企业科研人员职业发展绿色通道，如首席科学家、资深科学家等，以此培养工匠精

神，造就一批能深入一线的“小袁隆平”。此外，设立农业战略科技人才专项基金和特殊奖励基金，积极实施人才柔性引进战略，加大海外高层次农业科技人才引进力度。

（六）全方位加强农业国际科技创新合作

一方面，大力推动创新国际化平台建设。针对重点领域核心技术，加快与欧盟、日本、以色列等农业技术发展国家的农业部门、科研院所建立联合实验室或科研机构，积极承担举办农业领域国际会议任务，促进我国科学家与国际同行交流与对接。另一方面，积极发起和参与国际农业大科学计划。借助现有的国家级科研计划（如国家重点研发计划首批重点研发专项）参与欧洲“地平线 2020”农业领域、全球干旱生态系统等国际大科学计划，加强沟通与合作，尽早将我国国家农业科研项目与发达国家大科学计划结合起来。鼓励和支持我国高校、科研机构积极参与组织国际大科学工程和计划，力争成为全球科技创新的领跑者。

参考文献

[1] 白春礼. 中国科学院70年：国家战略科技力量建设与发展的思考. 中国科学院院刊，2019，34（10）：1089–1095.

[2] 刘娅. 英国国家战略科技力量建设研究. 中国科技资源导刊，2019，51（4）：42–49.

[3] 陈套. 发挥国家战略科技力量建制化优势. 解放军报，2019–07–05（11）.

[4] 戴显红. 中华人民共和国70年强化国家战略科技力量的多维考察. 宁夏社会科学，2019（3）：26–31.

[5] 刘娅. 英国国家战略科技力量运行机制研究. 全球科技经济瞭望，2019，34（2）：40–49.

[6] 覃筱楚，张雯等. 新形势下国家战略科技力量薪酬机制与人才发展研究. 科技促进发展，2018，14（8）：711–717.

[7] 贾宝余，王建芳，王君婷. 强化国家战略科技力量建设的思考. 中国科学院院刊，2018，33（6）：544–552.

[8] 孙新彭. 关于国家战略力量评估的几点思考. 发展研究，2018（6）：22–25.

[9] 龙云安，胡能贵，等. 培育我国国家战略科技力量建制化新优势研究. 科学管理研究，2017，35（2）：18–21.

[10] 贾宝余. 强化国家战略科技力量. 光明日报，2017.

[11] 石琦. 实施“建设具有全球影响力的科技创新中心”国家战略背景下的科研院所转型研究——以上海化工研究院改制初探为例. 中国科技产业，2017（7）：16–21.

[12] 程珊. “一带一路”国家战略背景下两国合作发展研究——以中以农业科技生态城为例. 小城镇建设，2019，37（3）：39–46.

[13] 陈娜娜. 创新型国家战略导向下我国科技投入问题研究. 渤海大学，2013.

[14] 朱杉，陈洁. 突破产学研运行瓶颈的机制设计——芬兰国家研究中心运行机制及对我国的启示. 科技管理研究，2009，29（3）：44–46.

[15] 夏斌. 创新型国家战略与高校科技供给策略选择. 科技进步与对策，2010，27（12）：145–148.

[16] 张强，薛惠锋，寇晓东，吴介军，张大伟. 面向国家战略科技需求的高校科技供给研究. 科技进步与对策，2009，26（15）：147–150.

[17] 耿国阶. 创新型国家战略下高校科技创新队伍建设的路径探讨. 中国科学学与科技政策研究会. 第三届科技政策与管理学术研讨会暨第二届科教发展战略论坛论文汇编. 中国科学学与科技政策研究会：中国科学学与科技政策研究会，2007：8.

[18] 张凤，李宁等. 美英德法日五国的国立科研机构体制. 科研管理，1999（1）：80–87.

[19] 和育东. 国有专利的收益私人化与权益私有化——美国联邦实验室技术转移法律激励体系的启示. 科技进步与对策，2014，31（9）：121–124.

[20] 姚志友，仇苗苗. 高水平农业大学的学科软实力建设研究. 高等农业教育，2019（4）：7–11.

[21] 程琳琳. 创新农业科研单位学科体系建设——以中国热带农业科学院橡胶研究所为例. 农业科研经济管理，2018（2）：9–12.

[22] 谭晶尹，李剑富，徐梅珍，纪巧华. 农业院校建设世界一流学科的现实困境及路径研究——以ESI学科排名为基准. 中国农业教育，2018（3）：32–42+93–94.

[23] 许世卫，李哲敏. 荷兰、法国农业科研体制及对我国的启示. 科学管理研究，2005（6）：97–101.

[24] 肖小溪，李晓轩. 关于国家战略科技力量概念及特征的研究. 中国科技论坛，2021（3）：1–7.

[25] 贾宝余，王建芳，王君婷. 强化国家战略科技力量建设的思考. 中国科学院院刊，2018（6），544–552.

[26] 朱涛. 让战略科技力量宣示“复兴之力”，中国科学报，2018–04–09.

[27] 李万. 加快形成“使命导向”的战略科技力量体系. 中国科学报，2019–04–22.

[28] 白春礼. 国研科技机构是国家的战略科技力量，光明日报，2012–12–09.

[29] 温春生，刘东. 农业高层次创新人才队伍建设研究. 管理研究院，2016（12）.

中国乡村振兴典型案例分析及其对五大振兴的启示*

党中央已经明确了乡村振兴的顶层设计，各地要制定符合自身实际的实施方案，科学把握乡村的差异性，因村制宜，发挥亿万农民的主体作用和首创精神，善于总结基层的实践创造。自党的十九大报告提出实施乡村振兴战略以来，全国各地以习近平总书记关于“三农”工作的重要论述为理论指导，以乡村振兴战略的目标任务为行动指南，以不同区域乡村发展实际为问题导向，激发基层群众创造性和主动性，涌现了很多独具地方特色的典型案例。本文分析我国典型乡村振兴案例对于乡村振兴的示范引领意义，为推动各地区乡村振兴提供多样化的制度选择路径和启示。

一、乡村振兴案例研究的重要意义

案例分析以典型案例整理为基础，同时需要一定的理论知识和分析方法加以研究，不能仅仅就案例谈案例、就事件言事件。具体到公共管理和政策

---

* 本报告是清华大学中国农村研究院2020年重点研究课题“乡村振兴案例研究”的研究成果，报告观点仅代表课题组的看法。课题负责人：王亚华，清华大学公共管理学院副院长、教授，清华大学中国农村研究院副院长。报告执笔人：王亚华、池建华。

研究领域，公共管理案例分析则是应用有关公共管理理论知识，对某一实际公共管理情境进行分解、剖析、讨论、交流，从而达到理论与实践相结合，知识转化为能力的目的之过程（金太军，2015）。当前我国公共管理研究中的案例分析方法存在“自我循环式案例研究”的误区，表现为研究者在开展研究的过程中，基于一个“案例”，抽象出一套理论框架，来“检验”或支撑这个框架（蒙克，李朔严，2019）。此种评价并没有否定案例分析方法在社会科学研究中的重要价值，而是强调理论框架和案例事件之间应当建构良性关联。案例分析的基础是案例，而案例的典型性和多样性则是案例分析能否取得良好结果的基础。乡村振兴案例研究中的案例本身就具有多样性、多元化的特征。这也意味着本文中涉及的乡村振兴案例在很大程度上也是存在代表性不足的问题，因此在案例选择和整理上力求典型性、代表性和广泛性，重视地区差异和村庄差异。

关于乡村振兴的发展目标，《乡村振兴战略规划（2018—2022年）》明确指出：“探索形成一批各具特色的乡村振兴模式和经验，乡村振兴取得阶段性成果。”“乡村振兴模式和经验”的基础即是乡村振兴案例，是全国范围内不同地区的乡村振兴实践。本文的研究目的主要体现在两个方面：一是尝试总结归纳全国范围内在乡村振兴方面取得阶段性成果的典型案例，深入分析典型案例的主要做法、经验以及可能存在的问题；二是通过案例研究深化对乡村振兴战略的认识，分析实施乡村振兴战略过程中的重要问题、关键问题、核心问题，并尝试找寻破解这些重要问题、关键问题、核心问题的体制机制、制度路径、政策措施。

第一，有助于检验和完善乡村振兴顶层设计和制度体系。自党的十九大报告提出实施乡村振兴战略以来，我国陆续制定和出台了众多政策性、导向性文件，强化了乡村振兴顶层设计和制度供给，进一步为落实乡村振兴战略指明了前进方向。乡村振兴战略作为国家着眼于未来的重大战略，首先需要做好乡村振兴顶层设计和制度体系，同时也要根据乡村振兴发展阶段做出相应调整，乡村振兴案例即为检验和完善乡村振兴顶层设计和制度体系提供了宝贵的材料。乡村振兴战略的顶层设计和制度体系具有全局性、战略性、概括性的特点，能够发挥宏观指导的作用，同时乡村振兴战略又要最终落实到每一个乡村、每一位村民中，这又就决定了乡村振兴战略不是空洞的、抽象的，与农业发展、农村实际、农民生活息息相关。乡村振兴战略顶层设计和制度体系与农村实践是理论与实践的关系，实践对理论具有决定作用，同时理论对实践具有反作用。我国“三农”发展实际决定了乡村必须振兴，基本国情决定了乡村不能衰败，我国发展的阶段性特征要求乡村必须振兴（陈锡文，2018），这是乡村振兴战略提出的实践基础；乡村振兴实践又能及时检验乡村振兴战略的理论内容，并有助于完善乡村振兴战略。

第二，有助于提供具有实用性、可操作性和可借鉴性的经验做法。实施乡村振兴战略，着眼于促进农业农村现代化，实现中华民族伟大复兴的中国梦，其意义重大、影响深远。乡村振兴战略在体制机制和政策体系上具有全局性、全面性的特征，落实到农村中的效果需要实践予以检验。改革开放，是从农村开始的，农村改革的主要经验是制度在某一或者某些区域先行试点，然后再推向全国。乡村振兴战略同样意味着农村改革的全面深化，除了继续坚持原有成熟有效制度体制之外，同时，在农村土地制度改革、农村集体产权制度改革等方面则是要有所突破、有所创新，这些改革措施也大都需要在先行试点的基础上再推广至全国。经验做法可以借鉴，但是也要根据当地实际情况做出相应调整，提取典型案例中值得借鉴的成分，也是乡村振兴案例研究需要重点分析和论证的内容。

第三，有助于激发地方基层农民群众参与乡村振兴的主动性和创造性。激发亿万农民群众的内生动力，是实施乡村振兴战略的关键。实施乡村振兴战略，核心是围绕农民群众最关心的现实利益问题，加快补齐农村亿万农民的民生短板，让亿万农民有更多实实在在的获得感、幸福感、安全感。乡村振兴的顶层设计和制度体系，也离不开亿万农民群众主动参与、积极实施。乡村振兴具有全局性、长期性的特征，农民群众的参与热情也不能是一时的、临时的，需要的是长期关注和投入，农民群众对乡村振兴的理解和认识也需要进一步增强。中华人民共和国成立特别是改革开放以来，我国经济社会总体面貌发生了翻天覆地的变化，农民群众的思想观念也在社会转型中发生了巨大变化，传统观念与现代意识交织互存，更加剧了农民思想观念的复杂性。张瑞（2014）指出，农民的社会心理呈现出以现代性为主的社会心理特征，即竞争心理、求富心理、开放意识及自我主体意识在增强。此观点具有一定的合理性，同时也要认识到农民思想观念的融合，针对具体事项所持有的观念、所采取的行为并不完全是一致的，涉及乡村振兴领域时，亦是如此。对乡村振兴案例的总结、分析和宣传，则能够有助于及时廓清和弥补农民群众对乡村振兴认识的不足，坚定农民群众对乡村振兴的信心和决心，激发农民群众参与到乡村振兴实践的积极性、主动性和创造性。

二、当前乡村振兴案例研究的文献综述

目前，全国各地乡村正在进行实施乡村振兴战略的生动实践，涌现了数量众多的典型案例，这些乡村振兴案例也引起了学术界的广泛关注，并出现了大量成果。随着乡村振兴战略的深入，对各地典型案例的研究亦需要进一步分析。

（一）乡村振兴战略的整体制度路径分析

实施乡村振兴战略，除了政策制定部门统筹规划、地方乡村探索实践之外，也需要学术界对这一战略进行解读和分析，从历史、横向和纵向等角度全面认识乡村振兴战略，从理论层面提供全面的分析和建议。陈锡文（2018）从农村改革40年的发展历程这一角度进行总结和展望，我国的基本国情和经济社会发展阶段的基本特征都是提出乡村振兴战略的背景。实施乡

村振兴战略，需要关注农村基本经营制度、农村集体产权制度、实现小农户和现代农业有机衔接等制度性问题。顾益康（2017）提出实施乡村振兴战略也应坚持党管农村，农业农村优先发展，农民主体地位，乡村全面振兴，城乡融合发展，人与自然和谐共生，因地制宜、循序渐进等七个原则。从历史发展角度来看，乡村振兴战略实现了从城乡统筹向城乡融合的转变、"四化"同步发展到农业农村优先发展的转变、从农业现代化到农业农村现代化的转变（陈文胜，2017），表明乡村振兴战略对于农业农村发展、对于国家整体发展都是一个崭新的历史发展阶段。

叶兴庆（2018）认为以乡村振兴战略统领未来国家现代化进程中的农业农村发展，是解决我国发展不平衡不充分问题、满足人民日益增长的美好生活需要的要求。与新农村建设的总要求相比，乡村振兴的总要求不仅体现在字面的调整上，更体现在内涵的深化上，可以说是其升级版。在城乡二元结构仍较为明显的背景下，要促进农业农村现代化跟上国家现代化步伐，必须牢牢把握农业农村优先发展和城乡融合发展两大原则。要抓好"人、地、钱"三个关键要素，促进乡村人口和农业从业人员占比下降、结构优化，加快建立乡村振兴的用地保障机制，建立健全有利于各类资金向农业农村流动的体制机制。黄祖辉（2018）认为在具体的实施过程中，应重视"三条路径"的协调推进，即"五个激活"（激活市场、激活主体、激活要素、激活政策、激活组织）驱动、"五位一体"（农民主体、政府主导、企业引领、科技支撑、社会参与）协同和"五对关系"（乡村与城市、政府与市场、人口与流动、表象与内涵、短期与长期）把控的协调推进。刘守英、熊雪峰（2018）认为乡村振兴应以实施乡村振兴战略为统领，以强化活化乡村的制度供给和城乡融合的体制机制创新为支撑，以"活业—活人—活村"为路径，实现"产业兴旺、生态宜居、乡风文明、治理有效、生活富裕"。

建立健全城乡融合制度保障体制是实施乡村振兴战略的应有之义。从宏观层面，刘彦随（2018）分析了城乡融合与乡村振兴的复杂关系，城市与乡村是一个有机体，只有二者可持续发展，才能相互支撑。依据人地关系地域系统学说，城乡融合系统、乡村地域系统是全新认知和理解城乡关系的理论依据。针对日益严峻的“乡村病”问题，全面实施乡村振兴战略，既是推进城乡融合与乡村持续发展的重大战略，也是破解“三农”问题，决胜全面建成小康社会的必然要求。杨园园、臧玉珠、李进涛（2019）认为乡村振兴战略是我国现代乡村发展理论与实践的创新，核心在于破解乡村地域系统的“五化”问题。文章以京津冀地区为研究范围，从“人口—土地—产业”视角构建城乡转型评价指标体系，根据城乡转型的发展轨迹进行功能分区，并基于分区进行乡村振兴典型模式的梳理，以期形成区域发展样板，为京津冀乡村振兴提供理论参考，并为其他地区乡村振兴模式的梳理提供研究思路和技术支撑。

（二）从具体案例出发对乡村振兴战略进行解读和分析

关于乡村振兴案例的整理总结，地方政府部门（主要是农业农村部门）是主要参与者，同时其他社会组织或者个人也有不同程度的参与。例如，规划实施协调推进机制办公室（2020）编著的《乡村振兴战略规划实施报告（2018—2019年）》，吴维海（2018）著的《新时代乡村振兴战略规划与案例》，黄文俊（2019）著的《乡村振兴司法服务与保障典型案例评析》。

部分研究成果以某一个村或某一区域的乡村振兴实践为案例，具体分析乡村振兴的制度路径和动力机制。张玉强、张雷（2019）以上海市Y村为例，认为：以优势产业发展实现资源内生是乡村内源式发展的基础；完善乡村治理体系，以乡村自组织实现组织动员是核心也是关键；激发地方居民的乡土记忆，实现身份认同是重要保障。王景新、支晓娟（2018）从特色小镇与美丽乡村同建振兴乡村的案例入手，分析了中国乡村振兴及其地域空间重构。下一步应该以县域为单元，以乡村振兴为重心，以特色小镇和美丽乡村同步规划建设为抓手，制定更加具体可行的“乡村振兴”计划和推进政策。杨慧莲等（2018）则以贵州省六盘水市舍烹村为案例，分析“小、散、乱”

的农村如何实现乡村振兴。文章运用案例研究的方法，描摹村庄在内部资源重组、组织重构过程中的具体实践及颇具借鉴意义的做法，对村庄发展过程中“资源变资产、资金变股金、农民变股东”的制度设计予以剖析。进一步通过案例实证得出为实现可持续发展，未来村庄尚需重塑资金、劳动力、技术等要素环境的结论。

以村庄或者区域为基点是乡村振兴案例的一种研究形式，同时乡村振兴案例研究也可以从乡村振兴政策体系、具体制度安排等出发。高彦彬、阮非凡（2019）介绍了传统金融和互联网金融两大类农村金融模式，对其做了比较分析，并针对两类模式提出了一些建议，总结出在乡村振兴战略推进过程中应实现互联网农村金融模式与传统农村金融模式的互补融合。李志龙（2019）则以湖南凤凰县为例，分别构建了乡村振兴评价指标体系和乡村旅游评价指标体系。根据2001—2017年面板数据，该文分别计算了其综合评价指数、协调度、协调发展度，依此将凤凰县乡村振兴—乡村旅游系统耦合过程划分为三个阶段，并分析了三个阶段的特征。根据演化速度函数及反映了二者变化趋势的差异的剪刀差，解析了乡村振兴—乡村旅游耦合系统的演化过程。

三、乡村振兴案例研究的分析框架

乡村振兴战略着眼于乡村这一特定区域，在不同地域范围内的实施情况又存在不同，这就要求不同层级采取相应的措施，从而也就形成了不同层级的乡村振兴案例。在当前乡村振兴实践中，省负总责，市县乡抓落实，同时乡村是乡村振兴战略落地落实的最基层，发挥着基础性、基石性的作用。乡村振兴案例，首先是基于“乡村”这一地理区域概念，但是不限于“乡村”，同时还包括省域、市域、县域、镇（乡）域等不同层级的典型案例。乡村既是一个自然地理概念，又是一个法律概念。《村民委员会组织法》第2条规定："村民委员会是村民自我管理、自我教育、自我服务的基层群众性自治组织，实行民主选举、民主决策、民主管理、民主监督。"从法律属性上看，村民委员会是基层群众性自治组织，其管辖范围内的乡村，有时又被称之为"行政村"。与"行政村"相关的概念是"自然村"或者"村民小组"。"村民小组"或者"自然村"在乡村振兴中也能够发挥重要的积极作用，在诸多乡村振兴案例中都有不同程度的体现。乡村振兴案例中的"乡村"主要指的是村民委员会这一层级。

乡村振兴是一个系统性工程，核心是抓好"人、地、钱"三要素，实现产业振兴、人才振兴、文化振兴、生态振兴、组织振兴的全面振兴。从整体上看，乡村振兴是一个极为复杂的经济社会生态系统。其中，以"人"为核心的组织结构和运行机制构成了乡村治理体制机制和运行的核心，人才资源、人力资本是确保乡村振兴顺利推进的关键，同时与组织振兴、人才振兴直接相关，进而影响产业振兴、文化振兴、生态振兴。乡村振兴，是对各种资源要素的再整合、再开发、再利用，从全局统筹城乡区域的融合发展，着眼于实现共同富裕。

从五大振兴的内在逻辑上看，产业振兴是乡村振兴的物质基础，直接关系到提供乡村就业机会和拓宽农民增收渠道，这是生活富裕的根本。而人才振兴是乡村振兴的关键所在，意味着哪些人直接参与乡村振兴，直接关系到乡村振兴的实施效果。因此，推动乡村振兴，必须培养造就一支强大的人才队伍，切实解决农村缺人手、少人才、留不住人等问题，凝聚乡村发展的人气和活力。文化振兴是乡村振兴的重要基石。推动乡村振兴，坚持既要"富口袋"又要"富脑袋"，物质文明与精神文明两者不可分离，必须大力挖掘乡村文化功能，提升乡村文化价值，增强乡村文化吸引力，不断提升乡村社会文明程度。生态振兴是乡村振兴的内在要求，良好生态环境是农村的最大优势和宝贵财富，产业发展与生态保护是一体的，产业振兴不能威胁乡村生态环境。组织振兴是乡村振兴的根本保障。不断提升基层党组织的领导力、吸引力、支撑力，增强村民委员会、农村集体经济组织、村务监督委员会等农村基层组织的活力。这五个方面是不可分割的有机整体，它们相互联系、相互作用、相互促进，因此必须注重其协同性、关联性，整体部署、协调推进。

实施乡村振兴战略的最终目的是实现共同富裕，其核心是缩小城乡差距，乡村治理在乡村振兴中的地位是基础性的，同时又是关键性的，直接关系到乡村振兴的最终实施效果。乡村治理的参与主体同时又是乡村振兴的参与主体，不同主体在乡村治理中的地位和功能是不同的。乡村治理本身不是空洞、虚无的，而是在具体治理事务之中运行、检验和完善。乡村治理有效，意味着各主体之间形成了协作关系，这是农村社会和谐、农村产业发展、农民收入增加的治理基础。以上认识形成了本文的案例分析框架，如图 1 所示。

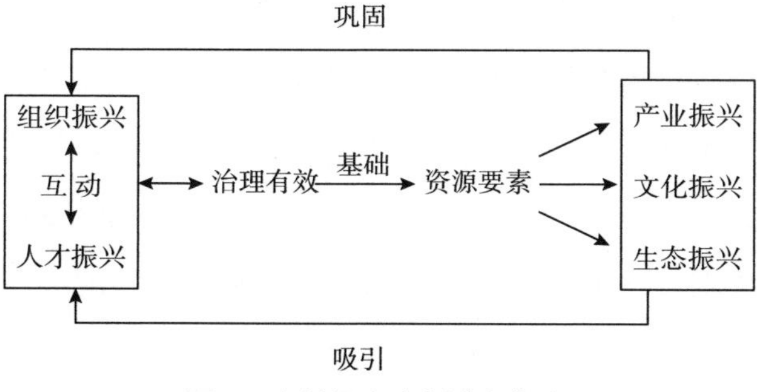

图 1　乡村振兴案例分析框架

四、乡村振兴典型案例分析

实施乡村振兴战略是决胜全面建成小康社会、全面建设社会主义现代化国家的重大历史任务，是国家层面的宏观战略，理应在全国范围内予以贯彻落实。根据我国宪法关于行政区域划分的规定，我国行政区域划分为省（自治区、直辖市）、县（自治州、自治县、市）、乡（民族乡、镇）。本文尝试在全国范围内选取典型案例、典型做法、典型经验，运用上文所提出的案例分析框架，综合考察东、中、西部不同发展水平下各地在实施乡村振兴战略方面的特色做法。

限于篇幅和研究需要，本文重点分析县级和村级两级乡村振兴典型案例。乡村振兴战略规划实施协调推进机制办公室（2020）就明确指出：县一级是实施乡村振兴战略的“主战场”，既要抓宏观，又要抓微观；既要重部署，又要重落实；既要靠指挥，又要靠实干，发挥着承上启下的关键作用，直接决定着乡村振兴战略实施成色。因此，县级党委和政府在全面推进乡村振兴战略过程中起着承上启下的关键中介作用，意义重大。我国有2800多个县级行政区划单位，是经济发展、社会治理的基本单元，因此，促进县域内部城乡融合发展是促进农业农村现代化的重要路径。全国范围内各县级行政区划单位立足当地县情农情，发挥地方优势，坚决落实乡村振兴战略规划部署，涌现了众多县级乡村振兴案例。同时，这些县级乡村振兴案例并不是体现了完全的特殊性，其中很多经验做法可以为其他县域提供有益借鉴。根据国家统计局2019年统计数据，全国村民委员会数量为533073个，同时有的村民委员会还划分为若干村民小组或者自然村，这些是乡村振兴的最终落地场域。农业强不强、农村美不美、农民富不富，乡村本身最有发言权，农民是乡村振兴的主体。本文所使用的乡村振兴典型案例，一方面来源于课题组的实地调查，另一方面来源于农业农村部、地方各级政府、社会组织等发布的典型案例，并且在具体使用中有所选取。

（一）县级乡村振兴的典型案例分析

“县抓落实”是健全和完善乡村工作机制的要求，“落实”意味着乡村振兴顶层设计和制度体系得到真正施行。从宏观上看，县级乡村振兴案例基本上都是着力强调五大振兴全面布局，统筹推进，凸显整体性；从微观上看，各案例内部又是在产业振兴、人才振兴、文化振兴、生态振兴、组织振兴等方面，各有特色，具有代表性。从整体上看，河南省孟津县坚持把实施乡村振兴战略摆在突出位置，着眼“五个振兴”，奋力打造乡村振兴的孟津模式。一是聚力产业振兴，打牢乡村振兴基础。聚焦农业现代化，以农业供给侧结构性改革为主线，以三产融合发展为引领、特色发展为方向，持续提高农业综合效益和竞争力。二是聚力人才振兴，厚植乡村振兴动力。坚持党管人才原则，着力培育人才、留住人才、用好人才，为乡村振兴提供强大智力支持。三是聚力文化振兴，丰富乡村振兴内涵。大力推动文化发展、文明创建，着力夯实乡村振兴“硬支撑”。强化基础，以文化人。丰富内涵，以文惠民。突出特色，以文兴业。四是聚力生态振兴，提升乡村振兴颜值。大力推行绿色发展方式和生活方式，让乡村成为令人向往的美好家园。五是聚力组织振兴，夯实乡村振兴保障。积极构建“党建引领、‘三治’并进、服务进村”乡村治理体系，为打赢脱贫攻坚战和实施乡村振兴战略奠定良好基础。

1. 组织振兴的典型案例

组织振兴为乡村振兴提供领导和组织保障。河北省石家庄市栾城区创新“二级支部”设置，推行“二级党支部”管理模式。在50人以上党支部设立“二级支部”，将村党支部升格为党总支，下分若干党支部，党员以党支部为单位开展活动。全面实行“四级网格”管理，建立村党总支负责的第一级网格、“二级支部”负责的第二级网格、党小组负责的第三级网格、党员联系服务群众的第四级网格，确保联系服务群众全覆盖。为实现乡村振兴提供坚强组织保证。浙江省桐乡市在推进党建引领“三治融合”工作中，注重系统谋划、精准指导，出台相关实施意见，明确基层党组织的领导核心地位、党建引领基层社会治理的内在逻辑、“一约两会三团”工作模式、“三治信农贷”为载体的“金融惠农”行动体系等核心内容，让基层党组织协同各类社会力量共解治理难题的意识大为增强，“大事一起干、好坏大家评、事事有人管”的基层社会治理格局逐步形成。在脱贫攻坚过程中，四川省昭觉县在充分发挥群众主体地位的基础上，充分借助外部力量，形成了统一领导、自上而下、层级动员、内外联动的组织治理体系。2020 年 11 月，四川省人民政府批准昭觉县退出贫困县序列。

2. 产业振兴的典型案例

产业振兴是乡村振兴的物质基础，也是农民收入持续增加的基础。全国各地坚持因地制宜、突出特色，市场导向、政府支持，融合发展、联农带农，绿色引领、创新驱动，在乡村产业振兴领域走出了符合当地实际的特色之路。山东省利津县落实黄河流域生态保护和高质量发展国家战略，将工业化理念运用到农业生产中，用工业化思维发展现代农业，用工业园区模式建设现代农业园区，投资 1.6 亿元建设智联农创工场，创新实行“工厂化”建设、“合伙人”运营、“六统一”管理、“智慧化”服务，仅用 67 天就在 1200 亩盐碱地上建起了一座高标准、智慧化、现代化农业产业园区，智联农创资产总额、亩产效益实现“百倍提升”，农民收入、村集体收入实现“翻番”。山东省莱西市同样以实施乡村振兴战略为总抓手，围绕发展现代农业，坚持规模化、园区化、绿色化、品牌化、链条化，加快推进一二三产业融合发展，积极探索平原地区产业兴旺的新路径，推动农业提质增效和转型升级，为乡村振兴提供强劲动力和支撑。

3. 人才振兴的典型案例

乡村振兴，人才振兴是关键。推动乡村振兴，必须培养造就一支强大的人才队伍，因此必须真正解决农村引进不来人才、培育不出人才、留不住人才的问题。乡村人才振兴，就是要在“引进来”“培育出”“用得好”“留得住”等方面着力，创新人才引进、人才培育、人才使用、人才激励机制。山西省宁武县严格村医准入管理，“赤脚医生”穿上“鞋”。宁武县村卫生室改革后，在村卫生室执业的医护人员必须具备相应的执业资格并按规定进行执业注册。采取公开招聘医学专业毕业生、从本地选派人员进行定向培养等多种方式，引导符合资质人员到村卫生室执业，充实、优化乡村医生队伍，保障村卫生室人员队伍稳定和新老更替。对公开招聘的乡村医生，由县级卫健局考核后注册聘用。鼓励公立医院退休医生、执业（助理）医师到村卫生室工作。为充分发挥乡土科技实用人才在实施乡村振兴战略推进产业兴旺中的示范、带动作用，2018 年以来，福建将乐县积极探索符合乡村实情、更好服务“三农”之路，建立了乡土科技特派员制度。将乐县乡村振兴领导小组按照一定程序，从全县一二三产业从业人员中，选聘第一批七类 34 名实用技术示范推广人才，涉及种植、养殖、农机服务、林业生产经营、工农业加工、电子商务和民宿设计等。浙江省嘉善县坚持党管人才、增强合力，着力推进人才政策体系化、科学化，优化升级“创新嘉善 · 精英引领计划”，实施创业创新人才“墩苗计划”，加快实施“嘉人汇善”人才工程，形成具有特色的“1+1+X”人才政策体系。

4. 文化振兴的典型案例

乡村具有传承优秀中华文化的功能，文化振兴更是乡村振兴的精神基础，文化振兴不只是在精神文明领域发挥积极作用，而且能够影响到产业振兴、人才振兴、生态振兴、组织振兴等其他乡村振兴领域。山东省曲阜市紧紧围绕建设“红色殿堂、精神家园、服务平台、百姓之家”的目标定位，把新时代文明实践中心建设试点工作作为举旗帜、聚民心、育新人、兴文化、展形象的重要举措，积极探索，勇于创新，孔子博物馆、尼山圣境等文化项目迅速崛起，研学游、文化体验游等文旅产业加速发展，儒家文化已深深熔铸于这座城市发展的血脉中，并在不断地探索与实践中历久弥新、焕发生机。安徽省宿松县作为“中国诗歌之乡”“中国民间文化艺术之乡”，有着“江南幅邑、秀错三省”的美誉。近年来，该县在实施乡村振兴战略中，紧紧围绕“乡风文明”，认真梳理乡村的历程和文化的基本价值，反思乡村文化的基本规律，激活传统“乡贤文化”，颂传“古贤”、引进“今贤”、培育“新贤”，用其嘉言懿行垂范乡里，弘扬文明新风，让乡贤文化助力乡村振兴。

5. 生态振兴的典型案例

乡村振兴，生态宜居是关键。浙江省安吉县以“两山”理念为指引，开始实施以“中国美丽乡村”为载体的生态文明建设，围绕“村村优美、家家创业、处处和谐、人人幸福”的目标，实施了环境提升、产业提升、服务提升、素质提升的“四大工程”，从规划、建设、管理、经营四方面持续推进美丽乡村建设，创新体制机制，激发建设内在动力。经过十余年努力，实现了生态保护和经济发展的双赢，获得“联合国人居奖”，成为中国美丽乡村建设的成功样板。安徽省岳西县坚持生态优先、绿色发展，围绕安徽省委省政府要求岳西“争创‘两山’理论实践县域经济创新发展排头兵”和“打造乡村振兴全省样板”的目标，大力发展绿色高效特色产业，生态环境质量全面提高，生态产业蓬勃发展，生态经济实力不断增强，人民幸福指数逐年提升，不断探索“两山”理论实践转化路径，实现了生态美与农民富的有机统一。

（二）村级乡村振兴的典型案例分析

村庄本身是一个综合体，乡村振兴取得实效意味着在产业振兴、人才振兴、文化振兴、生态振兴、组织振兴等各个领域都有显著成效，如果某一方面存在短板，都会制约乡村振兴的整体实效。另一方面，村级乡村振兴案例在数量上是巨大的，而某一个具体乡村在乡村振兴方面取得成效的做法又具有较强的特殊性，与该村自然地理、资源禀赋、外界环境等综合要素密不可分，但是总体上也没有超出五大振兴的范围。

实施乡村振兴战略，本质上是属于集体行动的范畴，核心依然是处理好政府、市场与社会的关系，乡村发展既离不开外部人才、资金等要素的支持，同时又必须发挥好乡村自身的主动性，三者之间缺一不可、相辅相成。村庄是乡村振兴的最前沿，乡村振兴战略在村庄层面的实施是促进农业农村现代化的必然要求。治理有效是乡村振兴的基础，也要求以整体、系统的视角认识乡村治理。乡村振兴顺利推进，要求乡村振兴所有参与主体都能依据相应的规则行为，即在规则主导下行为，进而形成参与乡村振兴的合力。

1. 组织振兴的典型案例

全面推进乡村振兴是实现中华民族伟大复兴的一项重大任务，必须举全党全社会之力加快农业农村现代化。坚持和加强党对“三农”工作的全面领导，是全面推进乡村振兴的政治保障。五级书记抓乡村振兴，要求首先在党内形成坚强的领导体系，确保政策畅通、落地、落实。为此，全国各地乡村着力加强党的建设，特别是重视农村基层党组织建设，以“党建+”为重点，全面强化党对乡村振兴的领导。

山东省兰陵县代村抓党建促乡村振兴，以建强党组织堡垒为抓手，以发展壮大村集体经济为依托，逐步实现村强民富的目标。多年来，代村按照《中国共产党农村基层工作条例》《村民委员会组织法》等规定，村“两委”成员带头示范，“约法三章”：村里工程绝不允许亲朋好友插手，惠民政策绝不允许沾亲带故徇私，干部选用绝不允许直系亲属沾光。凡事民主决策，建立了村党组织“提事”、村委会“议事”、党员和村民代表大会“定事”、村务监督委员会“监督事”工作机制，对涉及村级发展的重大事项必须进行民主决策。2012 年 5 月，代村创新监督全覆盖机制，在临沂市率先成立了第一个农村社区纪委，从社区居民中推选了 30 名廉政监督员，对村“两委”干部和党员实行“零距离”监督。党的十九大提出实施乡村振兴战略后，代村村“两委”紧紧围绕总书记打造“两个千千万万”的指示，继续深化组织建设，加强党员教育，依托村史馆、辉煌中国馆等，定期开展党员现场说教，着力引导广大党员投身乡村振兴，激励党员在发展壮大集体经济、带领群众共同致富过程中更好地发挥先锋模范作用。

安徽省歙县创新“党建+”机制助力乡村振兴。安徽省歙县坚持“书记抓，抓书记”，不断强化五级书记抓乡村振兴的政治责任和使命担当，创新丰富“党建+”内涵，强力推动乡村振兴提质增效。一是创新“党建+基层治理”机制，助力乡村组织振兴。实施“党组织扩面提升行动”，创新农村党组织流程化管理，持续整顿软弱涣散的村党组织，全县“两新”党组织覆盖率达 100%。完善拓展农村基层组织“六大载体”建设，创新乡镇流动党委会开到村、乡村书记论坛、农村党员“十二分制”积分管理等特色做法，进一步形成基层党组织和党员干部畅通民意、网格管理、精准服务、治理有效的群众工作新模式。二是创新“党建＋人才培育”机制，助力乡村人才振兴。强化乡镇领导班子建设，突出“一线选拔”的用人导向，仅 2019 年就提拔重用脱贫攻坚一线干部 50 多名。强化村级领导班子建设，实施村干部六大提升工程，着力提高村干部政治素质、文化素质、发展能力、治理能力、群众工作能力、党建工作能力；遴选村级后备干部 487 名，确保村级干部队伍可持续建设。三是创新“党建＋产业发展”机制，助力乡村产业振兴。推行把党支部（党小组）建在产业链、行业链上，先后组织合作社等产业类型党支部 22 个。各乡镇、村党组织着力推动开展“四个一”活动。建强一支文化队伍，加强农村非遗人才的发现和保护利用，先后培育农村各类非遗人才 100 多人。保护一批传统村落，加强对全县 148 个中国传统村落的保护和利用，积极发挥“中国传统村落最多县”的品牌效应，着力打造棠樾、许村、坡山、卖花渔等一批旅游强村。四是创新“党建＋文化传承”机制，助力乡村文化振兴。五是创新“党建＋环境保护”机制，助力乡村生态振兴。落实完善“新安江党建联盟”“新安江志愿服务”等机制，提升深渡镇等特色小镇“核心功能”，聚力推进新安江百里大画廊建设。

2. 人才振兴的典型案例

乡村振兴，关键在人。人才、人力资源在乡村振兴“人、地、钱”三要素中居于先导地位，直接影响着“地、钱”等其他要素的使用。各类人才参与乡村振兴，需要健全完善人才的培养、引进、管理、使用、流动、激励等机制，这些都属于治理的范畴，更要求形成长效机制，确保各类人才长期参与乡村振兴。人才振兴首先是乡村振兴视野下的人才振兴，各类人才参与到乡村振兴实际工作中去，才能真正发挥人才的内在活力。各类人才在乡村振兴中也是相互联系、相互合作的关系，因此也需要以治理有效的目标，协调处理各类人才的关系。全国各地，围绕乡村“培育人才、引进人才、使用人才、留住人才”等方面，探索创新人才机制，强化乡村人才开发的长效制度支撑。

山东省鼓励支持各市、县（市、区）面向海内外山东籍企业家、创业者，及金融投资业者、专家学者等各类人才招募“乡村振兴合伙人”，在现代生态农业、乡村旅游、农业生产和生产性服务业、农产品加工流通等方面开展全方位、多形式的合作，吸引、整合、调动各方资源，推动农村农业投资和科技成果转化。“合伙人”可通过投资、技术服务、入股以及招商等形式，共同发展新型农业主体和农村新业态，允许“合伙人”通过合同约定享有乡村项目开发等优先权。

浙江省支持青年回乡发展产业。支持返乡青年竞聘乡村振兴职业经理人，推动村庄经营和村级集体经济发展。支持青年企业家协会组织会员企业投身乡村产业发展，推出一批叫得响、市场占有率高的青创名牌产品。推广“青创联盟”做法，支持青年回乡创业、抱团发展。完善“青创农场”培养体系，为入驻者提供项目管理、技术指导、品牌培育、渠道推广等定制化服务。推动创业担保贷款增量扩面，拓宽农村创业青年融资渠道。实施“浙里担·青农贷”团银担合作公益项目，最高提供 100 万元无抵（质）押担保贷款。培育青年“农创客”“新农人”。建设农产品上行示范村，实施“百万英才”农村青年电商培育工程，培育农村青年电商 3 万名。加强精准化培训服务，开设青年“农创客”“新农人”创新实验班。支持高校完善大学生农业定向培养机制，推动 1 万名以上高校毕业生从事现代农业。鼓励开展高校毕业生乡村创业创新活动。

3. 产业振兴的典型案例

产业振兴要求在继续巩固农业的基础性地位的同时，还要积极探索农村一二三产业融合发展的有效路径。其中，农村集体经济组织、农村各类专业合作社是乡村内部发展产业的重要组织，能够有效凝聚村民参与到产业发展中，同时也能够与外部其他企业、社会组织和个人建立各种类型的经济合作关系，从而形成支撑乡村产业发展的多元融合主体。农村集体经济组织是我国集体所有制的一种形式，是中国特色社会主义经济制度的重要组成部分，对于巩固社会主义制度具有重要意义。农村专业合作社是村民之间自愿联合，以发展农业、促进农业增收为主要目的的经济合作组织。因此发展农民专业合作社是建设现代农业的迫切要求，是对现行生产关系和生产力发展的创新，是建设现代农业、增强农业竞争力的重要举措。农民专业合作社是组织农民发展生产，走向市场的重要桥梁。此外，乡村外部企业、社会组织或者个人也能够为乡村产业振兴带来人才、资金、技术等，促进乡村产业发展。

实践证明，乡村有效治理能够带动乡村产业发展。陕西省咸阳市礼泉县袁家村十几年来，始终坚持以村“两委”班子为中枢，书记为带头人、村干部是服务队，真正把“为群众办实事、为群众谋福利”作为一切工作的出发点和落脚点，注重群众素质的提升和旅游软环境的治理，注重“口碑”效应，注重“素质”提升。着力打造农民创业平台，通过发展旅游产业，带动农民持续受益，走共同富裕的道路。江苏省泰兴市黄桥镇祁巷村村支部积极筹划发展的思路和对策，寻求推进经济发展的突破口，组织村民到苏南参观学习。村干部带头种起了葡萄、甜豌豆、蔬菜等，兴办农民专业合作社，大力推进农业结构调整，积极推进“公司+农户”的经营模式，带动全村146户农户从事猪鬃半成品的加工。积极开展“美丽乡村”建设，发展乡村旅游产业，进行村内河道整治，全村道路、桥梁、路灯、绿化等建设得到了快速发展。各项经济社会事业发展从无到有，从小到大，村庄面貌发生了翻天覆地的变化，广大群众的幸福感、获得感显著提高。

4. 文化振兴的典型案例

文化传承是我国乡村存续和发展的功能之一，而目前乡村存在大规模农村劳动力外流、高价彩礼、人情攀比、厚葬薄养等现象，乡村在文化传承方面面临威胁，乡村文化振兴势在必行，以促进乡风文明。文化振兴主要包含两方面的内容：一是深入挖掘、继承创新优秀传统乡土文化，坚持保护传承和开发利用相结合；二是剔除和改造传统文化中与当前经济社会发展不相适应的内容，整治乡村不良风气。

江西省新余市渝水区良山镇白沙村从 2019 年 5 月开始实施“道德积分银行”制度，126 户村民率先成为储户，领取了存折。为了确保“道德积分银行”建设有章可循、运行规范，该村专门制定了《道德积分银行积分条例》和《道德积分储蓄存折管理使用及兑换办法》，以弘扬社会公德、职业道德、家庭美德、个人品德为主要内容，从“积孝、积善、积信、积勤、积俭、积美、积学”7 个方面设置了 46 个积分、扣分项目，比如为村里老人服务、做好事每次积 3 分，参加各类慈善活动和志愿服务每次积 8 分，被发现乱倒垃圾每次扣 10 分。每个月，白沙村道德评议委员会都会分成多个小组深入储户家中进行评分，并召开评议大会，公布积分情况。每个季度按“1 分等于 1 元”的比例开展积分兑换活动，并公布“光荣榜”和“警示榜”，对得分高者表扬，扣分多者劝勉。“道德积分银行”是乡村文化振兴与基层社会治理相结合的新探索，有效提升了乡村社会精神文明风貌，有力推动了乡村振兴其他工作地顺利开展。

5. 生态振兴的典型案例

国家经济社会发展，离不开乡村的生态屏障功能，乡村既是村民长期生活、居住的地域共同体，也是乡村经济发展的重要资源要素，更是城乡融合发展过程中为城市提供重要生态产品的重要保障。乡村生态振兴是乡村振兴的重要支撑，乡村发展不能以破坏甚至牺牲乡村生态为代价，生态保护也并不意味着不能开发利用，产业发展与生态保护必须协调推进，真正实现“绿水青山就是金山银山”。生态振兴是一项涉及每一位村民切身利益的事务，每一位村民破坏生态环境的行为都可能对整体环境保护造成严重威胁，生态振兴需要全民参与、共同维护，这是以乡村治理增进集体行动的重要领域。全国各地乡村围绕做好生态保护、发展生态经济，根据当地自然地理资源条件，探索符合当地实际的生态振兴之路。

江苏省徐州市睢宁县高党村坚持以民意为本，建设生态宜居家园。高党村创新乡村管理模式，打造“党建＋社会治理＋居民自治”乡村网格化管理模式，由群众推举、村两委把关选出网格长参与村庄治理，使每一个网格都成为覆盖党的建设、综合治理、社区管理、文明创建等职能的活力单元，寓管理于服务之中，形成自我治理的良好局面。该村顺应民意建设集中居住区，积极打造宜居环境。村内三级道路全部硬化，同时依托“公交村村通”工程，使得交通出行更加便捷，居民进镇入城体验更加快捷舒适；“两网协同”的实施、垃圾分类处理厂的建设彻底改变了过去“垃圾靠风刮，污水靠蒸发”的问题，村民环保意识也随之逐渐增强；随着社区内阅览室、休闲健身广场的投入使用，居民的娱乐休闲方式变得更加健康和多样，生活质量明显提高。

五、乡村振兴典型案例分析的启示意义

各地乡村面临的具体情境和发展问题各有不同，因此乡村振兴案例呈现出了多样化的振兴路径，同时在某些做法方面存在相似性。总结这些案例背后的共通经验和规律，可以为其他地区提供有益的借鉴，这也是案例之于乡村振兴的启示意义所在。

（一）以组织振兴为基础，协调推进五大振兴

实现乡村社会治理有效既是全面推进乡村振兴的内容，又是全面推进乡村振兴的基础。乡村振兴案例表明，乡村振兴取得实效的地区或村庄，其乡村治理的效果也是良好的，农村社会安定有序，各项工作顺利推进。例如，浙江桐乡市从2013年开始就已在乡村地区探索“自治”“法治”“德治”的融合建设问题，取得了显著效果，推动了经济社会发展。因此，乡

村治理在协调推进五大振兴方面能够发挥积极作用。组织振兴与乡村治理的关系最为直接，必须不断增强农村基层党组织领导乡村振兴的能力，健全和完善农村基层党组织领导乡村振兴的工作机制、工作方法。其次，组织振兴还要求在农村基层党组织的领导下，强化村民委员会、农村集体经济组织、农村专业合作社、村务监督委员会等各类村级组织在乡村振兴中的积极作用。各类村级组织本身各自发挥其特殊作用，应当协调、处理好农村基层党组织的领导与各类村级组织的功能之间的关系，最大限度凝聚各方面力量。

组织振兴需要各类人才，而人才又是乡村振兴的关键，乡村内部的乡村治理人才、农业经营人才等各类人才直接参与各类组织的事务，乡村外部的各类人才同样也需要借助乡村各类组织发挥其作用，都是促进农村产业发展、社会和谐的重要力量。产业振兴同样需要以乡村社会治理有效为基础，没有一个和谐稳定的乡村社会作为社会基础，产业发展、产业振兴也就无从谈起。产业振兴的具体工作也有赖于各类村级组织或者个人的积极参与，也需要遵循相应的法律规则、市场规则。文化振兴强调对优秀传统文化的传承、开发、利用和保护，强调对不良乡村社会风气的改造和调整，这些都需要村民委员会、红白喜事理事会、文化传承人等的组织和参与。此外，许多乡村都建立了专门性的文化类群众性自治组织。例如，广东省惠东县范和村建立村公益理事会，支持乡村文化发展等公益事业。文化振兴在村民自治、村民参与的基础上，同时需要借助外部社会力量，做到内外结合，形成合力，推动各项工作开展。生态振兴不仅与每一位村民的切身利益直接相关，还涉及国家整体生态环境保护，因此生态环境保护应当成为全体村民的共同意识、自觉行为，这就需要从乡村治理的角度认识生态振兴。生态振兴包含保护和利用两个方面，发展生态产业，不能破坏乡村生态环境，同样需要法律、村规民约等规则的约束和引导。

（二）立足国情农情村情，促进城乡融合发展

“大国小农”是我国的基本国情农情，以小农户为主的家庭经营是我国农业经营的主要形式，也是我国农业农村发展必须长期面对的现实。而遍布全国的村庄又是千差万别、各具特色，面临的发展问题也各不相同，这也是我国全面推进乡村振兴战略、促进农业农村现代化必须长期面对的现实。全面推进乡村振兴，也必须遵循乡村发展的内在规律。全面推进乡村振兴，促进农业农村现代化，在目前条件和发展要求下，应当适度发展多种形式的规模经营，坚持宜大则大、宜小则小的原则，不搞“一刀切”，不追求大规模，可以通过健全社会化服务体系，实现小农户和现代农业发展的有机衔接；发挥好农业规划的引领、指导作用，强调根据各地、各村自然地理条件、资源禀赋和特点，因地制宜科学规划，突出地域和村庄特色，决不能搞划一模式；客观认识农业投入多、见效慢、风险大的特征，坚持尽力而为、量力而行，合理设定阶段性目标任务和工作重点，不好高骛远，从而形成可持续发展的长效机制。例如，四川昭觉县日哈乡觉呷村根据该村海拔高、土地贫瘠等地理条件，开展“小母牛”项目，发展适合该村的畜牧业，成功脱贫。产业发展是农业农村现代化的基础，同时也不能忽视农村现代化，农业现代化与农村现代化一体推进，必须坚持贯彻落实新发展理念，以整体、系统、长远眼光认识农业农村现代化。乡村建设行动涵盖村庄规划、乡村公共基础设施建设、农村基本公共服务、农村改革等方方面面，统筹城乡融合发展，可以借鉴城市建设经验，但不能照搬照抄，更重要的是遵循乡村发展和建设规律，促进乡村全面健康发展。

（三）维护农民根本利益，确保乡村振兴长期效能

实施乡村振兴战略的出发点和落脚点是维护农民群众根本利益、促进农民共同富裕，要求在任何时刻，乡村振兴的措施都不能以损害农民根本利益

为代价。农民在全面推进乡村振兴战略中发挥主体作用，必须充分调动亿万农民的积极性、主动性、创造性，才能够为乡村振兴提供源源不断的动力。综合分析乡村振兴案例，无不以维护农民根本利益为依归，强调农民的广泛参与度。例如，江西省渝水区珠珊镇石山村在农村资产资源清理工作中，强调村民参与，清理、修订原有不合理不公平的承包租赁合同，维护了村民合法权益和集体利益。首先，国家需要通过电视、网络等多种媒介形式，向广大农民群众宣传乡村振兴战略，以农民群众所喜闻乐见的形式介绍乡村振兴战略的顶层设计、体制机制和制度体系，并通过多种渠道及时解答农民群众的疑问，回应和解决农民群众的诉求，增强农民群众的认同感。其次，国家还应通过村民委员会、农村集体经济组织、村民理事会等多种形式，团结和调动农民群众，落实民主选举、民主决策、民主管理、民主监督，增强农民群众的主人翁意识，激发农民群众参与乡村振兴各项工作。最后，国家在乡村振兴考核评价工作中，始终坚持农民群众的主体作用，建立以农民获得感、幸福感、安全感为主要评价标准的考核评价制度。各级党委政府应当树立正确的乡村振兴政绩观，坚决杜绝“面子工程”“形象工程”等损害农民根本利益的短期行为，造福子孙后代，确保乡村振兴长期效能。

（四）完善工作体制机制，强化政策法律保障

进一步健全完善乡村振兴工作体制机制。全面推进乡村振兴战略已经成为未来一个时期我国“三农”工作的核心，也是关系社会主义现代化的一项重大任务，其重要性在于要求各级党委政府必须不断强化实施乡村振兴战略的重要意义，不断提升关于乡村振兴战略的认识高度，统筹城乡融合发展，促进农业农村现代化，而不单单是就“三农”工作谈乡村振兴。全面推进乡村振兴，也是一项举全国之力必须做好、完成的重大工作，因此也必须在加深相关认识的基础上，转化为工作实践，进一步健全完善乡村振兴工作体制机制。

进一步健全完善乡村振兴政策法律体系。为贯彻和落实乡村振兴战略，我国陆续出台了众多政策措施，涵盖产业振兴、人才振兴、文化振兴、生态振兴、组织振兴的各个领域，为全面推进乡村振兴提供了强有力的政策支撑，乡村振兴案例中对此也有直接反映。随着乡村振兴战略的不断推进，势必会面临新的问题、新的挑战，既有的政策措施可能无法有效及时予以应对和解决，在某些情况下甚至可能会起反作用，这就要求不断优化、调整和完善政策设计，进一步增强政策的针对性、有效性。全面推进乡村振兴，同样也需要法律的支撑和保障，要求及时将在实践中行之有效的政策措施法律化、规范化、制度化，加快推进乡村振兴相关立法进程。例如，2020 年 8 月 27 日，湖州市第八届人民代表大会常务委员会第三十次会议通过了《湖州市法治乡村建设条例》，服务和保障乡村振兴战略实施。乡村振兴法律体系，既包含《乡村振兴促进法》等与乡村振兴直接相关的法律法规，也包含《村民委员会组织法》《农村土地承包法》等与乡村振兴间接相关但在具体内容上直接涉及农业农村发展领域的法律法规，为乡村振兴实践提供健全的法规保障。

参考文献

[1] 金太军. 公共管理案例分析.广州：广东人民出版社，2015：3.

[2] 蒙克，李朔严. 公共管理研究中的案例方法：一个误区和两种传承. 中国行政管理，2019（9）：89–94.

[3] 陈锡文. 从农村改革四十年看乡村振兴战略的提出. 行政管理改革，2018（4）：6–8.

[4] 张端. 改革开放以来农民社会心理的现代性变迁. 人民论坛，2014（8）：140.

[5] 顾益康. 实施乡村振兴战略　加快农业农村现代化. 浙江日报，2017–11–6，05.

[6] 陈文胜. 怎样理解“乡村振兴战略”. 农村工作通讯，2017（21）：16–17.

[7] 叶兴庆. 新时代中国乡村振兴战略论纲. 改革，2018（1）：65–73.

[8] 黄祖辉. 准确把握中国乡村振兴战略. 中国农村经济，2018（4）：2–12.

[9] 刘守英，熊雪锋. 我国乡村振兴战略的实施与制度供给. 政治经济学评论，2018（4）：80–96.

[10] 刘彦随. 中国新时代城乡融合与乡村振兴. 地理学报，2018（4）：637–650.

[11] 杨园园，臧玉珠，李进涛. 基于城乡转型功能分区的京津冀乡村振兴模式探析. 地理研究，2019

（3）：684–698.

[12] 规划实施协调推进机制办公室. 乡村振兴战略规划实施报告（2018–2019年）. 北京：中国农业出版社，2020.

[13] 吴维海. 新时代乡村振兴战略规划与案例. 北京：中国金融出版社. 2018.

[14] 黄文俊. 乡村振兴司法服务与保障典型案例评析. 北京：人民法院出版社，2019.

[15] 张玉强，张雷. 乡村振兴内源式发展的动力机制研究——基于上海市Y村的案例考察. 东北大学学报（社会科学版），2019（5）：497–504.

[16] 王景新，支晓娟. 中国乡村振兴及其地域空间重构——特色小镇与美丽乡村同建振兴乡村的案例、经验及未来. 南京农业大学学报（社会科学版），2018（2）：17–26，157–158.

[17] 杨慧莲，韩旭东，李艳，郑风田. “小、散、乱”的农村如何实现乡村振兴？——基于贵州省六盘水市舍烹村案例. 中国软科学，2018（11）：148–162.

[18] 高彦彬，阮非凡. 金融支持、科技进步对供给侧改革影响研究——基于H省样本数据与VAR模型的实证分析. 生产力研究，2019（7）：10–15.

[19] 李志龙. 乡村振兴—乡村旅游系统耦合机制与协调发展研究——以湖南凤凰县为例. 地理研究，2019（3）：643–654.

[20] 王亚华. 立足国情农情走出中国特色乡村振兴之路. 中国农业资源与区划，2020（9）：1–8.

党的农民群众路线的百年演进及经验启示 *

中国共产党走过的百年光辉岁月都与“三农”密不可分，革命时期农村包围城市，建设时期农业支援工业，改革时期农村率先突破，党的十八大以来打赢脱贫攻坚战和全面推进乡村振兴。农民问题始终是中国革命、建设和改革的基本问题，以人民为中心的群众路线是我们党的根本工作路线，是我们党永葆生命力和战斗力的传家宝。立足中国特色社会主义新时代，展望中华民族伟大复兴的美好未来，有必要回顾党的农民群众路线的百年演进并总结其经验启示。

一、革命时期：党的农民群众路线孕育产生

在新民主主义革命时期，中国共产党领导人民群众推翻帝国主义、封建主义和官僚资本主义三座大山，对中国革命道路进行了艰难探索。面对大革命失败造成的革命低潮形势，毛泽东等一批有识之士意识到，只有正

---

* 本文载于《农民日报》，2021年8月7日，第003版：三农论坛。作者：清华大学中国农村研究院党小组。报告执笔人：王亚华、胡振通等。清华大学中国农村研究院党小组成员：王亚华、胡振通、李星光、赵策、冷晨昕、舒全峰、黄译萱、王芬、张风、薛景文、肖剑。

确领导农民完成土地革命，才能获得国内革命的成功，提出了“农村包围城市、武装夺取政权”这一适合中国实际的正确革命道路。土地革命是新民主主义革命的基本内容。中国共产党认识到中国革命的根本在于农村，农村革命的根本在于土地，土地革命的根本在于土地所有权，因而解决土地所有权问题成为土地革命的核心议题。1927 年，党的八七会议确定了土地革命和武装斗争的总方针。随后，中国共产党建立了井冈山革命根据地，颁布了《井冈山土地法》，从根本上革除束缚广大农民群众数千年的封建土地关系。1929 年，中国共产党进一步修订颁布了《兴国县土地法》。中国共产党进一步总结了“依靠贫农、雇农，联合中农，限制富农，消灭地主阶级，变封建土地所有制为农民土地所有制；以乡为单位，按人口平均分配土地，在原耕地基础上抽多补少，抽肥补瘦”的土地革命路线，获得人民群众的广泛支持并巩固发展了革命根据地。抗日战争时期，为配合抗日民族统一战线，党对土地政策作了重大调整，停止没收地主土地，提出了“减租减息”政策。“减租减息”政策暂缓了对农村土地所有权的变革，导致封建剥削制度无法完全消除，但有效团结了各阶级阶层，发展壮大了全民族抗日力量，进一步巩固了抗日民族统一战线和革命根据地。解放战争时期，中国共产党发布了“五四指示”，通过组建工作队深入农村地区发动广大农民群众，开启了废除封建土地制度的土地改革运动。1947 年，党的全国土地会议发布了《中国土地法大纲》，这是一个彻底反封建的土地革命纲领，提出“废除封建性及半封建性剥削的土地制度，实行耕者有其田的土地制度”。土地制度改革为建立中华人民共和国奠定了最深厚的群众基础。中国共产党通过解决广大农民最为关心的土地问题，赢得了广泛的支持和拥护，孕育和产生了党的农民群众路线，这不仅成为党制胜敌人的重要法宝，也成为党的优良传统和政治优势。

二、建设时期：党的农民群众路线曲折发展

中华人民共和国成立之初，还有占全国人口一半多的新解放区尚未完成土地改革。1950 年 6 月，中央人民政府公布施行《中华人民共和国土地法》，既总结了党过去领导土地改革的经验和教训，又适应了中华人民共和国成立后的新形势、确定了新政策，提出保存富农经济、不动中农土地、限制没收地主财产范围等，有序推进土地改革。到 1952 年年底，全国土地改革基本完成，3 亿多无地少地的农民获得了约 7 亿亩土地。土地改革的完成，标志着在我国延续了几千年的封建制度的基础，即地主阶级的土地所有制，彻底消灭了，农民真正成为了土地的主人。1954 年 9 月，第一届全国人民代表大会第一次会议在北京举行，大会通过了《中华人民共和国宪法》，确定了我国的根本政治制度，即中华人民共和国是工人阶级领导的、以工农联盟为基础的人民民主国家。随着第一个五年计划的实施，中国共产党对农业、手工业和资本主义工商业有步骤地推进了生产资料私有制的社会主义改造。1951 年 9 月，党中央制定《关于农业生产互助合作的决议（草案）》，1953 年 12 月，中共中央通过了《关于发展农业生产合作社的决议》。互助合作运动得到了广大贫困农民的欢迎，参加合作社成为一种群体性行动，也起到了增产增收的效果。到 1956 年年底，农业合作化基本完成。在推进农业合作化的同时，农田水利建设也取得了重大成就，大型枢纽骨干工程和各类水库在当时和以后相当长的时期内发挥了重要作用。1956 年，社会主义改造基本完成，我国社会主义政治制度和经济制度得以确立，中国历史上一个新的大规模的社会主义建设时期由此开始。党的八大明确指出，国内主要矛盾已经是人民对于建立先进的工业国的要求同落后的农业国的现实之间的矛盾，已经是人民对于经济文化迅速发展的需要同当前经济文化不能满足人民需要的状况之间的矛盾。在农业合作化后期的人民公社化运动，犯了急于求成的错

误，违背了农民意愿搞“一大二公”，挫伤了农民生产积极性，农村发展徘徊不前，党的实事求是思想路线受到阻碍，党的农民群众路线遭受挫折。

三、改革时期：党的农民群众路线恢复发展

1978 年 12 月，党的十一届三中全会在北京召开，全会停止使用“以阶级斗争为纲”的口号，作出把党和国家的工作中心转移到经济建设上来、实行改革开放的历史性决策，实现了中华人民共和国成立以来党的历史上具有深远意义的伟大转折，开启了改革开放和社会主义现代化建设新时期。党的十一届三中全会前，“三级所有，队为基础”的人民公社制度，不符合农业发展现状，农民缺乏生产经营的自主权，“平均主义”“吃大锅饭”的社会风气严重，严重挫伤了农民的生产积极性，农村的生产发展受到严重阻碍。1978 年，全国还有 2.5 亿人口没有解决温饱问题。我国改革从农村起步，从土地发端，探索实行了家庭联产承包责任制。1978 年，安徽省凤阳县梨园公社小岗村 18 位农民在一份不到百字的保证书上摁下了鲜红的手印，开始搞大包干。1979 年，小岗村获得大丰收，第一次向国家交了公粮，还了贷款。村民兴奋地说：“大包干，大包干，直来直去不拐弯，交够国家的，留足集体的，剩下都是自己的。”包产到户、包干到户等农业生产责任制形式，揭开了农村改革的序幕。1980 年 9 月，中共中央印发《关于进一步加强和完善农业生产责任制的几个问题》，突破多年来把包产到户等同于分田单干和资本主义的观念，肯定了在生产队领导下的包产到户。1982 年至 1984 年，党中央连续发出 3 个关于农村工作的一号文件，对包产到户和包干到户的生产责任制给予充分肯定，并在政策上积极引导，从而使包产到户和包干到户的责任制迅速在全国广泛推行，人民公社制度随之解体。到 1987 年，全国 98% 的农户实行了家庭联产承包责任制，亿万农民的生产积极性得到极大提高，

农业生产释放出巨大潜力。1991年，中共十三届八中全会通过《中共中央关于进一步加强农业和农村工作的决定》，提出把以家庭联产承包为主的责任制、统分结合的双层经营体制作为我国农村集体经济组织的一项基本制度长期稳定下来。家庭联产承包责任制是中国农民的伟大创造。它突破了“一大二公”“大锅饭”的旧体制，从根本上颠覆了人民公社制度，打破人民公社体制下土地集体所有、集体经营的旧的农业耕作模式，实现土地集体所有权与经营权的分离，确立土地集体所有制基础上以户为单位的家庭承包经营的新型农业耕作模式。家庭联产承包责任制，调动了农业生产者的积极性，推动农业生产快速发展，被誉为中国农村改革和发展的“第一次飞跃”。由于农村改革使得大量农村劳动力从土地上释放出来，随后带来了乡镇企业异军突起和农民进城务工，加快了城镇化、工业化的进程。

四、党的十八大以来：党的农民群众路线全面加强

党的十八大以来，中国特色社会主义进入了新时代，全面建成小康社会的第一个百年目标如期实现，进入全面建设社会主义现代化强国的新发展阶段。以习近平同志为核心的党中央从中华民族伟大复兴战略全局和世界百年未有之大变局出发，把坚持和贯彻党的群众路线放在更加重要和突出的位置，一再强调中国共产党是全心全意为人民服务的马克思主义政党，是为中华民族谋复兴、为中国人民谋幸福的政党。党对“三农”工作的重视程度空前。进入新发展阶段，我国社会主要矛盾已经转化为人民日益增长的美好生活需要和不平衡不充分的发展之间的矛盾，我国社会中最大的发展不平衡是城乡发展不平衡，最大的发展不充分是农村发展不充分。党中央坚持把解决好“三农”问题作为全党工作的重中之重，2004年至2021年连续18年发布以“三农”（农业、农村、农民）为主题的中央一号文件。从中华民族伟

大复兴战略全局看，民族要复兴，乡村必振兴；从世界百年未有之大变局看，稳住农业基本盘、守好“三农”基础是应变局、开新局的“压舱石”。中国组织实施了人类历史上规模空前、力度最大、惠及人口最多的脱贫攻坚战。2021 年，脱贫攻坚战取得了全面胜利，中国完成了消除绝对贫困的艰巨任务。党的十九大报告明确提出实施乡村振兴战略，这是以习近平同志为核心的党中央着眼于全面建成小康社会、全面建设社会主义现代化国家“两个一百年”奋斗目标做出的准确判断和重大战略部署，是做好新时代“三农”工作的总抓手，按照产业兴旺、生态宜居、乡风文明、治理有效、生活富裕的总目标，扎实推进产业振兴、人才振兴、文化振兴、生态振兴、组织振兴。全面加强党对农村工作的领导。2019 年中共中央印发了《中国共产党农村工作条例》，指出要坚持党对农村工作的全面领导，确保党在农村工作中总揽全局、协调各方，保证农村改革发展沿着正确的方向前进，并且明确要求县委书记应当把主要精力放在农村工作上。脱贫攻坚期间，全国共派出 25.5 万个驻村工作队、累计选派 290 多万名县级以上党政机关和国有企事业单位干部到贫困村和软弱涣散村担任第一书记或驻村干部。提倡村党组织书记通过法定程序担任村民委员会主任和村级集体经济组织、合作经济组织负责人，推行村“两委”班子成员交叉任职。不断健全村党组织领导下的议事决策机制、监督机制，建立健全村务监督委员会，村级重大事项决策实行“四议两公开”，“把权力关进制度的笼子里”，规范乡村小微权力运行。持续深化农村改革，保障农民权益。深化农村土地制度改革，全面完成农村土地承包经营权确权登记颁证工作，保持土地承包关系稳定并长久不变，完善农村承包地“三权分置”制度。有序推进农村土地征收、集体经营性建设用地入市、宅基地制度改革试点工作，于 2019 年将农村“三块地”改革的成功经验全部吸收到新修改的《中华人民共和国土地管理法》。深化农村集体产权制度改革，全面开展农村集体资产清产核资工作，抓好股份合作制改革，构建归属清晰、权能完整、流转顺畅、保护严格的中国特色社会主义集体产权制度。巩固和完善以家庭承包经营为基础、统分结合的双层经营体制，发展多种形式的适度规模经营，促进小农户与现代农业发展有机衔接。不断完善农业支持保护制度，加快形成覆盖全面、指向明确、重点突出、措施配套、操作简便的农业支持保护制度体系。

五、经验启示

回顾百年党史，我们党之所以能永葆先进性和纯洁性，一个重要法宝就是坚持党的农民群众路线。我们党来自于人民，党的根基和血脉在人民。为人民而生，因人民而兴，始终同人民在一起，为人民利益而奋斗，是我们党立党兴党强党的根本出发点和落脚点。党的农民群众路线，历经革命时期的孕育产生、建设时期的曲折发展、改革时期的恢复发展和党的十八大以来的全面加强，积累了丰富的经验。

第一，全面加强党对农村工作的领导。革命时期，我们党领导农民进行土地革命，走“农村包围城市、武装夺取政权”的革命道路。改革时期，我们党领导农民率先拉开改革大幕，不断解放和发展农村社会生产力。党的十八大以来，党中央坚持把解决好“三农”问题作为全党工作的重中之重，打赢脱贫攻坚战，全面推进乡村振兴。全面加强党对农村工作的领导，要严格落实好《中国共产党农村工作条例》，确保党在农村工作中总揽全局、协调各方，保证农村改革发展沿着正确的方向前进。

第二，始终处理好农民和土地的关系。农民核心的问题是土地问题，我们党始终高度重视处理好农民和土地的关系，从“打土豪分田地”的土地革命，到“耕者有其田”的土地改革，再到家庭联产承包责任制的农村改革，以及近些年来实施的农村土地“三权分置”，都是在保护农民的土地产权。农村土地制度改革关系全局，必须谋定而后动，审慎推进，新发展阶段农村改革的主线仍然是处理好农民和土地的关系。农村土地制度改革要坚持土地公有制性质不改变、耕地红线不突破、农民利益不受损这三条底线。正确处理农民和土地的关系，必须保障农民的经济利益，尊重农民的民主权益。

第三，充分发挥好农民的主体作用。历史经验表明，贯彻落实农民群众路线必须充分发挥亿万农民群众在革命、建设、改革中的主体作用。我们党始终从广大农民群众的根本利益出发，妥善处理农民土地问题，满足广大农民群众的利益需求，顺应广大农民群众的意愿，调动广大农民群众的积极性，获得了农民群众的支持和拥护。新发展阶段全面推进乡村振兴，必须坚持农民主体地位，充分尊重农民意愿，保障农民民主权利和其他合法权益，调动农民的积极性、主动性、创造性，维护农民根本利益。

第四，尊重农民的意愿和首创精神。广大农民群众是农村改革与发展的直接实践者，在他们中间蕴藏着巨大的创造力和无穷的智慧。历次重大改革创新都是从农民利益出发，顺应民心民意，尊重农民群众的首创精神，把选择权交给农民，由农民选择而不是代替农民选择。改革之初，搞家庭联产承包责任制，土地所有权归集体，承包权归农户，就是尊重农民群众自己的选择，也是党心和民心高度融合的体现。全面推进乡村振兴，要科学把握乡村的差异性，发挥亿万农民的主体作用和首创精神，从生动鲜活的基层实践中汲取智慧。

（2021 年 5 ~ 6 月，清华大学公共管理学院政治与公共政策所教工党支部农研院党小组发挥特色和优势，从三农视角学习党史，组织开展“读农史、学党史”活动，本文系学习成果。）

后 记

2021年是中国共产党成立100周年，也是“十四五”开局之年，还是全面建成小康社会后的第一年，我国开启全面建设社会主义现代化国家新征程，“三农”工作处在新的历史方位。全面推进乡村振兴是脱贫攻坚取得胜利后“三农”工作重心的历史性转移。党的十九届五中全会指出，坚持把解决好“三农”问题作为全党工作重中之重，走中国特色社会主义乡村振兴道路，全面实施乡村振兴战略，强化以工补农、以城带乡，推动形成工农互促、城乡互补、协调发展、共同繁荣的新型工农城乡关系，加快农业农村现代化。《中华人民共和国乡村振兴促进法》把党中央关于乡村振兴的重大决策部署转化为法律规范，强化了走中国特色社会主义乡村振兴道路的顶层设计，夯实了制度基石。全面推进乡村振兴，促进农业高质高效、乡村宜居宜业、农民富裕富足，需要持之以恒、久久为功。

本书是农研院最新科研成果的汇集，收录14篇专题研究成果，重点围绕乡村振兴、智慧农业、绿色农业、农产品供给、土地政策、农村金融、农业科技等切入点，为探索中国特色的乡村振兴路径，解决农业农村现代化进程中的难题，提供了具有重要决策参考价值的政策建议。

出版之际，我们衷心感谢樊胜根、王亚华、方言、汪小亚、李正风、王济民、于水、许庆、陈诗波等各专题研究团队对本书倾注的大量心血。全书的统稿和汇编整理工作由何宇鹏、王亚华、张红宇、李星光、黄译萱、王芬、吴珺等完成。